U0875230

全国教育硕士专业学位推荐教材

全国教育硕士专业学位教育指导委员会 组织编写
教育部课程教材研究所 推荐使用
人民教育出版社 出版

全国教育硕士专业学位推荐教材编写委员会

总 主 编 顾明远

副总主编 叶　澜　沈德立　何艳茹　裴娣娜

编　　委 张大均　袁锐锷　徐福荫　傅维利

吴志宏　杨小微　毛大威

秘 书 长 裴娣娜（兼）

秘　　书 翟东升

本书编写人员

主　编 叶　澜

副主编 杨小微

编　者 （以汉语拼音字母为序）

李家成　李政涛　杨小微　叶　澜

顾明远　总主编

全国教育硕士专业学位推荐教材

教育学原理

JIAOYUXUE　YUANLI

叶　澜　主　编

杨小微　副主编

人民教育出版社

·北京·

图书在版编目（CIP）数据

教育学原理 / 叶澜主编. —北京 ：人民教育出版社，2007(2022.6 重印)
全国教育硕士专业学位推荐教材
ISBN 978-7-107-20200-1

Ⅰ. 教… Ⅱ. 叶… Ⅲ. 教育理论－研究生－教材 Ⅳ. G40

中国版本图书馆 CIP 数据核字(2007)第 107122 号

全国教育硕士专业学位推荐教材　教育学原理

出版发行　人民教育出版社
（北京市海淀区中关村南大街 17 号院 1 号楼　邮编：100081）
网　　址　http://www.pep.com.cn
经　　销　全国新华书店
印　　刷　山东临沂新华印刷物流集团有限责任公司
版　　次　2007 年 7 月第 1 版
印　　次　2022 年 6 月第 17 次印刷
开　　本　787 毫米 × 1092 毫米　1/16
印　　张　21.25
字　　数　447 千字
印　　数　108 001 ~ 111 000 册
定　　价　27.40 元

全国教育硕士专业学位推荐教材

总　序

教育硕士专业学位是为中小学教师设置的一种专业学位。设置教育硕士专业学位是提高中小学教师学历层次，从而提高我国基础教育水平的一项重要举措。从 1996 年国务院学位委员会第十六次会议批准设置这项学位以后，1997 年即在 16 所师范大学开始试点。七年来，试点学校已增加到 41 所，共招收在职教师近 3 万名，已经取得学位的教师有 7 000余名。取得学位的教师大多数都成为学校中的骨干。今后几年，教育硕士招生规模将进一步扩大。我国教师队伍约有 1 200 万人，如果要求 10%的教师达到研究生水平，获得教育硕士专业学位，那么则需要培养 120 万名。依靠我们现在的招生规模，何年何月才能达到？但是，我们现在的培养能力又是很有限的。为了保证学位的质量，必须稳步发展，不能急于冒进。没有质量的数量扩张，不仅毫无意义，而且会浪费时间和财力，更会败坏教育硕士专业学位的名誉。因此，坚持高质量、高水平是教育硕士专业学位的生命线，是我们从事这项事业的人必须时时铭记在心的。为了教育硕士专业学位的声誉，我们教育指导委员会的每个成员都诚惶诚恐，每年都要到学校去考察检查，每年都要开会讨论教学问题。我希望各试点学校的领导和教师也要把教育硕士专业的教学质量放在头等重要的位置，加强领导，时时关心。

为了保证质量，全国教育硕士专业学位教育指导委员会从试点开始之日起就组织各试点学校有经验的教师联合编写必修课的教材。经过几年的努力和试用，各门教材已陆续完成，并由人民教育出版社正式出版发行。这是教育硕士专业学位建设中的大事，是值得我们大家高兴的大喜事。结合这套教材的发行，我想说说这套教材的特点和学习中需要注意的几个问题。

第一，重视理论和实际的结合。这套教材是根据在职教师的特点专门编写的，既重视教育理论的介绍，又重视研究教育实际中的重大理论问题。把教育实际中的问题提升到理论上来阐述，可以提高学员对问题的认识。教师学习教育理论是十分必要的。有些教师不大重视理论学习，认为理论离他们太远，希望学习到能够立即提高教学质量的操作性技能。这种心情可以理解，但是这是一种缺乏远见的想法。在教育工作中没有现成的适用于每个教师的操作方法，因为面对活生生的学生，教育工作具有极大的灵活性和创造性。教师只有在充分认识教育规律以后，才能去创造出有效的教育方法。教育理论的学习，就是要提高教师对教育规律的认识，提高教师的理论思维能力，使他们在实际工作中有所创造。可能有的学员认为，教育理论在大学本科期间已经学过，入学考试又学过一遍，学位课程中还要学，是不是有重复？这种疑虑是没有必要的。学习理论是无止境的。在大学本科时期，还没有教育实际经验，那时的学习是朦朦胧胧的，对教育理论并不能透彻的理解。现在学习是带着问题学。学员都具有三年以上的教育实践，一定曾经遇到过许多感到困惑的教育问题，现在在硕士课程中学习，带着这些困惑的问题和老师共同探讨，一定会有新的收获，对教育会有新的认识。为了把理论和实际结合起来，我们还特别编写了《教育问题案例研究》。作者花了两年多的时间收集了几百个案例，供大家来讨论分析。

第二，重视学科的前沿性。编写的教材尽量能够反映学科当前发展的新成果，注意吸收国际上新的教育经验和理论研究成果，使教师学习了这些课程后能够了解该门学科发展的历史、现状和趋势，了解世界各国教育发展新动向。这不仅能够使教师学习到最新的教育理论，而且能够帮助他们开阔视野，拓展思路，有利于创造他们自己的新经验。

第三，重视研究。教材不是给教师提供现成的教育结论，而是向教师提出问题，启发思维，研究答案。中小学新的课程改革重视探究性学习，而教育硕士学位课程的学习更要重视探究。教育硕士学位要培育的不是只会教书的教书匠，而是要培养研究型教师。当然他们应该会教书，而且教得更好，但更重要的是善于在教育工作中发现问题，研究问题。也只有会发现问题、研究问题才能把书教得更好。

这套教材是试点学校的集体创作，每本教材都是由一所学校牵头，几所学校的老师参加，首先讨论提纲，然后由几位老师执笔。大家一面编写，一面试讲，多次修改，历经五六个年头，应该说这套教材是比较成熟的。但是形势在发展，学科也在发展，这套教材虽然经过多年努力，仍会有不尽如人意之处。希望读者在使用中提出宝贵意见，以使本套教材日臻完善。

顾明远

2004 年 8 月 16 日

（顾明远教授系全国教育硕士专业学位教育指导委员会主任、中国教育学会会长、北京师范大学博士生导师）

目　录

Mu　Lu

前　言

受全国教育硕士专业学位教育指导委员会委托，承担《教育学原理》一书的主编，对我来说是一项不能推却的“重负”。在几位同仁的鼎力相助下，三易其稿，今天总算可以交稿了，但并不是圆满完成。

本书难写，首先因为它是教育硕士专业学位教材。我一向主张研究生教学只要开书单，由教师指定参考书，学生广泛阅读，用专题研究的方式进行，不赞成研究生层次的课程要编教材，更不主张指定。但中国的“国情”似乎有教材“情结”；全国教育硕士专业学位又是一个诞生不足十年的学位，希望有一点必修课程的教材为教学质量作一点支撑；我的专业方向和在这项专业学位建设过程中承担的职务又使我无法推却，于是编写此书对我而言成为一种“违心”的“重负”。此外，与本书相同题材已出的书籍恐怕有无数，何以要再写一本？这一本书怎样才使它有其独特的存在价值？作为一套教材中的一本，如何与相关、相邻的教材既相区别、尽量少重复，又能自成一体，不至于支离破碎？怎样向一群有过3～5年教育、教学实践经验，具有不同学科背景，略知教育学，甚至只为考试背过教育学的专业硕士生提供一本对他们专业发展有意义的教育学原理的教材？如何使可能使用此书的教师觉得有启发且可以教？这一个个从不同角度提出的不能回避的问题，在动笔前至少要想出个大概的问题，确实使我们为难了许久。

经过编者几次的共同讨论，我们形成了以下基本共识。

第一，本书以教师发展需要为基本立场，为教师提升教育学原理的基本素养，用教育学原理的眼光重新解读自己的教育实践，在解读中形成对教育学原理的理解，看到教育学原理的存在与意义服务。我们期望教师通过这门课程的学习，知道教育学原理对于工作、对于自身发展的价值，渐渐养成一双教育学原理的慧眼，能透彻地认识教育世界，使自己在工作和发展中成为自觉之士、聪慧之人。原理不是放在嘴上讲的，原理不是明确的操作性规定，原理只有滋养了人的心灵才会有真实的力量。对于教育学而言，尤其如此。这一立场使我们关于原理的论述是渗透式的，是对每个教师在学校教育教学实践中都会面临的一些基本问题的原理式透析，是可以让学员一起来讨论、研究与他们自身实践相关的原理性问题。同时，这样的处理原理的方式也使我们不同于一般直述教育学原理方式的同类著作，使原理换了一种呈现方式，即全息综合渗透的方式，从立场、问题、结构到内容，体现教育学原理与教育实践的内在关系。

第二，本书主题与内容的选择以当代中国的学校教育变革为核心，以体现本书时态上的当代性、空间态上的本土性和校本性。我们以当代的问题为核心，作历史的延伸和理想的建构。其实，历史和未来都存活在当代之中。离开了当代，历史就会成为无活力的"遗迹"，未来就会成为虚幻的妄想。同理，不识历史和没有未来的当代，也是无意义的泡沫式存在。对于教育来说，无论是学校工作，还是个人发展，都需要有这样的时空观，也只有在这样的时空观中所认识的教育，才能呈现出教育内涵的丰富与深厚。

第三，本书阐述中渗透着编写者近十多年来的研究成果，尤其是持续了十多年，且还在深入进行的"新基础教育"研究。作出这样选择的原因，一是因为这项研究是以当代学校教育转型性变革为主要问题，是在教育学原理的层次上以理论与实践双向建构的方式开展的，也许我们上述立场的形成正与这项研究相关，所以，与我们编写本书的需要吻合；二是编写者需要有更为广阔的视野，但与自己研究经验、成果、立场、思想方法不可能脱离干系。王力先生关于"大学教师应该写书教学生，不是买书教学生"之所言又给我们壮了胆。我们所写之言是自己的研究之言，就这点而言可做到无愧；三是本书提供的一些观点和实例，也仅是供教师所用、学生所学，并非绝对真理。尤其是案例，仅是为了更好地理解理论和思考理论在实践中的具体形态，是供大家分析所用，并不是范例。如果能有些启发，就算有价值了。我们期望此书成为大家进行教育学研究和教育学素养发展的垫脚石，而不是获取学位的工具或敲门砖。如若能做到这一点，我们这番心思也不算白费了。

尽管形成了上述这些明白的、但不一定对的、我们编者之间的共识，但各人如何体现，又受题材和水平的限制，再加上时间匆忙，我们只能"分而写之"。本书第一、二章，由李政涛博士、副教授撰写，第三、四、六章由李家成博士、副教授撰写，第五、七章由杨小微博士、教授撰写。本人撰写最后一章，并作为主编两次审读书稿，提出修改意见。杨小微教授作为副主编，也承担了大量工作，且两次审读书稿。附录由杨小微、李政涛编写，硕士研究生金学成参与了附录的资料收集工作。博士研究生鲍道宏参与了书稿的校对工作。尽管我们在有限时间内作了大的努力，但确实还未达到期望状态。相信使用本书的教师和学员会对本书的改进提出很多意见。我们期待着！

叶　澜

2006 年 9 月

第一章　教师的教育学之旅

第一节　教育学从何而来

对于人生而言，所谓旅程，既有身体之旅，即从一个空间到另一个空间的转换游动，沿途的场景物象一一入眼入心；也有思想之旅、精神之旅，种种观念以文字的形式会聚成长长的画卷，思想的风景同样能够摄人心魄，甚至惊心动魄。教师的人生之旅，应该兼有身体之旅和思想之旅，在教师的眼里，每一个活泼的成长中的生命，都是一种空间、一种道路，在他的心灵中占据着特殊的位置，他的阅读文本中不能没有随着岁月流逝而不断变化着的生命：他们成长中的欢欣和愉悦、艰难和苦痛……种种的苦与乐都铺就了或平坦或曲折的大道，对于生命成长的阅读和欣赏，是教师行走中的主要方向，但是，这样的阅读常常可能会迷失方向，因为生命成长的道路不时有生命之雾飘荡，迷雾中的行走似乎也因此成为教师之旅中的常态，这样的旅程可能会成为迷离之旅。摆脱这一状况的可能方式，是行走在思想的大道上，借助思想的力量穿透迷雾，看清前行的方向。这样的思想，我们称为教育学的思想。于是，当教师行走在教育学思想的道路上时，他的阅读方向就发生了一种转向：从阅读生命成长到阅读关于生命成长的思想。

教育学原理就是有关如何通过教育活动促进生命成长的最基本、最核心的思想，它的起源、发展和变迁，本身就显示了一条独特的道路。

这条道路的起点与一个问题有关，即“教育学从何而来”?

作为一门“学科”，或者一门“学问”，教育学的知识和理论的缘起和发展与人类早期的教育活动有关，与作为一种社会职业的教师的出现则有直接的关联。

自从奴隶社会出现了“学校”这一相对独立的教育形态之后，早期的学校有了初等与高等之分。① 初等学校的教师以未成年的儿童为教育对象，主要任务是照管儿童与教他们认识文字和计算。当时的教师社会地位低下，在古希腊文中，“教师”一词由“教仆”演化而来。“教仆”是奴隶中一部分专门侍候贵族、奴隶主子女上学的人。后来，才把从事

---

① 参见叶澜主编：《新编教育学教程》，华东师范大学出版社 1991 年版，第 2～3 页。

儿童教育的人称为教师。在罗马帝国时代，初等学校的教师大多是为谋生而从教的被释奴隶。罗马的自由民不屑担任这种工作。到了封建社会，欧洲的初等学校教师主要由神职人员兼任，文化已垄断在僧侣阶级的手中。在中国则除了少数宫廷教师之外，社会上大部分的私塾教师是不甚得志的文人。尽管教学的内容发生了较大的变化，但初等学校教师的社会地位并无显著改善。

高等学校教师的情况却不相同。古代的大学以成人为教育对象，且往往由著名的哲学家、思想家或政治家开办，他们的讲学既是传授自己学术思想的活动，又是他们社会、政治活动的组成部分。如我国的孔子、孟子，古希腊的苏格拉底、柏拉图、亚里士多德等。这些大家的教育活动和学术思想不仅在当时造成了社会影响，而且对此后几千年人类文明史的发展产生了深远的影响。

无论是东方还是西方，无论是初等学校的教师还是高等学校的教师，他们与社会上其他成员的重要区别之一，都在于他们有文化，且把传授文化于他人（或儿童，或成人）作为自己的社会职业。从事这一特殊的社会职业的教师群体，在教育活动实践中积累的经验，以及他们或他人对教育实践活动中经验与问题的反思，产生了人类历史上第一批教育思想，有关这些思想的记载和论述则构成了最早的与教育有关的著作。

不过，如同人类的教育活动融于社会活动之中一样，早期的教育思想也同关于人和社会的思想浑然一体。古代文献浩如烟海，纯粹的教育专著却寥若晨星。仅有的几部作品还主要局限在学与教的实践经验的层面上。除此之外，作为文字陈述的教育知识，绝大多数都散见于宗教典籍和思想家的对话、短论、语录、论著之中。最典型的莫过于我们熟知的《论语》。这部著作只是孔子言行、语录的汇编，是思想的碎片，而不是系统的教育著作，但自其出现以后，一直被视为中国教育的经典名著。就西方而言，古希腊哲学家柏拉图的教育学说主要与他的理念论的哲学观密不可分。亚里士多德的教育思想可以说是他的灵魂论的演绎。这一切都与这些作者不是纯粹的教师，而首先是哲学家、思想家或政治活动家有关。此外，这些有关教育问题的论述还主要停留在经验概括或直觉式的结论状态，缺乏严密的论证与内在的逻辑结构。因此，它们还不能称为教育理论的专著，更不是学科形态的教育学。但不容否认的是，它们为后来者提供了丰富的思想资源，成为现代教育学的起源之一。概括来看，教育学具有双重起源：一是来自于思想家的关于教育问题的哲学思辨；二是来自于教师的实际教育、教学经验的总结。

在很长一段时期中，教育知识并不是一个独立的知识门类，这种情况直到培根(Bacon，F.)时代才开始有所改观。

1605年，英国学者培根在影响很大的《新工具》一书中认为，一切知识都来源于感觉经验，主张经验与理性结合，才能获得真正的知识。他反对那种只凭主观，不顾事实，如同蜘蛛吐丝成网的“蜘蛛的方法”，提倡先收集事实，而后整理推断，如蜜蜂采蜜。培根进而对学术作了一次系统的分层和分类，将已知的人类学术划分为九个层次。① 其中，第九个层次的学术包括探究或发明的艺术、检验或判断的艺术、保存或记忆的艺术、演讲或传递的艺术等。所谓“传递的艺术”，指的是将自己的知识表达出来并传递给他人的那种理性知识，具体包括与传递的工具、方法和润饰有关的知识。这三个方面的知识是对演讲者和著述者而言的。站在听众或读者的立场，传递的艺术还附带着两种知识：一种是校勘家的知识；另一种是教师的知识，即教育知识，其中涉及知识传递的分期问题、由简入难和化难为简的问题、因材施教的问题以及练习的安排问题等。

显然，在培根的知识体系中，教育知识居于最低层次，并且处于依附的地位，同时它又被培根命名为教师的知识。这里，对这种知识的歧视和轻视隐约可见。尽管通过培根之手，教育知识第一次登入学术的殿堂，具有划时代的意义，但在培根时代，事实上还没有学科意义上的教育知识。

要了解教育学的发展历史，首先必须界定什么是“教育学”，至少在教育学的基本问题和基本范畴方面必须明确。关于什么是教育学，可以说，古今中外，争论颇大，不同观点相去甚远。在此仅选取有代表性的观点加以综述。

中国第一部大型教育辞书《教育大辞典》中指出：所谓教育学，是指“研究人类教育现象及其一般规律的科学”②。这是对教育学最一般的解释，也是被目前我国教育科学工作者所普遍接受的定义。但这一定义过于抽象宏大，不够确切。

苏联教育学者皮斯库诺夫（Пискунов，А. И.）认为，教育学是关于专门组织的、有目的的和系统的培养人的活动的科学，关于教育、教养和教学的内容、方式和方法的科学。③ 这一定义延续了苏联教育界自乌申斯基以来的一贯主张。作为俄国教育学的奠基者，乌申斯基创造性地运用19世纪中期以后的教育学、心理学成果，建立起了他的教育学体系，即广义的教育学和狭义的教育学。所谓广义的教育学，主要是把教育作为一种社会现象来看待，凡是研究人的社会性再生产活动的理论都可称为教育学。所谓狭义的教育学，是把教育视为一种使人的心理连续不断的改造和变化的活动，凡是研究教育过程中心理的发生、发展变化的理论可称为教育学。

日本学者田浦武雄认为，对教育进行学术性研究并综合成一个理论体系，这就是教育学。④ 在这一概念基础上，他作了两点说明。其一，从研究方法来看，广义的教育学不仅指对教育的哲学性研究，也包括对教育的科学性研究。人们通常所理解的对教育进行形而上学思辨和实证分析都属于教育学的理论研究范畴，都是教育学研究的不同表现形式。其二，从研究对象来看，教育学在广义上包括学校教育学、社会教育学和家庭教育学等领

---

① 参见黄向阳：《教育知识学科称谓的演变：从“教学论”到“教理学”》，载瞿葆奎主编：《元教育学研究》，浙江教育出版社1999年版，第293页。

② 顾明远主编：《教育大辞典》（合订本），上海教育出版社1990年版，第212页。

③④ 参见瞿葆奎主编，瞿葆奎、沈剑平选编：《教育学文集·教育与教育学》，人民教育出版社1993年版，第308、320页。

域。但在狭义上与这些领域有区别，即人们讲到教育学，更多的是指以教育的哲学性研究和历史性研究为核心的基础研究。概言之，所谓教育学，就是对教育的学术性研究的总称，尤其是具有某种体系的教育理论，更有资格称得上教育学。

法国学者贝斯特（Best，F.）认为，"教育学"一词在不断地演变，最初是指关于教育的科学，或关于教育的艺术，或科学和艺术的统一。后来，人们更倾向于从科学的角度来看待教育学，于是便产生了"教育科学"一词。之后，更有从单数的教育科学向复数的教育科学演变。20 世纪以来，由于教育科学迅速膨胀，"教育学"这个名称被愈来愈加以限制，以至于仅仅等同于关于教学的原则、方法和教师职业的理论，本来意义上的"教育学"不知不觉地遭到排斥甚至否定，尤其是在英语国家，这一情况格外突出。根据此类现象，贝斯特倾向于持这种看法：从严格的认识论上讲，应保留"教育学"这一术语或概念，这不仅意味着为多学科研究和跨学科研究开了方便之门，更为诸如技术教育、职业教育等专门化的研究找到了理论上的归属。因此，教育学的含义，既包括与社会科学和人文科学有直接联系的那些教育学科，如教育心理学、教育社会学、教育经济学、教育法学、教育人类学等，也包括直接从事教育研究的那些学科，如教育史、教育哲学和教学法等。①

美国学者亨德森（Henderson，E. N.）认为，几百年来，人们把对教育过程进行研究的学问称为"教育学"，包括康德（kant，I.）、赫尔巴特（Herbart，J. F.）等人。然而，此时的教育学对实践的影响主要是在小学，尤其是涉及对教师的培养问题。一般人的看法就是这样：教师要教育好学生，必须懂得从事教育工作的基本规范以及相应的教育艺术。在美国，"教育学"作为一种理论逐步突破这种限制并最终在大学取得学术地位。1832 年，纽约州立大学首次设置教育学方面的课程；1890 年，该校建立了教育学院，并可授予教育学硕士和教育学博士学位；在 19 世纪的最后 20 年里，美国大学开始设立教育学教授职位，著名教育学者帕里（Payne，W. H.）成为美国历史上第一位教育学教授。可是，随着赫尔巴特学说在美国的传播以及当时逐渐兴起的教育科学思潮对传统教育学的冲击，一部分美国学者认为，原本属于师范学校培养教师的一门学科，要在大学的学术讲坛上占有一席之地，这是不能容忍的。这些专家以为，他们之所以在大学里有任教的资格，主要是由于他们具有关于教育的学术性研究资历和严密的知识体系，而这与作为职业训练的"教育学"有着根本的不同。于是，为了维护教育学的学术地位和他们自己的声誉，便出现了由"Education"一词取代"Pedagogy"一词的倾向，并用 Education 作为大学学科和教授职位的名称，Pedagogy 这个词在很大程度上也就弃而不用了。新的"教育学"（Education）与旧的"教育学"（Pedagogy）的根本区别有两点：其一，Education 一词涵盖面更广，远不止教学方法、学校管理这两

① 参见瞿葆奎主编，瞿葆奎、沈剑平选编：《教育学文集·教育与教育学》，人民教育出版社 1993 年版，第 334～345 页。

方面；其二，Education 更科学，或者更有利于对教育进行学术研究。从我们的观点来看，“教育”与“教育学”的确存在差别，但并不是美国人所理解的那种差别，而是“教育”一词更多地是指培养人的一种实践活动，是一个对历史上存在、今天仍然存在的一种社会现象的称谓，如同政治、经济、文化等名词一样，而教育学则更多地指对教育现象进行学术研究而形成的理论体系。①

从西方国家看，真正坚持并大量运用本来意义上的“教育学”概念的是德国人。在舒耶尔（Scheuerl，H.）和施米特（Schmidt，G. R.）合写的《教育学》一文中，他们认为，应区分四种不同意义的教育学：(1) 作为教育行为方式和观念的教育学，这主要是指从社会的角度去观察教育活动及支配教育活动的思想；(2) 作为教育理论的教育学，主要指规范人们教育行为的教育观点和教育技术，其功能是对教育实践进行指导，强化教育技能；(3) 作为教育科学的教育学，主要指运用科学研究方法对教育现象进行因果关系研究，从而帮助人们对教育进行事实判断；(4) 作为建立在牢固科学基础之上的教育学，这种教育学在形态上类似于教育理论，但比教育理论更高一个层次，它既立足于教育的科学研究基础之上，又依赖于个人的信念和人类学的沉思。简言之，这种教育学是前述教育理论和教育科学在更高层次上的综合，它不仅可以解决教育实践中的规范问题，更重要的在于它在教育目的上能提出最普遍的结论。与前几种教育学相比，它既避免了教育理论在指导实践过程中的泛化，又克服了教育科学在研究过程中的狭隘。

从以上各家观点可以看出：(1) 由于教育本身的复杂性，导致“教育学”异常复杂，对其内涵的理解需要从不同的视角、不同的层面展开，并在此基础上加以综合，因此，综合性是教育学概念的基本特征。正如苏联教育学者格穆尔曼所指出的那样：“教育学是许多学科的综合。它包括普通教育学、教育理论、教学论、学科教学法、教育学史等学科。也可以说，教育学是一门统一的学科，因为它所共同包括的各门学科都是围绕着同一个研究客体发展的，都是从其共同的世界观和方法论前提出发，用普通教育学的基本概念联系在一起的。”② (2) 教育学的内涵和外延具有历史性和发展性，在不同的历史阶段，会产生不同的理解和认识，并且会产生各种分化。(3) 教育学的研究对象不能没有人，而前述各种观点均在不同程度上忽视或者淡化了人。

那么，教育学到底是研究什么的呢？它的独特性与特殊性究竟何在？我们将通过对教育学在西方与中国的发展历程的回顾，逐渐逼近这一问题的核心，进而找到问题的答案。

---

① 参见瞿葆奎主编，瞿葆奎、沈剑平选编：《教育学文集·教育与教育学》，人民教育出版社 1993 年版，第 295～298 页。

② ［苏］阿图托夫等主编，赵维贤等译：《教育科学发展的方法论问题》，教育科学出版社 1990 年版，第 16 页。

第二节　教育学在西方的产生与发展

一、近代西方教育学的奠基和演化——教育学的学科化

由实际教育经验总结而产生的教育学，是17～18世纪的事情，而且主要是在西方国家产生和发展的。这与西方国家义务教育制度的推行，促进了当时教师教育的发展不无关系。在古代，教师的培养和选择缺乏规范和资格的规定，也没有专门的训练。如在中世纪，德国初等学校教师的培养部分是在“教书先生行会”中像学手艺一样进行。显然，这种状况难以适应实施义务教育对师资的需求。1684年，法国创办了教师讲习所。18世纪末至19世纪初，欧洲各国普遍开设了师范学校，有的国家如普鲁士还颁布了教师资格考试敕令，规定只有通过国家考试者才能获得教师资格证书。19世纪末至20世纪初，日本、朝鲜、中国等东方国家也先后开设了师范学校。教师职前培训制度在世界各国的逐步确立，客观上意味着对教师工作专门化要求的提高和培训的正规化。在师范学校中，除了设有普通文化知识课程以外，还设有培养未来教师从事教育、教学工作能力的教育理论和学科教学方法的课程，这对教育理论的发展和教育学学科的形成起了促进作用。

在初具独立形态的教育学建立的过程中，大致经历了如下发展历程。

（一）从教学论到初具形态的教育学的出现

各门学科的思想和知识原先之所以融合在哲学之中，原因之一在于其理论基础相当薄弱。随着社会生活的变化和思想资料与实际经验的积累，自然科学方面的各门基础学科，如数学、物理学、天文学等，陆续从哲学中分化出来。最初的独立形态的教育学是以经验事实为基础的教育学，它源于教育、教学经验的概括。教育、教学经验的积累，也为教育学科的独立和日益科学化提供了可能。

17世纪初，德国的教学论革新者受到培根的影响，尝试运用归纳法把较为成功的教学经验加以概括，其结果是出现了一批教学论著作。其中影响最大的是拉特克（Ratke，W.）。他在1617年发表的《新方法》中概括了一系列的教学规则，包括：按照自然规律进行教学；一次只学习一种事物；已经学过的内容必须复习；不应死记硬背；等等。但是，拉特克贡献的真正意义还不在于此，而是在教育学史上确立了一个新的起点，就是通过经验分析来构建教育学，它昭示了科学教育学发展的正确方向。

尽管如此，有的西方学者指责拉特克没有接触教育和人生的根本问题，仅把自己局限在教育方法的肤浅的细枝末节上，缺少对整个教育问题的系统思考，也就很难构建理论化的教育学理论体系。相比之下，捷克教育家夸美纽斯（Comenius，J. A.）的教育视野更为宽阔，其历时十余年完成的《大教学论》包含了丰富的教育经验的总结，并使教学方法更加条理化，特别是他对学年制和班级授课制的概括，大体上确立了近代学年制和班级授

课制的轮廓，对后来的教育实践产生了重大影响。在教育学的形成与发展中，夸美纽斯也是一个重要的转折点。有人将夸美纽斯在教育学上的建树，概括为六个基本方面。①

（1）对教育学的理论性质问题，夸美纽斯第一次作了明确肯定的回答。他撰写《大教学论》的目的在于“阐明把一切事物教给一切人的全部艺术”。用今天的眼光来分析，夸美纽斯实质上倾向于将教育作为艺术来看待，教育学理论即是有关教人学习知识的。虽然教育不一定全都是艺术，但从科学研究的角度看，将教育学的理论性质上升到这种高度，可以说“夸美纽斯是以科学精神对待教育的第一人”。

（2）在教育学理论体系上，夸美纽斯创造了一个被几个世纪的人们竞相模仿的相对完整的结构模式。后世的许多教育学著作以此结构为蓝本。

（3）在教育学的逻辑起点上，夸美纽斯首创“人本主义”逻辑起点论，这几乎为近代教育学的演进奠定了基调，甚至在当代，坚持教育学理论的“人本起点论”仍是西方教育学界思想的主旋律。在《大教学论》中，夸美纽斯开宗明义指出：人是造物中最崇高、最完善、最美好的。从这种重视人的价值的基本倾向出发，通过分析人的天赋及其可教育性，他得出一个著名的结论：假如要去形成一个人，那便必须由教育去形成。在夸美纽斯的其他著作中，他还对人的本性、才能、修养等进行分析，提出无论人的发展还是民族的进步，都有赖于教育。

（4）在教育学史上，夸美纽斯首次从科学认识的角度强调并试图探讨教育原理。贯穿于夸美纽斯的所有著作的一个基本思想是，教育要适应自然，即所谓“自然适应性原理”。他通过与自然界现象的类比揭示出教育的原理，并运用这些原理来改造当时的教育和学校。

（5）在教育学研究方法上，夸美纽斯为后世教育研究树立了典范。他在大学里学的是神学和哲学，这使他在研究教育学时，既无法摆脱宗教思想的束缚，同时又首先运用新的哲学方法。他潜心钻研前人及同时代人的教育论著，使自己的研究建立在继承和发展他人成果的基础之上。

（6）在教育学史整个发展谱系上，夸美纽斯开创了近代的“自然主义教育学”理论流派之先河。自夸美纽斯起，自然主义教育学理论作为一个流派，雄居教育学史长达一个半世纪以上。夸美纽斯以后的洛克（Locke，J.）、卢梭（Rousseau，J. J.）、裴斯泰洛齐（Pestalozzi，J. H.）等人，基本上是沿着他开创的方向，继承和发展了自然主义教育理论。直到20世纪前半期，这种自然主义教育理论传统仍然影响着西方教育学家。

依据以上观点，可以认为，夸美纽斯的《大教学论》成为近代独立形态的教育学的开端，他同时也为教育学的科学化起到了奠基的作用。与此同时，在该书中，夸美纽斯提出了这样一种教育信念：每个人都有接受教育的可能和权利，教育是形成人的品德和智慧的最重要的工具，通过对人的教育可以达到改造社会的目的。这一信念的提出，一方面打破

---

① 王坤庆著：《教育学史论纲》，湖北教育出版社2000年版，第59～64页。

了中世纪形成的压抑人性的教育传统，另一方面也开启了新的教育传统的大门。

（二）作为一门学科的教育学的形成

作为一门学科的教育学的理论体系的构建，存在着两种方式：既有哲学的取向，又有科学的追求。

自 18 世纪 30 年代起，在德国的一些大学中逐渐形成由哲学教授主讲教育学讲座的传统，哲学家康德曾于 1776～1787 年间先后四次在柯尼斯堡大学讲授教育学。康德的教育学从先验的观念论哲学出发，认为人的一切自然禀赋都有待发展，教育的任务就是充分发展人的自然禀赋，教育的最终目的是培养有道德的自由人。因此，康德的教育学把教育分成保育、管束、训导与道德陶冶。他阐述了人受教育的可能性，讨论了幼儿的保育、在儿童的身体训练中发展身心并进行心理功能的训练、道德教育诸问题，阐明了教育理想。① 尽管康德的教育学中不乏对教育事例的分析，其思辨色彩也不如他的哲学著作那样浓重，但他在整个教育学中的诸多结论，主要是依据演绎推理的方法，通过哲学思辨得出的。

受到康德的影响，那个时代的另外一些教育学者，均从康德知识论的先验体系理想出发，力倡运用思辨哲学来构建教育学，试图把教育学的科学性建立在一种结构严密的先验演绎体系之上。但同一时代，还有另一些德国学者提出了尝试建立不同于康德的构建教育学的思路。特拉普（Trapp，E. Ch.）是其中的代表人物。作为德国大学开设教育学讲座之始的第一位教育学教授，特拉普被视为从经验科学的层面试图建立教育学科学体系的先驱。他于 1780 年出版的《教育学研究》，特别强调实验心理学的作用与意义，并试图建立以实验心理学为基础的教育学体系。在他看来，这种以实验心理学为基础的教育学研究，是以有计划地对教育对象作系统的观察为起点，进行描述、分析、解释，最后导向教育学体系的建立，以对人性作经验的研究。特拉普以经验事实的描述、分析、解释为基础的教育学体系，在很大程度上，已经接近现代逻辑实证论者关于一切科学的命题都是对事实有所判定的经验命题的主张。

在教育学史上，康德的教育学对后来的教育哲学的发展颇具影响；特拉普的思想对后来教育学向经验教育科学的发展起了重要作用。而在大学里由哲学教授主讲教育学，甚至设教育学教授、开设教育学讲座这一事件本身，就标志着教育学作为一门独立学科的诞生。

（三）科学教育学基础的奠定

18 世纪与 19 世纪之交，人们已经不满足于形成一种有系统的教育学科，而力图顺应科学发展的潮流，使形成中的教育学成为一种“科学”的教育学。人们一般认为，德国教育学家赫尔巴特为“科学教育学”的发展奠定了基础。

---

① 参见［德］康德著，瞿菊农编译：《康德论教育》，商务印书馆 1930 年版。

赫尔巴特出生于一个司法官家庭，他与康德一样，幼年受到母亲很好的教养，后在家庭教师的影响下，养成了对语言、逻辑、哲学、心理学、伦理学等多方面的兴趣。1788年，12岁的赫尔巴特进入拉丁文学校学习，此时开始对康德哲学感兴趣，并以康德派自居。1794年入耶拿大学学习，受费希特（Fichte，J. G.）影响，对哲学、文学、政治学和数学特别感兴趣。遵照他母亲的意见，大学毕业后，同康德、黑格尔一样，他也当过家庭教师，并在此期间与裴斯泰洛齐交往甚密，他于1802年发表的《论裴斯泰洛齐的新作〈葛笃德怎样教育他的子女〉》一文，使他成为第一个用德语宣传裴斯泰洛齐教育思想的人。1806年，赫尔巴特发表了著名的《普通教育学》，成为科学教育学的代表人物。

赫尔巴特的教育学是建立在他的心理学基础之上的，这也是后人将他的教育学视为科学教育学的主要原因。在心理学上，赫尔巴特从其认识论出发，把一切心理现象归结为“观念”，观念的来源主要有两种：一种是经验——从人与自然接触中来，另一种是社交——从人与人交往中来，二者的融会便产生各种心理现象。为了适应这两方面的情况，学校教学科目就必须有“科学的”（自然）和“历史的”（社会）两大类。赫尔巴特对心理学有一种信仰，即将心理学作为一门科学，并建立在形而上学、数学和经验的基础上。因此，他试图以“统觉”这一概念来表征心理的特征。赫尔巴特的教育理论致力于这一概念在教育上的应用。

出于建构一种成熟的教育学理论体系的意图，赫尔巴特认为，教育学需要有它自己的概念体系，这种概念体系是以“实践哲学和心理学为基础的”①。以这样的信念为基础，赫尔巴特在《普通教育学》中初步建立了一种以教育目的为基本导向的理论模式。所谓教育、教学过程，无非是围绕着实现教育目的的人们所从事的教育活动而已。在他的另一本名著《教育学讲授纲要》中，虽然他仍然强调教育目的的重要性，如他认为“德行是整个教育目的的代名词”，但在体系结构上作了较大调整，即试图从教育教学过程本身的发展顺序和规律出发建构教育学体系，而且，通过几十年的教育实践，他对教育学要研究的问题理解更深刻、更全面了，加强了对教育科学基础的论述和对教育过程中诸多具体问题的分析。可以说，这一转变为他的教育学理论向实践转化提供了便利条件。通过分析赫尔巴特教育学体系的变化，我们可以看出，他试图在“目的—过程—方法”这一思维模式下建构具有三维结构性质的教育学理论。

赫尔巴特所建构的教育学理论，主要贡献体现四个方面。第一，他建构了一个被后人竞相模仿和因袭的完整的理论教育学体系。自赫尔巴特开始，教育学的科学地位进一步被确立，教育学理论研究成为为这个事业献身的人们所追求的目标。第二，赫尔巴特第一次为教育学找到了它的科学基础。在教育学史上，这是一个划时代的贡献。赫尔巴特以前的教育学，虽然涉及儿童心理、教学规律等，但没有一个人尝试将心理学与教育学结合起来。自赫尔巴特以后，建立科学教育学的呼声日益高涨，终于在19世纪末产生教育科学，它表明了赫尔巴特所努力的方向被后人所肯定和遵循。第三，赫尔巴特不是只知空谈理论

---

① ［德］赫尔巴特著，李其龙译：《普通教育学》，人民教育出版社1989年版，第190页。

的学究，而是试图将教育学研究置于科学条件和实践基础之上。他选择的这一研究教育学道路为后人树立了典范，并由此形成了著名的"赫尔巴特学派"。第四，赫尔巴特提出的有关教育过程的理论，如多方面兴趣的培养、四段教学法，注重教师的主导作用和系统知识的传授，对后世教育实践产生深远的历史影响。直到今天，包括中国在内的许多国家和地区的教育教学常规，仍然是赫尔巴特创立的模式。正如有研究者所指出的那样："赫尔巴特用自己的教育实践和学说为我们塑造了冷静、理智、善观察、好思索，重科学态度与科学方法，对学生的爱与严格管理集于一身，对国家忠诚并尽职的教育者形象。在实践中，对师范生的培养也逐渐规范化，形成了一定的格局：在一般文化教育和预定教学课程的专业学习的基础上，增设了一组以教育学、心理学、学科教学法为主干的教育专业训练课程，再进行一段时间的教育实习。这一格局基本适应当时普通教育对教师的要求，持续了相当长的一段时间，直到 20 世纪 50 年代才受到新的挑战。"①

二、西方教育学的当代发展

20 世纪 20～30 年代，特别是自第二次世界大战以来，西方教育学在原有的多元化分化态势基础上，继续向前发展。由于更多地借鉴其他科学（学科）的成就，出现了众多的教育学分支学科，各门教育学科的分化成为当代教育学发展的大趋势，而众多的教育学分支学科的崛起，也使得"教育科学"一词由单数变成了复数。与此同时，人们的反思意识大为增强，主要体现在对教育学本身的反思，包括关于教育理论性质的争论、元教育学和成人教育学等学科的产生与发展。

（一）教育理论性质的争论②

随着教育理论的发展，20 世纪 20 年代特别是 60 年代以来，越来越多的研究者开始对教育理论本身进行反思。这场对教育理论的反思波及美、英、德、法等许多西方国家，就其结果而言，不仅产生了许多不同的观点，而且导致了元教育学的产生。

发生在英、美两国教育学者中的关于教育理论的反思和由此带来的论争，所涉及的主要论题和论点有以下几个方面。

1. 教育学是不是一门独立的学科

美国教育学家谢弗勒（Scheffler，I.）、米勒（Miller，J. R.）、扬（Young，J. I.）以及英国教育学家彼得斯（Peters，R. S.）等人，都对作为一门独立学科的教育学持否定态度。谢弗勒认为，教育学只不过是一种职业性科目，而不是一门学术性科目，这是因为，一方面，经验世界中的各个领域与各门学科之间不存在任何对应关系；另一方面，不能用其他学科的理论术语创造一门独立的学科。米勒等人则坚持认为，为了生存，教育者必须

---

① 叶澜主编：《新编教育学教程》，华东师范大学出版社 1991 年版，第 10 页。

② 参见范国睿、瞿葆奎：《西方教育学史略》，载瞿葆奎主编：《元教育学研究》，浙江教育出版社 1999 年版，第 341～347 页。

认识和接受“不存在教育学科”这一事实。师范学院是职业学院，只有通过对促进学习的正确练习的鉴定和证实，师范教育才能在高等教育中获得生存和完成它对社会的职责。彼得斯则从逻辑和实践两个角度来论证教育学不是一门独立的学科。在他看来，一门独立的学科必须包含检验某一类型问题的答案的程序。人们只能根据他们提出问题的类型、作出答案的类型，以及他们在验证这些答案时所采用步骤的类型，在各门学科之间作一模糊的区分。由于对教育现象的研究必须通过提出许多不同类型的问题，对这些问题作出答案以及采用不同类型的验证这些答案的步骤来探讨，因此，把论述教育的各门不同的学科统合成一门学科的想法是荒谬的。就教育学研究实践而言，如果教育现象确实能够通过心理学、社会学、历史学、哲学这样一些已经建立起来的学科，以及它们的大量下位学科来探索的话，那么，建立一门“一般的教育学科”就要求这些教育学家们能够通晓所有学科，而这一点实际上是不可能的。

与此相反，另外一些学者却坚信教育学是一门独立的学科。索尔蒂斯（Soltis，J. F.）是从教育学的学术地位得到各大学的承认这一角度来认识这一问题的，他认为，事实上，最高的学位——哲学博士——是授予那些完成了一种教育学术研究的人的。因而，教育学的“学术”地位已得到大学学者、团体的承认。麦克默莱（McMurray，G. F.）等人认为，教育理论是一门“独特的学科”，它有自己的研究对象，有自己的问题，有自己的研究范围，任何探索它的人都会发现包含在学科自身之中而不是另外什么地方的理论材料和证明程序。他认为，这种学科的独特性在于它不可能从一般哲学中推演出来。贝思（Belth，M.）是从否定把教育学看作是教者（教师）“如何做”的技术性观点的角度出发，来阐述教育学是一门独立学科的。他认为，教育学凭自己的资格就可以成为一门学科，它既不是一门“应用学科”，也不是一门与社会学、心理学、人类学等一样的学科；作为一种研究，教育学是构造、使用、选择和改造各种探究模式的研究，是所有研究领域中最富有创造性的研究。

2. *教育学是科学理论还是实践理论*

一些研究者进一步讨论了教育学的学科性质，讨论的焦点在于：教育学是科学理论还是实践理论。

英国学者奥康纳（Oconnor，D. J.）明确宣称教育理论应该是科学理论。他认为，真正的理论应该是科学理论，而科学理论必须满足解释、描述和预测三个条件；教育学既然作为“理论”而存在，也必须满足这三个条件。以此为标准，奥康纳考察了到当时为止的所有的教育理论，认为这些理论大都由三个部分组成：形而上学的部分、价值判断的部分以及经验性的部分。这三者当中，前两个部分都不符合“理论”（科学理论）的标准，而经验性的部分当中又包括了心理学和社会学知识在教育情境中的运用。因此，“理论”一词在教育方面的使用一般是一个尊称。只有在我们把心理学或社会学上充分确立了的实验发现应用于教育实践的地方，才有根据称得上理论。在这种情况下，也的确有一些研究者为改进教育理论的科学性而努力，例如斯金纳（Skinner，B. F.）认为可以通过实验达到这一目标；另外一些学者则将数学模式运用到教育学研究中来，以提高教育理论的科学性。

在英、美两国，有不少研究者认为教育学主要是实践理论（应用理论）而非科学理论。比彻姆（Beauchamp，G. A.）作了比较详细的解释：科学包含许多层次，第一层次包括三类基本科学——人文科学、社会科学、自然科学；第二层次是应用性的理论，如工程理论、建筑理论、医疗理论，教育理论是其中一种。他认为，虽然教育理论主要来源于社会科学，但它又与另外两类科学有着紧密的联系。同时，教育理论又受到诸如课程理论、教学理论、评价理论等下位学科的支持。英国学者赫斯特（Hirst，P. H.）对此作了进一步详细的分析。他认为，社会中的教育组织不是一种自然的客体，使教育活动“如此”进行的那些东西也不仅仅是可观察的东西，这些非科学性因素就是形而上学、认识论和宗教学等方面的知识、价值判断和信仰。在赫斯特看来，理论中的解释不仅涉及各门科学（包括社会科学），而且涉及信念、价值等问题。这样，赫斯特认为，教育理论是一种实践理论，是“为决定某种活动而组织的知识”①。以不同的观点为基础，英国教育学者卡尔（Carr，W.）作了较为详细的概括，在他看来，在教育理论的取向上，主要有四种观点（参见表 1-1）。②

表 1-1　教育理论的取向

理论取向	观点持有者	主要观点
常识取向	师资培训人员、督学团成员	教育理论的任务，只在于识别、整理和检验体系教育者观点和信念的“实践原则”
应用科学取向	行为主义教育心理学以及坚持“理论”的“科学”标准的人	区分教育的手段与目的，但由于目的涉及不能用科学加以解决的问题，因而便不是教育理论的合理性问题；而手段问题是可以用可靠的科学知识来解决的。科学理论应取代实践常识
实践的取向	坚持启发式课程评价观、课程设计的“过程”模式、课程的个案研究等研究者	教育是一种实践活动，是一种开放的、反省的、不确定的、形式复杂的人类活动，这种活动不受理论原则的制约或技术规则的指导，而由基本的教育价值观指导，因此，教育理论的目的在于培养实践智慧。教育理论不是“应用科学”，而是人文科学或道德科学的特例
批判的取向	已引起一些教育哲学问题研究者的兴趣	教育理论的主要任务是考察教育实践中各种无可非议的信念、不证自明的例题，以及实践者的常识性的理解，其目的在于增强实践者的自主理性

①② 参见范国睿、瞿葆奎：《西方教育学史略》，载瞿葆奎主编：《元教育学研究》，浙江教育出版社 1999 年版，第 346、347 页。

（二）元教育学和教育学元研究的兴起

以上述讨论为契机，一门以教育学（教育理论）本身为研究对象的学科已经兴起，这就是“元教育学”或称为“元教育理论”。与此同时，另一类具有相关性的研究，即“教育学元研究”也得以勃兴。

从词源学的角度看，按照《说文解字》的解释，“元，始也”，即初始、起始之意。后来，逐渐发展为“为首”、“元首”之意，其中内含了更高一层的含义。在当代，当“元”被置于某一学科或某一领域的研究之前时，又有了超乎对象之上的意思。

无论是元教育学，还是教育学元研究，都是以学科本身的存在为前提，同时又都试图超乎其上，对其本身加以审视。但二者也有所不同。

元教育学研究，试图为教育学的发展立法，即确立教育学发展和判断理论是非的标准和规范，它还承担检验和分析教育学理论的逻辑的任务，试图构建一个完整的教育学体系。

当代德国教育学者布雷钦卡（Brezinka，W.）是元教育学的倡导者。他以教育学史的发展线索的梳理、对欧洲教育学者的元教育学思想以及他们对教育学历史发展贡献的分析为基础，提出了自己解决教育学的理论性质问题的思路。布雷钦卡认为，以往的教育学者在教育理论是哲学、科学或者实践理论的问题上，往往偏执一端，其结果只能是谁也说服不了谁，事实上，一方面，存在着多种构建教育理论的可能性；另一方面，不同种类的教育理论不是互相排斥，而是可以互相补充的。基于这种认识，布雷钦卡对教育理论进行了如表 1-2 所示的分类。

表 1-2　布雷钦卡的教育理论分类

教育的科学理论 ——教育科学	教育的哲学理论 ——教育哲学	教育的实践理论 ——实践教育学

在布雷钦卡看来，教育科学主要研究教育事实，揭示教育规律，说明教育“是什么”，这就是“教育科学”。与以往不同的是，布雷钦卡认为教育科学还应研究过去的教育事实，说明教育在过去“曾经是什么”，因此，他把教育历史描述学也归于教育科学的范畴。此外，教育哲学主要从哲学观点出发，透过理性批判，建立价值与规范；实践教育学则为教育行为和活动提供实用的命题系统。布雷钦卡认为，教育理论只有朝着这种分化的方向前进，才能有助于教育知识的增长。

与元教育学不同，教育学元研究不是要建立一个判断的标准，而是对这些学科里的研究活动进行进一步的研究。它不满足于对教育学科的问题进行批判，而且还对其发展过程进行判断。它不只是方法论的研究，而且还涉及学科发展史的研究。因此，教育学元研究聚焦于“发展”，即对教育学的发展过程本身进行研究，它试图把教育研究和教育学科的演化过程作为研究对象，寻找其发展过程中的不断伸展和变化，进而从历史的分析当中寻找教育学的自我意识，并为以后的发展寻找方向。

近年来，我国教育学元研究有了较大进展。研究者在反思教育学发展的同时，又在构建，即在构建教育学科的自我意识，构建教育学科可能的发展前景，构建教育学科的新基础。其研究范围，涉及教育研究方法论、教育学科发展史（分为西方和中国两大部分）、教育理论哲学基础、教育学科与相关学科发展的关系以及教育学元问题等，尽管其各自的角度不同，但都把“反思、批判、吸收、构建”作为基调，都试图为教育学的发展奠定新的基础，寻找新的方向。

（三）成人教育学的产生与发展

在教育学史上，“教育学”（Pedagogy）这个概念所表征的主要是关于儿童教育的知识，无论是康德的教育学还是赫尔巴特的教育学，所研究的都是儿童的养护、管理、训练、陶冶等问题。但是，20 世纪 20 年代特别是 50 年代以来，随着教育事业的发展，成人教育、继续教育的兴起，那种把教育只限于儿童的学校教育，认为人在前半生受教育、后半生工作的传统教育观，已不再适应时代的发展。在这种情况下，一门新兴的学科——“成人教育学”就应运而生了。所谓成人教育学，是一门研究成人教育过程和技术的科学，具体而言，就是帮助成年人学习的艺术和科学，以及对以此为目的的关于成人教育的理论、过程和技术的研究。

之所以提出“成人教育学”这一区别于（儿童）教育学的新术语，是因为接受教育的成人与儿童之间存在许多差异，这些差异进而导致关于儿童和青少年的教育原理，不可能完全适用于成人教育。有学者根据作为学习者的成人与作为学习者的儿童之间的不同特征，进一步提出五条关于成人教育学的基本假设，这五条基本理论假设涉及“学习者自身”、“学习者的经验”、“学习的准备”、“学习者的时间观”以及“学习的组织”。由此形成如表1-3所示的区别。①

表 1-3 （儿童）教育学与成人教育学的区别

	（儿童）教育学模式	成人教育学模式
学习者自身	依赖性个性	自我指导
学习者的经验	很少有价值的经验	有更多的、不同种类的经验可以用于学习过程
学习的准备	升级	社会角色方面的发展性任务
学习者的时间观	以未来为中心	以现在为中心
学习的组织	学科中心	问题中心

根据表 1-3 可以看出，首先，论者认为，儿童具有依赖性个性，在教育过程中，学习的内容、方法、时间等都由教师负责；而成人则是具有对自己的生活负责的自我概念、能自我指导的人。当然，这些说法有偏颇之处，它只是反映了成人与儿童总体而言的相对差

① 参见范国睿、瞿葆奎：《西方教育学史略》，载瞿葆奎主编：《元教育学研究》，浙江教育出版社 1999 年版，第 356 页。

别，并不是绝对不同，但意识到这一差别依然是有意义的。因此，在成人教育过程中，不应将成人当做儿童来看待，而是要充分发挥成人的自主性。其次，儿童在教育过程中，很少带来有价值的经验参与，故指望于教师、教科书编写者、音像材料制作者的经验，于是讲授、布置阅读、音像显示等成为传授方法的核心内容；而成人的经验无论在质上还是量上都与儿童大不相同，因而，在成人教育过程中，要更多地强调学习者自身经验的运用，更多地采用小组讨论、模拟练习、现场教学等形式。再次，就学习者的准备而言，儿童学习的直接目的是为了升到高一阶段的年级或学校学习；成人的学习面对的则是他的社会角色从某一阶段进到另一阶段的发展性任务。此外，儿童的学习以未来为中心，即以未来为取向，换言之，这种学习是为了儿童未来的工作和生活做准备的；成人则不然，成人的学习是以现在为中心的，为了现在的即时需要而围绕目前的各种问题来学习。最后，儿童的教育是以学科为中心的分科教学，他们要学习各门学科的系统知识；成人教育中，由于成人以满足现时的需要为目的，因而这种教育应是以解决现在问题为中心的问题教学。

（四）复数形式的“教育科学”

20世纪初，美国以实验为取向的教育科学和法国以实证为取向的教育科学，预示了后来的教育科学发展的方向，也就是说，不断涌现的教育科学分支学科，在其学科自身的科学性上，都没有偏离这两种取向。例如，在教育社会学领域里，大约以20世纪50年代为界，从早期的规范性、应用性的教育社会学向经验性、实证性的教育社会学发展，出现了许多大规模的调查研究。基于实验研究的学习理论和教学理论亦有长足发展，因计算机技术的发展而兴起的信息加工理论，使学习理论和技术更趋普及和成熟。此外，在工具性学科的范围内，20世纪先后涌现出教育测量学、教育统计学、教育评价学、教育技术学等学科。在这种情况下，单数形式的教育科学来指称如此众多的教育学科已不可能，复数教育科学的时代因此来临。复数形式的教育科学可认为是教育学横向分化的产物——教育学与其他科学“联姻”的交叉性分化的产物。

从根本上讲，由教育学或单数形式的教育科学变为复数形式的教育科学，是人们对教育学科性质的看法发生根本性变化的反映。原有的单数形式的教育学难以涵盖当今蓬勃发展的众多教育学分支学科发展的态势，也无法包含成人教育、终身教育等内容，而且，在有些西文中，它还往往成为教学论或教学法的同义语，单数形式的教育科学则往往被视为实验教育学的代名词，而复数形式的教育科学则是从历史、社会、经济、技术和政治的角度论述教育事实和情境的一些学科的总称。这表明，人们对教育问题已有一种多学科的认识，并希望通过这种多学科的认识来揭示带有普遍性的规律。

以上粗略浏览了西方教育学历史的一些主要发展进程。自17～18世纪教育学作为一门独立的学科萌发以来，人们一直在寻求教育学的合理性和科学性；18世纪以至19世纪早期的教育学家为寻求教育学的理论基础而殚精竭虑；19世纪末的教育学家试图打破赫尔巴特教育学“一统天下”的局面，出现了教育学多元化的发展态势；而20世纪初的教育学则进一步分化为不同的学科，从而使原先同一教育学科不同价值取向的论争，变为不同学科价值的论争。当代西方教育学发展的总趋势是：一方面，各门教育科学分支学科不断涌现；另一方面，人们对涉及教育学本身的有关问题的反思不断深入。如果说，早期教育学家遗留给我们许多重要的教育学著作的话，那么，当代教育学家呈现给我们的，一是色彩斑斓的教育科学分支学科，二是闪烁着智慧之光的关于教育学建设的思索。众多教育科学分支学科的产生与发展显示出当代西方教育学"学术繁荣"的特征，而关于教育学学科建设的各种思考与探索，则表明在人类学术演进过程中教育学自身反思、批判意识与学科独立意识的增强。在已经步入 21 世纪的今天，对今天以及未来的教育学家来说，如何整合各门教育学科的研究成果，使教育学成为能够真实地反映教育规律，解释教育现象并且概念清晰、体系完整的科学，是一个艰苦的任务。这在一定程度上似乎也昭示了教育学由综合走向分化、由分化走向综合这一波浪式辩证发展的历程。

三、西方教育学的基本问题和范畴

教育学的基本问题是有关"关系"的问题，主要包括三个基本问题：(1) 教育与人的关系；(2) 教育与社会文化的关系；(3) 教育中人与人之间的关系。在这三种关系中，共有的问题是"如何促进人的生命主动的成长与发展"。在讨论和解决这一问题的过程中，需要借助一些教育学的基本范畴。

恩格斯认为："要思维就必须有逻辑范畴。"① 任何科学的理论离开了范畴，就无法从事理论思维，甚至难以描述其领域的存在、经验、观念或思想。"范畴"是理论思维的一种普通的逻辑形式，也是外延最广、概括性最强的概念。每门科学都要用一定的范畴去概括其研究对象的本质、特性和规律。任何科学要利用范畴进行思维，就必须遵循一定的逻辑规则，这种逻辑规则实质上就是范畴变换、推演的逻辑，即范畴逻辑。

教育学范畴是教育理论独特的思维形式，是教育学理论的"网上之结"。首先，教育学范畴是建立在人类已有的丰富的教育经验基础之上的，是人们对教育现象和教育存在加以概括和抽象的产物；其次，教育学范畴所揭示的是教育存在或教育活动的内在结构与逻辑，而不是其他领域的存在或现象的内在结构与逻辑；再次，教育学范畴是一些概括性较强、内涵丰富、外延较广的教育领域的核心概念，而不是教育领域的所有层次的概念；最后，教育学范畴之间的关联体现出教育理论体系及其性质，反映教育内在规定及其演变，或有助于人们揭示、认识、把握和运用教育规律。

理解和认识教育学的基本范畴，对我们理解教育学的理论建设与发展具有重要价值。范畴不仅是人们特有的理论思维的逻辑形式，而且更重要的是，范畴本身就是一门科学的理论要核、"网上之结"或理论框架。

教育学的基本范畴是构成教育学理论体系的主要范畴，是其理论体系的核心枢纽。教

---

① 《马克思恩格斯选集》第 3 卷，人民出版社 1972 年版，第 533 页。

育学的基本范畴以浓缩的形式体现了教育的内在规定，并能够以教育实践为中介推演出教育的主观逻辑范畴。总体上看，教育学的基本范畴是从教育现象和教育存在中抽象得出的范畴，这些基本范畴是教育（教导）与自我教育、教育者与受教育者、课程与教学。这三对范畴具有对立统一的性质，直接来自于对教育活动的抽象，由此出发，能囊括一系列层次不同的范畴和具体的概念，也能从中推演出教育目的、教育本质、教育（教学）原则等主观逻辑范畴，这从教育学各类型、各层次范畴之间的关系及其体系的排列中，可见基本范畴的作用。实际上，教育学史上的著名学者大都是围绕着这三对基本范畴来展开他们各自的范畴体系、阐释各自的教育观的。

以此基本范畴为基础，教育学的范畴体系是以“教育存在”范畴为开端，到“教育本质、属性”范畴，然后再到“教育观念”范畴。

“教育存在”范畴是对教育后代和从原始教育形式开始的复杂教育现象进行抽象的基本范畴，如模仿、学、教、教导、教养、教育（德育、智育、美育、体育）、教育者、受教育者、教育内容、教育手段。这些教育存在范畴所概括的对象是从教育的原始胚芽形式开始的各种教育现象，因而教育存在范畴实质上也就是教育现象论范畴。

“教育本质、属性”范畴是揭示教育的普遍属性、教育的各要素内在必然联系的范畴，包括教育属性范畴、关系范畴两大类，如教育本质、教育的社会适应性、教育的个人适应性、教育的相对独立性以及教育过程、教学规律、教学原则等。本质论范畴是存在论范畴合乎逻辑地推演的结果，也是人们对教育活动、教育现象认识的第一次飞跃，是从对教育的知性认识上升到对教育内在规定性及其演变的理性认识。从教育存在论范畴到教育本质论范畴的过渡，是马克思主义认识论的必然要求。

在把握教育内在规定及其演变的基础上，形成正确的教育观念，并用以指导实践。教育目的、教育制度、教育结构属于观念论范畴，它们在形式上是主观的，在内容上则有客观性。从教育本质论范畴到教育观念论范畴，是教育的辩证法和逻辑学的内在要求。

四、西方教育学的理论类型

在西方教育学的发展历程中，对教育学本身有着各种各样的分类和分析。就发展阶段而言，我们把教育学的形成与发展分为三大时期，即前学科、独立学科形成和学科体系形成与发展三大时期。① 就教育学的类型而言，有历史的教育学和系统的教育学、理论的教

---

① 参见叶澜著：《教育研究方法论初探》，上海教育出版社 1999 年版，第 28 页。也有人将其分为“教育学的学科化”（17 世纪至 18 世纪末）、“科学教育学基础的奠定”（18 世纪末至 19 世纪）、“教育学的多元化”（19 世纪末至 20 世纪初）、“教育学的分化”（20 世纪初）和“当代教育学的探索与发展”。参见范国睿、瞿葆奎：《西方教育学史略》；黄向阳：《教育知识学科称谓的演变：从“教学论”到“教理学”》。以上二文均载瞿葆奎主编：《元教育学研究》，浙江教育出版社 1999 年版。

育学和实践的教育学、科学教育学和实践教育学以及思辨哲学的教育学、实验教育学和文化教育学（精神科学教育学）之分。每种类型的教育学都是从不同的角度和立场来分析思考教育现象和教育问题，都包含了不同的价值取向及其相应的研究方法。

从教育学研究方法论的角度看，目前的教育学理论存在着以下三大类型。

（一）思辨哲学的教育学

19 世纪末 20 世纪初，以思辨哲学为基础研究教育学的学者以那托普（Natorp，P.）为代表。在教育观上，那托普是社会本位论者，他的代表作主要有《社会教育学》、《普通教育学》以及《哲学与教育学》。

那托普认为，教育学不是一种技术，而是一门学问，“是陶冶的学问、教化的学问，是关于教育及教学问题之理论基础的东西”①。教育学要真正成为“学”，就不能仅仅为教育、教学提供指导，与实践相联系的内容只是教育学中的一部分，对于教育学来说，最重要的是形成教育与教学的理论基础，而这本身又必须借助于相关的基础理论学科。那托普关于教育学的理论基础的见解又与他的哲学观有关。在哲学上，他是一位新康德主义者，认为真、善、美以及个人与社会都出于同一根源即理念，理念显现于个人意识之中而成为个性的统一；显现于意识与意识的结合，便成为社会。那托普由此出发，认为教育目的是由使人的意识最终达到真、善、美的逻辑学、伦理学和美学构成，而不是像赫尔巴特那样仅把教育学建立在伦理学与心理学基础之上。

那托普认为，不仅教育目的应从哲学中引申出来，即使教育方法也应到哲学中去探求，因而他不赞成赫尔巴特把心理学作为教育学的理论基础。在他看来，心理学的任务并不是研究一般的、客观的心理规律，而是对个人主观意识经验的阐述。教育的方法、手段等问题应该是规定性的东西，与心理学没有关系。在将经验的规定与思维的规定紧密联系在一起的基础上，那托普认为，诸如教育方法等问题也应当到逻辑学、伦理学、美学当中去探求。因此，他的社会教育学的理论体系是从道德观念出发，推演出社会伦理的理念，再从社会伦理推演出应有的教育，即意志教育。

（二）实验教育学

19 世纪下半叶，在欧洲形成了以实证主义为主流的科学主义思潮，出现了把自然科学的观察、统计、归纳尤其是实验等方法运用于人文科学、社会科学的动向，这种思潮既对教育思想产生了影响，也使教育学研究的方法向科学化迈进，直接催生了实验教育学。其中代表人物是梅伊曼和拉伊。

梅伊曼（Meumann，E.）认为教育学应是一门独立的科学，因为教育学有自己独特的目的，即从教育和陶冶儿童的角度来考察各个具体的教育问题。因此，他否定把教育学看成是伦理学或心理学的应用的观点。梅伊曼把教育学分为两个部分：第一部分是描述和

---

① 参见钱歌川编：《现代教育学说》，中华书局 1934 年版，第 55～56 页。

说明的部分，主要说明教育的事实，如教育、教学的心理过程和一般规律，这一部分可以通过实验加以验证，因而，它像一般科学一样具有普遍性；第二部分则是根据时代、文化状态、国家、社会变化等因素对有关的事实加以组织，这一部分因为涉及教育目的等具体的价值和规范，不能用实验来验证。

基于以上观点，梅伊曼对传统教育学的性质与方法加以检讨，认为传统教育学的研究方式有两种：一是直观思维和经验概括，如卢梭；二是逻辑推理，如赫尔巴特。以这两种方式构建的教育学是概念和规范的学科，是思辨和推理的产物，其根本缺陷在于没有运用科学的研究方法——经验科学的实验方法。因此，这样的教育学只能是告诉人们怎样进行教育的实践教育学。梅伊曼把它称为教育学的组织方面。由于这种教育学缺乏可验证性，它终究不能成为科学，需要用具有科学性质的教育学加以补充，这就是通过实验来揭示教育规律、说明和阐释教育事实的实验教育学。可见梅伊曼并没有完全否定实践教育学，只是主张以科学的实验教育学来弥补传统教育学的不足。

梅伊曼认为，实验教育学的科学性表现在观察和实验上。观察是一种有目的、有计划的感知，由此得出的结果具有同一性。实验分为两类，一是为教育所适用的心理学实验，二是纯教育学实验。以此为基础，梅伊曼确定如下几方面为实验教育学的研究范围：(1) 研究学校儿童的身心发展规律；(2) 研究儿童心理的各组成部分的发展情况；(3) 研究儿童的个性；(4) 研究儿童的特殊禀赋；(5) 研究儿童的学习特点；(6) 研究教学方法；(7) 研究教师的工作和学制问题。

拉伊（Lay，W. A.）虽与梅伊曼一样，倡导实验教育学，但他对实验教育学性质的看法有所不同。可以说，拉伊的观点不仅基于对以赫尔巴特教育学为代表的传统教育学的批判，而且也是在反思梅伊曼的实验教育学思想基础上形成的。

拉伊认为，实验教育学是一种“完整的教育学”，这种完整性一方面体现在实验教育学所赖以建立的学科基础上，另一方面体现在它的研究对象上。就学科基础而言，拉伊批判赫尔巴特只是把心理学和伦理学作为教育学的“辅助学科”，他认为：“实验教育学以所有生物学科和哲学学科为基础。生物学科是指狭义的生物学（即生态学）、解释学、生理学、卫生学、心理学和精神病学；哲学学科包括知识论（认识论）、政治经济学、伦理学、美学和宗教哲学。因此，新教育学建立在比旧教育学更为广泛而坚实的基础上。”① 就研究对象而言，“实验教育学通过观察、统计和实验，不仅要探究学生的心理的，而且要探究学生的生物的、人类的、卫生的、经济的、逻辑的、伦理的、审美的和宗教的经验，以及探究学生的社会环境”②。

拉伊把实验教育学看作是与旧教育学相区别的“新”教育学和科学教育学，而实验教育学的新颖性和科学性主要体现在它的研究方法上。旧教育学以知觉、内省观察和观察别

---

①② ［德］拉伊著，沈剑平、瞿葆奎译：《实验教育学》，人民教育出版社1996年版，第14、8～9页。

人为方法，拉伊认为，这些方法本身是不完善的，实验教育学通过全面的观察、统计和实验，来补充和完善旧的研究方法。在实验问题上，他主张将心理学实验与教育学实验区别开来，并认为只有当一项实验的主要目标是解决教育学的问题时，这项实验才是教育学实验。心理学实验在心理学实验室中进行，而教育学实验则应在正常的学校环境中进行。这与梅伊曼强调实验室实验的可靠性形成了鲜明的区别。

拉伊还认为，实验教育学是“一般的教育学”。梅伊曼曾将实验教育学的任务限定为“发现事实”，认为实验教育学无非就是“实验心理学”和“事实研究”。拉伊多次批评这种观点，认为它将“实验的”教育学（发现事实）与“系统的”教育学（构建体系）割裂开来了。拉伊认为，提出假设、发现事实和构建体系之间存在着密切的联系，因此，实验教育学的任务就是立足于一般的观念，充分考虑所涉及的各种关系，系统阐述和解决某些问题。正是在这个意义上，拉伊认为：“实验教育学将成为唯一的教育学——一般教育学。”① 这种作为一般教育学的实验教育学由三个部分组成：（1）研究儿童在遗传特征、种族特征、国家和家庭特征以及个体特征中表现出来的心理倾向的“个体教育学”；（2）研究自然环境因素与儿童之间关系的“自然教育学”；（3）研究社会环境因素对儿童的影响的“社会教育学”。因此，与梅伊曼不同，拉伊不是把实验教育学视为教育学的一个分支，而是“未来的共同的教育学”。

（三）文化教育学（精神科学教育学）

自 19 世纪下半叶以来，在科学主义盛行的同时，怀疑和抵制自然科学方法的观点也十分突出。人们认为，社会现象、生命现象与自然现象在性质上有着明显的不同。因此，应当发展一门既不同于思辨哲学又不是自然科学附庸的“精神科学”。在教育学研究中，提倡建立一种精神科学教育学。“精神科学”是一个与“自然科学”相对的术语，它强调通过目的与价值等概念去理解、探索社会现象的内在价值和人类精神活动的实质。由于这种教育学建立在精神科学基础上，因而称为精神科学教育学；由于它的方法论是解释学，因而又称为解释学教育学；由于它注重从历史和文化阐释（以文化哲学和生命哲学为出发点）入手研究教育，故又统称为文化教育学。

狄尔泰（Dilthey，W.）是这一学派的主要代表人物。他认为，自然科学的方法是说明；在社会历史科学领域，应采用精神科学的方法，而这种精神科学方法论的根本点在于“体验”和“理解”。他所说的“体验”和“理解”指的是个人主观的心理体验以及对这种体验的解释。正是在这个意义上，他把这种精神科学的方法论称为“解释学”。由于对人的主观心理体验的把握和理解是在意义与价值的世界即文化史中进行的，因此，狄尔泰的方法又是一种“历史主义”的方法。从这些观点出发，狄尔泰认为，赫尔巴特的如同数学、物理学等自然科学一样具有普遍性、一般性的“普通教育学”是不可能存在的，教育的目的只有在文化史中，依据人的心理体验和理解建立起来。他主张把教育学分为两部

① ［德］拉伊著，沈剑平、瞿葆奎译：《实验教育学》，人民教育出版社 1996 年版，第 18 页。

分。第一部分从历史学、社会学、心理学等不同的角度来研究作为一种文化体系的教育学：教育学在历史学方面的研究，就是要研究教育和学校的起源和发展，比较各种教育形态等；在社会学方面，考察教育、学校与家庭、社会团体、国家、教会等之间的关系，并研究学校管理问题；在心理学方面，考察教师的教育能力以及学生的素质等问题。第二部分，教育学则要从对教育过程的分析出发，规定各种规范性的规则。

在狄尔泰的启发下，另一位德国教育学家斯普朗格（Spranger，E.）构建了所谓精神科学的文化教育学。在1919年发表的《文化与教育》中，斯普朗格阐述了“科学教育学的意义”，认为教育学既不是纯科学的东西，又不能停留在教育技术的阐述上，而应从文化与教育的相互关系入手，将社会文化的复杂结构解析为教育要素，从而提出教育的规范，因而这种教育学以某种价值为基础，阐述价值“陶冶”问题，研究陶冶的理想、陶冶的性质、教育者和作为陶冶者的社会等要素。

精神科学教育学注意到教育学要以人的教育为研究对象，因而不能像自然科学那样具有完全的客观性、普遍性。尽管这些学者不赞成采用思辨哲学的方法，但他们以超经验的“体验”和对体验的理解为基础的教育学，仍难以摆脱思辨的色彩。

除此之外，从学派的角度看，20世纪下半叶西方教育思想流派纷呈，在不同的国家里或不同的时期内形成不同的优势，其中影响较大的有要素主义、改造主义、永恒主义、存在主义、文化主义、分析主义、结构主义等。它们都以某种哲学为指导思想，提出一套教育主张。①

第三节　教育学在中国的发展历程

作为一门学科，教育学在中国是以从国外引进的方式出现。如前所述，我国自古以来逐步形成的各种有关教育的思想和观点，到19世纪末还没有发展成学科形态。当时，连力主以办师范、兴教育来救中国的维新之士都未意识到教育思想上升到学科形态的必要性。因此，我国近代教育研究与古代教育思想之间的连续性在理论形态上出现相当长的中断，使从国外引进教育理论成为中国近代以来教育理论演变的一大特征，并因此成为从娘胎里带来的记号而难以抹去。其明显事实是：中国近代教育学科的发展，其起点都是从国外引进的，连最“中国”式的学科“中国教育史”在20世纪的第一本著作，也是译自日本学者撰写的《支那教育史》。近代中国教育学以“引进”为发展的起点，已成为不争的事实。这一引进的直接需要产生于19世纪末和20世纪初中国师范教育的创办和发展。教

① 参见陈友松主编：《当代西方教育哲学》，教育科学出版社1982年版；王承绪、赵祥麟编译：《西方现代教育论著选》，人民教育出版社2001年版；陆有铨著：《现代西方教育哲学》，河南教育出版社1993年版。

育学的发展从一开始与师范教育结下了不解之缘，也是不争的事实。

一、发展阶段的划分及每个阶段的基本状态①

中国教育学科的百年发展大致可以中华人民共和国成立为分界，划分为两个时期，两个时期又可以教育学科发展呈现出的基本状态和主要特征，分为六个阶段。其中出现过三次历史性中断和三次大的转向。

（一）了解与引进西方教育学科（1901～1919年）

从翻译、介绍日本学者编写的教育学始，到国人自己编著的教育学呈现第一次高潮止，是对西方教育学科的了解与引进阶段。在这一阶段，对西方教育思想和理论的了解、引进，不是直接源于西方，而是向日本学习的产物。当时，从日本了解到的教育理论实际上是西方的。具体途径有三个：一是通过翻译日文教育书籍，将西方教育理论传入国内；二是请外籍教师；三是出国留学。在这段时间，无论是“请进来”还是“走出去”，都以日本为主。留日师范生回国以后，成为介绍日本出版的教育学著作和在师范学校中讲授教育学的主要力量。他们讲课的教材范本，或来自日本的著作，或者就是他们在日本求学时教师发的讲义和讲稿。另外，引进的内容以赫尔巴特的《普通教育学》为主，还有部分与师范教育类课程相关的学科。这一特点与赫尔巴特教育学说正处在广泛传播期相关。日本教育学者泽柳政太郎指出，当时在日本，赫尔巴特的学说风靡一时，几乎有不通其说，不能称为教育家之势。可见引进国内的赫尔巴特的教育学说，严格说起来是日本式的赫尔巴特学说。现在国内公认的该学说最早的译本是由立花铣三郎讲述、王国维翻译的《教育学》（连载于《教育世界》1901年第9～11期），而对赫尔巴特原著的翻译要迟至1936年（由尚仲衣据英译本译出）。这一时间差从一个侧面证明了“日本式赫尔巴特学说”在中国流行一时。

上述两类教育学著作，其内容基本以德国教育学家赫尔巴特的学说为依据和框架。这是直接向日本引进以介绍赫尔巴特教育理论为主的发展阶段，是近代教育学在中国的初建阶段，也是中国传统教育思想研究与教育学科建设中断的开始。

对西方其他教育学科的介绍，与国内对师范教育的需要直接相关。早在1901年，罗振玉在《设师范急就科议》中提出一系列教育类科目，并指出这些内容已有译出的书。其中有《学校管理法》、《讲授法》、《学生卫生学》等。1925年政府颁布的《新学制师范课程标准纲要》，规定开设教育原理、普通教学法、教育行政、教育统计等课程。由此可见，除教育学与教育史两方面内容外，其他学科基本上属应用型，与学校工作直接相关。当时有关师范学校办学的文件中几乎都规定，学生入学应先学日文，教科书从日文或译自日文

① 参见叶澜著：《教育研究方法论初探》，上海教育出版社1999年版，第91～127页；叶澜：《中国教育学发展世纪问题的审视》，载《教育研究》2004年第7期。

的中译本中选取。所以，其他教育学科的内容基本上也是日式的。

在这一阶段中，前十年以直接翻译讲义和著作为主，以解燃眉之急。后十年逐渐以编著的形式介绍国外教育思想。编著形式的出现，意味着中国在吸收外国文化中开始有了消化和选择的因素。翻译著作为师范教学需要所推动，并用于师范学校的教学，这说明，当时外国教育学说的引进，并没有直接涉及中国的现实教育问题和对教育理论问题的研究。

（二）转向学习欧美（1919～1949 年）

这是中国教育学界由向日本学习转向学习欧美的阶段，也是中国教育学界开始形成教育学研究的专门队伍和代表人物，同时出现结合中国教育实际与问题开展独立研究的阶段。

教育学在向外学习上呈现出以美国杜威（Dewey，J.）实用主义思潮为主、其他西方主要教育思潮和马克思主义教育学多元并存的特点；在教育学体系的发展上，呈现出各分支学科迅速形成的局面；在独立的教育研究上，宏观层面呈现出对学制设立、平民教育、普及教育、乡村教育和职业教育的特别关注，学校层面主要集中在教材编制、教授法和智力测验、教育测量和心理测量等方面。其中还有不少是借助国外的教育理论、方法、量表，以中国学校教育和学生为研究对象开展的研究。从上述两类研究产生的影响来看，宏观研究远大于学校研究。这一阶段总体上可称为积聚和建设的阶段。就学科建设由“向日本学”转为“向欧美学”，并由此带来各学科在内容体系、形态上的变化而言，可视为引进方向的第一次整体转向。

与第一阶段相比，这一阶段同样注重引进，但除了引进国别从日本转向美国等国之外，从内容看，这一阶段的引进工作，一方面重视原著、名著的翻译，西方大量教育原著被译出，如夸美纽斯的《大教学论》、洛克的《教育漫话》、斯宾塞的《教育论》、卢梭的《爱弥儿》等。这反映出引进的层次有了提高，有助于中国教育界系统地研究西方教育思想的演变，为中西教育思想、理论的沟通提供了资料基础和可能。另一方面趋向流派纷呈，不再局限于一家之言。此外，该阶段的引进不再只是为教学服务，还为教育研究服务。多种流派的引进促进了对它们的比较、评析研究，进而推动了中国对西方教育思想的研究，使囫囵吞枣式的吸收模式得到了改造。

在引进西方教育理论及研究方法的同时，这一时期开始了近代意义上的教育研究。国内学者开始撰写教育学科方面的教科书等著作，表现出对国外教育思想由介绍、翻译转向以评述为主，联系中国教育实际著述的特点。其内容呈现出博采、比较、评述、综合的特征，并大致可分为以下几种类型。一是原理型，着重阐述教育的基本原理，如王炽昌的《教育学》（1930 年）、孟宪承的《教育概论》（1933 年）和李浩吾的《新教育大纲》等。二是指导实践型，集中在学校的课程设置与教学方法等方面，如程湘凡的《小学课程概论》（1924 年）、俞子夷的《小学新课程》（1925 年）、庄泽宣的《教育概论》（1925 年）、沈百英的《设计教学演讲集》（1925 年）。三是指导研究型，内容集中在研究方法介绍，如罗廷光的《教育之科学研究之大纲》、钟鲁斋的《教育之科学研究》等，以及某一种方法或为某一类研究所用的具体方法的介绍，如陈选善的《教育测验》、朱智贤的《小学研究工作实施法》等。

（三）在批判杜威中转向学习苏联（1949～1957年）

这是教育学界批判杜威、批判新中国成立前的国内资产阶级教育思潮的时期。同时，又是全面引进苏联教育学科领域的教科书，其中流传最广和影响最大的是凯洛夫主编的《教育学》①，并把苏联的教育理论封为马克思主义教育理论的时期。中国教育学领域里发生了引进方向的第二次整体转向，由“向西方学习”转为“向苏联学习”。在这一阶段，新中国成立后的教育学发展中断了与新中国成立前的联系，形成了教育学发展史上的第二次中断。

（四）教育学中国社会主义化和政治化（1957～1966年）

这一阶段以1958年的“教育革命”为重要事件，开始了中国教育学领域全面以毛泽东思想为指导的、所谓中国社会主义教育学的建设时期，出现了教育学作为党的教育方针、政策解释和毛泽东有关教育语录的诠释的独特意识形态化的现象。1960～1964年，对上述倾向自上而下地作了调整，以批判的方式重新介绍了一些西方教育理论，但此举尚未成气候，其微弱成效很快又被“文化大革命”的汹涌浪潮冲刷干净。把这一阶段独立出来，主要因为这是在意识形态强烈控制下，第一次出现的所谓“教育学中国社会主义化”的努力。这可称为教育学科由“外学”转为“内树”的第三次大转向，这一转向使教育学科的知识性和学术性所剩无几，政治性却大为增强。

（五）毁灭性破坏（1966～1976年）

1966～1976年，“文化大革命”使教育学领域进入全面遭受毁灭性破坏阶段，它被称为“封、资、修的大杂烩”，“必须全面砸烂”的时期，是一次十分严重的第三次中断时期。

（六）在恢复重建中走向独立化（1977～2000年）

粉碎“四人帮”以后，社会各界批判“文化大革命”，在清理基地、重整队伍的基础上，教育学科进入重建时期。在长达二十多年的历史过程中，总体而言，学科建设不断加强，学术观点趋向多元，学术视野日渐拓展，国际交流日益加强，并且形成了教育学科的当代体系。尽管不同学科发展不平衡，但学科建设中的反思批判意识普遍增强，中国教育学科建设因“元研究”的出现而开始进入“自为时期”，但历史上遗留下来的诸多弊病，诸如“引进”情结、“编教材”情结、缺乏原创性研究等问题依然引人注目。总体来说，这是中国教育学科建设从恢复到繁荣和开始走向独立化的时期。

---

① 凯洛夫主编的《教育学》有多个版本。在中国影响较大的译本是据1948年俄文版，沈颖等译、1950～1951年由新华书店出版的《教育学》（上、下册），1956年由陈侠等译、人民教育出版社出版的《教育学》。

二、中国教育学发展的三大世纪问题[①]

教育学在中国的百年发展历程中，出现了一些存在于每个阶段、以不同方式出现的共同问题，我们把这类问题称为“中国教育学发展世纪问题”（以下简称“世纪问题”）。

（一）政治意识形态与学科发展的关系问题

纵观中国教育学发展的百年史，首先，我们会发现一个奇特的现象，那就是教育学在百年中出现多次的“整体式转向”或“推倒（或抛弃）重来式”的“发展”。并且，几乎每次的“推倒重来”都循着基本相同的路线：中断历史—重新启动—简单模仿（或演绎）—初级综合—建立体系。

产生这一独特现象的原因很多，但最为基本的因素是20世纪中国的社会状态、文化取向和政治需要。它们在教育学发展上首先集中表现为“政治意识形态与学科发展的关系”。这个关系又与“借鉴国外与本土研究”（简称“中外关系”）相互交织，并且都以“前者压倒后者”为基本趋势。它使中国教育学的发展缺乏活力和原创力。我们先以教育学在中国出现的第一阶段为例，通过具体综合的分析来说明这一点。

1. 强国的政治需要与教育学的引进

1901～1911年是清朝统治的最后十年，是西学东渐的一个高潮时期，也是中国主要从日本引进教育和教育学的阶段。教育学在中国的发展典型地呈现出引进性。

作为学科，教育学对中国来讲是外来的，而不是内发的。外来学科在一个国家的传播，不仅取决于这一学科本身，同时还要受到特定社会背景和传统文化背景的制约。教育学在中国的引进和传播虽然直接表现在学术上，但究其深层次的原因，是当时中国社会不可避免地要从封闭的中国变为世界的中国，且不受列强欺侮的需要。

总体上看，中国教育从古代向近代的转型与当时中国社会政治需要和政府的利益直接关联，能看到教育学最初的中国式“引进”都来自日本的政治原因。这一切使中国近代化的初始时期就树立了“教育强国”、“教育救国”的教育功能观，形成了“强国要培育新的各式人才，培育新的人才要有新的学校，新的学校要有新的教师，新的教师要有师范学校培养，培养师资要有教育学”这样一条从“强国”到“教育学”的需求转化链。面对这些需求，当时中国古代的教育制度既不能满足也不可能在短时间内通过内部改造完成，强国的需求却迫在眉睫，于是只能向那些打败了我们的强国学习。日本离中国最近，并且被国人认为也是通过外学西方、内行变法而强盛起来的国家，故被当时朝廷要臣当做第一可全面学习的国家。于是在政治与教育学的关系中，又引出了“中与外”的关系。自此以后，教育学发展中的“中”与“外”的问题，首先是一个由政治决定的意识形态问题，并非是学术发展选择的产物。所以，在一定意义上可以说，中国教育学世纪发展过程中社会政治

---

① 本部分内容主要来自叶澜：《中国教育学发展世纪问题的审视》，载《教育研究》2004年第7期。

状态与意识形态具有外在的决定性意义。它构成了一个大生态，整体上始终影响着教育学在中国的生存与发展。

2. 政治和教育学关系之探究与教育学独立意识的萌生

1912年，中华民国政府成立。民国初期的文化政策是相对开放的。出任民国第一任教育总长的蔡元培，在上任后发表的第一篇文章中，就明确指出："教育有二大别：曰隶属于政治者，曰超轶乎政治者。"① 在他看来，不可能有脱离政治之教育，但坚决否定为专制政治所用的教育。可以说，蔡元培是民国时期第一个明确区分政治与教育，但并不割断政治与教育的关系的人，也是最有力地推动学术自由的人。在教育学领域里，继"教育救国论"后，尤其在杜威的实用主义"教育无目的，教育无外在目的"的影响下，出现了"为教育而教育"的思潮，这是在认识上意识到教育与政治的分野，寻求教育与教育学相对独立的起始。这一阶段，教育学研究上开始出现政治意识相对淡化的另一个原因是西方自由主义、个性独立解放的思想，在新知识分子中，尤其是受欧美思想浸润的知识分子中相当盛行。但从根本和总体上来看，社会政治与意识形态对教育学的发展依然具有左右和主宰作用。到了国民党联美反共控制政权，民主、自由等口号就都成了"摆设"，在教育学中，作为"国产品"的以"三民主义"为原则、宣传"新生活"的政治色彩鲜明的教育学就应运而生了。②

3. 阶级斗争、意识形态对教育学的强控制

新中国成立以后，政治意识形态对教育学发展的影响与前五十年最大的不同，在于它是以革命的原则和在社会发展必然的名义下实现的。在这个过程中，"阶级斗争"思想贯穿始终，代替了以往很长时间内政治上的"爱国救亡"的口号。它带来的直接后果是对新中国成立前近五十年教育学发展的结果，对欧美国家的教育学科的思想成果，采取了完全排斥、批判和丢弃的态度。同时出现了"向苏联引进"的大转向和对新中国成立前近五十年形成的教育学的大批判，在政治意识形态的支配作用下，教育学的发展实质上又出现了一次中断和"重砌炉灶"。

1957年以后出现的批判，学术上的"拔白旗、插红旗"，进入了自上而下的政治狂热之中。1958年开始以领袖语录、教育方针的"理论"解释为特征的中国社会主义教育学的"建设"，使政治和意识形态直接进入到学科领域，实际上走向了否定教育学有学术的道路。

4. 新时期改革开放政策与教育学的发展

20世纪80年代，是中国教育学界开始对教育学的一些基本理论问题和教育学发展作

---

① 蔡元培：《对于新教育之意见》，载高平叔编：《蔡元培教育论著选》，人民教育出版社1991年版，第1页。

② 其中以"三民主义"冠名的就有张九如编：《三民主义教育学》，商务印书馆1929年版；潘廉方编著：《三民主义教育概论》，国民图书出版社1929年版等。由汪懋祖编著的《教育学》（中华书局1942年版）则明确宣称，该书是根据总裁的教育言论、训词而编写的。

前所未有的深入反思时期。但这同样也是在政治路线发生变化，“实践是检验真理的唯一标准”这一对待马克思主义基本立场得以确定的背景下才出现的气象，“大生态”环境的改变使教育学有了新生的可能。

“新生”首先从对历史问题的再讨论开始。曹孚在20世纪50年代提出的教育性质问题的观点，在1978年，由于光远在《学术研究》第3期上发表的《重视培养人的研究》一文中重新提出。于文关于“教育”与“上层建筑”二者不能画等号的观点，点燃了新时期的一场有关教育本质问题的大讨论，时间持续五年之久。① 这一讨论对教育学科发展的重大意义在于参加讨论的人大多不再沿用简单演绎的方式，从马克思主义有关社会结构的一般结论中，推演出教育学的原理式结论；在于教育学界有了不同于自50年代以来已经少见或不允许出现的学术意义上的争论。由此带来的不仅是思想的解放，也是学术的解放，而且使学科基本理论的研究与时代发展有了沟通。

1999年，叶澜在《教育研究方法论初探》一书中，从方法论意义上对马克思主义在教育研究中长期被确认为“唯一正确的方法论”的来龙去脉作了梳理，提出了马克思主义的政治理论与哲学理论的不同，作为政党以马克思主义作指导的政治方针与教育研究中将马克思主义作为方法论指导的不同，分析了新中国成立以来简单化运用马克思主义带来的危害，提出了要提高运用马克思主义的成熟度等一系列问题。② 这些观点的提出，使对马克思主义与教育学发展的关系这一唯有社会主义中国才存在的特殊问题的认识，进入到方法论层面。

综上所述，政治意识形态与中国教育学的发展的关系问题，是20世纪中国教育学发展所遇到的第一大问题，它在不同的阶段有不同的内容和表现形态。前者对后者的控制与渗透程度、影响的正负效应在不同时期也有不同。可以说，两者关系性质的多样性和多层面性，已在整个世纪的历史过程中得到较充分的展现。

（二）教育学发展中的“中外”关系问题

教育学发展中的“中外”关系，是在政治意识形态支配下相伴而生的问题。它与中国20世纪教育学发展的动力因素和资源取向直接相关。20世纪初教育学的首次引进，处在中国古代学术传统向近代学科转型的初期，教育学与其他学科相同，在“中体西用”的文化方针下出现，且时段上也相近。也就是说，在引进起点上，教育学与其他学科的差异并不大，但是经历了一个世纪之后，教育学与其他人文社会科学相比，学科成熟度和学术水平都相对显得不高。究其原因，除了作为引进源头的西方教育学本身学科历史短、成熟度不高之外，还与教育学在中国的引进与其他学科在基础上有差别，以及由此而形成的教育学领域内的“中外”关系的特殊性相关。具体来说主要有以下几点。

---

① 该讨论的详细过程与观点的描述，可参阅瞿葆奎主编：《教育基本理论之研究（1978～1995）》，福建教育出版社1998年版，第151～207页。

② 可参阅叶澜著：《教育研究方法论初探》，上海教育出版社1999年版，第135～164页。

1. 教育学初建时的“中断传统”和“全盘引进”

中国古代文化中有丰富的教育思想，但无独立形态的教育学。教育学的引进在起点上以“中断传统”和无“中外”之别的“全盘引进”外来学说为特点。

中国古代教育思想，大多是由哲学思想家、政治家和文学家提出的。从春秋战国的诸子百家的文献中就明显地呈现出这一特点，其中有关教育思想之表达，凝聚式的是警句名言，记载式的是事例描述，无论哪一类都十分简练，用当代解释学的观点来看，具有开放性，有很多阐述的可能。被中国教育史界推崇为中国最早的教育专门文献——《学记》，尽管具有重要的文献价值，但显然远不是理论形态的教育文献。中国古代教育史中的著名人物，无一人可称为专门的教育学家，且无一本独立的教育专著。若与西方教育学发展相比，这个问题显得更为突出。早在公元 1 世纪古罗马就出现了昆体良这样的教育学家。他完成了被称为西方第一本专门以教育为题材的系统著作——《雄辩术原理》，于公元 96 年出版。这本著作常被中国教育史专家用来与《学记》相比，但无论从内容的丰富、翔实和文字的数量上看，两者实不足相比。《雄辩术原理》有 12 卷，约合中文 65 万字，且是个人专著。而《学记》据考证，约成篇于战国后期，但究竟出自何人手笔，至今尚无完全定论，全篇的字数为 1 229 个，其简约程度无须再论。就近代而言，经 14～16 世纪的文艺复兴运动，先后产生了一批对近代教育发展和近代教育学具有世界影响的人物和著作。其中捷克教育家夸美纽斯于 1657 年出版的专著《大教学论》可列在最前，德国教育家赫尔巴特在 1806 年出版的《普通教育学》可谓近代教育学成熟的标志性之作，可以殿后。此间前后经历了一个半世纪。与此同期的中国，却依然主要在哲学的范畴内讨论教育问题，其代表人物从王夫之、颜元到戴震、魏源概不例外。历史尽管使中国的哲学观和教育观都发生变化和有所进展，但依然没有独立形态的教育理论专著，而且，在尚未分化的中国古代学术中，有关教育的论述从未处于核心、主干的地位。直到 19 世纪末，这种状态总体上并无实质性变化。

中国古代学术中无独立的、系统的教育理论专著这一事实，是中国封建社会文化形态缺乏学科分化的一种表现，也是因为中国封建社会教育实践中的基础教育长期处于以私塾和个别教学为主、非正规制度化的状态，很难从中产生出系统的、理论形态的教育学。处于上层地位的思想家、政治家、文学家，往往以政事、讲学、文学等为主要活动，不可能对教育作系统、专门的理论研究，故亦难从他们中产生专门的教育家和相关专著。由此可见，20 世纪初教育学在中国的引进与其他的人文学科相比，缺乏内在的学科理论根基，它是应办师范之急需，从一开始就采取了“中断传统”和“全盘引进”的方式，从一开始在内容上就无“中外”之别，把西方的教育学当做适用的教育学拿过来就“用”。

2. 教育学“引进”的中国范式

教育学在中国的百年历程中，形成了对国外教育学“翻译”、“介绍”到“述评”、“编纂”、“自编”等一系列消化吸收的中国范式，并随着吸收对象的更替而多次循环。

20 世纪初中国从日本引进的教育学，实质上是日本式的赫尔巴特的普通教育学理论。所谓普通教育学，就是指具有原则意义的、普遍适用的教育学，是反映规律、有科学基础的教育学。这种追求可以看作是自然科学中的普遍主义在教育学领域中的表现。

其实，早在 19 世纪西方教育学就产生了不同的走向，其中之一是强化赫尔巴特教育学理论的基本方面，如教学理论，并由赫尔巴特的弟子莱因等作进一步阐述，形成一种可操作的模式，以利于在实践中推行，从而使赫尔巴特学派在实践中也呈现出普遍化的特征，强化了该学说的普遍主义、工业化背景和科学主义等性质。中国 20 世纪教育学的起点恰在此。西方教育学在 19 世纪的另一走向是对赫尔巴特的批判，其中主要来自两方面：一方面是以德国精神科学教育学派的创始人狄尔泰为代表对赫尔巴特普遍主义教育学的批判，他强调，教育学不可能是"普通"的，任何教育都与一定的民族和文化联系在一起，教育学必然具有民族性、文化性和历史性，它是以特殊性为特征的学科；另一方面是以德国的梅伊曼和拉伊为代表的实验教育学派，他们认为传统的包括赫尔巴特在内的教育学，都还是一种哲学思辨式的教育学，并没有达到科学的水平，唯有改变教育研究的方法，用系统观察、统计、测量以及实验等方法，才能形成真正科学的教育学，这是从教育学应该走向彻底科学化的角度来批判传统教育学。此外，仅德国就出现了多种流派，如文化教育学、生命教育学、意志教育学等。影响 20 世纪教育学和教育实践的杜威，也在 1897 年发表了他对传统教育和教育学的檄文——《我的教育信条》。这一切，在中国借道日本引进教育学时都没有得到关注，赫尔巴特的教育学在中国引进初期就几乎成为"唯一"的了。

正是这种初期开放中的"封闭"，对教育学实际上已存在的多元状态茫然不知，使中国教育学界在教育学科建立之初，受赫尔巴特学说的影响远不止于该学说的内容、框架、结构体系、概念、观点、原理等直接的方面，而是具有更为内在的和更具有深远持久效应的影响：中国教育界接受了教育学的普遍主义，养成了对自身经验的忽视甚至卑视、对规律的坚信甚至迷信的态度。同时还因此而产生一种错觉，似乎教育学理论是可以直接由国外译出，快捷地为我所用，它不受本国基础的影响，也可与本民族的文化传统无关。中国古代教育思想存在着与民族文化、学术传统尚未分化的联系，没有内生出独立形态的、系统的教育理论和专门的教育学著作这一基础状态，则更加强化了教育学应急式地由国外全盘引进的做法。

自此开始，中国有了作为学科的教育学，其代价是同时开始了近代教育学在中国却与中国教育思想中断、与中国传统文化分裂的历史。正是由于把西方普遍主义的，在工业化时代诞生、发展、趋于成熟的教育学，当做中国教育学的发展起点，使教育学在近代中国的发展与变换，呈现出主要追随以普遍性姿态出现的教育学说更替变换的线路，教育学科在中国的出现，几乎都是从国外引进，并以国外为范本去建设的。这种借鉴、追随过度的现象长期持续和相应而养成的教育学界的"崇外"心态，带来的最为严重的消极影响是：中国教育学科的发展离"根"离"土"，长期未构筑起自己的"家园"，长期地保留着"舶来品”这一从降生之日就带有的“胎记”。

中华人民共和国成立以后，教育学发生了引进对象的转换和内容的剧变，但上述教育学中引进的“中国范式”，几乎不变的又上演了一遍。凯洛夫教育学虽被称为马克思主义的、社会主义的教育学，但它骨子里的核心部分“教学论”的基调还是赫尔巴特的。粉碎“四人帮”之后，经历了20世纪70年代末和80年代初的短暂恢复期，掀起了新一轮的翻译、编译、综述以及自编教育学科的教科书和著作的高潮。中国教育学界对待国外教育理论的心态开始走向成熟，但并未改变中国教育学界与国外教育学界相比的弱势状态、学术流向的单向性意义，要想彻底改变百年来形成的自卑情结和依赖心理，当代中国教育学界在独立、原创的意义上还有很长的一段路程要走。

3.“教育学中国化”的意识与曲折实践

在以“引进”为主旋律的背景下，教育学中国化的意识和努力时起时伏，认识有所推进，但尚未形成强大的队伍，尚未对中国教育学发展产生实质性的影响。

教育学在中国的引进，其大的文化背景是“中体西用”，但就教育学科自身的建设看，却恰恰是采取了“西体中用”的路线，即以西方的教育学为“体”，“用”于中国教育的发展。把西方教育学全盘引进从一开始就是为了用，而且是“急用”。创办中国第一份教育杂志《教育世界》的罗振玉，在该杂志第12期上刊出的《设师范急就科议》一文，充分表达了这种“急用”的心态。因此，“教育学中国化”的意识是从如何使西方的教育学理论在中国能“用”且“用”好的愿望中萌生的。

教育学教材的编写必须结合中国实际，可视为教育学中国化意识的进步。民国建立前夕，已有人提出：“故教育学有共同之原理，亦有本国之国粹。保持本国之国粹，文之以近世教育之新理，庶可以振将亡之旧国，而与列强媲美也。”① 在此议论中，实际上提出了教育学与中国文化的关系问题，确是击中要害之言。

真正认识到教育学教材的编写要结合中国国情是从辛亥革命后开始的。1914年8月28日，当时的教育部就各教科书编写所采取的方针饬令教科书编纂审查会，要求“教育科采取注重本国特殊之国民性，参合东西洋各种教育学说，标示中国的教育指针，教练生徒的方针”②。

20世纪20年代初期，推崇一时的道尔顿制并未带来预期效应，教育学界对学习美国的时髦潮流开始反思。舒新城指出：“无任何种新方法之发现，原意在补救旧的弊病，方法不过是一种手段，目的在于满足当时的需要。”所以一定要弄清“它的原理何在，产生之原因何在，这方法，是否是我们所需要”③。他还明确提出：“此时我们所当急于预备者，不在专读外国书籍，多取外国材料，而在用科学的方法，切实研究中国的情形，以求

① 《绍介与批评·教育学讲义》，载《教育杂志》1910年第5期。未署作者姓名。

② 中央教育科学研究所编：《中国现代教育大事记》，教育科学出版社1988年版，第259页。

③ 舒新城：《道尔顿制可有的弊端》，载《中华教育界》1923年第13卷第8期。

出适当之教育方法……使中国的教育中国化。”① 从舒新城的这两段话中可以看出，关于教育学的中国化问题的认识进入了新的阶段。一方面，并没有因国外借来的方法不灵验而全盘否定向外国学习，而是强调要弄清原理和产生的原因，还要明白自己的需要。这种学习的态度比拿来就用无疑是进步。另一方面，提出了研究中国情况，使“中国的教育中国化”的任务。提出这样的任务，使我们从另一个侧面看出当时的教育盲目学外国的问题有多么严重，居然要让人提出不成问题的问题：“中国的教育中国化!”

然而，这个问题是直接就中国教育而提出的，并非直接从教育学的角度提出的，况且，认识变为实践还有一个过程。从实际上看，教育学的内容虽有变化，呈现出的主要倾向是以杜威的教育理论，对教育学教材的概念、范畴等进行全面的更新，取代或批判赫尔巴特学派的传统教育学。这种批判本身并无太多的独立思考。

对于国内教育学界，长期受制于甚至追随依赖国外教育学理论的实存状态，新中国成立前的圈内人士并非无察觉、无批评，也并非所有的人都走这条道。可以说，为摆脱这种状态的努力和实践同样存在，其中最主要的有两种方式。

第一种以教育救国、强国为价值取向，从关注中国本土的教育问题入手，逐渐形成某种教育流派或理论。也就是说，这些人士是以中国旧教育的改造，创建为中国社会需要的教育实践为直接目标，经过长期艰苦的奋斗和探索，在推进实践的同时，形成自己的理论。他们是中国近代第一批教育家，以陶行知、晏阳初、梁漱溟等为代表。

以上这条简称为走“本土教育研究”的路线，在当时的社会背景下行进得十分艰难，不可能、事实上也未成为教育理论和实践的主流，各种原因使其未被当做一种中国教育学建设的资源去开发、吸收，因此也未对作为学科的教育学发展产生实质性影响。

与第一种方式的形成路线不同，第二种方式是直接从教育学理论发展的立场提出问题和开展研究。这可以简称为“教育学的本土改造”路线。走这条路的人，大多从事教育学中不同科目的研究和教学工作，他们大多有留洋的经历，有相当程度的外语和理解西学的能力。书斋是他们的主要生活场所。而走第一条路线的人，大多不是以教育学的研究，尤其不是以教学为生的人。

上述的认识和教育学科中国化的努力虽然有所成效，但又存在着两点明显的不足。

第一，中国化的努力主要集中在对中国国情和问题的关注上，属于应用性范畴。对西方教育理论的框架、基本概念等未作突破性研究，缺乏原创性是其致命的弱点。第二，关于国情的理解也较为简单和浮表，直接把政治纲领、经济国力等当时社会系统中的状态当做出发点，缺乏深入的、真正教育学意义上的思考。

20 世纪下半叶教育学中国化的努力，在前三十年有独特的表现形态。第一种形态是在“理论联系实际”的口号下进行，这主要是在 50 年代大力学习苏联教育学期间。就像新中国成立之前“学西方”一样，“理论”是外国的，“实际”是中国的。第二种形态是既

① 舒新城：《论道尔顿制精神答余家菊》，载《中华教育界》1923 年第 13 卷第 8 期。

否定历史，也无视已有理论，只与政治密切相关的“中国社会主义教育学”的建设，这是在1958年大跃进中诞生的，它强调以毛泽东思想为指导，通过简单演绎得出教育结论，或者把毛泽东与教育相关的语录和党中央有关教育文件中规定的方针、政策作为基本构成，对其进行注经式的解释，之后演化成“文化大革命”中极端语录式的教育学。另外，由学习“毛泽东思想如何创造性地发展了马克思主义原理”，而引申出对马克思、恩格斯教育思想的研究，实际上形成了以研究马克思、恩格斯、列宁、斯大林、毛泽东等领袖人物的教育思想系列，这是新中国成立前所没有的社会主义教育学的独特发展。此风直至今日还未绝迹。其消极影响不仅在于教育学科内容的单一化，更为持久的、深刻的影响是教育学的思维方式的教条化和僵化。

20世纪的最后20年，在改革开放的总背景下，中国教育学经历了新时期通过多种途径学习引进国外（包括苏联和西方各国）教育学科的浪潮。这次浪潮，使封闭了近二十年（相对于苏联而言）到三十年（相对于西方而言）的中国教育学界重新睁眼看世界，看到了自己的贫乏、僵化和差距，使新中国成立前已形成的一些教育学科，如教育哲学、教育社会学、比较教育学、教育评价学、教育统计学、教育测量学、教育研究方法等得以恢复，并将作为一门学科的大教育学，分解为教育概论、教学论、德育原理和教育行政学、学校管理学等多门学科，从而在内容更新的同时，使教育学科重新呈现出由多门科目构成的学科群的结构形态。这一次学习引进热潮所产生的效应首先是打破了学科领域的僵化与贫乏化的状态，使教育学作为一个学科群重新呈现出生气与希望。

4. 中国教育学发展的转机与进展

20世纪80～90年代，是中国教育学在学科发展意义上进展最大的时期。主要表现在以下几个方面。

（1）教育学研究视野的拓展。这突出地表现在新领域的开拓与对中国教育改革问题的持续研究上。具有典型性的是有关系统论、信息论和控制论（简称“三论”）在教育学研究中的运用。其研究的主要指向，是使教育学通过“三论”的引进，出现了不同于实证主义的分析式的科学化形态，建构了以整体结构、动态变化、信息运算和控制机制为基础的新的科学化和形式化的教育理论。另一方面是以教育学为学科背景的人员，将“三论”的基本原理作为一种思想方法来运用，形成对教育的新的认识和提出新的观点。这两方面的人物在学科背景与研究旨趣、目标上虽各异，但在把教育作为一个系统来认识这个基点上却达到统一。他们突破“学校教育”的研究视野，从大教育的立场去认识教育现象的复杂性、相互关联性和动态变化性，在扩展视阈的同时，也开拓了教育学与横断学科交叉研究的新领域。此后，通过学科交叉来发展教育学科群，也成为教育学科在中国发展的一个重要走向。

教育学研究视野的拓展，还得益于作为教育学科的基础学科的拓展与更新。自赫尔巴特始，哲学和心理学就被广泛认同为教育学建立的基础，此后社会学加入进来。到20世纪下半叶，在中国是在80年代始，教育学的基础学科突破了“老三样”，增加了人类学、伦理学、脑科学以及心理学的许多分支学科，如发展心理学、教育心理学等。基础学科拓展不但改变了视野，而且创造了教育学研究进入到微观层次的可能。对于一些老的基础学科而言，80年代以来的变化，主要在于更新，如哲学，不仅有一个重新认识马克思主义哲学以及它与教育学发展的关系的任务，而且开始关注当代西方哲学的进展，其中存在主义、现象学、解释学、批判理论、交往实践论等都被介绍过来，并影响着教育学研究。心理学中人文主义的流派、皮亚杰的认知学说、新智力理论等也很受关注。这些变化使教育学研究与以前相比，增加了对人的关注、对个体发展的关注，从而使相关理论较之以往有了大的进展。

（2）教育学研究的深化。教育学研究的深化可以从两个不同的角度去说明。

首先，从理论研究内部的变化来看，主要表现有三个方面。一是教育学基本理论的重新认识。除了上面已经谈到的“教育本质”的讨论以外，还有“教育两大功能的关系”、“教育起源”、“影响人的发展因素”、“教育中主客体关系”、“教育规律与市场规律”、“全面发展与个性发展”等。二是教育学分支学科与专题研究的深化，这方面具有代表性的是由瞿葆奎主编的两大书系的诞生。一套是由人民教育出版社自1988年起到1993年出版的《教育学文集》（26册）。这是新中国成立以来第一套教育学专题型文集，它起到了导引教育学专题研究的作用。第二套丛书以《教育科学分支学科丛书》为总称，自1997年由人民教育出版社开始出版，现仍在继续出版。这套丛书反映了我国教育科学分支学科的研究已达到了新一轮体系初建阶段，同时新的一代中青年学者的队伍开始形成。三是教育研究的方法论意识和运用水平有所提高。

其次，从对中国教育改革的研究实践的维度来看，也反映出教育学发展的深化。近二十年的实践研究存在着以下三种类型。

第一种类型是与教育行政部门教育改革决策直接相关的研究，它往往由教育行政部门提出课题、提供经费、参与领导、给予多方支持，由专家或专家组领衔组织研究，相关的部门和实践工作者参与。其中关于教育体制改革研究，高校课程、教育改革研究和评估研究，基础教育课程改革研究等，其规模较大，涉及的领域以教育的宏观和某一方面的变革为主，且呈现自上而下的特征。

第二种类型是由教育学专家针对教育改革的需要与状态，提出课题、争取立项、组织队伍进行的研究。它的特点是有理论假设，或以理论研究为先导，并在改革实践的同时，关注理论本身的建设，如由恽昭世主持的“开发学生潜能的学校课程整体改革的研究”、由裴娣娜主持的“主体教育实验研究”和由叶澜主持的“新基础教育研究”等。它由教育学研究人员支持，并有大量的教育实践工作者参与。这类研究目前规模还不大，但有其独特性。相对于前一种和下面将要涉及的第三种类型而言，它更具学术性，但又基于实践，着力于对实践品质的改造，是基于现实经验，但又要超越经验、现实的研究。它不是行政意图的贯彻，但与改革的大方向一致，并要争取行政的认同与支持。

第三种类型是实践工作者基于自身实践经验，通过总结、反思、提升所开展的研究，它主要在学校层面开展，是以经验研究见长的一线研究，大多由教育实践中的优秀教师、优秀校长领衔。

这些研究共同构成了20世纪从未出现过的中国教育改革与发展研究的盛况，催动了教育学界和教育界中一股扎根本土、敢于探索的研究力量的生长与集聚。这些直面实践的改革研究不仅促使教育学研究深化，而且会为教育学在中国的发展由“教育学中国化”转向“中国教育学”建设，即由“引进式加工”向“原创性发展”转换，提供丰富的经验、思想、理论、实践的活源，使中国教育学研究在新时期的深化发生“扎根本土”的变化。

（3）教育学的学科“自我意识”的加强和发展机制的初建。教育学的学科“自我意识”的加强，始于对学科发展状态和影响发展问题的反思。对中国教育学在新时期发展的强烈愿望和责任感，激发了这种反思的需要。其中首次作出探索的是雷尧珠1984年在《华东师范大学学报》（教育科学版）上发表的《试论我国教育学的发展》这篇论文，由此而开发了一个问题域，引出了从历史的角度反思教育学，以及教育学科群中各科目的一系列反思性论文与专著。到90年代末，形成学科发展世纪反思的历史性研究的高潮，其中，由陆有铨主编的《20世纪教育回顾与前瞻丛书》① 对教育学科各主要科目的发展都作了世纪的梳理，这是反思的第一种取向。反思的第二种取向是对造成中国教育学发展缓慢的原因透析，由此出发又形成了两种不同的走向。其一是对限制、影响教育学发展的历史条件、外部原因的分析，这大多渗透在有关历史研究之中，其中率先发表的专题论文有《教育政策与教育科学》②。其二是就教育学本身存在的问题作分析。归纳起来，又可以分成几个不同的方面：一是教育学理论体系的研究；二是教育学研究方法的反思；三是教育学发展内机制的研究。

以上这些反思性研究的会聚和提升，引出了90年代后期出现的一个新研究层面，包括元教育学研究、教育学科元研究、教育学科体系和结构研究以及教育科学学研究等一系列与学科发展内机制建立相关的元研究。在这一方面，华东师范大学的学术群体作出了集中却又各有侧重的研究。③ 在短短不到十年的时间里，教育学科体系的结构中元研究层面的出现，标示着中国教育学科发展在机制上成熟度的提升。教育学研究元层次的建立，不仅对学科发展自觉性和质量的提升提出了要求，而且对教育研究人员的基础性学养、学科专业水平、思维方式、学习能力、发现及创造开拓的意识与能力等，都提出了新的更高的

---

① 该丛书共计7本，由山东教育出版社出版，1997年出齐。

② 瞿葆奎、钟启泉：《教育政策与教育科学》，载《华东师范大学学报》（社会科学版）1980年第6期。

③ 可参阅陈桂生的相关研究，例如《教育学辨——“元教育学”的探索》，福建教育出版社1998年版；《“教育学视界”辨析》，华东师范大学出版社1997年版；《历史的“教育学现象”透视》，人民教育出版社1998年版。瞿葆奎主编：《元教育学研究》，浙江教育出版社1999年版。叶澜主编：《教育学科元研究丛书》，其中《教育研究方法论初探》和《20世纪中国教育学科的发展与反思》分别于1999年和2000年由上海教育出版社出版。

要求，也使中国的教育研究达到了前所未有的层次。

总体而言，教育学发展中的第二大世纪问题——“中外”关系问题还没有得到根本的、从理论到实践的全面解决。尤其在当今全球化与信息化的时代背景和学术界国际交流加快加强的环境中，教育学界“向外看”、“从外取”、“以外为准”的心态与学风还颇盛行，包括一些中青年学者也承继了这一传统。如若教育学界自身不作改变，那么，在新世纪，20 世纪教育发展的第二大问题有可能上升为制约教育学术发展的第一大问题，从上面的分析中我们可以看出，这决不是危言耸听。

（三）教育学的学科性质问题

教育学的学科性质问题是与教育学引进中国同时出现的问题，也是至今还争辩不清、认识颇为混乱的一个问题。它对教育学科的发展方向和路线都有直接和持续的影响。可以说，怎样认识教育学科的性质，怎样认识形成教育学科的路径，就会怎样去建设该学科、怎样去形成该学科的知识，就会设定怎样的追求目标。所以我们将它称为中国教育学发展的第三大世纪问题。

1. 教育学的学科性质问题产生的源头

从 20 世纪中国教育学发展的全程看，对教育学学科性质的认识，可以分为两个方面。一方面是教育学的知识性质问题，它究竟属于理论性学科还是应用性学科？或者以更尖锐的方式提出，教育学究竟有无理论？另一方面，教育学是科学还是哲学，是人文科学还是社会科学，或是其他？这两个问题在西方也是自教育学成为一门学科后一直存在的问题。赫尔巴特作为西方教育学之父在创建教育学时，就寻找过答案。他致力于使教育学反映由教育活动自身的过程和内容中抽象出的普遍理论，这种普遍化的努力在一定程度上就是构建理论体系的努力。赫尔巴特批评那些想把教育学当做政治工具的人，认为他们只会去求助教育学，而不是去发展教育学。他在实际上否定了教育学作为应用科学，强调教育学应揭示教育的目的，探究教育的事实与方法的普遍理论，在框架的结构性、原理的普遍形式等方面作了突破。另外，赫尔巴特还致力于使教育学科学化，他批评了以往教育学依赖于哲学或满足于经验描述状态，要求把教育学当做事实来研究，主张采用实验和系统的方法去认识学生和学校。此外，他强调要使教育学成为一个独立的学科，尽管它要有别的学科作基础，但不能成为其他学科的领地，“像偏僻的、被占领的区域一样受到外人治理”①。为此，他致力于研究教育学与哲学、心理学的区别，寻找自身的独立核心概念和原理。②从这些努力中，我们可以看到教育学学科创始人对这门学科性质的理解和定位，也可以看到教育学存在着经验知识与理论知识、科学与哲学以及与其他知识相关但必须有独立性等

---

① ［德］赫尔巴特著，李其龙译：《普通教育学·教育学讲授纲要》，人民教育出版社 1989 年版，绪论，第 10 页。

② 以上关于赫尔巴特创建教育学的指导思想，是从《普通教育学》的绪论中概括的，可参阅原著。详细论述可参阅叶澜著：《教育研究方法论初探》，上海教育出版社 1999 年版，第 55～60 页。

这些学科性质问题的“原始性纠缠”。这些问题实际上是与教育学研究对象以及教育基质的丰富性、复杂性和实践性直接关联，是一些很难回答却又不能回避的问题。教育学研究对象的特殊性，是教育学学科性质问题的真正源头。

在此，不可能展开西方关于教育学的学科性质进行争论的详细过程，只能作一个十分概括的说明。如前所述，赫尔巴特的学说在19世纪就受到了两方面的挑战。一方面是以拉伊、梅伊曼等实验教育学派为代表对赫氏教育学不是科学的指责，并试图用实验的方法去提升教育学的科学性。这种科学主义的倾向，发展到后来就是教育研究的实证方法盛行。他们以自然科学的“科学”概念为标准，对教育学非科学性、思潮性和经验性进行了批评，极端而言者，还认为把教育学称为理论只是一种“尊称”，完全否认教育学是理论。另一方面是以狄尔泰为代表的精神科学教育学派的挑战，把教育学归入人文、历史科学的群类，否定教育学有普遍真理，强调其民族性和时代性。沿着这条路线的发展，使教育学与人文学科有更多的一致，同时也沿续着教育学与哲学紧密相关的历史传统，随着哲学学派的多元而多元，甚至认为教育学理论就是教育哲学。除此以外，还必须提及的是，由赫尔巴特弟子们将赫尔巴特理论作了模式化和操作化加工以后，在实施基础教育的学校中得以大规模普及，以及结合各学科教学开展的学科教学法的研究，突出了教育学作为一种指导实践的应用、操作理论的品格。在这方面作出努力的人，大都致力于提供模式、程序，规定操作要领和说明，选择个案或范例，其努力方向是使教育学成为类似指导批量生产产品的工业技术规范的学科。在当代则表现为技术方法、范例、个案在教育学中的扩散。由此可见，经历了两个世纪，教育学科的内部对学科性质的判断，依然存在着哲学、科学、经验与技术工具三足鼎立的局面，变化的只是其中的内容，而不是总体格局。与此同时，还增添了不少学科群内部的隔阂甚至相互的轻慢与争吵。

随着教育学由一门学科，经分化、交叉、综合之研究等多种途径和长期演化，到今日形成了一个学科群，教育学和其他学科的关系，又成为一个较赫尔巴特时期更为突出的问题。许多学科，不管诞生于教育学前（如哲学）还是教育学后（如经济学、社会学），在形成与教育学科的交叉学科时，都将该交叉学科认定为是本学科的应用学科。例如，教育经济学是经济学的应用学科，教育社会学是社会学的应用学科。而在教育学科群中，则从未把教育社会学、教育经济学视为教育学的应用学科。① 这是教育学在现存的科学体系中处于边缘状态的又一种反映。

2. 教育学的学科性质问题在20世纪中国的特殊表现

教育学在中国被定位在“用”上，这几乎是公认的。然而这里的“用”还具有多重意义，却少有人深究过。为了说明问题，我们必须对此作一透视。首先，作为20世纪初被引进的“西学”中一种的教育学，在整体上是为当时中国社会由古代向近代转换所用的，

---

① 有关教育学科与其他相关学科、交叉学科的关系的批判性研究，可参阅李政涛著：《教育学科与相关学科的“对话”——从知识、科学、信仰和人的角度》，上海教育出版社2001年版。

此为"用"之最泛解。其次，教育学在"西学"中，又是属于应用类的学科。如第一个将教育学理论翻译发表于中国的王国维就认为："哲学上之研究所以终无穷期，而教育思想之所以不能固定也。"① 教育学的根在哲学。就王国维本人而言，其兴趣和功力在美学上，他的教育上的论文，很多就是依美学而应用于教育所作思考而成。在蔡元培的学科分类中，教育学属"政事学"之列，其他一些教育学科目在学科定位上，也定在应用上，如在陶孟和的《社会与教育》(该书被认为是中国教育社会学创立的标志)中明确指出，社会学分粹纯社会学和应用社会学，教育社会学则属于应用社会学之一个分支。② 这是教育学在"西学"范围内属应用学科之"用"，即上述"用"之第二解。再次，就教育学自身而言，西方引进理论为"体"，中国教育实践为"用"，都是"用"于改变中国教育实践，中国教育学界的任务被定位为"用"西方教育学，此为"用"之第三解。最后，教育学引进之初最急之"用"，是为师范学校的"教育学课程"的教学所"用"。此为教育学"用"之第四解。

上述四解，除第二解与国外有共通点之外，其他的都是在中国当时的社会背景下所特有的。第一、三两种对"用"之解所造成的发展性问题，已在上述的有关部分中作了论述，即造成教育学在中国发展的最大障碍是缺乏理论上的根基与动力。在此，着重就由第四种"用"的理解所引发的中国教育学的发展问题作一些分析。

把教育学的直接使用功能主要局限于师范院校的教学所带来的第一个大问题，就是把作为一门学科（指人类知识总体中的一门学科）的教育学，与作为师范学校课程之一的教育学混为一谈。

在中国作为学科的教育学的发展，常与教育学教材的编写联系在一起，无论在新中国成立前还是新中国成立后均如此。显然，教育学研究形成的学科性专著，虽与编写教材相关，却是很不相同的两件事。前者是建立在研究基础上，是有可能发现（哪怕是指出新问题）和提出独立见解的研究成果；后者主要是为教学所用，尤其要考虑到学生的基础和尽可能让学生了解学科领域内已有的知识和研究成果，尽可能地使学科知识有助于学生的专业成长和个体发展。两者在价值取向和用途上都有差异。由于两者并不是同一系列中的事，故这种差异不能作高低、上下之比。专著可以选作教材用，但以编教材为直接目标的工作，很少能达到专著所应达到的目标，尤其在作为师范院校公共课所用的教育学更是如此。况且，新中国成立以来，最初是大量直接搬用苏联的教育学教材，后来又以语录、方针作教材。改革开放后，尤其在初期，作为教材编写还有一个不成文的规定，即教材的内

---

① 王国维著，佛雏校辑：《王国维哲学美学论文辑佚》，华东师范大学出版社 1993 年版，第 432 页。

② 参见陶孟和著：《社会与教育》，商务印书馆 1922 年版，第 22 页。

容应是成熟的，被大多数业内人士公认的结论。① 这实际上使教材很难出现新的观点和新的形式，若有冒头的，自然会被当做“另类”看待。它十分清楚地反映了人们对“教材”理解的保守性。

其实，中国教育学教材长期忙于知识的转述或组合，并且在教材中大量讲述的是别国的理论。如此缺乏研究投入的学科怎能得到真正的发展？这种状态虽然在20世纪90年代以后有所改变，但是研究总体上还处在初期，尚未实现整体性的突破。教育学的学科建设还没有出现世纪转型。这种进步和觉醒之缓慢，显然是与教育学的建设局限于为师范院校所用，与以编写教材为主的这种实用倾向直接相关。

由此而造成的教育学发展的第二个大问题是：教育学研究范围主要局限于普通教育中的中小学教育和局限于学校教育。师范院校的学生以当中小学教师为职业定向，因此，教育学作为中小学教师的专业培养的课程内容，就与职业方向相对应。在教育学中，与其他类型和层级的教育——职业教育、高等教育、学前教育、成人教育、特殊教育等相对应的学科，相对都发展得较晚和较薄弱，而且在开始建设这些学科时，其中的原理部分、教学部分，往往从“普通教育学”中演绎而生。另外，教育学缺乏宏观研究，缺乏包含人生全过程和与不同生活、场所相关联的整体式教育视野，这使人们对教育学的认识也产生众多的误解和偏差。可以设想，如果教育学跳出服务于师范教育的局限，把它拓展成对作为人类实现文化传承与创造的机制研究的教育之学，作为实现父母必尽之责的教育之学和作为个人在不同人生历程和环境中实现创造、自我完善和有意义的人生所必不可缺的教育与自我教育之学，那么，教育学的发展方向、学科价值与地位就不会是如今的状态，它将成为人之成为人所必须的学问和能力之一。为中小学教育、教师培养所用的学校教育学，只是其中的应用性中的一个分支学科。

第三个大问题与从事教育学教学或研究的人员相关。首先是由于上述的这种局限，使其中相当多数的人把自己的眼界局限于所教的科目，哪怕是对中小学教育也缺少真正实地式的研究，头脑里有的是由大量的概念、理论、原则组成的“教育”，而缺乏鲜活、真实、有血有肉的教育。教育世界中的事实通常只作为例子，为说明某种理论、为取得生动效果而在教学中起作用。其次是教育学界的圈子的局限，教育学界不太有人积极主动地投入到文化研究中去，甚至连关心和知晓的人也为数不多。其他学术界对教育学的茫然无知或以为只是教学方法之学，使教育学界与其他学术界的学术沟通发生阻隔。人们更愿意把教育学界与中小学教师联系在一起，而不是与学术界联系在一起。这突出地表现在：中国学术界、政府行政管理部门以及一般老百姓的头脑中，缺乏“教育家”与“教育学家”的区

① 关于这样一种观点，我们并不完全赞同。尤其在高等学校的专业教育中，教学应建立在教师研究的基础上，尤其是人文、社会科学，不同的人编写的教材，可以且应该有不同的观点与风格，反映自己的观点和研究成果，教材应介入学科前沿问题的研究与讨论。按原先的观点编出的教材，常常是一种现成结论的集合和阐述，对大学生创新意识和创新能力的培养都不会有大的帮助，且易把教师的精力都引到讲述、教学的方法和技巧上，而一些有思想的教师则不愿承担教学任务。

分，往往统称为“教育家”，而且各专业中有名望的专家都不难获得一个“教育家”的称号。至今为止，在属国务院主管的中国社会科学院建制中，不设教育学研究所，另列的中央教科所则属于教育部领导。改革开放以后，哲学、社会科学研究越来越受到重视，制定了一个个哲学、社会科学研究规划，而在评审课题时，唯有教育学类是与教育部各行政部门、地方教育行政部门和中小学提出的教育研究的课题合在一起由全国教育科学规划领导小组办公室作单独评审，其他人文社会科学中都没有出现这种现象。这些看似具体的称号和事情，实际上深刻地反映了教育学在许多人，包括一些政府和教育部门领导人那里，并未被当做“学术”的一种基本立场。这个问题也与教育学长期被定位在为师范教育所“用”有关。

由此可见，中国的教育学若不从上述的“用”中走出来，它在21世纪的学科发展中依然会是相当艰难的。当然，在此并非是说教育学要与中小学教育实践脱钩、与教师教育无关，而是说这些内容是教育学研究的一部分，并非全部。

教育学作为一个学科群，其内部应有基本理论研究与应用研究的区别。任何一类学术性知识的发展，都有基本理论与应用研究之别。尽管这两大部分有着双向的不可分割的交互作用，但所有的交互作用都是以区分为前提的。教育学之所以缺乏与其他社会、人文科学平等对话，就其本身而言，缺乏不可取代的独特性和缺乏深入意义上的基本理论水平是主要原因。

最后应简要论及的是教育学在人类知识体系中的位置。教育学由哲学中分化出来，但与哲学不但一直没有彻底“决裂”，相反，教育学理论的发展至今为止还与哲学的发展密切相关，这一事实本身也反映了教育学的学科性质，反映了它与人对世界和自我的认识水平之间的不可分割性。

20世纪教育学在中国的发展过程中，还相对集中地出现过两次推进教育学科学化的高潮。这里的“科学”是指自培根以后逐渐形成的以物理学等自然科学为范式的科学概念。教育学在中国追求科学化的高潮，第一次出现在杜威来华讲学，美国的克伯屈等专家将设计教学法、道尔顿制等介绍到中国以及西方一些实验心理学的手段、方法和教育科学研究的方法相继引进中国之时，当时，有学者和一些中小学开展这些实验，并且主要集中在20～30年代。作为社会文化大背景的有1923年学术界发生的“科玄之争”，最后以科学派的胜利告终。其中最重要的原因除了当时的中国确实需要科学，太缺少科学，尤其缺少科学的精神与态度之外，还因为“玄”派打出的“人生观”旗号中，从各种角度和不同程度地与五四时期作为批判对象的儒学相联系，因此，很容易被看作是保守势力的代表，不受革命、改革或倾向于此的人所欢迎。

在这种背景下，教育学科中的一些有志之士，也想借助于科学，提高教育学的学科地位，不少中国教育学者积极倡导教育学的科学化。夏承枫的表述可谓典型。在他看来，教育学术至今不能成为科学，这是古今从事教育者的奇耻。“教育学术在学术上的地位一天不确定，教育事业便不能赎回固有的独立性质，用科学方法增进教育效率的理想永远不能实现。”从这个意义上来看，现代教育学术趋向科学方法，“亦可算是教育学术界的雪耻运动”。他认为：“教育学术科学化问题，不独是我们少数人事业成败问题，乃是教育事业成败问题。”为此，他提出：“此后我们的努力，应当促成教育学术为独立的、专门的、严整的、充实的应用科学，使一般人无冷讥热嘲、排斥嫉视、乱发议论、乱作文章的余地。”①这是对教育学科学化的热切期望，反映了中国教育学者要把教育学建设成为一门独立学科并提升其专业水平的强烈愿望。

钟鲁斋则对教育学成为科学后的形态和价值作了更具体的说明。他指出：“若教育学变为一种真正科学，一切教育方法和效率都有客观的标准，正确的量表，去权衡、去批评，其造成教育学上的原则和定律，与自然科学的原则和定律的相同的位置。那时教育学本身的价值，可以提高。一切教育事业非有教育学者去办不可，教学非习过教学法和教育原理者去担任不可，教育的问题非用着科学的方法去解决不可。如此教育学愈有研究的必要，教育家愈有特殊的权衡。”②

在此期间，教育学界翻译、编著了大量有关教育研究科学方法和工具的书籍，其势之盛，达到了空前的程度。然而在教育学的实际研究中，这类研究方法并未得到广泛的应用，其效果也远未达到所期望的那样出色，其最实际的用处和效果是为教育系的学生开设了有关“教育研究方法”的部分或系列课程，从而使这方面的研究人才不至于因新中国成立后一度停开，造成后继无人。

在此，我们想再一次提到梁漱溟在更广的文化人生范围内去看教育的性质，由此而引出的教育学思考。他认为，中国人的教育偏着在情意的一边，“西洋人”的教育偏着在知的一边，这种教育的不同，是由于两方文化路径根本异趣。③ 在他看来，两者都有偏颇，他主张“教育应当是着眼一个人的全生活而领着他去走人生大路，于身体的活泼、心理的活泼两点，实为根本重要，至于知识的讲习，原自重要，然固后于此”④。他认为，教育就是帮助人创造，它的功夫用在许多个体生命上，求其内在的进益开展，而收效于外。无论为个人计，或为社会打算，教育的贵重，应当重于一切。⑤他十分痛心于当时的社会不看重教育，提出“社会帮助人生向上，一切合于教育意义，形成一个完全教育化的环境，启人向学之诚，也萃力于创造自己，其结果，亦就是学术发明文化进步，而收效于社会，这样，才合于‘人生在创造’那意义”⑥。从梁漱溟这番论述中，我们可以看到，他跳出了科学、哲学、技术几分的方式来认识教育，着眼于人生、文化等更为根本的角度来讨论教育问题，因而得出教育应重于一切，教育应化为环境，教育应着力于人生的创造这些与众不同的结论。这样认识教育的视野，完全有可能引出一种超越于将人类知识划分后，再定教育学属于哪一种知识的思路，而是从教育本身的特性找出教育学的知识性质。遗憾的

① 夏承枫：《教育学术科学化与教育者》，载《教育杂志》1926 年第 18 卷第 2 号。

② 钟鲁斋：《教育科学研究之史的演进及其最近趋势》，载《中华教育界》1937 年第 4 卷第 11 期。

③④⑤⑥ 宋恩荣编：《梁漱溟教育文集》，江苏教育出版社 1987 年版，第 2～3、221～222 页。

是这些真知灼见未引起教育学界的真切关注，因而也未成为一种教育学的学说或流派得以存在和影响后学。

20 世纪第二次教育学科学化热情之提升，是在 80～90 年代。其背景是批判教育领域中极“左”路线后，使新中国成立后被否定的一些关于教育研究科学方法的科目，在教育系课程中重新开设，并逐渐成为指导群众性教育研究、培训科研人员的必学的课程。80 年代初期，对苏联教学论专家赞科夫的教学改革实验及其相关著作的翻译，又加深了实验研究对于教育学发展重要意义的认识。1991～1992 年，《教育研究》还辟出“教育实验科学化问题的探讨”专栏，先后发表了 26 篇文章。80 年代中期开始正式出版第一批教育研究方法书籍。此外，随着社会学和教育社会学的复苏，使问卷研究法又风行一时，推动了教育实证研究的开展。在这一时期，讨论的问题在范围上并没有超出二三十年代的水平，有的甚至还尚显不如。对教育学学科属性的深入讨论，至今虽未形成统一的观点，但已经开始不再用简单两分或三分的方式思考问题，而是注意用多元多维的方式作综合研究，也已经有人关注到教育学对象性质的复杂性，主张用复杂科学的思维方式来认识教育，提出教育学可在新的知识分类中，归到复杂科学一类的见解。但是，这个问题还值得作更深入系统的研究，它的真正解决可能将在创建新的教育学的过程中实现。

以上论述的中国教育学发展的三大世纪问题，若要作进一步聚焦，可集中到教育学的学科独立性问题上。20 世纪中国教育学在太多的束缚与依附中建立，它既受意识形态的强控制，又追逐着国外教育学说的变化，还受着学科性质认识停留于应用的自我局限，依附于交叉学科中的其他学科，扮演着随从的角色。如果没有改革开放这 20 年的重要变化，带来从社会环境到研究条件和研究人员、研究成果等多方面的改善，对新世纪教育学科的发展真不敢抱乐观的态度。教育学在一个世纪发展中走过的曲折和付出的“学费”，换来的最重要的启示就是要提升教育学科的独立学术品格和力量，教育学界要为此作出持续和艰苦的学术努力。我们的眼睛不能只是向上看，向左、右、东、西看，向后看；还要向下看，向内看，向中看，向前看。教育学在新世纪发展的方向不应再是以西方为本作前提的“中国化”，而是要创建中国教育学。这里的“中国”，其内涵不只是指教育学要从本国的文化传统中找到自己的根、开发其当代价值，也不只是指教育学要以本国的教育实践和教育问题作为发展教育理论之不可或缺之源，而且指中国学者应为教育学发展作出世界性的贡献。教育学的世界宝库中应该有中国的原创性成果，要为中国教育学界与世界其他国家教育学界交流时能平等对话、相互影响作努力。教育学的学术独立性加强，还要求我们以新的思维方式和新的视野来重新认识教育及其教育学的性质，要求我们加强教育学自身的基础理论和方法建设，而不是专门向别的学科去“借”这些对于一个学科独立性来说的标志物。如果我们在新世纪能走出教育学独立行走的新路，那么，过去一百年付出的代价就十分有价值了。唯有有了独立性，才有创造的可能。

除此之外，20 世纪中国社会由古代封建社会向近代工业社会的转型，直至今天还没有全部完成，尤其在思想、文化和教育界。但是，百年回顾使我们看到，20 世纪的先进知识分子，包括教育界的进步人士，确实为近代教育在中国的诞生，为中国近代化培养人才和改变社会风气等方面，作出了巨大的努力和不可磨灭的贡献。与此同时，中国的教育学界也为中国教育思想向近代教育学科的转换作出了不可替代的贡献，为中国教育的近代化作出了贡献，为教育学的中国化作出了各种探索和贡献。更为可贵的是，在实现以上诸多的转型中，思想、文化界形成了一种不同于古代的学术传统，那就是启蒙开拓的学术传统，在世界文化背景下重新认识和发展中国文化的反思与重建的传统。尽管这个传统的形成经历了十分艰难的历程，甚至并未成为一种主流的、持续增强的传统，但它确实是促使和支撑中国思想和文化界开拓向上、革新和创造的强大精神力量。有了这种力量，无论身处多么艰难的环境，中华民族最宝贵的自强不息的精神就能转化成强大的实践力量。当今我们面临着实现中国社会、中国教育、中国教育学的当代转型的任务，特别需要发扬这种近代化过程中形成的启蒙传统，努力开创中国教育学的新纪元。这也是近百年中国教育学界留给当代的最宝贵的财富。

第四节 教育学与教师的实践智慧

在教育学科群中，教育学原理处于特殊的地位。首先，它是“原理之学”，探讨的是有关教育的原点性、基本性的问题，即“教育如何促进人的生命成长与发展”。这一问题同时也内含了教育中内在的最基本的关系，这就是教育与人的生命发展的关系、教育与社会文化的关系，以及教育生活中人与人的关系（包括师生关系、生生关系和师师关系等）。教育学原理将对这些关系性的基本问题，作出自己的基本判断和分析。其次，教育学原理构成了其他学科发展的前提性、基础性思考。教育学原理所聚焦的问题及其对问题的分析，既是其他教育学科共同的、普遍性的问题，也成为其他教育学科发展的前提和基础。

以这种特殊性为基础，教育学原理（为了行文的简洁，以下均称为教育学）显现了自己的特殊品性。

一、教育学的理论品性

无论什么样的教育学，都与这样一些问题有关：教育学到底是一门什么样的学问？它的特殊性在哪里？它对教师有什么意义和价值？要回答这些问题，我们首先需要回答教育学的特殊性在哪里？这些特殊性具体表现在以下几个方面。

（一）教育学的特殊性受到研究对象的特殊性的支配和决定

教育学是以教育活动为研究对象的，而教育活动是人为的社会实践活动，是以人为直接对象，以影响人的生命成长与发展为直接目的的，因此，教育活动是促进人的生命发展的一种独特的实践活动，即生命实践活动。这是相对于其他的人为社会实践活动而言的教育活动在对象与目的维度上表现出来的特殊性。

第一，把人作为活动指向的直接对象，这就将教育活动与一切以物为对象（或生产或消费、或传输或交换）的活动区别开来了，也与直接生产或消费精神产品的活动区别开来了。

第二，把教育活动的直接目的确定为影响人的生命成长与发展，既能体现古今中外各种教育直接目的的抽象共性，又能将教育活动与其他以人为直接对象的活动，如以医治和保护人的身心健康为直接目的的服务性活动区别开来，体现了教育活动在目的上的特殊性。还需要说明的是，“影响人的生命成长与发展”是指在一定价值观指导下的教育直接目的。

第三，教育活动具有双边、共时、交互作用性和要素关系的复合性。教育活动至少有教者、学者和教学内容三要素构成，教育过程至少有教与学两类活动组成。两类活动同时开展，并产生交互作用，并且只有产生交互作用时才构成真正意义上的教育活动。这就是所谓的双边、共时、交互作用性。如果教育活动中的交互作用能形成合力，并且共同指向教育目标的完成，那么，这样的教育不仅是有机存在的，而且相对于目的来说是有效的；反之则是无效或低效，甚至是反效的。无论何效，总是由双边交互作用产生的。这可以看作是教育活动比其他一切人类社会活动复杂的重要特征。

第四，教育活动具有预测性与活动过程中的动态生成性。

第五，教育活动的本质是在特殊的交往活动中有目的地使社会对学习者的发展要求，向学习者的现实发展转化，使学生的多种潜在发展可能向现实发展转化。

针对教育活动的如上特殊性，教育学的特殊性就在于它以促进人的身心发展为直接对象，主要研究的问题是：人怎样通过教育活动来促进生命成长；其基本信念是：人的生命成长要通过教育实践来促成；其考虑的核心问题是：人的生命成长如何通过教育实践来促成。然后，教育学还要考虑人的生命有哪些方面的成长，与环境、与时代有什么关系，教育如何去选择影响生命成长的种种因素和条件等。

（二）教育学是一种事理研究①

所谓事理研究，是指对人做事情的依据和有效性、合理性的研究。它不同于一般所言的现象研究仅要求对现象进行描述和说明，它是为“成事”，即办好此事而开展的研究。教育学就是这样一种事理性质的研究。

事理研究既不像自然科学是对人的外界物体之研究，以说明“它是什么”为直接任务，也不像精神科学是对人的主观世界状态的研究，以说明主体“我”之状态、变化、性质以及为什么会如此等为直接任务。它以人类自己所创造、从事的活动为研究对象，既研究事由与事态、结构与过程、目标与结果等一系列与事情本身直接相关的方面，也研究如何提高活动的合理性、效率、质量与水平。事理研究的目的指向如何使活动更富理性，如

① 参见叶澜著：《教育研究方法论初探》，上海教育出版社 1999 年版，第 320～324 页。

何通过活动更好地满足人们对从事这项活动的需求。因此，它是一种既要说明是什么，又要解释为什么，还要讲出如何做的研究，包括价值、事实和行为三大方面，并且三大方面呈现出三种时态（过去、现在和未来），涉及活动主体与对象、工具与方法等多方面错综复杂的关系。如此的复杂性，是对物的研究与对精神的研究都未面临的。所以，事理研究中理论研究与实践之间具有从对象到目的的直接关联性，它的研究领域的变化常与实践的需求和进展直接相关。正是事理研究与实践的这一特殊关系，使事理研究不同于物质研究和精神研究，成为以综合研究为特征的一种研究。

事理研究的另一个特征是关注人作用下的事物间的转化。这里不仅有形态的、结构的转化，而且有物质与精神之间、不同主体之间、实践阶段之间、人所处的外部世界与精神之间、社会与个体之间等多方面、多形态、多时态、多事态、多主体的多重多次转化。其复杂性，任何物质形态之间和任何精神形态之间的转化都不可比拟。事理研究的这一特征可称为动态性。

总之，教育学的性质属于事理研究。它以研究教育的综合生成和动态转化过程，揭示这一生成过程的一般规律为理论研究的目的，其中包括教育活动的价值取向及规律性演变（含教育目的的形成与变化）、教育过程的本质及规律研究（含教育要素之间动态的相互作用及转化）。

（三）教育研究是一种转化性研究

当教育学是事理研究之时，它必然以关注“转化”问题为特征。人类社会实践活动都是为了实现某种转化，满足人的某些需要。既然教育活动中有人与人的相互作用，“人—人”关系是教育活动的本质关系，那么，“把外在的知识、价值观念和规范等文化转化为个人的内在精神，是教育活动中最本质的转化”①。

在教育活动的最终转化环节中，从活动的整体来看，实现的是由教师为代表的社会主体的目标追求向以学生为代表的个体发展的转化。它包括了相对于学生来说的外在的教育目的向学生自身发展需求和价值观形成的转化，外在的教育内容（社会提供的精神营养品）向学生内在的精神世界发展（包括知识、方法、能力、行为方式、个性品质、人格力量等）的转化，外在的调控机制（奖励、批评等）向学生自我教育、自我调控的机制和需求、能力形成的转化。总而言之，教育活动中的转化主要是在两个层面上展开的：一是从社会看，是由社会选择的教育目的、内容向学生个体内在身心发展的转化；二是就学生个体而言，通过教育过程中的学习活动，按自己的需要与可能，有选择地汲取外在营养，完成从潜在发展可能向现实发展的转化。

这些转化是教育活动对人的力量的提升和对社会延续与发展的最大贡献，也是教育过程中实现的最具本质意义的转化。

教育学就是试图从深层把握教育活动的这种本质性的转化特征，并着力于对这些转化

① 叶澜著：《教育研究方法论初探》，上海教育出版社 1999 年版，第 330 页。

的性质与过程进行分析。

教育转化过程是预设目的向现实存在转化的过程。教育转化过程的特殊性在于转化发生在两大主体之间，即“教者”是教的目的的设定者，“学者”则是活动结果的体现者。而在其他活动中，活动主体指向活动对象的方式，是直接作用于对象，用物化方式体现自己的目的，即活动者生产产品，或者是主体在活动过程中达到自身某种需要的满足。教育中的转化过程是“教者”通过“学者”的实践才能发生由潜在向现实存在的转化。因此可以说，在教育者有目的的活动作用下，学习者通过学习活动，使自身发展的多种可能性在教育提供的现实空间中转化为现实发展状态，是教育中最本质的一种转化。

除此之外，教育学对转化的研究，还体现在教育学致力于不同学科之间的综合转化。教育是一个异常复杂的问题：“教育不仅是人类每一个文明社会和个体人生旅程所不可或缺的东西，是连接人和社会的重要纽带，而且，它还具有与其他社会系统不同的功能，那就是它连接着、聚焦着人类文明的历史、现实和可能的未来。”① 何况，教育的问题，归根结底都是“人的问题”。对人文社会科学来说，没有什么问题比这两个问题更综合、更复杂的了。面对这样一些“最”复杂的问题，任何一种方法的简单运用都是远远不够的，需要不同维度的多重观照，不同学科就为观照教育问题提供了不同维度的借鉴。这种借鉴的实质不是套用，而是融合，是不同视阈在教育学语境中的融合。它建立在这样一种关系之上：其他学科的理解方式和理论资源只是为教育学理解方式的形成和运用提供初始性原料，使它们变成酿酒的元素或原料，被放置于教育学的酒缸酝酿，最终酿出的是教育学牌的酒，而不是哲学牌、社会学牌、心理学牌的，散发出的也只是教育学特有的酒香。当然，如果细加分析，这种酒液的成分里一定含有哲学、社会学等的成分或元素，但在整体上却不可能被归结为或化约为其中任何一种成分。对于不能不采用相关学科理解方式的教育研究者来说，这是一条不能忽视的底线：可以运用它们的理论说话，但必须是处在教育学的语境内，从教育学的视阈出发。

二、教育学原理对教师的成长价值

从上述对于教育学品性的分析中可以看出，对于教师而言，首先，教育学是有用的，但教育学原理本身不是一些具体的操作的行动方案，它的有用体现在将教育活动中最内在的一些东西揭示出来，进而使教师具有一种透视教育活动和自身问题的能力。其次，教育学不是简单套用的，不是现成的用。这种理论要求有转化，将内在的认识转化为外在行为，又将外在行为转化为内在认识。同时，这种转化还体现在把个人实践与内在理论，在体现为个性的同时，转化为自己内在取向的信念。再次，教育学是有创造空间的。这一空间一方面来自于教师的实践，实践越丰富，对理论就越能提供丰富的资源。另一方面，也

① 叶澜：《世纪初中国教育理论发展的断想》，载《华东师范大学学报》（教育科学版）2001 年第 1 期。

来自于教师对自身实践的反思和提炼，教师要能在实践过程中实现升华。

那么，从具有如此理论品性的教育学中，教师可以学到些什么？收获些什么？

（一）从教育学所蕴涵的生命性中，获得强烈的生命感

关注生命实践，是教育学的基本品格，也是教育学智慧的源泉，同时也构成了教师伦理的核心：永远把学生的生命当成生命。当教师从中获得这种生命感时，他就会将对人性和生命发展的洞察与日常的教育教学工作结合起来，时时刻刻以生命的眼光看待教育教学工作，分析和理解孩子的发展与教师自我的发展。这种生命感不是抽象的缥缈的感觉，而是渗透到教师的教学设计、教学过程和教学反思之中，渗透到教师的言语、眼神、动作、体态和沉默之中。

（二）从教育学所具有的时代性中，获得鲜活的现实感

教育学不是超然于教育世界之外的玄思和遐想，而是“教育思想中的现实”，是对时代精神的反映和主动回应的结果。从古到今，从夸美纽斯、卢梭到杜威，凡是在教育思想和教育实践中产生深远影响的教育家和教育名著，都是时代精神在教育领域中的代言人。他们的言论和思想都折射着其所处时代特有的光彩。每个时代特有的现实状况，激发了人们的思考，构成了那个时代的教育学思想的基石。作为“教育思想中的时代”，教育学的时代感并不是“表象”或“再现”教育现实，而在于它对时代的整体性的把握、批判性的反思和理想性的引导。这表明了教育学与时代关系的两个方面的特征：一方面，教育学思想不仅要通过“再现”和“表象”来被动地反映与适应现实，而且还要在主动回应中，引领和改造教育现实；另一方面，教育学把握的时代和反映的现实并不等于现实本身，它需要与教育现实保持一定的“间距”，由于这种“间距”，教育学才能超越感觉的虚飘性、经验的重复性、表象的流变性、情感的狭隘性和意愿的主观性，才能全面地反映现实，深层地透析现实，理性地解释现实，理智地反观现实，创造地改造现实，才能实现“思想中所把握到的时代”。所以，相对于教育现实而言，教育学理论更多地具有理想的特性。但这种理想不是浮华无根的理想，而是奠基于现实的理想，是“现实的理想主义”①。当代著名哲学家伽达默尔（Gadamer，H. G.）曾经指出：“一切实践的最终含义就是超越实践本身。”② 教育学理论的历史发展过程就是人类教育实践活动的自我超越，它既历史地扬弃已有的实践方式、实践经验和实践成果，又历史地创造新的实践方式、实践经验和实践成果。教师学习和领悟教育理论的过程，就是超越自我实践的过程。在此过程中，教育学理论首先是作为实践活动中的新的世界图景、思维方式、价值观念和目的性要求而构成实践活动的内在否定性。这种内在否定性就是教育理论对实践的理想性导引。正因为如此，伽

① 参见《为“生命·实践教育学派”的创建而努力——叶澜教授访谈录》，载《教育研究》2004年第2期。

② ［德］伽达默尔著，夏镇平译：《赞美理论》，上海三联书店1988年版，第46页。

达默尔又说："理论就是实践的反义词。"①

（三）从教育学的系统性中，获得严谨的逻辑感

作为一种理论形态的教育学原理，"逻辑感"也是它的基本品格。与哲学、经济学、法学等其他相关学科不同，教育学的这种逻辑感是以"生命成长与发展的内在逻辑"为基础而实现的生命实践的逻辑化展开。教育学的力量是一种理论的逻辑力量，是一种理论的说服力量，是一种撞击教师也就是生命实践者的理论思维的力量。

首先，教育学的逻辑感是一种撞击教师的理论思维的力量。教师面对的是千差万别、千变万化的生命世界，这个世界里有许多的奥秘还不为我们所知。教育学的理论思考，对教师而言，是一种精神上的诱惑和智力上的挑战，它有助于教师以教育学特有的思维逻辑去揭开笼罩在生命成长历程中的层层面纱，展现生命成长与发展的过程与本质。

其次，教育学的逻辑感可以赋予教师理性自我反省的力量、理论思维自我批判的力量。教育学中的"批判"，能够赋予教师以实践批判的方式现实地审视和改造教育存在的现状，包括自身的困境和问题，从而把教育学中的理想变成自己所要求的现实，同时又以精神批判的方式在观念上审视教育存在的实际状态，为实践批判提供理想性图景和目的性要求。上述二者常常是以互动相融的方式联系在一起的，教师的价值观念、思维方式、审美意识乃至整个思维方式，都能够在这种联系当中得以改变。

再次，教育学的逻辑感还是一种教师构建自己、否定自己和发展自己的力量。这种构建不是单向的，而是双向的，即教育理论与教育实践的双向建构。以往我们更习惯于就实践看实践，习惯于经验的积累，不习惯于为自身的实践寻找理论的支撑、在理论的滋养下改造自己的教育经验，更不习惯于将已有的经验概括提炼为理论。同时，我们也习惯于就理论谈理论，不知道如何把学到的理论转化到日常教学活动中去，理论因此而成为空中楼阁，成为抽象和无用的代名词。实现这种建构的途径，一方面是教师通过教育学的思维不断地否定和超越已有的经验，使自己获得越来越具体、越来越丰富的规定性，这是教师的思维自己构建自己的过程。另一方面是教师的思维又不断地反思、批判、否定自己所获得的规定性，从而在更深刻的层次上重新构成自己的规定性。其中，对各种教育事件的反思是教师反思的核心所在。就一堂课而言，教育学的智慧赋予教师学会进行具体的反思：自己的教学目标实现了没有？这样一个根据学生状态来制定的教学目标是高估了学生，还是低估了学生？自己在教学中充分利用和挖掘了学生的哪些资源？学生的哪些表现与自己有关？自己的教学行为（包括语言、体态、动作、姿势）引起了学生哪些不寻常的反应？自己与学生的互动的质与量如何？对学生表现的关注程度如何？提供给了学生哪些主动表现的条件和机会？当学生出现问题时，自己是如何处理的？是否合适？从教师自我的整体来说，应该反思：自己眼中的学生是什么性质的？自己教学和管理学生中的思维方式是否合

---

① ［德］伽达默尔著，夏镇平译：《赞美理论》，上海三联书店1988年版，第21页。

理？自己的教学理念是什么？自己是在什么样的教学理念的指导和支配下进行教育教学的？作为一个学科职业教师，自己的知识结构和教育理论结构的长处和短处（或缺陷）是什么？自己应以什么样的方式完善和弥补它们？自己（试图）追求成为一个什么样的教师？自己的教学个性和风格是什么？自己的与众不同之处在什么地方？作为一个人，作为一个职业教师的创造性体现在哪些方面？自己有没有反思？自己习惯于反思什么？自己是怎么反思的？……这样一种思维自己、反思自己的过程，同时也是教师重建自己的过程。从另一个角度看，教育学的这种建构力量，也是一种整合的力量。在教师的日常言说和思维当中，常常可以看到的是对各种教育概念、术语、范畴和原理的简单罗列或任意拼凑，思维的简单性、随意性和点状性时有发生。教育学的建构有助于教师在不同的概念、范畴和原理之间建立内在的有机联系，有助于教师完成从简单思维到复杂思维、由点状思维到系统思维的过渡与发展。

（四）从教育学的开放性中，获得博大的境界感

教育学思想的开放，首先是由教育学研究的对象所决定的。“生命实践”是一个无限辽阔、无限复杂的问题，不同的学科、思潮、学派都以自己的方式对其追问和解读。教育学总是试图容纳和吸取已有的各种与人的发展有关的思想学说，引入到、转化到有意识地影响和改变人的发展这个轨道上去。这个过程是一种永无止境的理想追求。教育学的博大境界由此产生：它以永无止境地追求理论完善和实践完善为手段，永无止境地追寻他人生命和自我生命的完善。教育学思想的开放，既要受到时代精神的影响，又不拘泥于时代，在立足现时代的基础上，它总是不断回溯，通晓具有历史意义的教育思想与教育实践，从中吸取力量。同时它又会不断地向前看，在面向未来中思考教育目标的问题，思考“理想的人”的问题。这样，教育学就以“生命实践”为主轴，打通了过去、现在和未来的关联，从而获得了博大的境界感。此外，教育学在追寻大智慧，即教育实践智慧的过程中，也要求学习者和实践者要有大爱心，它的特征是：无条件地承认每个孩子独特的不可替代的价值，全身心地转向每个孩子，把孩子身上的独特价值挖掘出来、彰显出来。

（五）从教育学思维的穿透性中，获得现实的透析感

形成教育学思维的目的和作用不在于思维本身，而是指向与教育生活有关的现实世界的透析。首先，这种透析感是一种对时代发展的透析，从中洞察时代的变迁究竟如何影响了人的发展，如何渗透进学校变革和教师的教学活动之中。其次，它是一种对青少年生存状态与学校教育的透析，包括对学校教育中的学生观、当代中国青少年的生存状态、学生成长需要与学校变革等诸多现实问题进行教育学的透析。再次，它是一种对学校实践活动的教育学透析。通过透析，学会判断什么属于教育事件？哪些不属于教育事件？什么情况下的影响是具有教育的实践性，或者说，具有教育学意义？正如马克斯·范梅南（Max van Manen）指出的那样，并不是所有人之间的影响在本质上都是具有教育学意义的。

"教育学涉及对影响施加影响。"① 因此，教师对教育生活中的各种事件的判断就至关重要。再具体一些，这种对学校实践活动的透析包括对课堂教学、班级建设的透析等。最后，这种透析感也指向教师的自我发展，透析自我在教育教学中体现出的思维方式、行为方式乃至生活方式，进行有针对性的重建。

以上述能力和品质为基础，教师最终生成的是教育智慧，它是教师通过实践的探索、积累而形成的专业素养的高级阶段。形成教育智慧的教师，具有敏锐感受、准确判断生成和变动着的教育实践中最有价值的新鲜信息的能力，具有敢于抓住时机、根据实际态势及时作出抉择的魄力，具有善于转化教育矛盾和冲突、调节自己的教育行为以求最佳效果的机智，具有吸引学生积极投入学校生活、热爱学习和创造并愿意与教育者进行心灵对话的魅力。达到如此境界的教师的教育劳动，必然进入到科学和艺术结合的境界，工作充满创造的智慧和欣喜，在付出的同时，也能感受到精神的满足和享受。②

三、教师学习教育学时应有的修养

教育学原理不是抽象的概念、枯燥的条文和现成的结论，而是人类教育思想的反思性、批判性的结晶，是理想性、创造性的结晶。它要激发而不是抑制教师的想象力、创造力和批判力，它要冲击而不是强化人类教育活动中体现出的思维的保守性和僵化性，它要推进而不是遏制更不是替代教师的主体意识、反思态度、重建热情和创造精神。要学好学透教育学，应有相应的修养，包括热爱生命的心态、时代变迁的敏感、真实深刻的体悟、基本问题的把握、反思重建的理性、滴水穿石的精神、永无止境的求索、融通转化的智慧、博大深思和高举远慕的心态、追求自我完善与创造的境界。

（一）热爱生命的心态

教育学理论的学习，重要的不是出于对理论的热爱，而是对生命及其成长发展的热爱，这种爱是学习教育学的修养中最基本的前提和基础，正是在这一点上，显现了教育学修养与其他人文社会科学修养的差异。与医生等其他职业所获得的学术素养不同，教师学习教育学的修养中所体现出的对生命的热爱具有以下特征。第一，他关注的是把爱变成一种对学生的欣赏能力和透析能力，以此发现和挖掘每个具体的学生生命的独特价值。第二，他关注的是把爱转化为一种现实的推动力，即如何在爱中促使每个孩子的生命获得主动健康的发展。第三，他关注的是与学生建立一种以"爱"为基础的师生关系的能力，由此建立的是"我—你"的关系，而不是"我—他"的关系，更不是"我—它"的关系。这意味着教师的爱通过与学生的平等对话、坦诚交流来实现，这种爱生命与生命之间的心灵

---

① ［加］马克斯·范梅南著，李树英译：《教学机智——教育智慧的意蕴》，教育科学出版社 2002 年版，第 25 页。

② 叶澜：《"面向 21 世纪新基础教育"探索性研究结题总报告》，载叶澜主编：《"新基础教育"探索性研究报告集》，上海三联书店 1999 年版，第 31～32 页。

对话，建立的是生命发展的共同体及其相应的运行机制。在学习教育学的修养里面，爱不仅是一种情感，也不仅是一种动力，同时也是一种运行机制。

（二）时代变迁的敏感

有了这种敏感，教师将不再两耳不闻窗外事，一心只教圣贤书。他能够从教育学的角度，把握时代与人的关系、时代与学校变革的关系、学校与自我的关系，因而能够主动评估时代变迁对学校教育、对学生发展和自我发展可能产生的影响，在不断地改造已有经验、适应时代环境的过程中，主动探索符合时代精神的促进学生生命发展之路和自我发展之路。

（三）真实深刻的体悟

“体验”是生命的基本特征，也是教师在学习和运用教育学理论中应有的基本素养。教育学本身就是体验之学，一方面，它的许多理念是集聚了实践者各种体验的产物。带着体验的理论与没有体验的理论是不一样的，在这方面，教育学展现了其特有的优势。另一方面，要深刻地领会和有效地运用教育学理论，有没有切实的教育体验也是不一样的。毫无疑问，教师的教育体验是丰富的，但体验的丰富并不必然意味着体验的深刻，体验并不必然带来“领悟”。教育学的修养在于，它不仅要求有真实丰富的体验，而且还要有深刻的“体悟”。所谓“深刻”，是指能够触及教育的本质和生命成长的本质，能够将“悟”来的思想火花转化到自身的教育实践中去，在实践中刻下深深的烙印；更是指通过“体悟”，反观自身，能够改变已有的思维方式、行为方式乃至整个生活方式。所以，在根本的意义上，体悟的深刻性体现在“变人”上。

（四）对教育思想的发展历史及现状的通晓

如同各学科教师要对自己本学科的发展历史有清晰的了解一样，教师的教育学修养也要求通晓教育学形成与发展的历史。作为一门学科的教育学，最初是在西方形成和发展的。如果从 1632 年捷克教育家夸美纽斯的《大教学论》的发表作为教育学科形成的标志，迄今已有三百多年的历史，这是一个漫长的历史过程。如前所述，我们可以把它分为三大时期，即前学科、独立学科形成以及学科体系形成与发展三大时期。对于这三个时期的发展脉络，包括各时期的主要思潮、代表性人物、主要著作及其在教育学发展中的贡献和地位，教师应有通览式的了解。例如，在前学科时期，教师应该了解：在人类的初始阶段，教育活动就存在了，只不过它与社会活动融为一体。早期的教育思想也同关于人、自然和社会的思想浑然一体。这些教育思想没有形成独立的教育专著，而是散见于宗教典籍以及哲学家和文学家的语录、论著和诗歌等文学作品之中。前学科时期的特点及其在教育学发展历史上的地位，主要体现在两个方面：一是集中在关于教育问题的哲学思辨上；二是对原始形态的实际教育、教学经验的总结。这两点构成了西方教育学的双重源头，也是前学科时期对于教育学发展的价值和贡献。此外，对于教育学的现状，尤其是对教育学的学科体系的全貌，包括各分支学科与交叉学科的组成也应有基本的了解。教师从中可以找到自己的研究兴趣和实践重心的对应点。

（五）基本问题的把握

教育学形成与发展过程中，虽然先后出现了多种多样的理论学说，但它们大都围绕着一些基本问题展开。在不同时期，人们关注的问题是不一样的。以处在前学科时期的古希腊为例，当时哲人们思考的并不是诸如“教育是什么”这样一些与认识事物的性质密切相关的问题，而是人为什么要接受教育、社会为什么要办教育、教育应该怎么办（包括结构、内容与方法）等直接与教育实践相关的问题。古希腊时期对有关教育问题探讨的结果，虽然没有形成专门的著作，更没有达到专门化的程度，只是以一些观点、见解的方式存在，这种存在更多的是一种吉光片羽式的存在，既不是系统的理论，更没有形成学科，但是，这些观点在很长时间内成为教育学发展的基本认识前提。“人们对教育认识的整体性突破与进展，往往是从重新思考和批判这些前提性结论出发的。”①

（六）反思重建的理性

教育学修养的获得带给教师的首要变化是使自己的教育生活行走在理性的大路上。教师学会以反思的态度对待自身的教育教学行为，在反思的意识和能力得到增强的同时，教师也学会了如何重建：重建自己的学生观，重建自己的教学价值观、教学过程观和教学评价观②，重建自己的思维方式、行为方式和生存方式。

（七）滴水穿石的精神

教育学致力于对生命成长与发展的介入、影响和改变。但是，没有比改变人更难的事业了。教师在具体的教学生活中的种种焦虑不安，都或多或少与此有关。在这种情况下，就需要一种滴水穿石的精神，在一次又一次的行动、反思和重建中，将教育的影响一点一滴地渗透进学生的生命之中。这种精神也表明，教育不是速成的，生命的成长与发展不是速成的，正因为如此，才体现了教育的价值。同时，要能够将教育学理论转化为日常教学实践，这个过程也是漫长和艰巨的，同样需要滴水穿石的精神。

（八）永无止境的求索

教育学追求的是生命主动健康的完善与发展，这不仅是对学生的要求，也是对教师自我的要求。这种生命的主动完善与发展是连续性和终身性的，生命不止，探索不止。这意味着教师不会因年龄的增长、职称的晋升、地位的提高、荣誉的降临而停止自我反思与重建的脚步，而是永无止境地探索学生生命的主动完善与发展，永无止境地探索自我生命的主动完善与发展。它意味着教师能够不断提升自我的成长需要，始终拥有超越现实、主动迎接挑战的冲动，始终拥有提出新的教育理想和创建新的教育生活世界的追求。

---

① 叶澜著：《教育研究方法论初探》，上海教育出版社 1999 年版，第 37 页。

② 参见叶澜：《重建课堂教学价值观》，载《教育研究》2002 年第 5 期；叶澜：《重建课堂教学过程观》，载《教育研究》2002 年第 10 期；叶澜、吴亚萍：《改革课堂教学与课堂教学评价改革》，载《教育研究》2003 年第 8 期。

（九）融通转化的智慧

教育学是融通之学、转化之学。在学习和运用教育学的过程中，教育学修养要求的融通和转化表现在以下几个方面：第一，学会如何把各种与人有关的知识和理论，通过转化，导入和融合到促进人的主动健康发展这个轨道之中；第二，在通晓历史上的各种教育思想的基础上，把它们与现时代的教育理念和教育现实融通在一起；第三，把教育理论与自身具体的教育实践融通起来；第四，以自身的教育学理念为基础，把其他教师的实践经验与自我的知识结构、实践形态和专业发展融通起来。这些融通转化是一种教育学特有的智慧，教师的努力方向就是学会“化”。“化”的结果就是对各种思想资源和实践资源的创生性占有，教师由此进入了创造的境界。

通过以上教育学修养的培养和形成，教师就拥有了博大深思、高举远慕的心态，并由此将教育学的学习与自身的专业发展结合起来，更能够与自我生命境界结合起来。在这种情况下，教育学就成为教师把握教育世界的基本存在方式。通过教育学的学习和运用，教师不仅能够与生命发展有关的一切理论和思想对话，更能够与生命对话：与学生对话，与其他教育者对话，与自我对话。在这样的心灵对话中，教师因此而享受教师职业的尊严与欢乐，享受教育智慧的尊严与欢乐，享受生命智慧的尊严与欢乐。

在这个意义上，对于教师而言，教育学就不再只是一门学问、一种视角、一种立场，而是一条道路，是教师生存与发展的智慧之路，是教师实践智慧的发展之路。

思 考 题

1. 教育学有哪些基本范畴？
2. 西方教育学发展的基本脉络是什么？
3. 中国教育学发展中的主要问题有哪些？
4. 结合自己的学习实际，谈谈你对教育学与自身专业成长关系的认识。

主要参考文献

1. 叶澜主编：《新编教育学教程》，华东师范大学出版社 1991 年版。
2. 叶澜著：《教育概论》，人民教育出版社 2006 年版。
3. 叶澜著：《教育研究方法论初探》，上海教育出版社 1999 年版。
4. 叶澜等著：《教师角色与教师发展新探》，教育科学出版社 2001 年版。
5. 叶澜：《关于加强教育科学“自我意识”的思考》，载《华东师范大学学报》（教育科学版）1987 年第 3 期。
6. 叶澜主编：《“新基础教育”探索性研究报告集》，上海三联书店 1999 年版。
7. 瞿葆奎主编：《元教育学研究》，浙江教育出版社 1999 年版。

8. 瞿葆奎主编，瞿葆奎、沈剑平选编：《教育学文集·教育与教育学》，人民教育出版社 1993 年版。
9. 唐莹著：《元教育学》，人民教育出版社 2002 年版。
10. 陈桂生著：《教育学辨——“元教育学”的探索》，福建教育出版社 1998 年版。
11. 陈桂生著：《教育学的建构》，湖南教育出版社 1998 年版。
12. 陈桂生等主编：《教育理论的性质与研究取向》，华东师范大学出版社 2006 年版。
13. 王坤庆著：《教育学史论纲》，湖北教育出版社 2000 年版。

第二章　当代社会转型与教育改革

教育的发展总是与社会的进步息息相关。本章，我们将在教育形态发生和演进的历史进程中、在当代社会转型性变革的背景下，理解教育的内涵，解读教育改革的意义，进而把握我国学校教育变革与发展的趋势及学校转型的基本特征。

第一节　教育的概念及教育形态的演化

一、教育的界定与再解读

作为教育学原理的一个基本问题，“教育是什么”一直吸引着古今中外的教育家，他们往往各自从某个特定的角度来回答这个问题，他们的判断和结论大都是精辟的，但也常常迥异，因为一方面这些对教育的界定常常是有针对性的，是为了突出自己某些不同于别人的已有观点而言的。因此，我们不能把历史上或现实中著名教育家或理论权威有关教育的界定，直接拿来作为涵盖所有教育活动的定义。另一方面，教育在不同层面上存在，人们在不同层面或从不同角度去认识教育，就可能得出不同的关于“教育是什么”的回答。

作为一种人类社会特有的现象，教育的“人为性”是显而易见的。然而，人类的人为社会活动有很多，如生产劳动、艺术创作、体育竞赛、商品交换等，我们必须寻找出教育与其他人为社会活动的区别点，而且这些区别点同时又应是各种教育活动的共同点。这个“点”就是：“对人的身心发展的有意识的、直接的影响。”① 因此，我们可以把教育定义为“有意识的、以影响人的身心发展为直接目标的社会活动”②。在此，对作为名词的教育的界定是为了既能将教育活动与其他的社会活动区别开来，又能最大限度地涵盖古、今、中、外已经存在的教育活动。

在这个定义中：(1)“人”是指各种年龄的受教育者。(2) 强调“有意识的”，是为了把教育与其他并非有意、但可能对人的身心发展产生影响的社会活动区别开来，因为从效

① 叶澜主编：《新编教育学教程》，华东师范大学出版社 1991 年版，第 26 页。
② 叶澜著：《教育概论》，人民教育出版社 2006 年版，第 10 页。

果上看，任何社会活动，只要有人参加，都可能对人的身心发展产生影响。我们可以把这类效果或影响称为活动的“教育效果”或“教育影响”，但不能把所有的活动都称为教育。（3）在“目标”前面加个“直接”，有两层意义。一是表示不以影响人的身心发展为直接目标的活动都不属于专门的教育活动。例如艺术创作以作品为直接目标，休息日看电视以休息娱乐为直接目标，故不属于专门的教育活动。二是表示教育除影响人的身心发展外，还有间接的目标，如推动社会发展。如果这样一些间接目标也作为目标列入其中，就会模糊了教育活动的特殊性，也难以将教育与其他有益于社会发展的活动相区别。

作为名词的“教育”还有广义、狭义之分。上述定义是广义教育的定义，它包括学校教育以及学校以外的机构性的和非机构性的教育活动。狭义的教育专指学校教育。与其他教育活动相比较，学校教育活动更为专门化，具有鲜明的系统性、目的性与组织性。概括地说，“学校教育是由专职人员和专门机构承担，有制度保证的、有目的、有系统、有组织的，以影响入学者身心发展为直接目标的社会活动”①。在这个意义上，学校教育也被称为制度化教育。

除了作名词用外，“教育”还常常作动词用，它表示教育活动进入行为状态，“教者”对“学者”施加影响，如教师教育学生、父母教育子女，等等。在这种行为中，承担教的任务者称为教育者，承担学的任务者称为受教育者，而被双方都使用的内容及其载体称为教育内容。

二、教育历史形态的演变

（一）教育的起源

所谓“起源”，首先，它与“产生”和“出现”不同。要说明某事物的产生与出现，只需阐明该事物存在的必要性和可能性，并说明这种必要和可能在什么时间、地点、范围内存在即可。“起源”则要说明该事物由何而生，从何演化出来；② 其次，起源之“起”，不是孤立的一个点或一个要素，而是“关系性的整体”，整体是从整体中孕育出来的，不是由各点、各要素的简单相加、拼凑或堆积。换言之，是各点、各要素之间的关系有机体；再次，它是一种活动，教育作为一种活动，只能从另一种活动中演化出来。

我国教育学界关于教育起源的探讨由来已久，单就新中国成立以来而言，就有一些研究者撰文论述教育起源，对原始社会的教育状况及性质进行了较为深入的分析。③ 1978

---

① 叶澜著：《教育概论》，人民教育出版社2006年版，第13页。

② 参见叶澜主编：《新编教育学教程》，华东师范大学出版社1991年版，第31页。

③ 陈震东：《对教育起源的探索》，载《甘肃师范大学学报》（人文科学版）1959年第5期；毛礼锐：《中国原始社会的教育起源与教育性质问题》，载《文汇报》1961年12月9日。以上两文载瞿葆奎主编，瞿葆奎、沈剑平选编：《教育学文集·教育与教育学》，人民教育出版社1993年版，第192～241页。

年以后，对教育起源的探讨一度又成为我国教育学界的热点，先后出现了“劳动起源说”、“前身说”、“需要说”、“人生发展说”、“社会化影响说”、“交往起源说”等观点。

1. 劳动起源说

这种观点在20世纪50年代就存在，而且是一种获得长时间内普遍认同的学说，我们可以在大量的教育学教科书中找到它。

该说认为，教育最根本的源泉是劳动，劳动不但创造了人类，而且形成了人类社会。了解人与集体的关系和掌握生产知识技能，都不是从儿童天赋中自然成长起来的，而是必须从学习中获得的，原始的人类通过有目的、有意识地向年轻一代传授生产斗争经验，同时根据集体劳动的需要指导他们的思想和行为，这样便产生了教育。因此，没有劳动，人就不能从猿变成人，也就没有人类社会；没有劳动，人就不能继续存在下去。从这个意义上说，教育首先起源于劳动，并为生产劳动服务。

2. 前身说

“前身说”是20世纪80年代在批判“劳动起源说”的基础上提出的。有论者认为，任何事物的产生都必然有一定的根据和一定的条件，即必有一定的内因和一定的外因，教育也必定如此。人类教育在它产生之前，就已经存在着一个和它有密切联系的事物——人类教育的前身。这个“前身”在一定的条件下发生了质变，转变成了人类教育。论者指出，人类教育的前身只是也只能是古猿的教育。首先，人类教育是随人类的产生而产生的，它的前身不可能在人类社会形成以后，只能在人类社会形成以前，而人类社会是从古猿社会发展来的。其次，人类教育就其内容和性质而言，都不是先天形成的，不是人类的本能，然而，就其目的而言，人类教育却只能是人类本能的作用结果。所以，人类教育起源于古猿的教育，即古猿为了维持自己的类的存在而将自己固有的求生技能传授给下一代的行为。①

3. 需要说

“需要说”产生于20世纪70年代末80年代初。该说认为，教育起源于人类的各种需要，包括生产劳动的需要②、社会生产和生活的需要③、社会生活与人类自身发展的需要④，以及人类有对教育的内在需要。

原始人对教育的需要产生于劳动与生活过程中经验传递和互相协调的需要。在劳动和生

---

① 孔智华：《人类教育并非起源于劳动》，载《华东师范大学学报》（教育科学版）1984年第4期。

② 持此观点的代表人物及其著作主要有董畹倩：《应当全面理解教育的本质》，载《沈阳师范学院学报》（社科版）1979年第4期；沙毓英：《教育是特殊范畴》，载《昆明师院学报》（哲社版）1979年第5期。

③ 持此观点的代表人物及其著作主要有厉以贤：《关于“教育起源于劳动”问题》，载《北京师范大学学报》（社科版）1981年第4期。

④ 持此观点的代表人物及其著作主要有胡德海：《教育起源问题刍议》，载《华东师范大学学报》（教育科学版）1985年第2期。

活过程中，人类发现或创造出的新经验，如劳动工具的改进、新食物的尝试、追捕野兽的新方法等方面的经验，通过群体内各种交往方式传播开来，变为类经验的过程，反映了人类群体中相互学习的需要，而且蕴涵了教育行为的三个基本要素：发现、创造经验的人扮演“教育者”的角色；学习他人经验的人扮演“受教育者”的角色；经验就是“教育的内容”。然而，这种活动还不是有意识的，也不是以影响人的身心发展为直接目标的，而是自发的、以满足生存需要为直接目标的，所以还不能称为教育。只有当传递类经验的必要性本身被意识到，并有意识地以类经验的传递来影响人的身心发展时，教育才算发生了。

教育在原始社会的产生，不仅因为人类有此需要，而且还因为在原始社会中人类已经具备了进行教育活动的两个条件。其一，人类生产劳动的进行，是产生教育的众多条件中最具基础性的条件。其二，语言的形成是教育产生的另一个重要的社会条件，它提供了把个人经验转化为类经验的载体，也提供了人类广泛地进行思维交流的手段。

4. 人生发展说

该说的出现是在 1987 年，是在批判“需要说”的基础上提出的，认为需要并不是教育活动赖以产生的真正源头，需要也是在活动中产生和发展起来的，教育的最终本源在于以劳动创造为核心的人的全部生活的矛盾运动，简称为人生的发展，这是人类教育赖以产生的真正源头。其具体观点是：第一，它是以劳动创造为核心的。没有劳动创造，尤其是没有精神文明成果的创造，就不会产生人类社会的教育活动；第二，它是人的全部生活。教育不只是传递劳动创造的经验、知识和技能等，还包括传递日常生活的经验、知识和技能等；第三，它是一个矛盾运动的发展过程。我们无法确切地知道教育起源于何时何地，但是不难推断，教育必定起源于人生发展的矛盾运动之中，确切地说，起源于以劳动创造为核心的人生发展的矛盾运动之中。①

5. 社会化影响说

该说是鉴于“劳动起源说”和“需要说”存在的问题而提出的。有论者认为，教育的起源既是指教育产生的社会动因，也是指教育产生的空间和时间。回答教育的起源问题，必须从社会动因、时间、空间的三者综合上揭示教育的产生。其结论是：教育起源于产生了语言后的原始人类对年幼一代所施加的社会化影响。这种社会化影响活动，就其内容说，不仅有生产知识经验的传递，而且有业已形成的原始的风俗习惯等的传递；就其活动空间看，一般不在劳动现场，而是在劳动以外的原始人聚居的洞穴内；就其传授的顺序来看，社会生活经验的传授往往早于生产知识经验的传授。②

6. 交往起源说

进入 20 世纪 90 年代以后，人们提出了一种新的教育起源说。该说从教育产生的必要

---

① 持此观点的代表人物及其著作主要有程大琥：《教育起源于以劳动为核心的人生的发展》，载《华东师范大学学报》（教育科学版）1987 年第 3 期。

② 持此观点的代表人物及其著作主要有马兆掌：《教育起源问题再探讨》，载《华东师范大学学报》（教育科学版）1989 年第 1 期。

性与可能性两个方面入手，分析了教育的起源问题。该说认为生产劳动是教育产生的直接必要条件，但不是唯一条件，把劳动当做产生教育的唯一条件的观点是对社会现象缺乏整体认识的表现；只有当人类本身不仅有教育的需求，而且具备了教与学的最基本的内容和工具——“类经验”和“语言”时，教育才会成为真实的存在。①

论者指出，从形态的角度讲，教育起源于人类的交往活动，而不是生产劳动。劳动是人与自然之间借助于人自己创造的工具而产生的一种特殊的关系方式，而不是人与人之间的直接关系方式，因此，它不可能成为以人对人身心的影响为直接目标的教育的形态起源。教育的形态起源于人与人之间的交往：交往总是由双方组成，交往总包含着内容，交往也需要一定的媒体。由此可见，在人与人之间的交往中，即使原始社会中人与人之间的交往也已具备了教育所必需的基本因素。自然，交往并不是教育，但它蕴涵着产生教育的因素，当交往的双方相对特殊化，并形成一种以传递经验、影响人的身心为直接目的的活动时，交往才转化为教育。

除此之外，还存在着“超生物经验的传递和交流说”、“文化活动起源说”、“知识传授”与“知识授受”起源说、“前提—条件说”等多种观点。②

（二）教育的原型

上述有关教育起源的探讨从不同角度丰富了人们对于教育的理解，但仅仅停留于此，又是不够的，应该进一步找出教育的原型，也就是教育从中脱胎的事物。在交往起源说中，已经提出了原型，进入到原型的探讨。

何谓原型？它提出的背景和意义是什么？它的功能何在？它对认识教育的意义是什么？这是四个互有关联的问题。

在汉语中，原型是“原始模型”的简称。英文名称是“archetypos”，源于希腊文“archetypos”。其中“arche”的本义是“最初的”、“原始的”，而“typos”意为“形式”。教育的“原型”与教育的“起源”有诸多相似之处，但相对于“起源”而言，“原型”一词具有更丰富的内涵，能够更好地体现整体性的特点，而“起源”之“起”，容易被认为是单独的或孤立的某一个“起点”。

在教育学语境中，“能够成为教育原型的事物，我们认为必须包含着教育的基本要素，而且要素间具有内在联系。从这样一个思考问题的方法出发……在原始社会人类的活动中具备上述条件的活动，在我们看来，就是人类相互非物质性的交往活动”③。通过教育要素及其相互关系内化为某种原型中的特质，一般意义上的原型，或者其他语境中的原型就被特化成、转化为教育的原型。这一原型被称为“交往”，它之所以成为教育的原型，是

① 持此观点的代表人物及其著作主要有叶澜著：《教育概论》，人民教育出版社2006年版。

② 以上关于教育起源说的具体观点参见瞿葆奎主编：《教育基本理论之研究》，福建教育出版社1998年版，第105～150页。

③ 叶澜主编：《新编教育学教程》，华东师范大学出版社1991年版，第31页。

因为交往与教育要素发生联系之后，其本身发生了特化："人类相互非物质性的交往活动，只要这类交往发生，就必然有交往的双方和交往的内容，交往的结果则是在交往的双方身上产生认识、情感、意志或行为的影响。以上这些都包含着教育的要素。一旦交往的作用被人类意识到，并由此转化为以影响新生一代生长为直接目的的特殊活动，交往活动的一方就转化为教者，另一方则转化为受教者。当这类特殊交往逐渐形成较为固定的内容和较为固定的教学关系时，教学活动就演化而生了。因此，可以说，人类的教育活动起源于交往，在一定意义上，教育是人类一种特殊的交往活动。"①

教育原型论的提出，对我们认识教育具有以下三种意义。

第一，它是对教育起源说方法论的突破。首先，它为认识教育起源提出了一种新的视角，使人们对教育起源的认识从此上升到原型的层面上。其次，它为认识教育起源开启了一种整体性、关系性的思维方式。就整体性思维方式而言，教育原型论打破了以往容易将"起源"之"起"孤立为某一个单独的"起点"的思维倾向，试图将不同之"点"统一为一个不可分割的整体。就关系性思维方式而言，教育原型论力图在探讨教育起源的过程中，将多种可能的要素联系起来，而不是加以割裂后将其对立起来进行思考和认识。

第二，它揭示了教育内在丰富性的意义。在以交往为原型的教育活动中，包括了自我与他人、感性与理性、身体与体验、精神与肉体、个人与集体、个体与社会等多种内涵，而每个要素内部，又蕴涵了更为丰富的内容。通过对原型内涵的发掘，教育本身内在的丰富性也随之得以展现。

第三，它展示了教育与生活的原始性关联。首先，从本体性的角度看，教育是以生命本体为前提的人类活动，交往活动是人类生命社会性存在的基本形式，所以，这一原型具体地构成了教育活动的深层逻辑结构，是感性和理性的融合统一。其意义在于，作为具有本体性的活动，它在无意识中，隐而不露地左右着教育生活中的行为、想象、体验和创造。它是所有教与学的行为原始或原初的模式，任何当下的个体生命体验和教育生成体验都必然与它的原始模式相关，或者说是对这种原始模式的回忆和创造性的再现，都要不断地从这个具有本体性的原初活动出发，又不断地回到它。其次，从生成性的角度看，交往与个体生命的成长有关。它是师生自我、个体生命构成的重要性力量，有时甚至是决定性力量。这意味着，在教育生活中，人是在交往中获得生成与发展的。再次，教育原型论具有体验性意义。在教育生活中，为什么教育内容通过教师的教学行为，能够为学生所接受，即使这一内容是古代的或者远离学生的生活世界的？或者，为什么别人的体验能够为"我"所理解和接受，即体验着别人的体验，从而使教育生活中的体验能够古今同一、他我同一？在教育生活的原型中显然存在着一种超时空、超个体的对话，这种对话形成一种积淀在教师和学生心中的基本心理结构。所以，原型既是超个体的，又是个体的，个体是原型的承担者，原型只有与个体相遇才能实现。个体在交往中的体验是独特的、不可替代

① 叶澜主编：《新编教育学教程》，华东师范大学出版社 1991 年版，第 31～32 页。

的，而这样的个体又必须如狄尔泰所说的那样，作为真正的个体深入生命内部去亲历，才可能与超个体的远古生命体验相遇。只有在此时，教育交往中的古今同一、他我同一的体验才会发生。这就是由交往和它的制度化形式“仪式”而带来的原型的意义。最后，教育原型论具有整体性意义。在各种教育交往活动中，包含了自我与他人、感性与理性、身体与体验、精神与肉体、个人与集体、个体与社会等的统一。这种统一，既说明了生命的复杂性，也证明了教育的复杂性。

（三）学校教育的出现与演变①

学校的出现是教育从生活过程中剥离出来，形成自己相对独立形态的标志，是人类教育发展中相当重要的一步。从此以后，教育具有两种形态：专门化的学校教育与非学校教育。后者是依然在生产劳动和生活过程中进行的非学校教育，是除学校形态以外的其他教育形态。

学校的发展在世界现代教育发展的历程中，有着举足轻重的作用，对于个人的发展也有着异乎寻常的意义。

以中学为例，中等教育在学校教育制度内部处于重要的枢纽地位。在一个包含着学前教育机构、初等学校、中等学校和高等学校的学校教育完整系统中，中等教育起着承上启下、承先启后的关键性作用。中等教育本身的质量及其与小学教育和高等教育之间的衔接，直接关系到整个国家教育质量和国民素质的提高。中等教育又是国家、民族、家庭培养青少年的重要途径，对每个青少年健康成长以及可能拥有一个幸福和丰富的人生具有不可替代的重要意义。处在中学阶段的青少年是个体成长历程中最为复杂、最不稳定和具有最多选择可能性的时期。这意味着中等教育所承担的促进个体发展的任务既十分重要又特别艰巨。教育合理得当，青少年才可能主动和谐健康地发展，具备日后工作和学习的可能，逐渐学会自主地规划自己的人生，实现自己的人生理想和抱负。反之，就可能使青少年的活力与创造性被扼杀，或甘于平庸，或成为问题少年。

1. 欧美学校发展的历史

就欧美学校发展的历史来看，古希腊和古罗马的学校主要以初等学校的形态出现。这一方面反映了社会的知识发育状态，另一方面也说明社会尚未对青少年教育问题的特殊性有充分的认识或者找到专门形式。其中雅典的教育制度中，最初只包括初等和高等教育机构，但大多数儿童在 14 岁离开初等学校和音乐学校，去听哲人的演讲，并开始有了五项竞技，参加庆典、集会等公共活动，学习公共生活规则，受到各种实质上的中等教育。罗马国家建立后的两个世纪，教育以家庭为单位，没有固定的教育制度。从公元前 3 世纪中期罗马征服希腊后，其教育制度开始“希腊化”，并出现了中等文法学校，它介于初等文法学校和高等修辞学校之间。中等文法学校招收 12～13 岁至 16～17 岁的青少年入学，学

---

① 本部分的写作主要参考了叶澜、杨小微：《中等学校》，载《中国教师新百科》（中学卷），中国大百科全书出版社 2001 年版，第 1～13 页。

习文学、语言、语法。学校先由系列人主持，称为希腊文法学校，以后又出现了拉丁文法学校。

欧洲中世纪是中等教育的诞生时期。公元579年，英格兰坎特伯雷大主教设立主教学校，它是英国中等教育和中等学校之鼻祖。8世纪末，查理曼大帝颁布教育通令，要求在每个修道院和各主教管区设立学校。随后，德国出现了为贵族子弟与教士设立的中等教育机构——寺院学校、教堂学校和教会财团学校，学习文法、修辞、辩论术等中世纪“七艺”。在骑士制度出现后，这种在骑士生活和社交中进行的教育依学生年龄划分为几个阶段，其中，14～15岁的护卫阶段相当于中等教育。

文艺复兴时期与宗教改革时期的中等教育是摆脱宗教影响，使文科中学大发展并逐渐成为主流的时期。文艺复兴运动在教育领域中的体现，就是倡导人文主义教育，即教育要尊重儿童的价值，要重视儿童身心的和谐发展，培养儿童的创造性等。中等教育机构的创建与改革是文艺复兴时期教育运动的重要内容之一。意大利几乎每个城市有一所拉丁语学校，学生学习拉丁语、逻辑等。拉丁语学校既是儿童进入未来职业生涯的重要环节，又是儿童升入高等学府的准备性教育。在人文主义教育思想指导下，出现了一种新型的初等与中等教育一贯制的教育机构——高级学校。在英国，许多著名的公学，如伊顿、曼彻斯特、圣·保罗等，这些机构人文主义思想浓厚，讲究校园环境的优美与整洁，强调对学生人性和个性的尊重等。

16世纪出现于欧洲的宗教改革运动，一方面导致了教育权的转移，即从教会转向国家；另一方面，教育改革成为宗教改革的重要内容。学校教育制度在宗教改革中得到了完善，逐渐消除了初等、中等和高等教育在层次上不甚明确的状况。可以说，这个时期是欧洲现代教育制度的萌芽期。在16世纪初的德国，大学和初等教育得到良好的发展，中等教育却不尽如人意，引起有识之士的关注。菲利普·梅兰克顿毕生致力于中等教育事业，努力以新的教育思想设计德国的中等学校，于1537年在斯特拉斯堡创办了文科中学，学龄为6～15岁，其中普通课程5年，高级课程5年，并与大学教育相衔接。

17～18世纪的欧洲中等教育开始出现多种形式。宗教改革运动之后，新教思想在欧洲大陆产生影响，但保守势力仍然起着阻碍作用，在新旧势力的斗争中，新势力逐渐占了上风，为新教育的发展提供了土壤。17世纪，德国的中等教育仍以文科中学和骑士学校为主要类型，但班级扩大，学校任务也世俗化了。到18世纪，德国出现了实科中学和武士学院两种新型中等教育机构，实科中学为学生提供了可供选择的职业培养和训练。18世纪后期，德国许多城市都建立了实科中学，原有的文科中学也设立了实科班，到19世纪末，实科中学的地位不仅得到巩固，而且还推广到欧洲其他国家。17～18世纪，英国出现了一种新型的中学——中等学校（Academy），它与文法中学的区别在于兼容了古典学科和现代学科。一些学者倡导建立技术中学，当时许多新成立的私立学校都具有中等职业技术教育的性质。17世纪初至18世纪中叶，耶稣会派统治了法国的中等教育，学校以组织严密、设备完善与训练严格著称。与耶稣会派相对立的圣乐会，拥有50多所中学，强调实科科目的开设，例如数学、历史、地理、现代语、哲学，同时采用新的教学法和教学方式，反对机械训练、体罚和恐吓，强调开发儿童的天性和发展儿童的个性。18 世纪法国大革命以后，执政的资产阶级各党派提出了改革旧教育、建立新教育的方案，其中，《塔力兰教育方案》规定中等教育为 7 年制的郡立中学，《孔多塞方案》规定了 5 年制中学，均为比小学广博的普通教育，同时又为升入高一级学校作准备。

19 世纪主要发达国家的中等教育又经历了一次改革。19 世纪是资本主义迅速发展的时期，随着工业和科学技术的发展，工厂对雇员的文化要求越来越高，这样，中等教育的大规模发展被提上了日程。这次改革不只是体现在学制年限上，还体现在中学功能与现实生活需要的贴近上，体现在从学制的角度保证阶级的区分上。

1870 年英国国会通过了《初等教育法》，要求 5～12 岁的儿童必须接受义务教育。相应地，原有的中等教育也受到经济发展和教育发展的冲击。1864 年，英国国会组织了“中学调查委员会”，用 4 年时间调查了除公学以外的 1 000 所中等学校。调查委员会在 1868 年提交了报告，建议设立 3 种中学：为大资产阶级子弟设立的中学，注重古典学科，为升大学作准备，18 岁毕业；为中产阶级子弟设立的中学，强调现代自然科学的学习，主要培养医学、法律方面的专业技术人才，16 岁毕业；为中下层平民子弟设立的中学，强调计算及书写能力的培养，造就普通职员、文书之类的人才，14 岁毕业。这样，英国中等教育以制度化的方式走上了“双轨制”的发展道路。

法国在拿破仑执政时期对教育实行中央集权管理，设帝国大学为全国最高教育权力机构，把全国划分为 29 个大学区，由大学区管理中学，并设立直属中央管辖的国立中学和市立中学。前者为升大学作准备和输送军官，后者主要培养各级政府部门的文职官员。随后政权更迭，中等教育也几经反复，到法兰西第二帝国时，为适应和推动工商业的发展，恢复了国立中学和市立中学名称，学制 7 年，分为初级班和高级班，高级班实行文实分科。1864 年取消实科班，开办实科中学，学制 6 年。法国中等教育制度的等级化，形式上与英国不同，以管理权的所属区别为主要特征。

1807 年，德国由教育部部长洪堡领导进行了教育改革，其措施之一是整顿各种名称的古典中学，规定 9 年制的为文科中学，6 年制的为前期文科中学，专为中等阶级设立的市民学校称为中学。18 世纪中期出现的实科中学发展缓慢。德国的中等教育也形成了“双轨制”，分为职业轨和学术轨。

独立前的美国教育具有浓厚的殖民主义色彩。中等教育早期为教会所垄断，自由古典中学只为贵族子弟服务。18 世纪中叶以后出现了具有实科性质的私立中等学校，还出现了多所阿卡德米（Academy）学校。经过独立战争和南北战争后的美国，工业经济进入迅速发展时期，教育也进入全面发展的时期。这一时期的美国中等教育有三种类型的学校：（1）拉丁文法学校，侧重古典科；（2）由拉丁学校、英语学校和数学学校合成的阿卡德米学校；（3）公立中学，由英国古典学校演变成英语学校。19 世纪 30 年代美国兴起公立中学运动，1823 年美国通过法令，规定凡满 500 户居民的城镇必须设立一所公立中学，开设美国史、簿记、代数、几何、测量等课程，体现出独立的文化意识和对生活需要的关注。

俄国是欧洲最后走上资本主义道路的国家。18 世纪俄国各级各类学校涌现，到 19 世纪 50～60 年代，俄国开展了教育改革，反对古典主义的教育。尽管 1725 年俄国设立了第一所文科中学，但直到 1864 年颁布《文科中学和预备学校章程》以后，文科中学才得到了广泛的发展。19 世纪下半叶，俄国的中等学校发展为三种类型：(1) 古典中学——以希腊语和拉丁语的学习为主；(2) 半古典中学——古典学科与现代学科均受到重视；(3) 实科中学——侧重自然科学。学制均为 7 年。

20 世纪上半叶，主要资本主义国家的中等教育进一步发展，一方面表现为数量的扩大和全民化的走向，另一方面表现为职业技术中学的发展加速并趋向完善。

由于大量移民的涌入和人口的迅速增长，美国的教育得到长足发展，20 世纪 30 年代尤为突出。1908 年，美国进行学制改革，改“八四”学制为“六三三”学制，缩短小学学习年限，增加中学学习年限，并把中学划分为初中和高中两个阶段，这一学制模式一直稳定地保持，直到中间学校的诞生。另一成就是初中和高中实行选科制，通过必修课和选修课方式，使课程设置适合学生的兴趣、爱好和个别差异。这一时期中学课程显现出较为实用的特点。自 30 年代开始，中学课程中各种劳动、家政和商业学科的比例越来越大，中等教育与社会生活的联系增强，中等职业教育得到了明显的发展。1906 年美国出现第一所公立职业学校，为促进职业教育发展，国会又通过了《密斯・休斯职业教育法案》，规定各州政府合作发展职业教育。1920 年和 1936 年，又先后通过法案保障学校职业学科的教学和职业训练所需的经费。

20 世纪初，英国工业迅速发展，机会均等的呼声高涨，中等教育全民化要求应运而生。1902～1904 年，英国政府通过颁布法案，加强对中等教育的管理，对 16 岁以前儿童提供普通教育。1905 年，英国出现正规职业中学，名为初级职业技术学校，第二次世界大战后发展为技术中学。到 30 年代，英国中等学校的类型呈现多元化特征，除中间型学校（招收年满 11 岁但未通过“11 岁考试”的小学肄业生）、技术中学、职业技术夜校等外，还有公学、文法学校和公立中学。

第一次世界大战前，德国的中等教育已经有了较大的发展，文科中学、高级实科中学及实科中学这三种过去主要为贵族及富有阶层子弟服务的学校，到 20 世纪开始向所有德国人开放。1908 年，女子中学也开始设立。这一时期德国的中学数量激增，课程略有变化，现代学科增加，所有学校均努力体现德意志精神。

法国政府于 1902 年对中等教育进行了重大的改革，规定中学为 7 年制，分为前后两个阶段，确立了法国中学的基本模式，加强了中学数理科和现代外国语在课程体系中的地位，开创了法国中学分科分组的先例。

20 世纪的日本，把教育经费的 90%以上用于中小学教育，使中小学得以迅速发展。1917 年，日本颁布了《高等学校令》，制定 5 年制中学不变，高级中学由原来的 2 年改为 3 年。“二战”前，日本的中等学校分为普通中学和职业中学两类。普通中学又分为男子中学、女子中学和高级中学，高中实行文理分科。中等职业学校大多与工业、农业、商业、商船制造等国民经济相关，具体类型有青年学校、工业学校、职业补习学校和中等师范学校等。

20 世纪下半叶，世界中等教育的发展主要体现为使全民教育的要求进一步落实，并开始关注学校与学生发展需要之间关系的处理，新型综合性中学应运而生。

英国的《1944 年教育法》显示了政府为实现中等教育普及化的信心与决心，也表明对青少年一代在年龄、能力和兴趣等方面差异的重视，中等学校的结构和类型也以此为依据建立起来。随后数十年的发展使英国中等学校制度形成如下比较稳定的格局：文法中学——学制 6～7 年，侧重理论知识传授；技术中学——招收年满 13 岁的学生，修业至 16～17 岁；现代中学——培养学生成为工商业、运输业、农业、家庭事务等方面的技术劳动者。到 1965 年，英国实施综合中学方案，废止过早决定学生前途的“11 岁考试”，将原有三种中学综合为一种综合中学。至 1980 年，英国公立中等教育的综合改组基本上宣告完成。

在法国，从著名的《朗之万方案》到 1959 年延长义务教育并进行教育改革的法令，使法国的中等教育向统一的初中跨进了一步，消除了以往阻碍平民子弟进入中学学习的屏障——中学入学考试，使法国儿童接受中等教育的机会增加，职业技术教育也纳入到正规中等教育系统。进入 60 年代以来，针对法国社会发展的需求，为保证真正的方向指导得到落实，法国开始建立一种新型的综合性中学——市立中等教育学校，以便将实施第一阶段中等教育的机构逐渐统一起来。70 年代法国继续进行教育改革，要求简化教育的组织机构，使其更加灵活和促进学习机会的均等，从而在缩小社会不均等中发挥真正的作用。在中学阶段，取消了过去第一阶段中等教育的三类班，建立一种完全的并向所有适龄儿童开放的综合性教育机构。初中分观察阶段和方向指导阶段（各 2 年），高中分为普通高中（3 年）、技术高中（3 年）和职业高中（2～3 年）三类。

20 世纪 60～70 年代，联邦德国中等教育呈现三分结构，即主要学校、实科学校和完全中学的初级阶段。综合中学是一种新型的学校类型，在数量上不占重要地位。在中等教育的私人阶段，学校教育分化为普通教育和职业教育两个体系。70 年代以后，完全中学高级阶段加强了学术的个别化教育，课程结构划分更加细致；取消了传统的班级组织制，改为学程制；扩大了选修课的范围，并开设特长课与基础课。综合中学分为两类：一体化综合中学和合作式综合中学。其中，一体化综合中学完全取消了三种类型的学校组织形式，而合作式综合中学则保留了这些类型，只是共同使用校舍和设备、交换师资、统一领导等。综合中学典型的特征是从低年级开始就实行分组教学。统一后的德国教育制度和政策以联邦德国的制度和政策为主。

为了解决原有初等、中等教育两段学制中存在的学习要求程度与学生成熟度不一致的问题，美国在小学与中学之间增加了一种过渡性教育机构，即把一贯制中学分为初中和高中两段。“二战”以后，初中与高中在教学和课程实施上并无多大区别，中间学校（Middle School）应运而生，从制度上打破了初级中学的困境。中间学校结合了儿童中心教育思想与新教育技术，在重新认识10～14岁青少年身心发展特征的基础上建立了一种中间层次的教育，这种制度创新比修补旧学校更加快速而广泛地导致了学校变革。中间学校的发展，使美国中等教育的结构和类型产生了巨大的变化，形成了与儿童、少年、青年不同年龄段身心特征相适应的“小学”、“中间学校”和“中学”三阶段教育格局。

综合考察欧美中等教育发展的历史，尤其是文艺复兴后的发展，其特点主要围绕目标上的平等与质量之间、结构制度上的分化与综合之间以及课程上的学术化与职业化之间的冲突与融合而表现出来。在中等教育目标上，保守自由主义往往奉行教育机会均等，而激进自由主义主张教育过程平等或教育结果平等。从平等与质量的关系看，主张绝对的平等往往导致教育质量的下降，而教育机会均等往往是兼顾二者的最佳途径。直到20世纪末期，在一些国家开始有了从学生发展本身的特殊性角度，考虑中学与其他阶段教育的区别问题。总的来说，19世纪及以前的中等教育强调注重质量的精英型目标，20世纪开始走向注重平等的大众型目标。“二战”后各国中等教育改革过程中，又表现出注重平等与注重质量的“钟摆”现象。这种现象深受国际国内政治经济和军事局势影响。一般而言，当国际局势平静而国内社会问题和矛盾突出时，中等教育往往寻求大众化的平等目标；反之，则转而寻求效能目标。20世纪80年代以后，各国经济力量的增强、科学技术的更新、中等教育的普及，总体上呈现出寻求双重目标，即兼顾质量与平等，追求既大众又卓越的中等教育。

中等教育结构的综合与分化，受制于中等教育的目标取向。当中等教育寻求学术质量时，其结构往往以分化为特征；当中等教育寻求大众化目标时，其结构往往以综合为特征。历史地看，早期是单一的精英型体制，随着对熟练工人和技术人员的需要，中等教育演化为学术和职业“双轨制”。“二战”后，英国、联邦德国演化为“三分制”，美国演化为单一的综合制。

中等教育结构的综合与分化又进一步反映和体现在课程的学术化与职业化的不同取向上。总的看来是相互渗透，但有的国家如美国在不同时期又有不同的选择。美国在1958年的教育改革以加强学术课程为主题，70年代生计教育运动则以加强职业课程为基调。学术、普通和职业三条轨道的轻重缓急，反映了不同时期的不同目标取向。

就其主要趋势而言，欧美中等教育发展在目标上是寻求质量与平等的兼顾，在中等教育结构上是尝试综合化，在课程上强调科学、技术和社会的一体化以及教学与生活的密切联系。

2. 我国学校发展的历史

我国的学校源远流长。在我国历史文献的记载中，夏朝就已有学校，名曰“庠”和“序”，但尚未得到可靠确证；商朝有学校则已从甲骨文中得到证实。总体来看，我国学校的出现是我国奴隶社会经济、政治和文化发展的综合产物。其中，经济提供了教育专门化形态得以产生的基本条件，政治统治则是设立学校的最主要的需要，文化尤其是文字的出现，为文化的积累和传递提供了脱离经验主体机体的独立存在的媒体，形成了教育内容的新载体，创造了符号式传递的需要与可能。从奴隶社会开始，教育出现了两种形式：一种是由专门机构从事的学校教育，另一种是在其他社会活动中进行的非学校教育。这两种教育在相当长的历史时期内由于为不同的阶级服务，处于互不相干甚至对立的状态。

严格意义上的现代学校肇始于清末，所以中国现代教育的演进主要发生在近百年间。与西方不同，我国的现代学校教育是以创办职业技术学校开始的。

早在 1864 年，北京就出现了第一所由教会创办的中学，名为“贝满女校”，校内主要的课程是宗教，此外还有中学和西学。1895 年，津海关道盛宣怀奏设天津中西学堂，其中“二等学堂”可视为中国人自办的新式中等学校之雏形。1901 年，清政府令各府书院改为中学堂，但当时新学制未立，设校办法互不一致。1904 年，在洋务派“中学为体，西学为用”的思想指导下，在“壬寅学制”的基础上，经修改形成了“癸卯学制”，确立了初等教育 9 年、中等教育 6 年、大学预科 3 年、大学教育 4 年的学校系统。在这一系统中，与中等教育阶段对应的教育机构为中学堂和中等实业学堂。中学堂 16 岁入学，学制 6 年，招收初等学堂毕业生中优异者，实施较深的普通教育，兼升学、就业双重任务。中等实业学堂又分中等农业学堂、中等工业学堂、中等商业学堂、中等商船学堂四类。各类中等实业学堂均分预科与本科：预科招收 13 岁以上的初等小学堂毕业生，学制 2 年；本科招收 15 岁以上的高等小学堂毕业生，学制 3 年。1904 年清政府颁布的《奏定中学堂章程》，使中等教育自成体系、取得独立地位并付诸实施。中学堂分官立、公立、私立三种，各府必设官立中学堂一所，以为示范，招收高等小学堂毕业生或具有同等学力者，修业 5 年。中学堂课程分为修身、读经讲经、中国文学、外国语、历史、地理、算学、博物、理化、法制及理财、图画、体操等 12 科。1909 年，学部仿效德国中学分科做法，以高等学堂的分科需要和学生资质志趣的差异为理由，把中学堂课程分为文、实两科，这是中学实行文理分科的开端。

中华民国始建，对中等教育体制进行了一系列的改革。1912 年 9 月和 12 月，由当时的教育部先后颁布《中学校令》和《中学校令施行规则》，规定中学校以“完足普通教育，造成健全国民”为宗旨。专教女子的中学称为女子中学校。中学校按经费来源的不同分为省立、县立、私立三种，其设立、变更、废止，须经教育总长认可。修业年限四年。在课程设置上，取消文实分科，废除读经讲经，重视普通文化教育，更订教学科目为修身、国文、外国语、历史、地理、数学、博物、物理、化学、法制、经济、图画、手工、乐歌、体操等。可见，民国初期的中等教育既汲取了清末中等教育的合理内核，又依据民主主义精神进行了必要的革新，在知识面的拓展、教育活动的多样性和清除封建主义的意识形态教育方面向前又走了一步。

五四运动和新文化运动催化了 1922 年新学制的诞生，中等教育改革也异彩纷呈。在教育目标上，强调要兼顾中等教育“升学”和“就业”的双重职能；在学习年限上，先是由民国初期的 4 年延长到 5 年，同时推行选科制，开设选修课以满足学生个人的兴趣、爱好和需要。1922 年实行“壬戌学制”后，进一步将中学修业年限延长到 6 年，分为初、高两级，各为 3 年，与初等教育共同形成“六三三”分段的学校系统，这也成为此后许多年中国学校系统的结构原型。新学制导致了相应的课程更新，1922 年 10 月全国教育会联合会发起成立“新学制课程标准起草委员会”，延请教育界专家调查研究、反复讨论，于 1923 年 6 月颁布《新学制课程标准纲要》，规定初中课程分为社会科（公民、历史、地理）、语文科（国语、外国语）、算学科、自然科、艺术科（图画、手工、音乐）、体育科（生理、卫生、体育）六科，实行学分制。高中实行综合中学制，大体分为两类：一类以升学为主，其中又分为文理两组；另一类以就业为主，包括农工、商业、师范、家事等科。各科各组课程分公共必修科、分科专修科、纯粹选修科，各科课程以学分计。课程的灵活性和为学生提供选择空间的出现，反映了西方教育思想和实践对当时中国中等教育影响的深化，也反映了社会对中等教育的要求。

在抗日战争前后，中等教育经过了数次定型与起落。南京国民政府成立后，中等教育走上规范化和定型化，这以 1932 年的《中学法》和 1933 年的《中学规程》为标志。主要表现在：在办学体制上，废除了综合中学制度，将普通、师范、职业三种学校分别设立，形成中等教育“三足鼎立”的局面。在学校制度上，明确规定中学“是严格训练青年身心，培养健全国民之场所”。中学分初中、高中各三年，得以混合设立。中学分为省立、市立、县立、联立、私立五类。在课程设置上，于 1929 年颁布了《中学课程暂行标准》，规定中学实行学分制，初中、高中分列，初中设置职业科目，取消选修科目；高中仍设选修科目，但文理不再分组。1932 年颁布了《初中各科课程标准》、《高中各科课程标准》。在考查学生程度方面，实行严格的毕业会考制度。这是一种强调分流、在普通中学中突出基础性学科质量、偏重为培养精英服务的中等教育。

抗日战争以前，中等教育发展缓慢。抗战期间，国民政府设立国立中学、国立师范学校、国立职业学校，收容由沦陷区涌入大后方的众多师生，所以抗战后期，中学有了数量上的发展。在中国共产党领导下，抗日民主根据地办起了一些师范学校和中学。进入解放战争后，解放区接管了一大批中等学校。1948 年，东北解放区召开第三次会议，主题是使中等教育走向“新型正规化”，中学采用“三三”学制，以文化教育为主，建立开学、考试、放假、修课标准、升级、留级、毕业等正规化制度。之后，华北解放区也采用“三三”学制。这些为全国解放后中等教育全面正规化创造了条件。

中华人民共和国成立到“文化大革命”结束，中等教育进一步变革与发展。新中国成立初，中等教育经历了一系列变革并得到迅速发展。1951 年的学制改革，重点是克服工农教育在学制中没有地位、初等学校分级使广大劳动人民子女难以受到完整的初等教育、技术学校不能适应国家建设对人才的要求等弊端。1951 年的新学制建立了包括幼儿教育、初等教育、中等教育、高等教育的完整的学校系统。中等教育学校系统由中学（分初中、高中两级，共 6 年）、工农速成中学（3～4 年）、业余中学（分初、高两级，各 3～4 年）、中等专业学校（包括技术学校、师范学校和医药及其他中等专业学校，技术学校又分为初级技术学校和技术学校两级，年限各2～4年）构成。50年代末受“大跃进”的影响，各地迅速出现较大规模的改革中小学学制的实验。实验的主要内容是适当缩短年限、适当控制学时、适当增加劳动，中学由6年缩短为5年，程度却要求由原来的水平提高到大学一年级水平，呈现出强烈的“大跃进”色彩。这一改革体现了加强教育与生产劳动相结合的方针，但在时间分配、内容等方面又出现了偏差，导致中等教育质量的大幅度下降。60年代中期在巩固、调整的思想指导下，中共中央成立研究小组，多次讨论4年制中学、5年制中学、中等专业学校、城市半工半读学校的学制。1964年7月，在《学制改革初步方案（征求意见稿）》中提出了包括全日制、半工半读、业余学校三大类型学校的“新学制”，但这一学制并未得到正式推行，就开始了“文化大革命”。在“文化大革命”中，半工半读学校被当做修正主义教育路线的产物被彻底解散，中等专业与技术学校也受到同样的遭遇。普通中学取消高中、初中分段，统称中学，学制为4年，“四人帮”打出的旗号是落实毛主席关于“缩短学制”、“减轻学生负担”的一贯指示。在课程方面，为落实毛主席提出的学生“不但要学文，也要学工、学农、学军”的“五七指示”，大量增加了生产劳动和社会实践，把物理、化学、生物等学科都取消，新增设了“工业基础”和“农业基础”两门课程，完全根据当时的生产状态来选择和重编，从根本上否定了中等教育中科学的分学科设置的必要性和进行基础知识教学的必要性，带来的后果是一代人的科学、文化素养普遍下降和人才断层，这一严重创伤造成的滞后影响绝不止一代人。“文化大革命”的惨痛教训使人们从反面体会到中小学教育的特殊性和对整个教育体系、社会发展的重要性。

改革开放以后，我国的中等教育继续在改革中发展。“文化大革命”结束之后，经历了一个短暂的“拨乱反正”时期，中学恢复了基本教学秩序，课程也恢复到“文化大革命”前的设置状态，学校教育工作以提高文化课的教学质量为中心任务，以适应重新恢复高考、为高等学校提供合格生源的要求。在学制改革方面，恢复了中等专业学校与中等技术学校，普通中学的学制在大部分地区都恢复到初中和高中分段各3年、共计6年的时段划分方案，但中小学“五四”分段和小学到初中的九年一贯制等学制还有部分保留，同时并存5年制中学，即初中3年、高中2年。

1985年，《中共中央关于教育体制改革的决定》指出，教育工作不适应经济建设需要的局面还没有根本扭转，教育事业的落后和教育体制的弊端十分突出，包括管理权限统得过死、学校缺乏活力，教育结构上基础教育薄弱、学校数量不足、质量不高，教育思想落后、课程内容陈旧、教学方法死板、实践环节不受重视等，迫切需要从教育体制入手，有系统地进行改革。中等教育也开始了从学制到课程的全面改革。在学制方面，逐步形成初中和高中各3年、共6年的修业年限，普通中学、职业中学、中等专业学校三足鼎立的基本格局。1991年10月，国务院进一步规定：城市可在高三分流，对一部分人进行定向性或预备性的职业技术教育；农村可根据当地情况，分别采取不同的分流及职业技术教育措施。在课程改革方面，20年来已进行至少两次重要的改革，即1993年的义务教育课程计划调整和2001年的基础教育课程改革。2001年的基础教育课程改革的总体思路是克服现行课程的种种弊端，转变课程功能，构建符合素质教育要求的新的基础教育课程体系。基于九年义务教育实施的要求，以及初中与小学的课程改革整体考虑，正在形成九年一贯整体设计课程门类和课时比例、小学阶段以综合课程为主、初中设分科与综合两种课程模式，由地方和学校自主选择。高中课程改革顺应面向大众的趋势，超越“单一任务”或“双重任务”的主张，把高中教育的基本任务定位于培养高中生的健全人格或公民基本素养，尤其强调培养学生的社会责任感、价值判断能力、批判性思维、规划自己人生的能力以及创业意识和敬业精神。高中课程改革的目标是促进课程功能的转变，使课程成为每个学生个性发展和走向自立的平台，改变单一的以学科为中心的课程结构，建立充分体现多样化和选择性的课程结构。

在这一时期，我国教育改革中逐渐突出的一个指导思想是素质教育。最初把素质与教育联系起来的正式文件是1985年颁布的《中共中央关于教育体制改革的决定》。《中共中央关于教育体制改革的决定》提出：“在整个教育体制改革过程中，必须牢牢记住改革的根本目标是提高民族素质，多出人才，出好人才。”1986年，这一思想在《中华人民共和国义务教育法》中以法律的形式得以表述：“义务教育必须贯彻国家的教育方针，努力提高教育质量，使儿童、少年在品德、智力、体质等方面全面发展，为提高全民族的素质，培养有理想、有道德、有文化、有纪律的社会主义建设人才奠定基础。”1993年2月，中共中央、国务院印发的《中国教育改革和发展纲要》进一步提出了“中小学要由‘应试教育’转向全面提高国民素质的轨道”的要求，指明了为提高民族素质的教育，针对的是现实中存在的以“应试”为目标的教育，要求教育“要面向全体学生，全面提高学生的思想道德、文化科学、劳动技能和身心素质，促进学生生动活泼地发展”。1994年，全国教育工作会议在北京召开，国务院副总理李岚清在会议报告中第一次明确提出“基础教育必须从‘应试教育’转到素质教育的轨道上来”。1997年10月，国家教育委员会下发《关于目前积极推进中小学实施素质教育的若干意见》，中央政府教育领导部门第一次以文件的形式对素质教育作出了正式的规范性表述：“素质教育是以提高全民族素质为宗旨的教育，它是依据教育法规定的国家教育方针，着眼于受教育者及社会长远发展的要求，以面向全体学生、全面提高学生的基本素质为根本宗旨，以注重培养受教育者的态度、能力，促进他们在德智体等方面生动、活泼、主动的发展为基本特征的教育。素质教育要使学生学会做人、学会求知、学会劳动、学会生活、学会健体和审美，为培养他们成为有理想、有道德、有文化、有纪律的社会主义公民奠定基础。”该文件还提出了实施素质教育的政策与措施。1999年1月，国务院向全国转发了教育部制定的《面向21世纪教育振兴行动计划》，将素质教育列为重要的跨世纪工程。同年6月13日，《中共中央国务院关于深化教育改革全面推进素质教育的决定》指出：“实施素质教育，就是全面贯彻党的教育方针，以提高国民素质为根本宗旨，以培养学生的创新精神和实践能力为重点。”可见，素质教育的内涵还会随时代发展而不断丰富，我国政府在21世纪的教育发展规划中依然把实施素质教育作为重要任务。

从总体来看，我国的学校教育自从清末逐步走向现代学校以来，一直受到两大因素的影响：一是受到欧美学校发展的影响；二是受到所处时代的社会发展状况，尤其是受到政治的制约和影响较大。与此同时，我国学校教育的演变，一直处在学校教育、社会发展与个体发展的对立和统一之中，处在从整合到分解，又从分解到整合的规律性波动之中。

第二节　全球化、信息化背景下的学校教育变革

全球化、信息化是当前中国学校教育改革面临的基本社会背景。这一背景具体化到中国学校教育的语境里，呈现出的基本特征是：变革和转型。在这样一个变革时期，学校教育面临着诸多矛盾和冲突，其带给中国学校教育的既有机遇，也有挑战、压力和危机。对此，身处其中的每一位教育者，要能够应对变革挑战，更好地适应转型时期的教育工作，其基本前提是对这些社会背景对于学校教育的具体影响有基本了解。

一、全球化的基本特征及其对学校教育的影响

20 世纪 90 年代初，随着通信技术和互联网的日新月异的发展，全球各民族、国家之间的政治、经济、文化的普遍联系和交往不断加强，全球化现象由此凸显出来，对于包括教育者和受教育者在内的所有人而言，全球化已经成为我们所处时代的知识语境和文化语境。① 认识全球化的基本特征，有助于我们认识当代学校教育面临的处境和挑战。

总体来看，全球化的基本特征如下。

——多领域与多视角。全球化涉及政治、经济、文化、科技等几乎所有人类实际活动领域，也在哲学、经济学、社会学、政治学、文化学和历史学等众多学术领域引起反响，并形成多种研究视角。

——共时性与历时性。可以用共时性术语描述一个关于全球化的模式，刻画参与全球化的各主要成分以及它们之间的互动状态，这正如美国社会学家卡司特在《网络社会的崛起》中指出的那样：在全球经济里，全球能够变成一个单位而以即时或者在选定的时间里运作。同时，这些关系状态及其变化在整个人类历史进程中却是历时地发生的。

——整体性与多元性。全球相互依赖与日俱增，全球整体意识日益增强的同时，也日益走向多元，其根本是文化的多元性。②

---

① 关于全球化本身的问题，可参见王列等编译：《全球化与世界》，中央编译出版社 1998 年版；胡元梓等主编：《全球化与中国》，中央编译出版社 1998 年版；王治河主编：《全球化与后现代性》，广西师范大学出版社 2003 年版。

② 参见杨小微著：《全球化进程中的学校变革——一种方法论视角》，华东师范大学出版社 2004 年版，第 10～11 页。

以上述基本特征为基础，可以发现全球化对于学校教育发展的主要影响表现在以下几个方面。①

（一）学校教育将更加向外部世界开放，全球式的教育规范逐渐会得到确立

全球化背景下的教育是开放的教育。正如英国著名社会学家吉登斯所指出的那样，全球化的本质就是流动的现代性，在这里，流动指的是物质产品、人口、标志、符号以及信息的跨空间和时间的运动。全球化就是时空压缩，全球化使得人类社会成为一个即时互动的开放社会。这样就要求必须把学校教育置于开放的国际社会之中，从整个世界的角度来看世界的教育和我们的教育，相应地，我们的教育必须以开放状态去迎接世界的眼光。

学校教育长期以来闭门自守的状况将由此发生转变：一方面，全球化背景要求各国学校教育要切实为本国经济建设与发展服务，培养经济发展所需要的、在全球化中能够发挥积极作用的人才；另一方面，要求某一区域、国家的教育与其他国家的教育保持经常性的联系，世界性的教育共同体的力量会进一步增长，国家与国家之间的教育的对话和沟通会变得经常化。

与此同时，教育评价的指标体系，大至如何评价一所学校办学质量的高低或一所高校在世界、国家的排名，小至如何评价学生的学业成绩或评价一堂课的教学效果，因交流、比较的需要而逐渐形成一些具有特定性的、相对而言国际公认的做法；教师的专业发展，从应该具备的知识结构和能力水平到教师的培养培训方式，从教师专业化建设到师范教育的体制，也会逐渐形成某些共同的原则或要求。自然，这些都不可能是唯一和全部标准，它们的价值具有特定性。

（二）教育会与全球化问题以及面临的困境更加密切地联系在一起，成为解决全球问题的一个重要手段

全球化是一把“双刃剑”，利弊兼具，良莠并存，既不能指望全球化能够解决所有悬而未决的问题，也不能把全球化视为洪水猛兽。全球化带来的全球问题在内容上具有鲜明的时代特征，在规模上则具有全球性，涉及人类的生存与发展。当今，国际社会异常关注的生态失衡、环境污染、粮食危机、资源短缺、人口爆炸、毒品、宇宙开发与海洋利用、国际人权与民族主义、战争与和平等，都属于全球问题。

解决这些问题的方法有多种，包括政治的、法律的、技术的等，教育作为一种与形成人的思想信念、态度情感、认识等密切相关的活动，无疑是其中不可缺少的方法之一。通过教育，让人们珍视和平，了解人与人之间应该如何相处；通过教育，让人们认识到环境保护的重要性，养成保护环境的意识和自觉的环保行为；通过教育，让青少年远离毒品，远离不健康的生活习惯，与违法行为做斗争；通过教育，让人们学会合作，共同面对社会以及生活中的困境，努力解决一个又一个难题。

---

① 本部分的写作主要参考了郑金洲：《全球化背景下学校面临的问题与挑战》，载叶澜主编：《全球化、信息化背景下的中国基础教育改革研究报告集》，华东师范大学出版社 2004 年版，第 46～49 页。

（三）由于经贸、文化、人才等出现世界性，教育上要求重新确立人才规格标准，教育目的有所变化

以全球化、高速化、个体化为特征的多媒体网络正在覆盖全球，出现了经济生活和贸易文化的全球性趋同现象，全球性的共同发展目标形成。为了在经济竞争中获胜，“国际人”正在成为一些国家和各大公司的首选对象，培养国际人成为世界性人才战略潮流，也成为教育的目标指向之一。

日本有人率先提出国际人应具备的十个基本条件：积极肯干，但是不蛮干；人际关系融洽，不以自我为中心；兴趣广泛，知识丰富；外语出色，乐意结交外国人；行动迅速；能很快适应异国他乡；意志刚强，富有忍耐性；深谋远虑，但不优柔寡断；安排、处理好家庭生活关系；身体健康，精神焕发。①

教育最终应该在全球化中达成怎样的目的，成为20世纪90年代以来一些国际会议关注的主题。例如，1994年10月3日，在日内瓦召开了第44届国际教育大会，会议通过辩论，通过了《为和平、人权和民族的教育综合行动纲领》。该纲领为教育目的作了如下规定。

（1）为和平、人权和民族的教育之最终目标，是发展每个人的普遍价值感和各种行动方式，而和平文化正是基于此而被预示，因此有可能即使在不同的社会—文化环境下识别那些能被普遍认可的价值观念。

（2）教育必须发展尊重自由的能力和面对挑战的技能。这意味着使公民做好准备以应付困难的而又变幻莫测的形势，并使他们能独立自主和承担责任。意识到个人的职责必须同确认公民义务的价值相联系，同确认与他人一起解决问题并共同建设一个公正、和平和民主的社会相结合。

（3）教育必须发展承认并接受存在于各种个人、男女、民族和文化之中的价值观的能力，并发展同他人进行交流、分享和合作的能力。教育必须加强个人的特性，并鼓励那些能增强个人和民族之间的和平、友谊和团结的各种思想和解决方法。

（4）教育还应培养学生思想中的内在和平观，这样他们就能更牢固地形成宽容、同情、分忧和相互关心的品质。

（5）教育必须培养公民作出明智选择的能力，不仅使他们的判断和行动基于对当前形势的分析，而且以对理想未来的憧憬为基础。

（6）教育必须培养公民尊重文化遗产，保护环境并采取有利于可持续发展的生产方法和消费方式。个人和集体价值观念之间的和谐一致以及当前的基本需要和长远的利益之间的和谐一致也是必要的。

（7）教育应该从一种长期均衡发展的角度，培养在国家和国际范围内的团结和公平的

---

① 薛荣久：《经济全球化的影响与挑战》，载胡元梓等主编：《全球化与中国》，中央编译出版社1998年版，第129～130页。

感情。①

（四）全球化会引起教育上的一系列冲突，使教育内外部的矛盾更为尖锐

1. 全球化与本土化之间的矛盾

全球化与本土化在空间意义上的区别在于：前者旨在扩大边界，后者则是强调边界。在全球化浪潮中，发达国家企图形成国际上大多数国家尤其是全球化先行者采用的制度化教育模式、民族化办学的道路、反映科学知识的教学内容、先进的教学手段等。但是，由于各个国家和地区有其特定的历史条件和空间限制，对这些要求不可能完全认同，由此，全球化与本土化之间的矛盾逐渐显化和尖锐化。

全球化与本土化之间的矛盾和冲突，有着不同的表现方式：一是将国际上的先进技术“物化”在教育过程中，使教学手段实现全球化，排斥其他方面；二是某些国际通行的教育制度进入本国或地区，出现与国际上一致的制度化教育，与本国的教育制度产生矛盾；三是国际流行或推崇的教育思想、价值体系等与本国或地区的教育观念发生矛盾和冲突。

全球化与本土化并非完全排斥，二者之间可以在某些方面如行为方式和习惯等达成一致，并不是非此即彼的关系。值得提醒的是，在全球化过程中，强国的利益是立足点，是强势群体发出主流声音。发展中国家如果意识不到这一点，就会一味追随、模仿，这实际上并不是在全球化背景下求生存与发展的方式，教育也不例外。

2. 传统与反传统之间的矛盾

在历史上，教育特别是学校教育本身就是既定传统的产物，同时也是维护传统的手段，它习惯于将已有的价值规范、思想观念重复地传递给下一代。因此，教育具有不易接受新的变化，排斥、拒绝变化的倾向。教育的这种固有性质，在一定程度上会激化其内部传统与反传统之间的矛盾，这在激烈快速变化的当今社会转型中，将表现得更为突出。

3. 教育与其他社会系统之间的矛盾

教育的全球化处于整个社会系统全球化的进程之中，它对其他社会结构具有一定的依附性，社会各个领域、层面上的变动，都对它产生着一定的影响，并因变迁的不平衡，给教育带来这样或那样的问题，造成这样或那样的冲突，如合乎经济结构的变化与原有教育体制之间的摩擦。

4. 教育内部发展不均衡带来的矛盾

与上面提到的原因相似，在全球化进程中，教育内部也会因发展的参差不齐而产生诸多的矛盾，例如为了培养具有一技之长的人所设置的职业教育、专业教育与普通教育之间的矛盾，正规教育的迅速发展与非正规教育之间的矛盾等。

---

① 赵中建编：《教育的使命——面向二十一世纪的教育宣言和行动纲领》，教育科学出版社 1996 年版，第 193～196 页。

（五）全球化可能对学校教育内部的一些要素产生消极影响

1. 全球化对学生身心发展的消极影响

（1）价值失范。全球化主要表现为信息的流动、连通以及技术、经济上的一体化趋向，这些因素所承载的价值观念、思想规范会对学生的意志、精神产生潜移默化的影响，使学生自身已有的价值观与全球化所带来的物质、技术蕴藏的价值观产生对立和冲突。全球化并不仅仅意味着西方的物质将我们的房间塞满，而且还意味着有可能西方的思想支配着我们的精神领域，占据着我们的交流空间。因为它们卖的不再仅仅是商品和货物，还卖标识、图像、声音，简而言之，既有客观物体，也有观念和思想。当学生购买和使用它们时，就可能发生观念和思想上的西化。

（2）认知缺失。全球化教育是以信息技术为基础，以数字化、计算机为主要手段，以电子化为传播机制的教育。也就是说，全球化教育中，传统的、基于书本的学习将被以屏幕为基础的学习所取代。这样，以连续性、叙事体为特征的书本知识将被以浏览器和多媒体所产生的零碎、肤浅的知识所取代，就有可能引起学生认知上的缺失：第一，破裂的时间观念以及所谓的持续经验会导致传统与现代断裂。变化迅猛异常，科技发明达到很高的速度与高度，零碎、肤浅的知识等，将威胁一直维持人类信念的根基及人类生活质量的特定意义的各种传统；第二，关注范围缩小，普遍对持续学习缺乏耐心；第三，风俗习惯被深度破坏；第四，对地理位置以及社区的本土性感知强度和重要性关注降低；第五，对个人或集体未来认同感缺失。①

（3）工具理性的强化。全球化容易滋长工具理性，认为技术无所不能，它可以成为一种不可抗拒的力量借助于市场化席卷世界。科学可以说明任何事物，技术可以解决任何问题，这种认识和看法越来越多地占据人的心理空间。它易使教育活动忽视学生自身，忽视对学生的生命关怀。全球化背景下的生命个体常常会有一种被驱逐感，越来越快的生活节奏以及越来越重的压力，对个体的自我整体性认同有剥夺作用，个人会感到更加孤独，会有一种被世界抛弃的感觉。

2. 全球化对学校管理制度的消极影响

首先，全球化对学校特色的“侵蚀”，有可能使学校趋同。在一定程度上，全球化是现代化演进的结果，它秉承了现代化以及现代主义所强调的普遍性，有可能导致多样性的丧失、多元文化的销蚀。在这种情况下，学校特色被湮没、被侵蚀就成为一种潜在的危险。其次，全球化导致教育制度权力分散，在开放性的大背景之下，集权管理体制被削弱。再次，学校与学校之间的差距将因全球化而拉大，学校教育机会不平等现象增加。

3. 全球化对课程与教学的消极影响

（1）事实与价值在知识上的背离。在课程中，知识占据着举足轻重的地位，分析全球

---

① 参见庞红卫、方凌雁：《略论全球化的陷阱》，载《教育发展研究》2001 年第 3 期。

化对知识的影响，可以在很大程度上更清晰地认识到全球化给教育带来的挑战和变化。全球化的推进有可能给知识带来这样一些影响：其一，知识的生产和传播深受商业化的影响，呈现出事实与价值分离的状态；其二，知识的虚拟化。知识本身随着信息化的逼近正在脱离现实，呈现虚拟的形态，与拥有知识者本人及其所处地方脱节，也就是常说的“非地方化”。

(2) 知识自身的作用与系统性弱化，能力及与生活的联系变得日益重要和突出。按照当前的科技发展速度，单纯的知识积累在将来会变得不那么重要，更为重要的则是能够“在变得越来越宽广的知识海洋里航行”。灵活性、基本技能、开阔的思维、终身培训、个人自主及创造性将成为这一新型教育的主旋律。在这种背景下，教育成为易变的和交互式的，期望造就的是善于怀疑、有解决问题能力的人。与此同时，会出现忽视知识在培养人中的作用，将知识与能力对立的倾向。

在全球化的推动下，教育变革要求尽可能地向现实世界开放教育系统，打破它的隔绝状态，从根本上更新其教育方法，以适应不断变化的生产、传播和社会所提出的新的要求，并确保教育内容对工作领域所发生的变化具有现实意义。这将会对知识系统性在教育中的意义造成冲击。

(3) 教学的不确定性、模糊性增强。随着全球化进程的加快，教育会被不确定性所笼罩，教师一方面不知道到底应该教给学生什么，另一方面又不能确定如果教的话又会给学生带来什么。这种矛盾、对立会伴随在教师左右，使教师变得不知所措，也许就不会“教”了。“在教育界，全球化过程造成的普遍不确定性一直在某些方面存在。后现代派就‘什么东西可以信心十足地教给学生’这一问题所怀的担忧，如今更因‘信心十足地教意味着什么’这一难以理解的问题加剧——尤其是在所谓的新知识经济时代，教学往往被简单还原为如何‘管理’教育空间，除了计划和组织技巧外，不需要教师有任何个人才干。”①

4. 全球化对教师的消极影响

(1) 身份认同上的危机。全球化秉承的是新自由主义的信念，即对自由市场推崇备至，反对国家对经济的直接干预。这势必会冲击国家与社会之间的传统关系，可能导致国家在调节经济和社会生活方面作用的销蚀，同时造成民族身份或国家身份的认同出现新的危机。这种危机会引发教师传统身份和角色的崩溃。正是由于教师社会角色的特殊使命以及教师职业对于社会现实的深度依存，全球化为民族、国家构筑的新环境，使得教师在重新谋求安身立命之所的过程中面临着艰难的抉择问题，即在全球化与本土化冲突中，教师如何选择才能继续维持自身存在的“合法性”。同时，必须清楚地看到，全球化为教师提供的生存空间浸透着激烈的竞争气息，像产业工人一样，教师也被完全放置在市场的运行机制当中，并不断地接受市场的选择。教师如果不与全球化利益形成适当的同谋关系，就

---

① [加] 史密斯著，郭洋生译：《全球化与后现代教育学》，教育科学出版社 2000 年版，第 15 页。

可能会被抛入失业大军。此外，网络技术的发展对教育领域的冲击也是变革性的，它不仅为传统的教育、教学空间提供了新的手段和注入了新的活力，同时也成为传统教育变革的颠覆性力量。多媒体教学、网络化教学、全球化教学、远程教育等都显示了通过信息和网络技术形成的教育、教学形式的巨大吸引力。课堂教学不再是承载教育实践的唯一合法的高效场所，教师传统的职业活动空间正在遭受前所未有的侵蚀。

（2）权威地位松动。在全球化所提供的广阔背景下，教师可以支配的权威领域正在日益失去其领地。在通信和网络技术的支持下，知识和信息资源可望在全球范围内实现共享和重新配置，这意味着人人都有可能成为这些资源的拥有者，在知识和信息的获取上权威角色逐渐失去了它的对象。与教师自身一样，学生——教师权威的对象——完全暴露在知识和信息资源之中，他们同样可以通过更加丰富与便捷的渠道自主地获取这些资源，因此，传统的教师具有的知识专家或知识拥有者的角色，以及由此形成的权威正在面临崩溃，同时，学生作为知识欠缺者的地位也将发生深刻变化。

（3）职业自主性的匮乏。在全球化的过程中，一方面教师如果不能顺应全球化潮流，他们就会受到诋毁；另一方面他们却发现自己在教育政策制定过程中的无权地位。教师的教育在教育政策中遭到了无情的忽视和在实践中处于被支配的地位，全球化推动者们对经济利益的痴迷，使得学校教育成了类似于生产商品的“工厂”，教师自然也就成了生产学生这一特殊商品流水线上的“工人”。对教师来说，教育和教学工作日益变得枯燥乏味，越来越缺乏自主。因此，教师不仅在自身职业范围内失去了选择和组织教育教学内容、参与教育政策制定的应有权利，同时也失去了作为人的部分尊严和自由。

二、信息化的基本特征及其对学校发展的影响

（一）从工业社会到信息社会的转换

信息化是对人类社会发展走向信息时代的一种指称，它是从工业化时代转型而来的。这些变化主要体现在：（1）技术知识成为新的财富，工业经济时代诞生的“劳动价值论”将被新的“知识价值论”所替代，在信息社会里具有决定性作用的是信息知识，知识已成为生产力、竞争和经济成就的关键；（2）时间观念发生了重要的变化，人们既不像农业社会那样习惯于面向过去的经验，也不像工业社会那样注重眼前和现在，而是更强调面向未来和如何预测未来；（3）生活目标的变化，即更加激烈的是人与人之间的竞争，而不仅仅是人与各种自然的竞争。①

美国学者嘉格伦（Jones，Glenn. R.）认为，信息社会的首要资源是信息。信息是一种极为特殊的资源，它通常没有重量，看不见摸不着，而且可以同时存在于不同的地点。信息社会的工具的主要功能，就是制造、存储、发送和更改信息。如果说工业社会使得人

---

① 参见崔保国等编著：《信息社会的理论与模式》，高等教育出版社 1999 年版，第 60～62 页。

类活动扩展到地球的各个角落的话，那么知识革命的主要特点则是它能够大幅度扩展人类的思维空间。人类思维空间的延伸，再辅之以生产力的进步，就产生了一个全新的人类社会。①

总体上看，信息社会区别于工业社会的特征，可以从生产过程、生产形式、组织形式、对人才的要求、对教育的要求以及信息传播等方面来审视。②

（1）在生产过程上，工业时代注重的是工业化、程序化和标准化，而信息时代要求的是个性化、灵活化与多元化。

（2）在生产形式上，工业时代是劳动密集型和技术密集型的，而信息时代的生产形式趋向于知识、信息和创造性密集。

（3）在组织形式上，工业时代的组织形式相对封闭和系统化，有明确的分工和规章，实施分层管理，而信息时代的组织形式趋于开放、发散和扁平化，重视集体的综合创作、人际关系的和谐。

（4）工业时代对人才的要求是高度分化和专门化的，学历成为衡量人才的重要标志，而信息时代对人才的要求注重分化与综合的统一，重视人才的个性化和创造性，强调及时学习和不断学习。

（5）在对教育的要求上，反映工业化生产模式特点的教育采取标准化的工业模式分层、大批量地培养劳动者或人才，教育呈现为金字塔式的结构，而信息时代对人的要求反映在教育的要求上是追求多样化和个性化的教育。

（6）工业社会与信息社会最突出的区别可能表现在信息传播上。在工业社会，报纸、书籍、广播和电视等是主要的信息传播媒介，这些传播媒介基本上是单向传递性质的，读者和听众是一方，媒体信息制造者为另一方。媒体信息制造者或媒体的掌握者始终站在比较有利的位置，相对来说可以根据自己的意愿来左右信息内容，而作为读者和听众往往处于迂回、潜隐和消极的状态，对媒体的直接影响力相当薄弱。

信息社会的特点在于计算机网络作为人际沟通的新媒介，其特性在于其所提供信息的主动性与双向性。从信息分享的角度来看，这意味着个人不再只是被动地接受信息，还可以主动地搜寻他所需要的信息，甚至他也可以成为传播信息的来源。

（二）信息化的存在形态

信息化直接且越来越广泛地影响到社会生活和在信息社会中的生命个体，使个体的生命实践呈现出信息时代特征，并且，信息成为一种影响人的生命发展的重要力量，呈现出生命特征。因此，信息化的存在形态至少涉及三个层面：基础性的技术存在；结构性的社

① ［美］嘉格伦著，万小器等译：《网络教育——21世纪的教育革命》，高等教育出版社2000年版，第7页。

② 参见唐晓杰：《信息化背景下的学校改革问题研究》，载叶澜主编：《全球化、信息化背景下的中国基础教育改革研究报告集》，华东师范大学出版社2004年版，第108～109页。

会存在；生命性的个体存在。① 对信息化的多层存在形态的理解，是认识信息化对学校教育的影响的前提。

1. 信息化的基础性形态——技术存在

所谓信息技术，就是使客观存在的信息在表达上实现数字化的转换，并以数字化的方式实现信息的储存、传递、再现、复制乃至重组、创生等一系列加工的相关特殊技术。信息技术的核心是把信息数字化，数字化是信息技术不同于其他技术的核心创造，它实现了信息存在形态的两个重要转换：一是把各种异质的实存信息，如声音、形象、文字、实物，通过取样、压缩、解压、编码等数字化手段，转换成以比特、电子方式存在的同质存在；二是把实存形态的信息转换成了虚拟形态的信息，创造了虚拟空间。

信息技术的模拟功能中，最具历史意义的是对人脑的信息加工的过程模拟。计算机被称为电脑不是偶然的，它首先扩大了人脑的最基本功能——信息的转换和储存功能，扩大了信息加工的范围和代替了大脑部分可逻辑化、程序化的工作。进而，计算机发展向着模拟人脑的高级功能——学习和创造的方向发展。这样，人与技术的关系就从模拟四肢、放大感知能力、扩大代替体力，转向模拟大脑、放大神经功能、扩大和代替智力的方向发展。电脑、机器人技术的将来，必将朝着人机对话界面的人性化、对人的多种特质（包括理智和情感等）和能力的综合统一方向发展。正是这种全面拟人化的走向，有可能全面改变现存的人与技术的关系。信息技术作为信息化的基础性存在的更为深刻和长远的意义，也是教育必须认识和应对的事实。

2. 信息化的结构性形态——社会存在

时至今日，信息技术在社会的广泛应用已经带来了社会的结构性变化，使信息化具有了社会的结构性存在，主要表现在以下几个方面。

第一，信息产业代替了传统工业产业，成为社会的支柱产业。第二，知识成为社会经济和社会发展的重要动力。第三，信息技术给企业生产或工作过程的内部结构带来深刻的形态变化。第四，社会环境的信息技术化，使人的生存环境中增加了虚拟社会，其带来的结构性变化，首先在于虚拟社会与现实之间因人的需要与活动产生互动，使人的活动领域出现了第四空间；其次，虚拟社会不仅能再现现实社会中的各种事物，而且能进行现实社会中不可能进行的、模拟试验性的活动，从而有可能对真实的事物以技术的手段加以包装。第五，信息的高速流动、变化和互联网的普及，加速了全球化的进程和扩大了全球化的范围。

3. 信息化的生命性形态——个体存在

信息技术的发展会造成对个体生命存在形态的深刻影响，并使信息化以生命形态方式

---

① 参见叶澜：《“全球化、信息化背景下的学校教育改革”课题研究结题总报告》，载叶澜主编：《全球化、信息化背景下的中国基础教育改革研究报告集》，华东师范大学出版社 2004 年版，第 10～20 页。

存在。生活在信息时代的个人的生命实践，呈现出个体生命特征。我们认为，这些特征主要表现在以下几个方面。

（1）人本身的变化——从“文字人”到“图像人”。信息技术带来的最根本的变化是人本身的变化。人类正从“树居型”生物变为“根居型”游牧民，利用电子媒介每日随意漫游地球。同时，人类也发生了由“文字人”向“图像人”的转变。

1964年，著名的媒介研究者麦克卢汉在《理解媒介》中宣告：图像时代已经来临。如果说，这个四十多年前的观点更多地是一种预言的话，那么在今天，它已经变成人类现实生活的一个部分，“我们自身在当今都已处于视觉处于现实主导形式的社会”①。图像视觉通过卡通画、电视、电影、可视电话、多媒体、互联网等各种形式，占据了人类生活的主要部分，人类由此真正步入了“图像时代”。在麦克卢汉看来，如果印刷文化时代形成的人是“文字人”，电子文化时代形成的人则是“图像人”。换言之，图像时代带来的最重要的特点，是“图像人”的诞生。这恰恰是图像时代带给人类的最根本的变化，也是教育者和教育研究者需要特别关注的问题。②

应和了从“文字人”到“图像人”的变化，“图像人”的基本特征之一，就是图像阅读的兴趣大大超过了文字阅读的兴趣，图像取代了文字成为建构他们的心智的主要资源。“图像人”有着明显的“图像依赖症”，习惯于图像化故事的叙事方式，只有图像才能焕发他们的活力，但思维浅薄，对深刻性的思想兴趣淡漠，当然，他们也不以思想深刻作为追求目标，那样会让他们觉得活得“太累”了；他们对文字阅读的兴趣减弱，尤其是对抽象的文字唯恐避之不及，他们只习惯于文字与图画式的结合，对文字和文字之美的敏感减弱；他们缺少足够的兴趣，更没有足够的耐心阅读那些经典著作，包括文学经典；即使就他们最擅长的图像而言，他们的审美感知层次也往往处于低层次的粗浅状态，只会阅读和理解卡通书、电视、流行报纸、时尚杂志上的图像，对古典绘画和现代派绘画既难以欣赏，也没有多少兴趣。在对图像的阅读过程中，他们的注意力也总是被引向视觉、听觉等可以直接感知的图像细节，处在东停一处、西游一地的漫游状态，容易陷于图像视觉的低处徘徊，难以升高鸟瞰，建立起整体的观感。在图像面前，他们的思考止步不前，或浅尝辄止。图像一消失，思路就关闭，既不能步步推进，深入图像的内部，也无力将不同的事物联系起来，探索它们背后的隐秘关联。

这样的“图像人”总是以追求实用为目标，追求通俗易懂、易记忆的图像，他们的消费需求是快餐式的图像消费，图像的乐趣取代了文字的乐趣、思维的乐趣，因此，他们本能地排斥艺术、科学和形而上学的思考。长此以往，造成他们的精神味蕾的迟钝化、单一化和粗浅化。显然，对这些“图像人”而言，是“图像”而不是“文字”重组或建构了他

---

① ［斯洛文尼亚］阿莱斯·艾尔雅维茨著，胡菊兰等译：《图像时代》，吉林人民出版社2003年版，第5页。

② 参见李政涛：《图像时代的教育论纲》，载《教育理论与实践》2004年第8期。

们的生存方式，包括思维方式、行为方式乃至世界观和人生观。图像世界和图像化本身因此成为他们赖以生存与发展的基本环境。

这样看来，“图像”似乎成了罪魁祸首。但实际上，“图像”本身是中立性的，并无价值可言，当它与人发生关联，即与它的创造者和使用者发生关联的时候，就产生了价值判断的可能性。

图像的教育价值是相对于文字而言的。① 文字与图像的相同之处在于，都是通过视觉影响人，这正是教育的基本途径：通过视觉的方式传递经验，影响和改变人。

图像的教育价值，首先在于以图像为基础的视觉化是一种心灵建构或回忆视觉心象的能力。许多科学发现都是从视觉图像开始的。有人认为，爱因斯坦的广义相对论就是孕育在一个晴朗天气中的白日梦，他想象自己驾驶着光船航行于宇宙间。早在发明直升飞机前的几百年里，达文西就已经想象过并画出了类似的图像。已有的一些研究表明，作为一门抽象而精确科学的数学，富有创新业绩的数学家在很大程度上都依赖于视觉表象思维。在学校教育中，通过有意识、有计划地使用图像，可以培养和促进学生的视觉—空间智能，包括视觉辨别、再认识、投射、心理图像、空间理解、映像操作、复制内外心象等。与口头语言和文字语言相比，在许多情况下，一图胜千言，信息的图像特征可以用来呈现、界定、解释、操纵、综合与展示资料。视觉信息的运用，有助于澄清教师所讲授的概念，强化教学效果。同时，视觉信息为学生提供的形象意义，有助于学生对所学知识的理解与沟通。对于身体失能或有特殊需求的学生，这些工具的价值尤其重要，它们可以将许多看似无意义的抽象事物转变为可以理解、看得见的实体。

图像的教育价值体现在，通过有意识、有计划地引导，图像不仅可以在一定程度上促进思维的发展，而且通过图像与思维的结合，形成了“图像思维”这样一种独特的思维样式。图像思维是一种视觉—空间思维，它是教育者和受教育者获取、处理和呈现信息的基本方式。视觉思维在促进心智操作方面，不同于通常的语言模式。正如麦金(Mackin，R.)在《视觉思维经验》中指出的：“创造思考者能作出电脑所不能做的事。如果是特殊情境需要，他们会抛弃语言，运用其他思维模式。尤其是在创造思考者双手灵巧时……学会形象思维就成为综合心智活动的核心。”② 相对而言，图像思维更倾向于具有形象思维、直觉思维而不是逻辑思维的特征。最重要的还在于，有教育价值的图像思维是那种具有整合性的思维方式，它通过将口传媒介、印刷媒介和电子媒介时代的思维方式整合在“图像”之中，将心智、情感、态度、能力等各方面整合在“图像”之中，从而超越传统思维的局限，即超越分析的、线性的、机械的思维，走向整合的思维。

从语言的角度看，图像的教育价值还表现为：对图像的充分使用和理解，形成了一种

① 这并不意味着将两者对立起来，相反，在许多方面两者不仅可以互补，而且可以相互转化。

② 参见［美］Linda Campbell 等著，霍力岩等译：《多元智能教与学的策略》，中国轻工业出版社 2001 年版，第 199 页。

与文字不同的语言方式，即图像语言。在“视像语言和文字语言的分裂是不争的事实”①的情况下，我们不仅可以使儿童采用书本的语言思考问题，而且可以使他们运用图像语言去思考问题。它有效地弥补了文字语言的不足，拓展了语言的使用范围和功能，使文字语言具有更大的影响力，同时图像语言的使用也有助于儿童言语能力的形成。赞科夫指出，“选择图画的用意在于创造最有利的条件，为学生言语发展的自然过程指出一定的方向”②，他所做的一系列研究也充分证实了这一点。

由此可见，图像时代为学校教育带来了一种“新”的智能类型、“新”的思维样式、“新”的语言方式，之所以为“新”字加上引号，原因在于这里的“新”并非全然的新，它们在以往的各个时代均以不同方式不同程度地存在着，只是到了图像时代，它们的特点被集中起来放大了，并且在教育与人的生成与发展的过程中占据了以前不曾有的地位。

针对上述情况，教师在采取相应的教育策略时，应注意两个方面。一是把握图像的两面性。如前所言，图像是一把双刃剑，对于教育来说，既是危险，也是机遇；既要防止一味地把教学变成图像展览，一味地满足学生的图像兴趣，导致对有趣的色彩、艳丽的图像内容的渲染，逐渐取代细致严密的文字表达和思维训练，又要充分发挥图像在教学中的正面价值，这是学校教育应对图像时代的关键所在。二是把握学生的特性。当今的学生是观看电视、阅读卡通书长大的一代，大都具有高度视觉化和图像化的倾向，如何使他们的这些特性有利于其自身的成长与发展，同时又消除图像有可能给他们带来的负面影响，是图像时代的教育者不能不考虑的问题。

（2）个人时空意识的变化。这是信息时代人的意识中最为基础性的变化。在前信息时代，普通人的时间意识是一种匀速变化、周而复始的永恒运动，而空间则是固定划分和有清晰界线的实存世界。信息技术及其所造成的信息社会，使生活在其中的人的时空意识发生了深刻变化，这种变化是与个人生命所体验到的时空变化直接相关的。

从时间的角度看，首先，个体对过去、现在和未来三个时态的价值评价上，由于社会变化速度加快，使“过去”的重要性削弱。“在信息社会里，人们的时间倾向是将来。”“我们能够向未来学习，就如同我们从现在向过去学习一样。”③ 其次，“时机”意识的强化。由于社会中各种突发事件产生的可能增加，使原先匀速等值的时间意识被打破，个体只有善于认识危机，才能有好的应对；只有善于把握转机，才会有新的可能；只有善于发现生机，才能转危为安。重要瞬间意识即“时机”意识的强化，成了人在信息社会中生存和发展的又一个重要因素。再次，时间观因现实的变化加速而变得非序列化、碎片化、无常化。这是从另一个角度说明了时间意识的恒定性的削弱。在时间瞬变的潮流之中，人成

① ［加］麦克卢汉著，何道宽译：《麦克卢汉精粹》，南京大学出版社 2000 年版，第 463 页。

② ［苏］赞科夫编，杜殿坤等译：《教学与发展》，人民教育出版社 1985 年版，第 115 页。

③ ［美］约翰·奈斯比特著，梅艳译：《大趋势——改变我们生活的十个方向》，中国社会科学出版社 1984 年版，第 17 页。

了漂浮者。

从空间的角度看，首先，信息技术赋予了个体超越生存空间局限的可能，使个体意识中的世界空间、宇宙空间变小，而个人空间变大。地球被称为“村”，个人可以通过互联网在任何国家或领域漫游，从而有一种无限空间的感觉。其次，互联网上可实现的空间转换的迅捷，个人生命实践中的空间变换的频率、速率与跨度，与前信息时代的个人相比普遍增强。再次，不同地域或专业间原先分明清晰的边界，由于个体穿越的可能性提升，使个体空间意识富有弹性，边界变得模糊和有更多的可通性。最后，个体的生存空间在现实与内在心理空间之外，又增加了一个虚拟空间。这个虚拟空间不仅是指互联网中的存在，而且指个体在互联网上的生存性活动。这一变化体现在课堂上的空间因为计算机的介入而被重新分割，由完全由教师掌控的空间被切割为几十个，学生拥有了自己的平台、独立的操作空间（既是物理的空间，又是心理的空间）、自由自在的感觉、被尊重的感觉，计算机在给学生提供了个人空间的同时，也显现了对学生个人空间、私人空间的尊重。

（3）个人生存方式的变化。在哥伦比亚作家马尔克斯（Marquwz，G. G.）的《百年孤独》中，主人公费雷边诺的父亲曾经如痴如狂地从事科学探索，当他熟练操作仪器时，他对空间有了认识。这使他足不出户就能泛舟于神秘之海，漫游荒漠之地，还能跟显贵要人交往。正是在那时，他养成了自言自语的习惯，独自在家中晃悠，对谁也不理睬。这实际上是对信息时代网虫的生动描述。对信息技术的过度依赖已经成为当代人的一种远离现实的需要。

信息时代个人生存方式的变化，是与虚拟世界对人的现实生活的深度介入和个人虚拟生存活动成为个人生活方式的有机构成直接相关的。它带来的变化主要体现在以下几个方面。

首先，交往方式的变化。“在数字时代里，电脑在很大程度成为人生存其中的世界，人与世界的交往、共在也就是人（脑）与电脑在亲密的交往中不断拓展对方，不断向对方展现为‘海’并交融在一起。”① 网上交往与现实交往最主要的区别在于间接性、匿名性。间接性带来了交往圈的扩大，以及和陌生人交往量的增加。个人在网上不仅可以进行“一对多”的交往，还可参与到“多对多”的交往活动中去。与通常交往和电话沟通不同，在网上的交往通常呈现的方式是计算机字体和无声的表达。除了“内容”本身是发信人的语言之外，让人感受到的是机器表达方式的特征，从而使熟人之间的交往也平添了陌生化的感觉，同时还减少了熟人之间直接交往的频率与深度。

其次，学习方式的变化。主要体现在学习资源的丰富性和学习方式的个体化、学习时空的非局限等，即增加了个体学习的自由度和效率。计算机的发展在当代正从收集、传递、提供信息向进一步处理信息、提供信息服务的方向发展。这实际上对个体在学习中的自主选择能力和重组综合能力提出了要求，由此，个人意义和个人形成解决各种问题的经

① 吴伯凡著：《孤独的狂欢》，中国人民大学出版社 1998 年版，第 22 页。

验与知识的重要性被凸显，个人在学习中的主动性之重要性被凸显。

再次，个体活动方式与时间分配的变化。个体活动方式的变化在工作和休闲中都有表现。最主要的是增加了上网和使用计算机这样一种个体与机器面对面的活动，个人在网上几乎可以做一切与现实生活相关的活动，有些活动甚至可以直接在网上完成，乃至出现了“网络生存”的比赛活动。与此相应，个人在时间分配上，一方面利用计算机节省了过去要花很多时间去完成的一些工作，另一方面花在计算机上网的时间增加，并成为网民一天生活的必不可少的时间组成。计算机与个体的关系固定化，一旦机器失灵，就会造成生活的困难与不适应。可以说，计算机、互联网成了个体生命的不可缺少的消费形式和组成部分。

最后，个人生存尺度的变化。任何一种新技术的出现和使用，都要引进一种新的尺度。任何技术媒介对个人和社会的影响也都是由于新的尺度的产生。许多地方的学校评课要看是否运用了多媒体，信息技术渗透进了教师的职业生活。就学生而言，既有可能因为精通电脑而成为炫耀的资本和标志，也有可能因为不会使用电脑成为同学嘲笑的理由。评价尺度的变化往往意味着生存尺度的变化：一方面，会不会用多媒体计算机，熟练的程度怎样？另一方面，是否适应信息技术？从此以后，人们将以会不会用电脑取代过去“会不会认字”，成为一种新的衡量人才的标准。

（三）信息化时代的媒介素养教育

1. 理解媒介

我们虽然谈的是以计算机为核心和代表的信息技术问题，但技术的问题同时也是一个媒介的问题。“多媒体”关键是一个“媒”字，即媒介，它有两个方面的含义：一是承载信息的载体（符号、文字、图画）；二是存储、传递信息的物质工具（如书报、幻灯片、录像带、电视、计算机）。这里主要指的是后者。我们力图将技术与媒介结合起来，将计算机这种新的技术媒介与书籍、电视这类旧的技术媒介结合起来。一方面，作为媒介，它们有共同之处；另一方面，不是说用了计算机，就扔掉了书本和电视。新技术媒介与旧技术媒介的关系不是对立的关系，而是相融共生的关系。

自 20 世纪 60 年代以来，媒介的价值越来越引起人们的重视，并且产生了许多不同于以往的观点。

（1）媒介即信息。一般人认为媒介仅仅是形式，仅仅是信息、知识、内容的载体，它是空洞的、消极的、静态的。但媒介学家麦克卢汉认为，媒介对信息、知识、内容有强烈的反作用，它是积极的、能动的，对信息有重要的影响，它决定着信息的清晰度和结构方式。

（2）媒介是人的延伸。媒介与人的关系是相对独立的，反过来对于人的感知有强烈的影响，不同的媒介对不同的感官起作用。书面媒介影响视觉，使人的感知成线状结构；视听媒介则使人的感知成三维结构。

（3）电子媒介使地球成为“地球村”。首先，电子媒介使信息传播瞬息万里，地球上的重大事件借助电子传媒已实现了同步化，空间距离和时间差异不复存在，整个地球在时空范围内已缩小为弹丸之地。其次，电子媒介的同步化性质，使人类结成了相互作用、无法静居独处的、紧密的小社区。

(4) 技术媒介的使用，带来的是一种文化的转型，这是一种从媒介的使用及其主要方式的角度出现的文化转型，具体包括口传媒介文化、印刷媒介文化和电子媒介文化。

麦克卢汉概括了印刷媒介与电子媒介时代的诸多区别，参见表 2-1。①

表 2-1 印刷媒介与电子媒介的区别

印刷媒介	电子媒介
视觉的	触觉的
机械的	有机的
序列性	共时性
精心创作	即兴创作
眼目习染	耳朵习染
主动性的	反应性的
扩张	收缩
完全的	不完全的
独白	合唱
分类	模式识别
中心	边沿
连续的	非连续的
横向组合的	马赛克式的
自我表现	群体治疗
文字型的人	图像型的人

以往，人们对于媒介与青少年的成长的关系问题，往往持批评的态度多。例如，从早期电视媒体暴力影响青少年的行为到近来网络泡吧的现象，媒体似乎成为一个造成青少年行为问题、辍学的主要原因。教师面对新兴科技在青少年中所衍生出的亚文化时，所采用的策略多为负面的，诸如限制使用时间或是禁止。但不可否认的是，媒介已经是构成青少年生命成长体验和青少年亚文化的重要因素。目前成人（教师和家长）与年轻人在数字媒体使用上已出现代沟，成长在数字时代的青少年对电子数字媒体掌握及使用的能力可能优于许多成长在电视时代的成人。对于教师而言，倾听孩子或学生的声音，了解年轻人的新

① ［加］麦克卢汉著，何道宽译：《理解媒介》，商务印书馆 2001 年版，中译本第一版序，第 5～6 页。

兴亚文化，提高自己的媒介素养等是当务之急。同时，还应该思考：如何使下一代能从容面对迅速变化的媒体环境？教育体制应如何适当响应学生的生活经验？如何将学生的经验整合入教学中？其中的关键问题是媒介素养的问题。

2. 媒介素养与媒介素养教育

媒介素养是指师生对于大众媒介的认识、利用和参与方面的素养。媒介素养教育是指借由教授媒体的内容，由学生最日常的经验出发，让学生能够了解媒介中所呈现的问题，认识其中哪些与他们切身相关，知道如何去面对，其中蕴涵着批判能力和自我反省意识。

具体说来，对于学生而言，媒介素养教育主要包括以下几个方面：（1）在认知方面，帮助学生提升了解媒介所承载和传播信息的本质及其形式的能力，熟悉寻求信息的方法，并具备评估、解释、判别、选择、组织及综合信息的能力；（2）在情意方面，帮助学生体认媒介信息的价值和力量，判断其正当性、合乎法律和伦理性；（3）在技能方面，帮助学生具备和提高操作媒介工具的基本能力，包括利用计算机、媒介系统和网络进行信息检索、处理及传播；（4）在营造环境方面，帮助学生不断重视科学地利用媒介，积极参与创设适宜、健康的学校媒介生态环境和氛围。

以往的媒介素养多与印刷媒体有关，如读和写的能力，而信息时代的媒介素养则融入了电子媒体的要求，它重视的是建立在电子媒体平台上的对不同层次、不同媒介的综合运用能力。

最近十年，国外有关开展媒介素养教育的信息在国内不断蔓延，它对于我国教育界和教师的教育教学的启示主要表现在以下几个方面。

第一，媒介教育系统已经在世界发达国家形成，我们应当注意媒介教育系统在中国的存在。

联合国教科文组织在 1989 年《世界交流报告》中指出："工业化国家的学童平均每星期用 24.5 个小时看电视，将近 6 个小时听电台广播和音乐，3 个小时看连环画、报纸、杂志和书籍。此外，还得加上看电影和日益增加的看录像的时间。大致说来，在大多数工业化国家，儿童接触大众媒介的时间平均为 30 多个小时，而在教室里度过的时间每周平均只有 20 多个小时。80 年代中期在苏格兰所作的一次调查证明了这一点。"① 随着卫星广播的出现和其他媒介渠道的进一步扩展，无论是在工业化国家还是在发展中国家，个人接触媒介的时间都有可能增加。随着 20 世纪 90 年代计算机网络的发展，上述事实正在与日俱增。

我国媒介教育系统的形成大概经历了如下发展阶段：20 世纪 30～40 年代的电影时代；50～60 年代的广播时代；70～80 年代的电视时代；90 年代以后的计算机网络和多媒体时代。这一切表明，媒介教育已经成为当前中国教育的现实性存在。

第二，发达国家媒介素养教育的出现预示着此前媒介教育的存在，它提醒我国教育界

---

① 参见蔡帼芬等主编：《媒介素养》，中国传媒大学出版社 2005 年版，第 76 页。

对媒介教育进行学科整合的时刻已经到来。

媒介教育是一种与教授和学习媒介有关的教育。媒介教育是教授和学习媒介的一个过程，媒介素养教育则是知识和技能学习者获得的一种结果。就教育、媒介教育、媒介素养教育三者的关系而言：教育处于最基础的位置，媒介教育处于中间状态，媒介素养教育则处于该领域的前端。要研究媒介素养教育，就不能不首先研究好媒介教育和教育本身。

第三，发达国家媒介素养教育理论的产生与发展提醒我们，有必要提升国内现有的媒介教育理论层次，从而推动我国媒介教育从技能型向素养型的转变。

从教育跟进科学技术发展的角度看，媒介教育经历了广播教育、电视教育、计算机网络媒介和多媒体教育时代，在客观上已经形成了第一级媒介教育，它的主要着眼点是媒介的制作技能和方法的教育。媒介素养教育则是在第一级媒介教育的基础上发生的第二级媒介教育，它是监控、评价和维护媒介系统处于高水平、高质量运转的素养型教育，它的主要着眼点在于提高大众对于媒体系统所传播信息的选择能力、理解能力、质疑能力、评价能力、创造和生产能力、思辨反应能力等。这意味着媒介素养教育将从传统的应用型、操作型、技能型、方法型等向素养型迅速提升，即向思辨型、创造型、教学科研实践互动型等更高层次发展。

第四，发达国家媒介素养教育理论的产生与发展提醒我们，一场教育观念、教育媒介和教学方法等方面的变革正在来临。

首先，它向传统的教师讲、学生听这种单向输出的方式提出了挑战；其次，它也不是单纯的学生之间的相互讨论；再次，它更不仅仅是校长与学生、家长与孩子之间的对话。它是以提问为基础的一种教学，强调以学生为中心、团队合作解决问题。它把媒介的制作过程引进课堂，学生通过自己在学习实践中制作的媒介产品或对别人媒介产品的评价或了解受众对这些产品的反应，提高他们的思辨能力、创造能力等基本素养。同时，学生通过制作也可以提高学习的兴趣和认识、分析、批判的能力。①

第五，发达国家对于媒介素养教育的重视提醒我们，教师的媒介素养的提高迫在眉睫。

在学生的接触媒介率大幅度增加、媒介素养日益提高的情况下，教师自身的媒介素养就成为一个迫切需要解决的问题。对于教师而言，媒介素养应该包括四个层次：一是操作性的运用层次，即教师能够在教学过程中，合理熟练地运用包括多媒体在内的各种媒介；二是批判性的运用层次，即教师能够对于所要运用的媒介的性质、特征和优缺点有基本的了解，善于判断不同媒介的教育价值，进而选择性地运用；三是综合性的运用层次，即教师善于把口传媒介、印刷媒介和电子媒介，在具体的教育情境中，以自己独特的方式进行综合性地运用；四是转化性的运用层次，即教师善于发挥所用媒介的教育价值，把媒介的使用与生命的主动健康发展结合起来。换言之，教师善于把媒介这一物质性、技术性力

---

① 参见张玲：《媒介素养教育对中国教育界的启示及我们的任务》，载《媒介素养》，中国传媒大学出版社 2004 年版，第 76～78 页。

量，转化为生命发展的内在力量。其中重要的方式之一，是教师尽可能把使用的媒介变成冷媒介，避免热媒介的使用状态。所谓热媒介，其特点是高清晰度，没有留下那么多空白让接受者自己去填补，参与程度低。收音机、电影、照片、拼音文字等都属于热媒介。与此相反，冷媒介的特点则是低清晰度，提供的信息很少，大量信息需要自己去填补，参与程度高，要求接受者完成的信息多。电视、电话、卡通画、象形文字等属于典型的冷媒介。

无论是哪种层次，在教师的媒介素养里都需要有一种对媒介、教育与生命发展关系的研究意识。具体地说，教师可以结合自己的教学实际，调查和了解以下几个方面：(1) 对儿童使用信息技术媒介的测量和评估。儿童接触电脑的频度、使用的时间长短，多了还是少了，以及好还是坏？(2) 儿童为什么使用电脑？儿童的媒介需要研究。(3) 媒介使用与儿童道德发展，包括媒介接触与儿童道德观念、行为的相关性假设及其检验。(4) 媒介使用与学业成绩之间的关系。媒介使用时间与学习成绩的相关如何？超常儿童、普通儿童与弱智儿童的媒介使用与学业成绩的关系各有什么相关和不同？(5) 媒介与课堂教学、班级管理、学校管理等问题。

(四) 信息时代对学校教育的影响

1. 教学组织方式的转型

与工业时代相比，信息时代的学校教育产生了诸多变化和转型，可用表 2-2 来概括。

表 2-2　工业时代与信息时代的教育

工业时代	信息时代
教师即领导者	教师即促进者、向导、顾问
教师即知识源	教师即合作学习者
课程为本的学习	学生主动发展为本的学习
时间分隔的、严格课表化的学习	开放的、灵活的、即时的学习
主要是事实为本的	主要是项目和问题为本的
理论的、抽象的原理与调查	真实世界、具体的行动与反思
操练与练习	探究与设计
规则与程序	发现与创造
竞争	合作
课堂为中心	学习化社区为中心
规定的结果	无确定答案的结果
遵循规范	创造性、多样性
计算机是学习的科目	计算机是所有学习的工具
静态的媒体描述	动态的多媒体交互
限于课堂的交流	世界范围的无边界的交流
考试：通过规范来评估	表现：由专家、教师、同伴和自我评估

通过表 2-2 可以看出，工业时代的特点是通过事实、操练和练习、规则和程序进行的学习，而在信息时代则是通过项目和问题、探究和设计、发现和创造进行的学习。具体地说，在信息时代里，教学的组织方式将会发生如下变化。①

（1）教师的“讲”变为“引”。在知识爆炸性增长的信息时代，浸没在知识海洋中的人，现有知识的量——知识的深度和广度都远远超出了大多数教师的领域，也远远超出了他们所能对学生获取知识的控制。在这种情况下，认为教师是知识之源泉、儿童是等待教师灌输知识和智慧的空的容器的观点在信息时代已经难以成立。

信息化环境中教师的角色必须改变，努力帮助学生以他们的最佳方式学习，支持学生决策怎样学习和从哪里获取新知识。教师不是限制学生获取信息的机会，而是需要培养学生寻找新信息、思考和比较各种观点、质疑他们的信息源、判断证据和信息的效度和信度等方面的技能。

教师的角色还将超越课堂和学校。随着社会信息化的深入，学校和家庭的分界线越来越模糊，教师的角色将是通过面对面以外的各种手段支持学生。教师必须学会通过虚拟的学习空间进行远距离的教学，如电子邮件、基于网络的讨论、计算机会议系统。面对面教学的技能必须转化为一种数字化的环境。虚拟学习空间的出现，有可能把从未见过的学习者集合起来，学习者可以听到新的声音、接触到新的观点，他们的工作也会被介绍给真实的听众。

此外，与传统的面对面的交流学习不同，远距离学习的引入使学习者能够与他人一起学习一系列材料，但是没有迅速质疑教师或内容、材料、作者的机会，电子化交流可以通过文本、视频、音频进行，每个人都有一个新的学习空间：在不同的地方、同样的时间，个人或小组在线聊天；或者在不同的地方、不同的时间，小组或个人发电子邮件。合作学习空间不是相互排斥的，以前的远距离学习形式提供的机会，现在通过新技术提供的额外空间得到了增强，而且类似的面对面的教学也能够得到支持和延伸。

（2）学生的“听”变为真正的“学”。信息时代的教学过程中，学生将承担更多的责任，具有更大的主动性，因而具有更大的创造性。在信息时代，数字化图书馆、互联网以及各种传播媒介提供了更丰富、更有趣、更有时效的信息资源，学生的知识来源不再仅仅依赖教科书和教师。学生除了从课堂上学习知识外，更重要的是运用学习的技能，从丰富的学习资源中探索与汲取知识，这种建立在学生兴趣和自觉性之上的学习，学生所获得的知识将会更加深刻、巩固。

（3）集体教学将逐渐转变为教学的个别化和多样化，传统的因材施教将被赋予新的含义。尽管因材施教或个性化教学一直是我们追求的一种理想的教学状态，但在传统的班级集体授课中，教师不可能完全顾及几十个学生的不同情况，即便人们探索出分层教学、差

① 参见唐晓杰：《信息化背景下的学校改革问题研究》，载叶澜主编：《全球化、信息化背景下的中国基础教育改革研究报告集》，华东师范大学出版社 2004 年版，第 128～137 页。

异教学等教学方式，也只是在一定程度上的改进，难以做到适合每个学生。随着信息通信技术进入学校，传统的课程编制、教材组织、教学方式和方法都将发生根本性的变革。以教室为阵地、以教材为载体的口授笔记方式将被打破，小组式研究、合作式学习、讨论式学习方式将逐渐代替传统的教学方式，教学的空间将得以延伸。先进的信息通信技术将使得课程编制朝着多样化、综合化、模块化方向发展，学生将有更多自主选择甚至自行编制课程的机会。例如在教材的组织上，一门学科的教材可能会有若干种组织方式，学生可以从中选择适合自己的方式；在教学过程中，教师可以及时地反馈和调整学习内容，学生可以按照各自的学术倾向和水平控制自己的学习进度。网络便捷的交互性，可以使学生得到适合的教师指导和同伴交流。在整个教学过程中，学习者可以获得较充分的自由和便利，更大限度地体现学习者的意愿。所有这些，都将使传统的因材施教真正进入到教学个别化、个性化的新阶段。教师的作用将更主要体现在学生自主建构知识过程中的引导，营造能调动学生学习积极性和自主性的学习氛围及背景。

（4）教学内容的价值取向将更有利于学生的适应性和迁移能力的培养。在信息社会，由于信息技术革命所引起的知识总量扩充的无限性与传统的教学内容容量的有限性之间、相对稳定的教材与不断更新的知识之间的矛盾冲突将日益显著，并成为现代教学体系改革的焦点。从教学内容的外在形式来看，信息社会中，集声、像、画等为一体的多媒体教材将进一步代替和丰富传统的文字描述。多媒体的信息表现形式多样化的特点为同一种教材的多种表达提供了条件。从教学内容的内在结构来看，教学内容的选择上，将更加重视学生学习的基础性、灵活性和适应性。现代多媒体技术以人机界面的更加友好和更贴近人们的自然习惯为优势，以接近人类认知特点的方式来组织和展示教学内容，因而更有利于学生迁移能力的形成和适应性的培养。

（5）从学习者的“双基”夯实变为学生高级思维和技能的发展。在信息时代，一个人仅仅掌握数据资料、信息和知识是不够的。如果我们用一个阶梯作比喻的话，数据资料、信息、知识是学习者阶梯的底座，继续向上攀登的是理解、洞察力和智慧。学校在培养人上应该追求的是富于理解、具有敏锐的洞察力和富有智慧的人，而不是只有知识行囊的人。

信息通信技术为学生提供了学习活动的支架或脚手架，使学习者能够进行比较复杂的学习活动，投入到高级的思维和问题解决活动中去。现在已经有许多项目运用了认知的支架来促进复杂的思考、设计、科学和数学学习，以及写作学习。例如，专家们正在用新的技术和新的方式来表现数据，用三维虚拟模型来表示火星表面或分子的结构，这些都是用电子化的形式制作的，可以从任何一个角度看。从已有的经验和成果来看，模拟和基于计算机技术的模型是发展数学和科学以及应用这些学科的最有力的资源。有了可视化的分析工具，数学和科学模型从静态的图表发展到用交互的媒体制作的动态模型，从根本上改变了数学和科学探究的性质。

2. 信息技术应用中需要思考的基本问题

在当代学校教育变革的过程中已经广泛运用信息技术，并取得了较明显的成效的基础上，我们需要思考的另一个问题是：如何避免这种运用走入误区？这种误区主要体现为对信息技术的迷信和盲目崇拜。其弊端在于：无视信息技术可能存在的消极后果。罗斯扎克在其名著《信息崇拜——计算机神话与真正的思维技术》中指出，对信息技术的盲目崇拜将会导致的结果是：我们会很快培养出这样的毕业生，他们相信思维就是信息处理，因此，离开了计算机就无法思维。由此带来的问题可以归结为一句话：电脑、电脑，到处都是电脑，就是没有人脑。

从另一个角度看，如果把信息技术视为教师教育教学的拐杖的话，那么对信息技术的迷信和盲目又体现在以下几种情形：一是丢了拐杖就没法走路，例如，遇到突然停电或机器故障，多媒体设备不能正常使用，教师就没法上课了；二是有了拐杖后，走得更慢了，时常沉浸于欣赏摆弄这个拐杖而耽误了时间；三是拄着拐杖，走得更快，却走错了方向，误入歧途。原来希望通过多媒体的使用，能够更快更好地促进学生主动健康的发展，结果却是恰恰相反：信息技术的运用，反而阻碍、压制了学生的主动性、积极性和创造性。

此外，我们还需要思考信息技术在教育中运用的特殊性问题。当今社会的各个领域都在广泛使用电脑，那么同样是使用电脑这样的媒介，工厂、企业、机关和军队的使用，与我们学校使用电脑有什么区别？在其他部门，使用电脑是为了“生产物品”和“办事”，而在学校，电脑是为“培养人”而使用和服务的，这是一个根本的区别。由此可以看出，信息技术与教育的基本问题是技术、媒介与人（发展）的关系问题。一方面，从起点上看，最初我们是为了更好地、更有效率地培养人而使用了电脑；另一方面，从终点上看，衡量电脑等技术媒介使用的效果好坏、质量高低，不在于教师和学生是否熟练地掌握了它，而在于在信息技术媒介的环境下培养出来的这个“人”怎么样。所以，我们对技术媒介的使用，不是为用而用，问题的关键不是用了没有、用的熟练不熟练，而是对人的培养有什么帮助、是什么程度的帮助、什么性质的帮助，是通过提高教育教学水平促进了人的发展，还是阻碍了人的发展、窒息了人的生命的活力……这是我们始终要牢牢把握的问题，它的核心是“技术、生命与教育的关系”问题。我们在反思信息技术媒介与教育的关系时，要不断地回答这个问题。以这些基本问题的思考和认识为核心和基础，我们才可能更好地思考：信息技术怎样介入了我们日常的教育生活，课堂教学怎样有效地运用多媒体提高教学质量，如何使运用计算机的教学在教师那里变成有思想、有深度的教，在学生那里变成有思考、有深度的学，怎样对这种运用进行检测和评价并不断改进完善等一系列与教育直接相关的问题。

第三节　社会转型时期的学校转型性变革

一、当代社会转型性变革的主要趋势

对时代变迁的敏感，对时代精神的主动及时的回应，既是教育学的基本品格之一，也

是学校教育和教师得以不断发展的外在动力之一。如果说学校发展是人的生命发展的小背景，那么，时代变革则是学校发展的大背景，这一背景通过影响学校的整体变革来影响学校中人的发展。

美国哲学家爱默生说过："如果一个人选择一个时代来降生的话，那么他一定选择一个变革的时代。在这个时代里，所有的人的经历都浸透着恐惧和希望。新时代丰富的可能性岂不就补偿了过去时代的已逝的历史荣耀？这个时代像一切时代一样，是一个非常好的时代，只要我们知道怎样对待它。"①

以全球化、信息化为背景，20 世纪 80 年代以来的中国正处于这样一个变革的时代。在这个特殊的时代里，出现了许多新的发展趋势，进而形成了新的社会形态。这些变化在社会结构层面上表现出两个显著特征。

（一）社会阶层的进一步分化与相对稳定

20 世纪 90 年代中期以来，逐渐形成了一种相对稳定的社会阶层结构。一般地说，社会阶层结构定型化的标志，主要表现在三个方面：一是阶层之间边界的出现；二是阶层内部认同的形成；三是阶层之间流动的减少和常规化。②

从 20 世纪 70 年代末到 90 年代中期，中国的大规模社会阶层变动和社会流动是由体制改革引发的农村改革促进了农民的分化，有了务农的农民、经商的农民、务工的农民以及富裕的农民和贫困的农民之分。城市中多种经济成分的出现，使得工人有了国有企业工人、"三资"企业工人、私人企业工人之分，还有白领、蓝领、灰领之分，以及不同种类知识分子的出现。而中产阶级、企业家阶层等原来我们这个社会中所没有的结构成分的出现，更是与经济体制的改革密切联系在一起。最近几年来，可以发现由此引发的社会结构变动和社会流动已经在明显减少，社会流动越来越变得常规化。在常规化的社会流动中，最重要的流动机制已经与教育联系在一起。在未来社会中，教育将会越来越多地取代体制改革成为我国社会流动的主要机制。

法国著名社会学家布尔迪厄（Bourdieu，P.）曾经指出：教育是阶级再生产的机制。他在 1970 年出版的《教育、文化与社会的再生产》一书，在很大程度上改变了人们对教育制度的传统看法。在过去，人们主要将教育看作是传授知识和颁发文凭的机构，但布尔迪厄在这本著作中却令人信服地说明，教育机构同时也是再生产社会不平等并使之合法化的方式，是现代社会中阶级再生产的一种重要机制。正是通过这种教育机构，家庭背景的差异甚至对不同语言和生活方式熟悉程度的差异，被转化成学校考试成绩的差别。这样，教育就不断地将社会中已有的阶级结构复制出来。如果说布尔迪厄的再生产理论强调了教育对于阶级结构的维护和复制的作用，也有另外的研究表明了教育对社会流动的积极作用。例如在我国封建时代隋唐以后，科举制就已经成为社会流动的一种重要机制。一个出

---

① 参见吴伯凡著：《孤独的狂欢》，中国人民大学出版社 1998 年版，第 43 页。

② 孙立平著：《失衡：断裂社会的运作逻辑》，社会科学文献出版社 2004 年版，第 93 页。

身贫寒的孩子，如果学习成绩突出，考取某种功名，就可以通过考试的方式实现向上的社会流动。而在目前主要以职业作为社会分层基础的西方社会中，教育和文凭的获得无疑也是社会流动的最重要的机制之一。

上述两种观点表明了教育对于社会阶层结构的双重影响，它一方面复制或再生产着原有的结构，另一方面又为这种结构的变动和微调提供了渠道。在具体的情境中，教育会显示出哪一方面的作用，则取决于其他的种种因素。也正因为如此，人们不断提出教育的公平问题。

（二）社会的多元与断裂并存

“多元社会”是 20 世纪 60 年代在西方兴起的一个概念，后来被人们广泛用于指称西方现代社会的特征。它主要有三种含义。第一，在社会结构分化的基础上形成的不同利益群体，承认每个群体的利益都是正当的，这意味着对于“少数群体”利益的承认和尊重，少数人的利益也是正当的。这种利益的多元性表现在政治和社会的层面上，就是代表不同利益群体的各种“压力全体”的存在。第二，就政治制度而言，形成的是一种以自主而多元的政治力量为基础的政治框架，不同政治力量的组织形式就是政党。第三，多样性的社会方式、价值观念和文化意识的存在。① 在根本上，多元社会的“多元”源自于人的利益和需要的多元，表现为价值观念、行为方式的多元。

与多元社会并行而生的是断裂的社会。这在转型期的中国表现得尤其突出。从表面上看，断裂的社会好像也是一种多元的社会，至少从表面上看起来，似乎有着更强的多样性。但二者有本质的不同。在多元社会中，尽管社会结构分化深刻、各种社会力量并存、不同的价值观互相对立，但这些不同的部分基本是处于同一个时代的发展水平，社会的各个部分能够形成一个整体。但在断裂的社会中，情况则是：其不同的部分几乎是处于完全不同的发展水平，它们之间也无法形成一个整体的社会。也就是说，在社会意义上，而不是在政治意义上，整个社会是分裂的。②多个时代的社会成分共存在一个社会之中，导致的一个结果就是，不同社会成分的诉求共存在一时，而这些诉求本来就应当属于不同的时代。

上述对时代变革的背景及其特征的描述，可以用社会学意义上的“社会转型”来概括。社会转型是社会的整体性变动，即结构性变迁。或者说，是“社会结构转型”的简称。③ 社会转型不只是社会各个领域的变化，而且更主要的是社会结构方式的变化。广义的社会转型的实质，用法国思想家埃德加·莫兰（Morin，E.）的话说，是“自我摧毁以便自我重建”的一种“事件频发”的过程④，它反映了社会“自我发生和异质发生的过程

---

①② 参见孙立平著：《断裂——20 世纪 90 年代以来的中国社会》，社会科学文献出版社 2003 年版，第 11 页。

③ 参见杨小微著：《全球化进程中的学校变革——一种方法论视角》，华东师范大学出版社 2004 年版，第 13 页。

④ ［法］埃德加·莫兰著，陈一壮译：《复杂思想：自觉的科学》，北京大学出版社 2001 年版，第 196～198 页。

的普遍的辩证相互作用”①。转型意味着新秩序的建立，转型在本质上是从一种平衡过渡到另一种平衡，就是以不断变革的方式去适应深刻变化了的环境。

社会转型总是发生在历史发展的重大转折时期，每次社会转型都将导致社会生产力及整个社会发展模式的系列变化。我国当前的社会转型是20世纪80年代中期以来发生的一次特殊的、复杂的整体性的转型，这一转型的“特殊”和“复杂”均蕴涵在“改革”和“开放”这两个关键词中。(1) 从经济结构的调整看，其明显的特征是生产力的构成和整个国民经济的产业结构从劳动密集型为主转向智力密集型为主以及三大产业结构比朝着与现在倒置的方向转化。尤其特殊的是，我国当前尚未真正完成工业化进程，又遇上了信息时代的来临，只有实现跨越式发展，才可能有整体意义上的社会转型。(2) 从经济运行方式的变革上看，经济体制从计划经济为主向市场经济为主转化，经济增长方式从粗放型向追求效率和质量的集约型转化，社会发展模式由单一向综合、由短期行为向可持续发展以及物质文明与精神文明协调前进的模式转化。(3) 与改革相伴而行的是空前未有的开放。开放不仅表现为对外加入广泛的国际合作与交流，尤其是经济上的竞争与合作，而且也表现为国内不同地域、不同人群之间交往频率的增加和交往空间的拓展。中国加入WTO，意味着开放程度将进一步提高，而我们从事各种社会事务与活动的规则和环境也将更为复杂。

“这样一场空前的社会变革，无可回避地把社会现代化过程中的矛盾集中引发出来，在某些时候和一定条件下，社会矛盾甚至很尖锐。”这主要表现为新旧体制胶着、利益分化显著、价值取向各异、文化碰撞加剧。② 针对这些矛盾和冲突，通过市场经济发展和经济增长，再加上推进政治民主，发挥政治手段的作用，都产生了一定的效果。但是仅依靠这些手段解决不了更深层次的问题。这是因为，转型期经济上、政治上的种种变革，将渗入社会生活的各个层面，引起最深层次的转型——生存意识和生存方式的转型。具体表现为：在生存的时间意识上，从重视过去向重视未来转化；在生存方式上，从稳定向发展转化；在生存价值的追求上，从趋同向多元、自主转化。③

社会转型既是学校变革发生的背景，也是学校变革的直接动力。它不仅来自宏观层面的推动，也体现出微观方面的影响。从宏观上说，社会转型对教育的要求（融入人才培养规格）会渗透到学校各个方面，还作为一种变化了的大环境激发起学校自我更新、调适的内在需求，推动学校变革新思路的运作与发展。在微观方面，由于社会转型改变了包括学生在内的每个人的生存环境和生存方式，年长一代经常会惊讶地发现孩子们怎么跟过去不一样了，自我期望的目标也不一样了，转而反思自己那些早已习惯了的教育方式和方法上

---

① ［法］埃德加·莫兰著，陈一壮译：《复杂思想：自觉的科学》，北京大学出版社2001年版，第196～198页。

② 包心鉴：《论中国社会转型时期的政治发展》，载《政治学研究》1996年第1期。

③ 叶澜：《世纪之交中国学校教育的文化使命》，载《教育参考》1996年第5期。

的“定式”是否也需要更新和调整。不难看出，社会转型背景下个体的变化也会直接地引起学校内部微观方面（如师生交往内容和方式）的变革。

总之，在社会转型的推动下，人们或迟或早、或主动或被动地要作出自己的反应：考虑来自社会的和个人的新需求，反思现实学校教育的理念、制度和行为等的合理性，重新作出价值选择，调整或更新学校的教育目标，确定学校变革的基本任务。

二、从近代型学校到现代型学校

如前所述，这是一个转型的时代。全球化、信息化和终身教育的兴起，在展示了时代转型过程的同时，也表明了学校教育转型的种种可能性，包括学校教育的价值转型、重心转型、结构转型、实践转型和发展动力转型等。两者之间有着千丝万缕的联系。面对着并且置身于这样一个转型的时代，21 世纪初中国学校的变革是一种“转型性变革”，它是指学校教育的整体形态、内在基质①和日常的教育实践，要完成由“近代型”向“现代型”的转换。转型是对变革性质与深度的描述。这意味着转型在本质上不是一个时间概念，而是一个特征性概念。因此，在近代社会，可能会存在着现代型学校，而在现代社会，同样可能存在着大量近代型学校。

当前我国中小学的现状，从根本上看，尚未走出 20 世纪初中国从封建社会走向半殖民地半封建社会时初建的“近代学校”的形态。它明显带有工业社会教育的特征：按工业化、批量性生产的模式“塑造”学生，教师被誉为“人类灵魂的工程师”，有统一的目标、基本划一的课程与教科书，设有整齐排列的通用教室，制定确定的课时、教学周期与教学进度。学校的基本任务是知识的传递和为社会不同领域需要的规范化人才打基础。1949 年新中国成立以后，我国学校教育发生了很大的变化，但由于复杂的政治经济原因，学校既没有发生内在转型的需要，也没有产生外在冲击压力的情况，上述意义上的转型性变革并未发生。

与近代型学校相比，现代型学校的特质主要表现在以下几个方面。②

第一，价值提升。现代型学校的存在价值不再停留和满足于传递、继承人类已有知识，实现文化的“代际遗传”和社会生产力、生产关系的复制式再生，而是追求为社会更新性发展、为个人终身发展服务的存在价值，使教育成为人类社会更新性再生系统。这一转换将使教育的主旨从以传递知识为主要的直接目标，转换到以通过包括知识教育在内的各种手段，培养具有主动发展的意识与能力、能在各种不同和变化着的具体情境中努力开发自己潜力的人为主要的直接目标。在近代型学校中，受教育者被视为知识的承继者；在现代型学校中，受教育者被视为自我发展的承担者。因而，从传递知识为本转向以培养人

---

① 内在基质是指构成学校作为教育机构的基本要素的特质，主要包括学校物质因素（如校内建筑布局、内部设施、校园环境等）和教师、管理人员的素质等。

② 参见叶澜：《实现转型：世纪初中国学校变革的走向》，载《探索与争鸣》2002 年第 7 期。

的健康、主动发展的意识与能力为本，是现代型学校价值提升的核心构成。

第二，重心下移。这主要体现在三个方面。首先是教育对象与目标方面的重心下移。学校不是只关心少数“尖子”学生，为高一级学校培养专门化的、精英式的人才服务，不应仅以培养出获奖学生、考上名牌大学或后来成为著名人物的学生为荣（在各类校庆和校史展览中，最能感受到这一点），而应该致力于每个学生的发展，为学生的终身学习与发展奠定坚实的基础。这不仅是教育由精英向大众的转换，而且体现了教育观念和行动中“具体个人”意识的诞生，对每个人的幸福人生与生命价值的关爱。只有在这样认识教育对象和目标时，教育才可能成为促进每个具体个人成长的力量，成为活生生的具体个人生命历程中的有机构成。其次是教学内容方面的重心下移。把近代型学校中以为进入学术象牙塔作准备的学科知识为主的教学内容构成，转向学科知识与生活领域、职业实践领域、科学技术领域、人生领域等方面沟通的教学内容。这种沟通并不局限于应用和理解，而且涉及学习者知识和能力的创生，是学科与生活、社会、职业世界多向交互作用的结果。因而，它与近代社会在谈到教育为平民服务时提倡的“知识下嫁”、“生计教育”的性质并不完全相同。再次是管理重心的下移。除了中央、地方把学校管理权交给学校自主以外，还包括学校在课程开发和师资培养、教育研究等方面的不离“土”，它们与学生、学校教育的实践，与教师个人的教学、教育实践，要真正做到结合、沟通与互动。这是对学校另一方面的主体——每个教师与教师群体的主动性和潜力的开发与提升。学校教育唯有在教师和学生双方的主动性和潜力都被开发，并在教育教学实践中产生积极的交互作用时，才能办出个性和生气，才会成为参与学校教育和教学活动的每个具体的人的生存发展的有机构成。

第三，结构开放。这是现代型学校的又一特质。除了表现为整个学制的开放性和弹性化以外，在学校结构层面上，主要表现为两个向度的开放：一个是向外的，包括对网络、媒体的开放，对社区、社会的开放，以及学校之间、相关教育机构之间的相互交流开放；另一个是向内的，在管理上向师生的开放和教育、教学活动中向学生发展的可能世界开放。结构开放不仅打破了近代型学校的基本封闭状态，也促使学校结构形态由宝塔型向扁平型转换，即减少管理的层级，在学校教育实践的不同层面之间有积极的互动，在同一活动过程中每个参与的个体或者有组织的群体，都兼有信息接受者、传递者和加工者，而且也是信息的创造者和发送者的“角色”，使结构整体呈网络状态。

第四，过程互动。这是上述一系列转换对教育教学活动过程转型的要求。它与近代型学校以单向传递为主的教育教学活动过程的基本状态形成鲜明的对照。过程中的互动呈现出多元、多层、多向、多群的状态。教学与教育过程中的创生和师生创造力由潜在可能向现实的发展转化，在这样积极、有目的的互动过程中实现。

第五，动力内化。发展动力的转换是最深层次的转换。动力内化意味着学校形成了自己内在的发展需求、动力和动力机制。动力内化机制方面的主要表现是由贯彻上级行政要求式的执行机制，转向以校本研究为动力的学校发展机制。近代型学校的发展看重外在的标准以及显性的、可计量的成果和社会舆论的承认，看重在同类学校中的地位等。在某种意义上，可以把它统称为“应试”办学。它有时是积极的，有时则是消极的。然而重要的是学校只有具备了内在动力，认识到教育内在的使命和力量，认识到教育是一种直面生命、通过生命、为了生命的人类伟大而特殊的事业时，才会把教育中具体人的健康、主动的发展看作既是目标，又是过程，还是动力。只有把内在的价值与动力调动、开发出来，才会在应对外在需求时保持主动、善于选择且不丧失自己的相对独立性。

这种转型的过程，同时也是学校文化转型的过程。它预示着现代型学校的文化，是一种促进人的生命主动展现、主动发展的文化；是以改造人的生活方式为己任的文化；是通过学校文化的改造转型来完成学校转型的文化；是通过学校文化创新来实现学校教育创新的文化；是使参与者承担着独特文化使命的文化；是对蕴涵着时代精神的社会文化主动回应，并力求按社会文化的要求，主动参与到社会文化的创建中去，按社会发展的要求和时代精神建构超越现实的文化。

这种由近代型学校向现代型学校、由近代型学校文化向现代型学校文化的转型，同时也预示着生活在其中的每个人生存方式的转型。如前所述，全球化、信息化等随着时代变迁而来的时代特征是推动学校实现变革性发展的外在力量。这些力量带来的直接结果就是人类进入了终身教育和学习社会的时代，其特征是“教育应贯穿于人的一生”，“学校不应成为年轻人的专利”。它强调一个国家的未来国民教育体系应该是连接家庭、学校和社会，并且纵贯人的幼儿期、青少年期、成人期和老年期，由此而形成一种统合而协调的体系。由于终身教育具有以完善人格为目的的宏观目标，从而使它成为当今世界最受人关注的教育思潮。许多国家在制定本国教育方针、政策及构建国民教育体系的框架时，也均以终身教育的理论为依据，并以实现终身教育的理想为目标。简言之，终身教育现已成为探索基础教育改革，更新传统教育观念，并对一国之教育体系重新加以认识和定位的，带有全局性、宏观性特征的指导性理念。

终身教育的最终目标是建立一个学习社会。学习社会是指学习本身成为一种人的生存需要，一种充满余暇时间和自由空间的社会。换言之，学习社会的理想，是为社会民众提供广泛而多样的学习机会，并且其着眼点是建立在对人性及人生真正价值的培养和实现上。具体表现在以下几个方面。

（1）国际社会所倡导的学习社会的本质，不是我们通常所理解的那样，是一个单纯教育制度发达的社会或是人们迫于经济或职业上的压力而去追求功利性学习的社会。哈钦斯（Hutchins，R. M.）提出的学习社会理念，主张的是人从劳动中被解放出来的余暇社会，是人们充分利用这些余暇时间去从事旨在提高人的自身价值和教养为根本目的的社会。

（2）学习社会关注的学习形式和内容是自主的、主动的、自由的及可选择的，而不是现在我们所经常看到的那种带强制性的、被迫的及有限制的学习。

（3）学习社会的最终目标是着眼于以人的“贤、乐、善”为基本内容的人生真正价值的实现，它体现的是一种未来理想社会的发展趋势和方向，同时它也有必要成为所有教育活动应该追求的最高境界。

这种学习社会对于学校发展的直接影响，就是促进学校内部各种组织变成“学习型组织”。对于教师的直接影响，就是提出了自我更新的要求。具体包括以下几个方面。

一是养成结合自身的教育教学实践进行学习和思考的习惯，提高自己对时代变化、学生状态和教育变革的敏感性和研究兴趣。

二是清理头脑中的传统教育观念，更新教育观念，并在自己的教育实践中，使新教育观念与教育行为的转变实现统一。

三是具有探索、创造的勇气和体悟、反思自身改革实践的能力。

四是提高形成新的教育经验的自觉性，逐渐养成教育教学改革和班级建设所需要的新基本功和习惯。

这种自我更新要求教师完成的自我转型，具体包括：从奉献型的教师到创造型的教师，从吃苦型的教师到享受型的教师，从被动型的教师到主动型的教师，从事务型的教师到事理型的教师，从事理型的教师到智慧型的教师。这些转型的基本底蕴是：使教师学会主动迎接甚至主动寻找各种挑战，学会在主动发展、专业发展和自我更新中追寻教育智慧，享受教师职业的尊严与欢乐，并在此过程中实现自我生命的价值，实现自我生命境界的不断超越。

思考题

1. 教育活动的特殊性是什么？
2. 如何理解教育起源于交往？
3. 全球化对教师有什么样的影响？
4. 如何理解信息化的生命形态？它对学生产生了哪些影响？
5. 如何理解现代型学校不同于近代型学校的基本特质？

主要参考文献

1. 叶澜主编：《全球化、信息化背景下的中国基础教育改革研究报告集》，华东师范大学出版社 2004 年版。
2. 杨小微著：《全球化进程中的学校变革——一种方法论视角》，华东师范大学出版社 2004 年版。
3. 孙立平著：《失衡：断裂社会的运作逻辑》，社会科学文献出版社 2004 年版。
4. 孙立平著：《断裂——20 世纪 90 年代以来的中国社会》，社会科学文献出版社 2003 年版。
5. 胡元梓等主编：《全球化与中国》，中央编译出版社 1998 年版。

6. 崔保国等编著：《信息社会的理论与模式》，高等教育出版社 1999 年版。
7. ［美］贝尔著，高铦译：《后工业社会的来临》，商务印书馆 1984 年版。
8. ［美］嘉格伦著，万小器等译：《网络教育——21 世纪的教育革命》，高等教育出版社 2000 年版。
9. 赵中建编：《教育的使命——面向二十一世纪的教育宣言和行动纲领》，教育科学出版社 1996 年版。
10. 王列等编译：《全球化与世界》，中央编译出版社 1998 年版。
11. ［加］史密斯著，郭洋生译：《全球化与后现代教育学》，教育科学出版社 2000 年版。
12. ［法］埃德加·莫兰著，陈一壮译：《复杂思想：自觉的科学》，北京大学出版社 2001 年版。
13. ［美］罗杰·菲德勒著，明安香译：《媒介形态变化——认识新媒介》，华夏出版社 2000 年版。
14. ［英］尼克·史蒂文森著，王文斌译：《认识媒介文化——社会理论与大众传播》，商务印书馆 2001 年版。
15. 吴伯凡著：《孤独的狂欢》，中国人民大学出版社 1998 年版。
16. 袁运开主编：《简明中小学教育词典》，华东师范大学出版社 2000 年版。
17. 李华兴主编：《民国教育史》，上海教育出版社 1997 年版。
18. 叶澜：《实现转型：世纪初中国学校变革的走向》，载《探索与争鸣》2002 年第 7 期。
19. 范兆雄：《欧洲师范教育的新趋势》，载《比较教育研究》1999 年第 3 期。
20. 赵中建：《美国 80 年代以来教师教育发展政策述评》，载《全球教育展望》2001 年第 9 期。

第三章　当代儿童成长与教育改革

教师工作的直接对象是学生，并通过促进学生成长而体现自己教育实践活动的价值。在学校教育的全程中，我们不能不考虑：我们所面对的学生，他们的生存状态是怎样的？应该如何认识和对待自己的学生？如何策划和开展能够促进学生成长的教育活动？

本章将重点讨论当代中国儿童的生存状态，揭示学校教育在促进儿童成长中的重要作用，阐明教育变革中需要形成的学生观，并通过对不同发展阶段儿童成长需要的讨论，进一步探讨如何建构能够促进儿童生命成长的学校教育生活形态。

第一节　当代中国儿童的生存状态

学校教育需要直面学生发展现状，认识其成长需要，真实有效地促进其生命成长。基础教育阶段的学生是进入到学校场域之中，以学习为主要活动目的和活动方式的儿童，他们首先是“儿童”①。他们的身上综合渗透着其所处时代、具体的生活社区、家庭等周围世界对他们的多层次、多维度的影响，有着其自己的独特与丰富，并进入到学校教育生活之中。因此，作为教师，首先需要直面儿童，关注其生存状态，进而自觉地以教育的力量去影响这些学生，促进其生存状态的改善和生命质量的提高。

“生存状态”是对个体与世界关系的状态描述，即人是怎样生存在这个世界上的。生存状态的具体内容，可以包括个体与世界所形成的多层面、多维度关系的性质与内容，个体对这一关系状态的认识和体验等具体状态，并且相互之间存在着多维互动、综合生成的复杂关系。从其发生过程来看，个体的生存状态是个体与外部世界相互作用中生成的，综合呈现着个体现有的综合素养和成长水平，反映着个体独特的生存方式，折射着个体独特的生存环境。它是个体进一步发展的现实基础，是个体借以与外部世界相互作用、实现自我建构的发展平台；进入到学校教育之中后，也就转化为教师需要直面的学生的基础状态。

---

① 这里的主要研究对象是“儿童”，特指进入成年期之前的青少年儿童，对应于基础教育阶段的学生。

一、当代中国时代变迁对儿童生存状态的影响

"时代"是一个时间概念，"当代中国时代变迁"指的是从20世纪70年代左右到21世纪最初20年左右共约50年的时间里，"中国"这一具体国家的空间范围内的社会结构与发展方式等方面的重大变化。

不同时代会对个体生存带来不同的影响。在认识当代儿童生存状态时，需要关注具体时空背景下的"这个"、"这些"儿童，在他（他们）身上"全息"式地反映出这个时代的状态。因此，我们不仅需要看到社会、历史、文化综合渗透于其中的、独特而丰富的个体，而且需要形成在关系中，以联系、互动、生成的眼光认识当代中国儿童生存状态的思维方式。

以下我们主要分析整体社会转型和家庭、社区变迁等不同的时代变迁层面对儿童生存状态的影响。

（一）当代中国社会转型对儿童生存状态的影响

社会发展整体特征的变化、社会运行方式的变化、社会结构的多样化与发展水平的内部差异、社会发展核心要素的变化等当代中国社会转型状态，我们在第二章相关部分已作分析，在此主要就社会转型对当代儿童的生存与发展产生的重要影响作一补充。

从社会发展的整体特征来看，当代中国社会的复杂程度极大提高，社会生活中的丰富性与发展的可能性大量呈现，社会生活中的变数增多，变化速度加快、幅度加大、程度加深，一个缓慢、稳定、相对封闭和单一的社会形态正成为过去，不确定性、复杂性、多元互动性、开放性正在成为越来越多的中国人必须面对且浸染其中的生存环境，并通过日常工作和生活等实践形态，以潜移默化的方式改变着个体，尤其改变着青少年儿童的生存状态。这样一种社会转型，既为个体发展提供了各种机遇、提出了各种挑战，同时也以更多个体富有时代性的充分发展作为社会转型的条件，社会发展与个体发展在今天出现了更加直接、紧密的联系。

从社会运行方式的变迁来看，市场经济体制的建立及其对社会运行方式的重大影响是：人需要在积极的相互竞争与合作中生存和发展。社会生活对发挥每个个体的积极性与创造性的倡导，对社会发展中相互合作、共同发展的需要，会明显地在儿童身上留下痕迹。而处于转型过程中的社会发展，内含着许多的冲突、矛盾，各种社会发展力量纠葛在一起，在影响儿童发展意识、竞争和合作意识的同时，各种社会丑恶现象、各种社会矛盾也会对儿童发展产生诸多负面影响。①

从社会结构的多样化和社会发展水平的内部差异来看，当前社会中的阶层分化进一步加剧，不同地域甚至同一地区内不同发展水平的差异非常明显，尤为突出的是城乡差距、

① 当前报纸杂志等媒体不断曝光成人世界的不良思想、行为对儿童世界的侵蚀，以至于儿童在很小的年纪就会采用金钱收买、攀比、瞒上欺下乃至于更加恶劣的方式处理儿童之间、儿童与成人之间的关系。

社会不同阶层之间生存状态的差距。这种社会结构状态，直接造成不同发展水平地区的学生生存状态与发展水平的极大差异和相互关系的多样性，成为当代中国学校教育必须直面的具体现实。例如，有关流动儿童的教育问题、“留守儿童”的教育问题等已经受到越来越多的教育学者、社会学者、政治学者的关注，“民工第二代”的问题也正成为当前社会和教育需要面对的发展问题。而且，这类问题的出现，是中国社会转型过程中各种矛盾的集中体现，因此，它不仅是一个教育问题，还是一个社会问题、法律问题、公共事业管理改革的问题。事实上，教育中的许多问题都带有类似的复杂性，教育也正是以其独特的方式介入到当前社会转型的复杂过程之中。①

从社会发展核心要素的变化来看，社会发展中对人力资源开发的重视、对知识价值的提倡、对创新人才的呼唤、对负责任的公民的需要和独立自主的个体的需要，正在形成新的推动社会发展的力量；全面提高人的综合素养，关注人的创造意识及能力，关注人与世界互动关系中的主动、健康发展，正在成为这个时代的主旋律。新时代对人的素养不断提出新挑战，会综合性、渗透性地影响这一时代的儿童；同时，社会用人对学历、证书的看重，对名校的青睐，也加剧了原本已十分激烈的升学竞争，使儿童越来越早地被驱赶到这一竞争的旋涡之中。

当代儿童在具体发展特征方面，已经呈现出诸多新的变化。

曾有机构举办过“感动未来”十大排行评比活动，其部分结果可以形象地呈现出当代儿童成长、发展的独特性。②

(1) **最爱看的书籍**：《西游记》、《三国演义》、《红楼梦》、《水浒》、《格林童话》、《十万个为什么》、《哈里·波特》、《安徒生童话》、《巴黎圣母院》、《钢铁是怎样炼成的》。

(2) **最喜欢的电影**：《十面埋伏》、《英雄》、《哈里·波特》、《蜘蛛侠》、《千机变》、《指环王》、《无间道》、《新警察故事》、《邓小平 1928》、《2046》。

(3) **最喜欢的儿童剧**：《飞天》、《白雪公主》、《灰姑娘》、《小兵张嘎》、《三毛流浪记》、《小鬼当家》、《闪闪的红星》、《海的女儿》、《大雁飞吧》、《少年华罗庚》。

(4) **最喜欢的歌曲**：《波斯猫》、《七里香》、《江南》、《十面埋伏》、《SUPER STAR》、《海盗》、《十年》、《东风破》、《我的地盘》、《龙拳》。

---

① 参阅段成荣、梁宏：《关于流动儿童义务教育问题的调查研究》，载《人口与经济》2005 年第 1 期；周宗奎、孙晓军、刘亚、周东明：《农村留守儿童心理发展与教育问题》，载《北京师范大学学报》（社会科学版）2005 年第 1 期；何磊：《冰山出水——新生代民工问题来了》，载《中国青年报》2005 年 7 月 11 日。《中国青年报》于 2005 年曾集中关注过留守儿童、民工第二代等主题，其所揭示出的问题足以令教育工作者触目惊心，具体可参阅刘县书的《留守孩子是谁的过错》、王超群的《留守孩子独自长大》等系列报道，载《中国青年报》2005 年 9 月 19 日。

② 蔡玲玲、胥柳曼：《未成年人最喜欢主持人豆豆》，载《青年报》2004 年 12 月 12 日。

(5) **最喜欢的电视剧**:《天下无双》、《还珠格格》、《西游记》、《星梦缘》、《至尊红颜》、《少年王》、《红苹果乐园》、《夏日里的春天》、《粉红女郎》、《十八岁的天空》。

(6) **最喜欢的漫画**:《名侦探柯南》、《四驱兄弟》、《七龙珠》、《数码宝贝》、《多啦A梦》、《神奇宝贝》、《奥特曼》、《樱桃小丸子》、《圣斗士星矢》、《西游记》。

这一清单在一定程度上反映出16岁以下未成年人的兴趣、爱好和主要影响源。作为教师、成人,面对上面这一清单,可能或多或少会产生一种生疏感,毕竟很多内容不是当年我们所喜欢或者熟悉的那些事物了。随着时代的变迁,在未来的五年、十年或更长的时间内,这份清单的内容一定会发生许多的变化。也许我们真的很难说清楚现在的学生喜欢什么、讨厌什么、在想什么、需要什么,这是快速变化的时代对儿童发展、对学校教育提出的新挑战。作为教师,我们必须要了解学生,了解他们的发展状态、内心世界。

全国少工委办公室与中国青少年研究中心也曾于2005年联合开展了“当代中国少年儿童发展状况”调查。结果显示,在价值观方面,当代少年儿童最推崇的道德价值是善良、诚实、勇敢,对“宽容、自信、责任感”等体现时代精神的现代道德价值也比较看重,但对“合作、敬业、守时”等当今社会发展所需要的品质认同度较低。在学习方面,少年儿童的学习态度端正,课堂兴趣浓厚,学历期望越来越高,学习工具和学习方式也有了较大改进,但学习时间过长、学业压力大的状况未得到有效缓解。在休闲方面,闲暇活动丰富多彩,但闲暇时间较少,缺乏玩伴,缺乏休闲自主性,不会玩,看电视和阅读成为主要休闲方式,闲暇生活质量未得到改善。在交友方面,少年儿童在同伴交往方面重视友谊,同伴关系良好,并乐于运用网络交友,但也存在一些问题,主要是父母与孩子的择友标准不一致,一部分少年儿童的交往需要未能得到满足,网络交友带来一些新问题等。①

这些信息一定程度上呈现了当代儿童发展特征的独特。对于教师来说,也能在不同年级、不同班级学生的比较中,直接感受到诸多的差异。

当代社会发展对儿童发展的各种影响多得难以胜数,而且各种影响之间又相互作用,复杂地影响着儿童。我们需要有意识地去感受、关注、思考当代儿童的生存环境及其对他们发展的影响,并随着时代、教育、儿童本身的不断发展,努力保持着对这一问题的敏感性。这种思考、研究,是学校、教师必须做的基础性工作。不同时代、不同地域环境下,学生的生存状态不但具有丰富性和内在的相通性,而且还存在着差异性和特殊性,这对教师和教育研究者提出了研究的必要,提供了研究的可能,也不断提出新的挑战。

---

① “当代中国少年儿童发展状况”课题组:《中国少年儿童发展状况调查报告》,载《中国青年研究》2006年第2期。

（二）家庭与社区变迁对儿童生存状态的影响

儿童生活更直接的环境是社区和家庭。

学生生活于其中的社区，以其具体而综合的物质设施、文化氛围、发展水平，潜移默化地影响着儿童的发展。如果教师对自己所面对的学生群体作一个细致的思考，就能感受和发现学生群体的独特性。

当前城市、农村、城市化地区等不同类型社区内不同发展水平的具体环境，对学生发展的影响日益凸显其特殊性。例如城市中的儿童面对着大量、多元、开放的社会信息，这些信息对个体发展产生着多种性质和程度的影响；城市生活方式、习惯和相关素养，直接构成城市儿童的生活内容；城市发展所提供的优良的教育、文化条件，为城市儿童的发展提供了诸多条件；城市中存在的诸多文化冲突与精神发展问题，也同样构成儿童发展的影响因素。相对来说，城市化地区的儿童面对的主要是独特的文化冲突、复杂的社会发展状态、差距明显的发展资源与条件等；农村地区的儿童面对的主要是发展资源的匮乏、家庭结构的变动、家庭抚养方式的变化等。尽管这些问题的解决主要通过国家发展战略与发展过程来实现，但这些现状无疑也是教师从事教育工作需要认识和着力通过教育改变的问题。

家庭是儿童最早存在于其中并持续接受其影响的环境，儿童在家庭中的地位、与成人的交往状态、获得的物质与精神资源的丰富程度，都会对儿童发展产生重要影响。

从家庭结构来看，独生子女家庭逐渐成为当代中国主要的家庭构成形态，这对儿童的发展带来多种影响。有学者认为，随着独生子女政策的推行，我国目前的家庭教育发生了许多显著的变化，其中主要包括亲子互动方式、家庭教育观念和家庭教育力量投入等方面。这些变化特点对儿童发展特别是儿童的社会性发展，产生了深刻的影响，主要表现在：第一，儿童社会知识面拓宽，知识占有量增多；第二，儿童自我意识不断增强，民主、平等的处事原则在他们心里萌芽；第三，儿童自己照顾自己的机会减少，独立生活能力低弱；第四，儿童同伴交往能力减弱，解决人际冲突的能力偏低。①

当前家庭结构的变化，还有诸多的特征，例如经济水平差异带来的家庭状态变化，重组家庭、单亲家庭的快速增多，乃至于无家庭状态的出现，都会对儿童成长带来明显的影响。

从父母与子女的关系形态来看，有两类现象是需要特别关注的。

一类是过度关注，父母对孩子的期望值很高，对孩子的“关爱”乃至“控制”程度很高。有学者指出：“我国独生子女这一代是‘被设计的一代’。父母的‘设计’导致了儿童发展过程中属于自身天然化、本性化的内容大大减少，而人为化、强制化的内容居主要地位，这使整代人的主要特征呈现出单一化与共性化。”② 早期的智力活动的质与量影响、

---

① 刘晶波：《独生子女家庭教育的特点及其对儿童社会性发展的影响》，载《南京师大学报》（社会科学版）1999年第5期。

② 上官子木：《被设计的一代——当代中国城市儿童的早期教育现状》，载《中国青年政治学院学报》2003年第1期。

制约着儿童的认知能力、认知兴趣以及对知识积累和技能培养的态度，最终将制约着每一个体的思维类型、智力类型、能力类型的建构。成人对儿童发展的过度关注，往往会带有催熟式的特征。有学者指出：“这是一个万物都被注射了激素的年代，具有商业价值的事物都被迫加速发育，提前成熟，尽可能快地将自己奉献给市场。我们吃着早熟的水果、蔬菜、粮食，看着早熟的明星的表演，阅读着早熟的作者写下的文字，祝愿自己的下一代在早熟者的行列里名列前茅。也许再过若干年，人世间的万物都将不再拥有童年，童年概念将在人们心中消失，儿童这个词所指的将不过是年龄较小的成年人而已。”① 这种担忧不无道理，强控制、强关注及其相关手段的强势运用，必然会对儿童的生存状态和发展水平产生直接的影响，带来的很可能是缺乏主动发展意识与能力，造成所学的知识与技能缺乏个体生命内涵的灾难性状态。

另一类非常值得注意的家庭教育状态是缺乏关注。父母由于工作时间的增加等原因，无法给孩子以应有的、甚至是最低限度的关注，只能委托给家里的保姆、送到寄宿制学校或让自己的父母代为抚养等。这类状态不仅在城市存在，在农村也存在，例如当前因为父母外出务工或工作过于繁忙而出现的大量“留守儿童”。这些家庭状态的变化会直接影响着儿童的生存状态。以下案例就呈现出这一状态。

有一个蛮聪明的男孩，刚进小学时学习成绩都是优秀。从二年级起，随着家庭生活的巨大变化，他的学习状况急转直下。二年级时，他的父母为致富，开起了咖啡馆，每天夜里正是生意繁忙的时刻，父母总要到深夜两点以后才能回家。因此，每天晚上都是他一个人待在家里。小小年纪，一个人在家非常害怕，每听到风吹草动都会引起一阵可怕的想象。他家的楼上偏偏不时发出声响，他感到紧张，担心会有坏人和鬼怪来骚扰。那时，他能够采取的减少恐惧感的唯一措施，就是把电视机打开，并且把音量调到最高，盖过那些可怕的声音。睡觉之前，他就坐在电视机前。做作业时，他也不离开电视机。把书本放在膝盖上，边看电视边做作业。只要一回到家，他就进入与电视机为伴的状态。如果不这样，就会不舒服。男孩形成了做作业时“看电视—听电视机声音—捧书本—写字”的懒散行为方式。内部肌肉的运作方式一旦形成了稳定的状态，只要进入相关的情境，就会触发模式化的生理反应，外显为相应的行为状态。这个男孩形成了做作业时的分心状态，在他做作业时，就容易在此种状态下行动。因此，难以集中注意，无法认真起来。后来家长见他老看电视，不好好完成作业，就把电视机的插头给拔了。看不成电视，他也没法集中精力做作业。这种懒散分心的状态延伸到课堂学习，学习时总紧张不起来，悠闲地开着小差。②

---

① 王晓华：《〈正在发育〉——一个受害者的写作》，载《南方周末》2001年9月13日。

② 李晓文著：《学生自我发展之心理学探究》，教育科学出版社2001年版，第188～189页。

这个案例不仅可以反映出儿童行为习惯的形成及其对自我调节的影响，更可以从儿童与父母、家庭、社会的关系状态及自我发展状态的角度来思考。

缺乏关注的另一种表现，是对儿童成长中主动发展意识与能力培养的淡漠，尽管家长已经为儿童提供了相当丰裕的物质条件。一位大学生回顾自己的成长经历，强烈反映出父母的设计与儿童个体主动发展需要之间的尖锐冲突及其后果。

> 我最欣赏父母的是舍得教育投资，花几万元让我到南京读书。现在读大学，我要钱他们立马就会寄来。他们对我好，这我感觉得出。但他们也有讨厌的地方，就是他们要帮我设计一切。我想生命应该是自主的、自由的，而不应是束缚的。我最欣赏那些民主的父母，与孩子平等对话。讨厌父母的自以为是，把你当做一个永远长不大的孩子。说真的，有时我在别人面前还有一点小小的成就感，如画个画什么的，还有思维也不错。但在父母面前，我觉得我在他们眼中整个是一个无用的人。①

在社会转型过程中，这样的状态并不少见。

除了宏观社会发展、具体的社区环境和家庭对学生的生存状态产生影响之外，学校教育本身的质量也直接构成学生生存状态的内容之一。学生在学校生活中的经历与体验，获得的认识，形成的情感、思维方式、生活方式，都直接通过学生的精神状态、综合素养状态等呈现出来，并继续以内在的方式影响着儿童生命全程的质量。我们对学生厌学问题、课业负担过重问题、学业失败问题、校园欺辱等问题的讨论，都可以在这一层面上加以认识。

2005 年 9 月，中国青少年研究中心在六个省（市）进行了“中国中小学生学习和生活的现状与期望调查”。结果显示：在儿童个体学习时间方面，“超过一半的中小学生作业时间超标，普遍希望缩短作业时间”，“近一半中小学生今年暑假参加过培训班”。在对学校生活的感受方面，“多数中小学生认同目前的课堂教学形式，但有近四成学生认为老师在课堂上要求认真听讲多于积极思考”，“绝大多数中小学生希望通过学习获得解决问题的能力和方法，实际技能少、不注重能力培养是中学生对当前教材的主要不满”；“42.4%的中小学生因‘学习成绩提高’而感到快乐和幸福，57.6%的中小学生因‘学习压力大’而苦恼”；“对考试既爱又恨，八成中小学生认为考试能促进学习，同时相当多的学生因考试‘心情不好’”；“升学考试激烈是中小学生对未来最大的担忧，但六成以上的小学生赞同通过考试升入初中”；“虽然对职业教育高度认同，但多数学生仍不把它作为自己的选择”。在与父母的关系方面，“中小学生最渴望得到父母的信任，最不满父母说话不算数”；“57.4%的中小学生希望读到博士学位，54.9%的父母希望孩子读到博士学位，83.6%的中学生父母要求孩子考试成绩在 15 名以前”；“多数中学生希望在大城市、东部沿海地区

---

① 《来自孩子的声音：爸妈，请别替我设计未来》，载《中国教育报》2005 年 10 月 26 日。

城市就业，进入外资、高新技术企业，而父母最看好的是党政机关”；“家庭对中小学生品德及理想影响最大，学校对中小学生的兴趣、爱好及课外生活影响最大，电视对中小学生的偶像崇拜影响最大”。①

上述各种时代发展因素不仅直接体现在对儿童发展的影响上，而且通过教师、学校教育环境而存在，学生也是带着社会影响而形成的独特性来到学校，并在学校教育的环境中继续发展。

这些问题已经引起教育研究者的关注。② 事实上，学校教育中的教师会对此有更为直接的体验，而且也是教师日常工作所必须面对的具体、真实的状态。当教师能够将这些问题从直接体验的层面，提升到深入、具体、综合的理性认识层面，则教师的教育智慧和综合素养就可能出现发展甚至飞跃。

二、学校教育视野下的儿童成长问题

教师不仅需要关注时代发展对人的综合素养和生存方式提出的新挑战，而且更需要关注直接凝聚在儿童身上的时代影响，通过对儿童生存状态的认识，对学生成长中存在的问题、偏差作出判断。这是教师专业领域的特殊需要。这种认识，可以具体通过认识学生与外部世界的关系（包括与自然的关系、与他人及社会群体的关系等）、学生与内部世界的关系（与自我的关系）的性质与内容，个体对不同关系的认识与体验等呈现出来。下面，我们主要讨论个体与世界关系的性质呈现状态和不同个体之间的发展状态差异问题，并且使用教师日常工作中就能发现的研究资源、教师能够使用的研究方式来论证。

（一）当代儿童在主动发展意识与能力方面尚有缺陷

由于中国传统文化对儿童主动交流、发展的关注度不高，由于传统教育对儿童的发展更多采用外界设计、模式化生产的方式进行，使得当代中国学生在建构与外部世界的关系形态时，呈现出主动发展的意识和能力不强的状态，这大大制约了学生在当代背景下的存在与发展。

我们可以看一个大学一年级学生对大学生活的感悟。

---

① 《2005年中国中小学生学习与生活状况调查报告》，参见 http://club.learning.sohu.com/r-edurevie-48715-0-0-0.html。

② 华东师范大学基础教育改革与发展研究所曾就“当代教育与儿童发展”主题召开过一次国际研讨会，相关资料请参阅李伟胜：《“当代教育与儿童发展国际研讨会”综述》，载《教育发展研究》2002年第11期。有学者从心理学的角度对当代儿童的思维方式、价值取向等问题作过专门研究，参见李晓文：《学生思维特征与信息媒介关系初探》，载《华东师范大学学报》（教育科学版）2002年第3期；《不同适应水平小学生情绪体验评价比较》，载《心理科学》2002年第6期；《学生生存环境与价值取向关系研究》，载《华东师范大学学报》（教育科学版）2003年第2期等。还有学者从历史与文化的角度对本主题进行过相关研究，参见黄书光：《转型期中国儿童人格教育的文化审视》，载《华东师范大学学报》（教育科学版）2003年第1期。

真的是很奇怪，以前高中的老师像保姆一样天天跟着我们，我们觉得好烦，只盼望着赶快摆脱。可现在真的没人管了，又觉得不舒服。寒假回到高中的学校，觉得那些老师是那么可亲，高三是那么令人留念。同学聚会时有人提议让我们再回到学校过一天高三生活，大家竟一致同意。大家和老班主任谈得更多的是对大学的失望：课程不是很紧，也没有什么作业，更没有那么多考试追着你。想上课就去，不想去也无大碍。有句在学生中很流行的话："选修课必逃，必修课选逃。"这很真实地反映了我们的状态。当他们听说我还没逃过课，一个个都做昏倒状。是的，我是没逃过课，笔记也记了一堆，可是打开书本还是一片陌生，毫无头绪。图书馆我没去过几回，找资料我根本不知到哪去找、怎么找。①

在这里，可以讨论的问题很多，但如果从学生主动发展的意识与能力的角度看，学生面对"自由"、"可能"时的手足无措，学生对高中生活"被管"的学习与生活方式的留恋，非常直接地体现出基础教育最高阶段——高三学生的发展状态，他们与教师、与自我、与家长的关系形态呈现出相当明显和强烈的被动性。这种状态对于教师来说，也许是非常值得思考的：经过十二年基础教育培养出来的学生，一旦离开熟悉的、被管束的环境，接触到一个更加自由、开放的时空时，为什么会出现这样的状态？我们还可以看一个对高三学生的访谈材料，从中或许可以体会到学生当前的生存状态以及主动发展意识和能力的发展水平。

A：上大学后，（你觉得）大学里的上课与高中有什么不一样？

B：靠自学的吧，高中是为了高考，就有一种压力，大学里主要保证毕业就行了。

A：上大学后（如果）老师不会布置这么多作业，自己也不太愿意学，考试出问题怎么办？

B：那只能考出来啊！及格总归要的。大学毕业（时）考分（在毕业）证书上会写吗？

A：不会的。

B：既然不会，及格就可以了呀！

……

A：那你到了大学后，你会跟老师交流吗？交流的方式和内容会是怎样的呢？

B：我不会主动去的，他和我说就说说吧。

---

① 本案例内容参见李家成：《聚焦大一学生的成长需要》，载《思想·理论·教育》2004年第9期。

A：高中也是这样的吗？

B：有的时候也不，如我们老师喜欢踢足球，我们就会聊聊。

A：如果大学里老师一直不找你，你是什么感觉？

B：我没什么想法，因为大学老师应该没有什么时间，我们老师说大学里班主任一个学期就来几次。①

我们抽取的这段对话，一方面呈现出高三学生当前的学习、生活状态，另一方面呈现出他对大学乃至未来生活所持的态度、意向、可能的行为方式。事实上，学生在学校生活和社会生活中，在对各类学习、交往活动的参与态度、参与方式、参与质量等多方面，会呈现出其现有的主动发展意识和能力。如果教师在日常生活中能够关注学生此类素养的发展状态，就会发现每个学生自主发展意识和能力的不同呈现状态和呈现方式。

（二）当代儿童综合素养加速发展与相互之间差异度明显增大

时代发展使得当代儿童在认知与思维方式、情感、意志等方面都呈现出加速发展的状态和内部不平衡的状态。加速发展状态的形成，是社会与教育发展速度加快、教育环境不断改善、成长资源不断丰富的呈现，而这类个体发展资源的差异与学生个体主动发展意识和能力差异的综合结果，就是发展状态的不平衡。对于教师而言，尊重学生群体中的差异，尽可能开发群体差异所带来的教育资源，为更多学生的发展提供有针对性的指导，是一项相当有挑战性的使命。

我们依然通过一个案例，来感受这方面的问题，而且这样的研究与思考资源，是充满在教师的日常生活之中的。

有一篇六年级语文教材中的文章《一千张糖纸》②，内容是：一个因为需要静心养病的“姑姑”受不了两个孩子的顽皮吵闹，就告诉他们收集到 1 000 张糖纸可以换一个电动玩具。两个孩子就不再在家里玩闹，费尽千辛万苦，集满了 1 000 张糖纸，想向“姑姑”换那个梦寐以求的玩具时，“姑姑”笑着说是逗他们玩的。作为听课者的我们在教学过程中就感受到学生在具体观点、思维方式等方面有着明显的差别。课堂教学结束后，我们请每个学生以“如果我是那个孩子，我会……”为题，每个人写一句话，就有了 38 种不同的回答，我们依据其呈现出的思维、情感尤其是透露出的行为方式的差异，大致分为以下几种类型，并列出有代表性的状态（参见表 3-1）。③

---

① 本案例来自华东师范大学李家成和邓睿对上海市某高中高三学生的访谈，其中 A 代表访谈者，B 代表被访谈的高三学生，访谈时间为 2004 年 11 月。

② 铁凝：《一千张糖纸》，选自九年义务教育教材《语文》六年级第一学期（试验本），上海教育出版社 2002 年版。

③ 本材料来自 2004 年 10 月 14 日的一次课堂研讨活动。

表 3-1　《一千张糖纸》课后调查学生反应的类型分析

类型	人数	特征	话语
独自承受型	22	有被骗后的伤心、生气甚至气愤的心理感受（心理感受的强度也有很大差异），情感上的高度感受掩盖了对问题的思考，在行为方式上会独自承受受到的伤害，但不会主动采取针对“欺骗者”的行为。	➢ 如果我是作者，我会想：大人真坏，为了能让小孩们安静一下，居然欺骗我们，难道他们不能用别的办法让我们安静一下吗？ ➢ 如果我是那个被欺骗的人，我也会悲愤和绝望。
主动表达型	3	这类学生有强烈的情感体验，但是不同于第一类学生之处在于：他们都设计了自己主动向对方表达自己感受与想法的行动。	➢ 如果我是那个小孩，我会说：“姑姑，您为什么要欺骗我们？”我会想，既然您是我姑姑，那您就不应该欺骗我们，不是为了辈份，而是为了我们的关系。 ➢ 如果我是那个小孩，我不会怪姑姑，我会对姑姑说：“如果我是您，您变成我，姑姑您又会怎么想呢？”
激烈对抗型	5	这类学生有可能与对方发生激烈的对抗，在思维与情感上也呈现出非常激烈的状态，并呈现出长时间、牵连性的意识。	➢ 如果我是那个小孩的话，我就会恨死那个姑姑的。我会想，这个姑姑以后一定是一个骗子，有其母一定有其子。我会不听她的那些话了。 ➢ 如果我是作者的话，我会先说她一顿，然后再策划一个计谋来欺骗那个被我称为“姑姑”的人，让她也尝一下（被）欺骗的滋味；如果我是作者的话，我长大了一定要让姑姑知道被骗的滋味。
自我转化型	2	这类学生承认现状，然后自我调节，思维与行为的方向转向自我。	➢ 如果说我是铁凝，就会把那一千张糖纸当做邮票集起来，因为那毕竟是我辛辛苦苦集齐的。 ➢ 我会很讨厌姑姑，希望睡一觉能忘记。
善意理解型	2	认同对方的做法，呈现出善意或者换位思考的处事态度。	➢ 如果我是作者的话，我认为那不是欺骗，因为姑姑认为奶奶家被我们闹得太吵了，所以，姑姑想让我们安静一点，让奶奶休息。第二个是因为姑姑要我们体会到累。
怀疑前提型	4	怀疑问题的前提是否存在，或对这一情境本身不认同，呈现出不同于前几类学生的思维、情感与行为方式特征。	➢ 如果我是作者，我不会贪小便宜，我会不理（她）。 ➢ 我不理她，玩自己的游戏。

而且，这种丰富性可能还有更多样的呈现。我们随机地问了四位学生：如果当时是你，你听到这个消息后，会不会去做这样的事情呢？四个人回答如下。

- 给的又不是钱，我不去买。
- 我要让“姑姑”先去买好电动玩具，然后我再去收集糖纸。
- 我不去买，时间紧，我不做这件事。
- 我要先去商店问问是不是真的。

这个案例中，不同的想法，产生不同的回应方式，会产生不同意义的互动，说明儿童发展状态与个体对环境的态度和作用方式直接相关，是交互作用，而不是被动规定。教育能发挥作用之处在于改变学生。

上述分析还只是从整体发展的角度进行思考，我们还可以从专题的角度进行思考和研究。例如当代学生在物质生活与精神生活的关系方面，特别是城市中的学生，已经面对着物质生活相对丰裕、精神生活的内涵亟待提升的新需要；在儿童世界与成人世界的交往方面，学生面对着在保持自己的独立性与自主权利的同时，进一步学会与成人世界沟通，进而获得发展的新需要，并且在不同发展水平的地区，这一关系状态依然存在很多的差异；等等。① 这类问题，教师可以在自己的教育工作中有意识地开展研究。

第二节 教育视野中的学生观更新

当儿童带着全部的丰富性与独特性进入到教育之中后，就成为“学生”：一个需要学习、以学习为主要活动形态的儿童。作为教师，需要直面当代儿童的生存状态，研究如何在真实的环境中促进学生成长；需要反思、重建自己的学生观，以合理的学生观指导自己的教育实践。

一、学生观渗透在教师的教育行为中

学生观是对教育场景中的学生的认识，是对“人”的研究在教育场景中的具体化。相对来说，对人的研究，有哲学的视角，它会思考人在世界中的地位、价值、人的生存方式、人与世界的关系等；有政治学的视角，它会思考人的权利、自由、平等与民主，关注人的利益，探讨政治生活与人的关系；有经济学的视角，它会思考经济生活中人的需求、消费等问题。这些研究都会影响教师的学生观。

---

① 有关理论研究，可参阅李晓文著：《学生自我发展之心理学探究》，教育科学出版社 2001 年版；刘云杉著：《学校生活社会学》，南京师范大学出版社 2000 年版；［美］尼尔·波兹曼著，吴燕莛译：《童年的消逝》，广西师范大学出版社 2004 年版；叶澜：《试析我国当代道德教育内容的基础性构成》，载《教育研究》2001 年第 9 期。

心理学的视角，尤其是发展心理学与微观的教育改革有比较大的相关性。有国外学者曾总结了发展心理学视角下儿童研究的主要问题与当前有影响的观点（参见表 3-2）。

表 3-2 发展心理学中反复出现的问题与观点①

反复出现的问题	当前占优势的观点
主动—被动	儿童积极地参与探究活动，积极努力地去创造关于这个世界的意义。他们不仅仅是被动的信息接受器，盲目地对生活给他们提供的奖赏与惩罚作出反应。
天生本性—后天养育（遗传与环境）	发展的原因能够在环境与遗传因素的相互作用中被找到，而不是二者独自分开的作用产生效果。
社会—历史	发展受到个人的特征与个人发展所依赖的历史、社会和文化环境之间相互作用的深刻影响。
发展中的相似性	在不同的个体所采取的发展道路中，存在一些共同的东西。这些发展上的相似性允许心理学家去描述发展阶段或者层次。
发展中的独特性	与此同时，在个体之间也存在显著的不同，甚至在那些有相似的背景以及遗传历史的人们中。但在社会背景以及遗传历史更加相异之时，不同点甚至变得更大。
发展中的可预测性	变化在人类发展中时刻都存在。描述并且理解随着年龄与经验的变化而变化的这种探求建立在这样的观点之上：影响变化的某些因素以及参与其中的某些过程是可以识别的，它们的效果是可以预测的。

复杂科学的研究，则从更高层面启发我们认识学生的复杂性："人的存在本身是既一又多的。我们已经说过，任何人类个人都如同一个全息点，在他身上蕴涵着宇宙。我们还应该看到，任何个人，即使是最闭锁在他的最平庸的生活中的，在他本身也构成一个宇宙。他在他身上蕴涵着他的内在的多重性，他的潜在的几重人格，许许多多幻想的人物，处于现实和想象、睡眠和清醒、服从和反抗、公开和隐秘之间的多重存在，在其难以探测的洞穴和深渊中幼虫般蠕动的各种念头。"②

对于"人"的研究的不同视角以及教育与人的发展问题，有教育学者曾作过探讨，例如，"哲学方面的回答"有中国古代有关人性论的丰富思想，西方学者有关人性论、认识论的思想，马克思主义的人性论思想等；"心理学的回答"涉及"遗传与环境对人的发展的影响"、"成熟与人的发展"、"发展的年龄阶段和年龄特征"、"人的各方面发展的研究"、"个别差异的研究"等；"社会学的回答"主要关注的是人的社会化和教育的丰富关系等。而"教育学的回答"的主要论点在于："人的发展是一个历史过程"，"个人的发展受到社

---

① ［加］居伊·勒弗朗索瓦著，王全志等译：《孩子们：儿童心理发展》，北京大学出版社 2004 年版，第 14 页。

② ［法］埃德加·莫兰著，陈一壮译：《复杂性理论与教育问题》，北京大学出版社 2004 年版，第 43 页。

会条件的制约”，“教育对人的发展起着主导作用”，“在不同的年龄阶段，学校教育的作用是不一样的”，“教育的主导作用与受教育者的主动性”，“使受教育者充分地发展是教育者的责任”等。①

在教育生活中，固然需要借鉴其他学科的研究思路与研究成果，但更需要形成教育学的视角，确立教育生活中研究人的视角、思路和基本观点。在这其中，学生观是最基本的构成之一。

学生观不仅是教育理论研究者关注的内容，而且通过教师具体的话语呈现出来，渗透在教师的行为方式之中，呈现为教师个体的一种内在理论。当教师认同、坚持某种学生观时，就会对教育工作的价值取向、目标定位、活动方式、评价方式等产生内在而深远的影响。许多教育中存在的误区、偏差乃至错误，都与教师的学生观的偏差有着内在的关系。

事实上，只要把教师的教育实践作为观察、反思的对象，我们就能感受到：教育活动的每个环节，都渗透着学生观的影响。我们可以循着教师工作的基本环节，感受和发现教师教育行为中渗透着的学生观。

在教学设计的时候，我们会“备教材”、“备学生”。但这种备课，以往通常会沿着教师的经验或教学参考书的建议进行，或者抽象地引用几条原则。但是，我们所直接面对的学生已经有了怎样的知识准备？能力和学习态度的状态怎样？还有哪些发展的需要？我们的教学内容可以在哪些方面促进学生发展？这些问题都较难进入教师的视野。只要我们认真推敲一下每节课的教学目标设计，就经常会发现教师们对学生发展基础、发展需要、发展可能的分析，对学科教学与人的发展关系的思考，存在着缺失或者抽象化的问题。教学活动中，我们常常会看到，教师关注的是抽象的学生而不是具体的、有差异的学生，或者往往关注个别的优秀学生，关注教师与学生一一对应的问答式教学，常常出现的是教师代替学生进行思考和回答，课堂教学过程是教师完全依照教案或者课后的习题，按部就班地组织教学环节、完成“教案剧”的过程。在此过程中，我们同样需要思考：教学与学生是怎样的关系？教学中学生处于怎样的地位？不同的学生有着怎样的需要？如何看待学生之间的差异？在教学的评价阶段，我们又依据怎样的原则和价值观来评价教学和学生？我们所采用的评价指标体系内含着怎样的学生观？

不仅教师的教学工作中内含着学生观问题，而且班主任的班级工作、校长的学校管理工作中，都渗透着学生观。例如，在班级内的干部选拔和培养上，包含着我们对学生发展可能性、干部岗位对学生发展价值的认识；在班级文化环境建设上，包含着我们对学生生活价值的判断、对学生能力和发展可能的判断；代替式、强权式、放任式等不同的班级管理方式，也都是教师的学生观的一种呈现。

在学校教育实践的改革中，学生观的更新，是任何一项整体性的改革所必须包含的，也是任何一位教师实现工作方式更新所必需的；而且，在一定意义上说，对自己学生观的

---

① 金一鸣编著：《教育原理》（第二版），高等教育出版社 2002 年版，第 167～193 页。

自觉反思和不断更新，是教师专业发展和生命成长的内在构成之一。

二、教育变革中的学生观更新

相对于实践改革来说，学生观的研究是教育原理的基本研究领域，一直受到研究者的关注。

（一）国外教育理论研究中的学生观更新

在国外，教育思想家和改革家提出、实践了丰富的学生观思想。

西方有学者根据数千个资料来源收集到的证据，提出了过去 2 400 年里的亲子关系发生过的六大变化为：（1）杀婴模式（远古至公元 4 世纪）；（2）遗弃模式（4～13 世纪）；（3）矛盾心理模式（14～17 世纪）；（4）闯入模式（18 世纪）；（5）社会化模式（19～20 世纪中叶）；（6）帮助模式（始于 20 世纪中叶）。① 这大致呈现了人类发展中儿童意识的发展轨迹。

有学者进一步从儿童教育研究的角度，探讨了儿童观的更新问题。西方古代的儿童观表现为“儿童就是小大人”，尽管个别有识之士已经朦朦胧胧地看到儿童期的存在，但是，作为社会意识而存在的儿童观尚未形成。中世纪的儿童观表现为“儿童生而有罪”，延承着带有极强宗教色彩的“原罪说”思想。文艺复兴时期的儿童观表现为“从新人类观推导出的新儿童观”，对人的健康体魄、智慧与力量、价值与尊严的赞美，唤醒了人们对儿童自由、兴趣、发展可能的尊重。启蒙时代出现了“儿童的发现”，特别是卢梭在儿童观更新过程中产生了重要的影响，其学生观的基本内容浓缩在他的那句名言中：“出自造物主之手的东西，都是好的，而一到人的手里，就全变坏了。”② 在“教育心理学化”运动中，出现了对科学儿童观的召唤，裴斯泰洛齐、赫尔巴特、福禄培尔等在其中发挥了重要作用。儿童心理学的建立，使得儿童观在科学层面上出现成为可能，特别是德国心理学家普赖尔应用实证方法研究出版的《儿童的精神》，标志着实证的儿童心理学的创立，影响着人们认识儿童的视角与方法。伴随着爱伦·凯对 20 世纪将是“儿童的世纪”的预言，儿童观的更新问题得到更多人的关注。③

这些整理性的研究呈现了儿童观的演变历史。当我们深入考察教育发展史，尤其是近代以来的教育思想发展与实践改革的历史，就能感受到学生观更新的丰富性和广泛影响。

蒙台梭利对儿童发展作了具体的研究，并且有坚实的实践基础。她着力论述了成人与儿童的关系，批判了当时成人所持儿童观的谬误。在她看来，成人把儿童看作是心灵里什么也没有的某种东西，有待于他们尽力去填塞；把儿童看作是孤弱的和无活力的某种东西，成人必须为他们做所有的事情；把儿童看作是缺乏精神指导的某种东西，需要不断地

---

① ［美］卢格著，陈德民等译：《人生发展心理学》，学林出版社 1996 年版，第 25～28 页。

② ［法］卢梭著，李平沤译：《爱弥儿》，人民教育出版社 1985 年版，第 1 页。

③ 刘晓东著：《儿童教育新论》，江苏教育出版社 1998 年版，第 2～14 页。

给予指导，“总之，我们可以说，成人把自己看作是儿童的创造者，并从他们自己跟儿童的关系的角度来判断儿童好或坏。成人使自己成为儿童善良和邪恶的试金石。他是一贯正确的模式，儿童必须根据他来塑造。儿童在任何方面偏离了成人的方式就被当做一种罪恶，成人要迅速加以纠正”①。正是将研究视角重新聚焦到活生生的人身上，蒙台梭利以其医学和教育学的双重眼光发现：“儿童自身隐藏着一种生气勃勃的秘密，它能揭开遮住人的心灵的面纱；儿童自身具有某种东西，一旦被发现它就能帮助成人解决他们自己的个人和社会问题。正是这个东西，能为新的儿童研究科学奠定基础，从而能极大地影响整个社会。”②

杜威在卢梭、裴斯泰洛齐、欧美“新教育”实验的思想与实践基础上，基于其“经验主义”的思想基础，提出了系统的教育思想。在学生观的重建上，他从对生命世界的认识入手，层层展开其学生观思想。他认为，生物和无生物之间最明显的区别，在于前者以更新维持自己，只要生物能忍受，它就努力为它自己利用周围的力量。这种利用，就是把周围环境变为保存它自己的手段。只要生物不断地生长，它在利用环境时所花费的力量，得大于失，它就生长着。所以，“生物能为它自己的继续活动而征服并控制各种力量”，“生活就是通过对环境的行动的自我更新过程”，“生物能为它自己的继续活动而征服并控制各种力量”③。作为学生，他生活在真实的世界中，其发展过程是不断地适应环境、改造经验的过程，即“生长”、“经验的改组与改造”。在这个过程中，学生是一个积极主动的主体，并且有着天然的兴趣，拥有着“语言的本能”、“制作的本能”、“探究的本能”、“艺术的本能”。④

杜威的学生观的独特，在于其思想方法不同于卢梭等人的自然主义，而是基于生活现实的有机、联系、过程的思想。他曾批评“自由主义”所创造的“个人”神话，认为“这个神话隐蔽了一个事实：这些名词是具体的人们的性质和能力之名称。它把名称所指示的东西变为独自的存在。因此，它隐蔽了并阻碍了人们认识一个事实：这些性质和能力的实现是依赖于人们生长的具体情况的”⑤。

具体到教学过程中，杜威提出一系列以学生经验的改组与改造为中心的教学思想，而这一切，都是基于他对学生的人性特征、发展需要、发展机制的认识基础上的，其深远的影响是不容忽视的。

在其后的教育思想发展中，要素主义基于其保守的学生观，永恒主义基于其人性恶的前提预设，行为主义基于其机械的学生发展观，存在主义基于其对人性自由、责任的再思

---

①② ［意大利］蒙台梭利著，马荣根译：《童年的秘密》，人民教育出版社 1990 年版，第 27、19 页。

③ ［美］杜威著，王承绪译：《民主主义与教育》，人民教育出版社 1990 年版，第 2 页。

④ ［美］杜威著，赵祥麟等译：《学校与社会·明日之学校》，人民教育出版社 1994 年版，第 54～55 页。

⑤ ［美］杜威著，傅统先、邱椿译：《人的问题》，上海人民出版社 1965 年版，第 12 页。

考，都提出并实践过其教育思想。①

与英美教育传统不同的是，德国文化教育学派对学生的研究，根植于其深厚的文化哲学基础。从早期狄尔泰对人之生命性的创造性研究，到斯普朗格（Spranger，E.）对人之文化性的论述、陶冶观的提出，都体现出一种关注人的丰富性、生命性、文化性的研究思路。② 发展到博尔诺夫时代，其独特的教育人类学研究思路，更为集中地反映了这一学派对教育的理论思考。他详细论述了"人的可教育性"，从受教育者的立场考察教育与人的关系，从生命的角度看待教育的价值。他认为，我们需要把人作为一种可以教育并需要教育的生物来理解，人天生是"有缺陷的生物"，由于要通过较高的能力来弥补现存缺陷，人成了"不断求新的生物"，成了虽不完美，但因此而能不断使自己完美起来的生物。我们必须认识到，人原则上是并且始终是需要教育的，因为人在整个一生中始终在向更新的阶段发展，而在这些阶段中又始终在产生新的学习任务。"人的整个一生都需要不断地受教育，比如不仅需要进一步传授知识和技能的成人教育（像人们通常理解的，却是被片面理解的民众高等教育），而且也需要持续的、真正的即涉及人在其道德品格方面的教育；而且不仅需要发展个性和职业能力这一积极意义上的教育，也需要在因受损伤而须保持原有能力和排除损伤造成能力下降这种治疗意义的教育。"③ 在此学生观基础上，他深入论述了教育与人的关系，对生活中的"信任"，教育视角下人与空间、时间的关系以及非连续性教育等重要问题，提出了一系列富有启发性的观点。

法国教育家保尔·朗格朗（Lengrand，P.）在其《终身教育引论》中的论述，对形成我们具体的学生意识有较大启发。他指出："教育的真正对象是全面的人，是处在各种环境中的人，是担负着各种责任的人，简言之，是具体的人"，是具有"作为一种物质的、理智的、有感性的、有性别的、社会的、精神的存在的各个方面和各种范围。这些成分都不能也不应当孤立起来，它们之间是相互依靠的"④。这一论述在其终身教育思想的背景下，呈现出对学生认识的新起点。

苏联的教育理论发展中，马卡连柯（Макаренко，A. C.）、苏霍姆林斯基、赞科夫等都有其丰富的学生观思想。⑤ 发展到"合作教育学"时代，其倡导者和实践者之一的阿莫纳什维利认为："不，教师不是儿童灵魂的设计师、工程师、建筑师，因为儿童的灵魂不是一堆无生命的建筑材料。实际上，儿童的灵魂是一种生气勃勃的精神、激情、改造和创

---

① 参阅陆有铨著：《现代西方教育哲学》，河南教育出版社 1993 年版。

② 参阅邹进著：《现代德国文化教育学》，山西教育出版社 1992 年版。

③ ［德］博尔诺夫著，李其龙等译：《教育人类学》，华东师范大学出版社 1999 年版，第 38 页。

④ ［法］保尔·朗格朗著，周南照等译：《终身教育引论》，中国对外翻译出版公司 1985 年版，第 87～88 页。

⑤ 可参阅吴式颖等编：《马卡连柯教育文集》，人民教育出版社 1985 年版；［苏］苏霍姆林斯基著，赵玮等译：《帕夫雷什中学》，教育科学出版社 1999 年版；［苏］赞科夫编，杜殿坤等译：《教学与发展》，人民教育出版社 1985 年版。

造的力量。因此，对儿童的灵魂来说，需要的不是塑造，而是丰富、发展，使他们具有理想、信念，养成热爱人们、大自然和生活的习惯。”① 在阿莫纳什维利的研究中，充满着对孩子活力的尊重、对孩子创造性的信任、对孩子成长机制的关注、对孩子童年生活的敬畏。而且，他也以其教育实践本身，展现出这一学生观在实践中得以实现的真实可能性。②

联合国教科文组织在《学会生存——教育世界的今天和明天》中提出了一些重要的学生观思想。该书指出，在当前的时代，“人已经成为他自己命运的潜在主人”，教育的目的是促进人成为人，“人类发展的目的在于使人日臻完善；使他的人格丰富多彩，表达方式复杂多样；使他作为一个人，作为一个家庭和社会的成员，作为一个公民和生产者、技术发明者和有创造性的理想家，来承担各种不同的责任”③。这一价值追求，在二十多年后出版的《教育——财富蕴藏其中》中依然被充分肯定。

具体到教育实践行为上，《学会生存——教育世界的今天和明天》指出：教育中的人是具体、特殊的复合体，“这个复合体是由生物的、生理的、地理的、社会的、经济的、文化的和职业的因素所组成的，而这些方面对于每一个人来说，都是各不相同的”④。在教育中，人是“未完成的人”，人在生理上尚未完成，“人永远不会变成一个成人，他的生存是一个无止境的完善过程和学习过程，人和其他生物的不同点主要就是由于他的未完成性”⑤。这又为我们呈现出一个生命全程视野下的儿童观。在教育活动中，人是具体的、生气勃勃的，有他丰富的个性，有他自己的各种需要，而当时的教育实践尚未清晰地意识到这一点。

通过这样的简介，我们一方面能够感受到，学生观的发展与时代的发展有着密切的相关性，与认识主体的内在知识体系、价值取向和生活经历等综合素养有着直接的关系。另一方面，时代发展背景下的学生观更新，呈现出对学生发展与时代发展关系认识上的发展、学生与学校教育关系维度上的认识深化。例如，杜威的学生观与其进化论的社会发展观、与其对“美国精神”的理解密切相关；《学会生存——教育世界的今天和明天》等著作中关于学生观的论述，也是与其对时代发展新趋势与新需要的认识密切相关；而德国文化教育学派的学生观建设，则对儿童在发展中的地位、可能性等方面作了系统论述，为学生发展目标的丰富与完善提供了独特的视角。在具体的国际教育改革中，这类学生观的发展，直接带来学校教育价值观、目的观、过程观、方法观、评价观的系列转换。

---

① ［苏］阿莫纳什维利著，朱佩荣译：《孩子们，祝你们一路平安!》，教育科学出版社 2002 年版，第 9 页。

② 可参阅［苏］阿莫纳什维利著，朱佩荣译：《孩子们，你们好!》、《孩子们，你们生活得怎样?》，教育科学出版社 2002 年版。

③④⑤ 联合国教科文组织国际教育发展委员会编著，华东师范大学比较教育研究所译：《学会生存——教育世界的今天和明天》，教育科学出版社 1996 年版，第 2、196 页。

（二）当代中国教育理论研究中的学生观更新

改革开放以来，中国教育理论研究界与中国教育改革实践不断互动，学生观更新问题也不断出现在理论研究中。

20 世纪 80 年代，华中师范学院等五院校合编的《教育学》，在强调教育要适应社会发展规律的同时，也强调了“教育的对象是人，主要是正在成长的年轻一代，为了保证一定的社会对教育的要求能够顺利地实现，有效地促进年轻一代身心健康的成长和发展，还必须适应年轻一代身心发展的规律，诸如教育任务的要求高低，教学内容的多少与深浅，教学方法的选择是否恰当等，都要根据学生的身心发展水平来确定”①。该书还进一步论述了学生身心发展的特征，但没有对学生观问题作更为集中和深入的讨论。南京师范大学教育系编写的《教育学》，不仅保留了“教育与人的身心发展的关系”一章和基本相同的问题域，而且还专门讨论了“教师与学生”。在“教育过程中的学生”一节中，集中讨论了学生观问题。该书强调：其一，“学生是人”，其内涵包括“是一个能动体”，“是具有思想感情的个体”，“具有独特的创造价值”；其二，“学生是发展中的人”，其内涵包括“具有与成人不同的身心特点”，“具有发展的潜在可能”，“具有获得成人教育关怀的需要”；其三，“学生是一个完整的人”，都有自然属性和社会属性，存在着身体和心理等各方面的发展；其四，“学生是以学习为主要任务的人”，其内涵包括“学生以学习为主要任务”，“学生在教师指导下学习”，“学生所参加的是一种规范化的学习”等。② 我们可以在比较中感受到教育学界对学生认识的发展和深化，对“学生”的层层递进式的界定，在今天看来，依然具有启发性。

在 20 世纪末，有研究者对学生观进行过比较综合的研究，具体指出学生观的更新包含对学生的主动性、潜在性和差异性的认识。③

主动性是针对人们在习惯上和实际教育中通常把学生看作是接受教育的被动者和缺乏独立性和创造性、依赖或服从教师的学习者而提出，它承认主动性是人的生命存在和发展的重要和特殊方式，承认学生尽管处在童年或少年期，但依然具有主动地应答、选择、发现、思考、策划、行动、反思等需要与可能，具有关注和要求自己向上的主动发展的需要与可能，教育的任务是把这些需要与可能转化为现实的力量。此外，学生又是构成教育活动复合主体的不可替代和不可缺失的一部分，不关注学生对教育活动的主动参与，不着力于教育过程中学生主动性的培养与发展，只把教育当做知识的记忆和技能技巧熟练化的过程，那么，教育将类似于“驯兽”。学生主动性发展的最高水平在于能动、自觉地规划自身的发展，即成为自己发展的主人。

潜在性是针对人们往往只注意学生现有状态，局限于对现有状态作出判断，并以此作

---

① 华中师范学院教育系等五院校编：《教育学》，人民教育出版社 1980 年版，第 33 页。

② 南京师范大学教育系编：《教育学》，人民教育出版社 1984 年版，第 127～130 页。

③ 叶澜：《更新教育观念，创建面向 21 世纪的新基础教育》，载《中国教育学刊》1998 年第 2 期。

为学生好差分级的标准和进一步教育的依据这一弊端而提出，认为其忽视的恰恰是教育中最重要的学生潜在可能性的发现与开发的任务，恰恰是教育最有用武之地的真正的“舞台”。只有关注学生的潜在性，才会去促使学生实现智慧和才能的发展。

差异性观念的提出是为了改变把学生抽象化，假设他们从发展的“起点”到“终点”及“过程”都是相同的简单化认识，要求教育者承认差异、关注差异，看到差异在一定的意义上是教育的财富，而不是包袱。教育应努力使每个学生都能实现在原有基础上的提高，各自的特长和个性能得到健康、充分的发展。即使学生群体的发展，也不是按同质集合的模式去努力，而是以丰富统一的方式去实现。

以上三个观念整合起来集中到一点，就形成了新的学生观，要求改变那种实际上把学生当做可按标准件去制作的“物”的形而上学的僵死看法，还学生以生动活泼、需要并具有发展可能和主动性的多姿多彩的生命体的真相。

进入到世纪之交和 21 世纪初，学生观研究依然是教育理论研究界重要的基本研究领域之一，并在不断出现的新观点和新思路的激活下，显示出非常活跃的状态。① 有研究者通过对教育实践的反思和理论的梳理，提出学生观更新问题：“就我国来说，在基础教育中，对儿童的不尊重现象依然相当普遍，其主要表现就是把儿童看作是人成为‘真正人’的过渡环节，以为只有成年人才是完整的人，儿童只是‘发展中的人’。这句话隐含的真正意思是：儿童是有缺陷的、不能让人满意的、在达到成人之前没有什么价值的发展阶段。”论者认为：“在教育界普遍存在一种成人霸权主义，它强求儿童去适应成人的社会环境，不承认儿童有自己的生活世界，用成人的价值代替儿童自己的价值，要求儿童摆脱自己的发展特点去模仿成人，把儿童生活看作是成人生活的准备，或当做其他成人的工具，替他们去实现某种愿望。”②

有研究者进一步将学生观的更新研究聚焦到“具体个人”概念上，认为教育学要改变教育学中“抽象的人”的观念，用“具体个人”作为教育学中人学的支点，去重新认识教育和构建新时代的教育学。“具体个人”观念意味着我们要承认人的生命是在具体个人中存活、生长、发展的；每个具体个人都是不可分割的有机整体；个体生命是以整体的方式存活在环境中，并在与环境一日不可中断的相互作用和相互构成中生存与发展；具体个人的生命价值只有在各种生命经历中，通过主观的努力、奋斗、反思、学习和不断超越自我，才能创建和实现，离开了对具体个人生命经历的关注和提升，就很难认识个人的成长与发展；具体个人是既有唯一性、独特性，又在其中体现着人之普遍性、共通性的个人，是个性与群性具体统一的个人。③ 在这一新的学生观基础上，教育学的立足点和视角就会

---

① 参阅叶澜主编：《中国教育学科年度发展报告·2001》中的“教育哲学”部分，上海教育出版社 2002 年版；叶澜主编：《中国教育学科年度发展报告·2002》中的“总论”、“教育学原理”、“教育哲学”部分，上海教育出版社 2003 年版。

② 朱小蔓著：《教育的问题与挑战》，南京师范大学出版社 2000 年版，第 161 页。

③ 叶澜：《教育创新呼唤“具体个人”意识》，载《中国社会科学》2003 年第 1 期。

发生诸多相应的变化，我们不会只关注教育的社会价值，忽视教育对每个人在社会中生存、发展和实现人生价值和幸福的意义；不会把个体成长只作为起点去研究，而是作为教育中个体重要的内在需求与动力去研究；不会把教育只看作是知识、技能的传递过程，而是看作是必须提升人的自我超越的意识和能力，提升人的生命质量和创造能力的过程；不会把个体之间的差异看作是问题，而是当做教育的资源和财富去开发；不会只根据人的今天去判断、决定他的明天，而是会把发现人的发展可能并使可能转化为现实，作为教育学研究的重要课题。总之，我们有可能发现当今教育学理论研究中诸多的空白点、诸多的不足甚至谬误，发现一个教育学研究的新天地和新的教育学诞生的曙光。而这一切，都与当今中国呼唤创新的时代相关并由此催生而出。

除了上述明确观念的提出之外，有学者从认识方法的角度提出“以人的方式理解儿童”，对儿童概念本身的开放性与发展性、儿童观建构中成人自身的发展提出了富有启发性的看法：“儿童的一切都是成长中的、生成中的，是面向未来的。对儿童的认识过程不是一个封闭的逼近过程，而是一个开放的不断建构的过程。我们不能以为有一个既定的儿童状态供我们的认识去逼近，而应认识到儿童的今天是由我们认识和行动的参与而构成的、不断发展着的存在状态，对儿童的认识和研究就是我们为推进这个状态而作出的努力。当我们以人的方式理解儿童的时候，我们使自己与儿童的历史同行，与儿童的生命进程一起前进。在与儿童的‘视界融合’的境界中，意义被丰富、拓展、理解的我们得到提升。”① 还有学者从人类学的角度认识教育中的学生，认为“学生的生命发展，是以角色表演为基础，在表演和观看中实现的。从表演的视角看，学生是具有表演和观看本能与需要的生命个体，是在自我表演和观看他人表演中形成、发展的生命个体，理想的学生是能将理想的表演者与观看者合于一身的学生”②。论者从表演的视角，对儿童在教育中的多种角色与发展需要进行了系统研究。

学生观问题在当代受到重视，乃是因为学生观直接与教育价值取向和教育目标沟通，并且直接体现在教育实践行为的设计与实施、评价全程之中。合理的学生观，是教育改革不可缺少的、内在的条件。而当前中国教育改革的深化，迫切需要实现教师的学生观更新。

三、当代学校教育需要重建学生观

学生观的丰富内容及其更新过程，可以给教师以很多的启示。在教育实践改革中，教师往往需要对以下几个基本问题作出自觉的思考与坚实甚至艰苦的实践。

---

① 姚伟：《以人的方式理解儿童——儿童观的方法论思考》，载《学前教育研究》2003年第5期。

② 李政涛：《在表演和观看中生成的生命——表演视角下的学生观》，载《教育科学》2004年第2期。

（一）认识学生成长的可能性与主动性

西方人本主义心理学曾大力倡导儿童的潜力观，认为人身上绝大部分的潜力并没有被开发出来。人类学、哲学、文化学的研究，也都在强化人们类似的人性观。① 而作为教育学视野下的学生观，更加需要认识到儿童具有发展的可能性，具有丰富的潜能。

首先，学生成长的可能性是一切教育活动得以存在和发展的基本前提。学生作为生命体，其与生俱来并不断发展着的，是其成长的可能性，而这正是实现教育价值的前提条件之一。教师的工作就在于不断认识其发展可能性，不断将其可能性转变为发展的现实性，并生成新的发展可能性。有研究者认为："许多人有意识或无意识地认为，学生的发展是一个线性累积的过程，其表现有：投入一定的时间、组织一定的教育内容（如编好某种教材）、将某些教育活动布置下去，就以为学生将获得教育者预定的知识、能力和品德素质。"针对这一状况，"我们有必要考察教育交往过程中的动态生成性，即随着交往过程的展开，新的因素不断涌现出来，而教育所要承担的职责就在于促进并引导这些新因素的生成，从而形成更多的发展可能性"②。学生成长的可能性是不断变化着的，当一种具体的可能性转化为现实性时，一种新的成长可能性也就生成了。在教育工作者的眼中，学生是可教的、可能的、有潜力的，而且这一特征贯穿人的一生，人的教育与人的终身发展是统一的。

其次，教师需要尊重学生发展的主动性。作为生命体的学生，有着与生俱来的生命活力，能够主动地建构自己的发展。而且，"即便是在最封闭的文化条件下，个人也不都是、不总是一些准确无误地遵守社会秩序和文化命令的普通机器"③。他们能够形成自己的发展目标，能够介入到自己发展的全过程之中，能够主动地探索、反思与重建。尽管在不同的发展阶段和不同的个体发展中，这种主动性的表现方式与发展水平可能有差异，但这种主动性内生于儿童的生命之中。对于教育而言，就需要充分尊重儿童的主动性，创建儿童参与其中、对儿童主动发展具有意义的实践活动，不断提升儿童主动性的发展水平。有学者在重新解读马克思主义实践观的基础上认为，存在着改造外部客观世界的实践和改造人的主观世界的实践，教育实践的独特性在于："教育虽然存在一种外部施加影响的过程，

---

① 可参阅［美］马斯洛著，林方译：《人性能达的境界》，云南人民出版社 1987 年版；［美］罗杰斯著，杨广学等译：《个人形成论：我的心理治疗观》，中国人民大学出版社 2004 年版；［美］马斯洛等著，林方主编：《人的潜能和价值》，华夏出版社 1987 年版；［德］卡西尔著，甘阳译：《人论》，上海译文出版社 1985 年版；［德］舍勒著，李伯杰译：《人在宇宙中的地位》，贵州人民出版社 1989 年版；［德］蓝德曼著，彭富春译：《哲学人类学》，工人出版社 1988 年版。

② 李伟胜：《在教育交往中生成更多的发展可能性》，载《宁波大学学报》（教育科学版）2003 年第 4 期。同时可参阅何晓文著：《教育——发现与发展学生的潜能》，教育科学出版社 2003 年版；恽昭世著：《开发潜能，发展个性》，上海教育出版社 1998 年版。

③ ［法］埃德加·莫兰著，秦海鹰译：《方法：思想观念》，北京大学出版社 2002 年版，第 13～14 页。

但是其主题却应是促进、改善受教育者主体自我建构、自我改建的实践活动的过程。作为教育学细胞的教学过程，其本质也不在于认识而在于内在心智结构的建构。”① 这一观点也为我们认识学生发展的主动性提供了支持。

应该说，承认儿童发展的可能性和主动性，是建构新型教育实践形态的基本前提，现实教育中各种关注学生主动性的发挥、对学生主动参与的提倡、各种探究性活动的开展，其价值的基点就在于此。

（二）认识学生的具体性

教育面对的对象大多是群体中的学生，班级教学与班级建设尤其如此。这就呈现出一个基本问题：教师如何面对群体中的学生个体？如何认识学生个体与学生群体的关系问题？

就实践状态而言，当前的主要问题是缺乏具体的学生意识，教师心目中有抽象的学生群体，但缺乏对其丰富性的认识；有个别特殊学生，但缺乏对每个学生独特性的尊重；在思维方式上尚难将个体的具体性与群体的具体性综合在一起。

首先，每个学生都是有自己生命追求与生命尊严的价值主体，不容他人代替他作出人生的价值选择。学生是人，具有人全部的尊严、价值需要及其内在的丰富性。有学者曾指出：“文化世界的核心是人的生命存在，也就等于说人的生命存在是文化世界的必要且充足的条件”②，一切文化存在、一切社会发展的可能，都可以并且需要在人的生命存在及其发展的意义上加以考察。在这一基本立场之上，学生作为一个人，作为一个生命存在，对教育有着自身的需要，而这一需要的性质、质量也随着人的生命存在的完善、人类社会的发展而不断变化。为了人之生命存在和发展，这乃是学校教育根基性的价值所在。在此意义上，我们对具体的学校教育实践的考察和改革，就非常需要思考：我们的教育实践是为谁的、为什么的？是为了完成工作、为学生之外的他人，还是为了促进学生的发展、为了学生的生活幸福？当前中国教育改革中普遍流行的“以人为本”，也许已经包含着对新的学生观的呼唤。当我们进一步观察具体的教育实践行为的时候，我们依然会看到学校教育中为了获得一个好评而重复着一节节相同的公开课，我们会看到为了完美地呈现教案而置学生课堂上各种状态于不顾的“教案剧”，等等。这些具体的教育现象都折射出一个相同的问题：我们内在的学生观是怎样的？

其次，学生之间是相通而不同的，相互的差异性是学生个体成长不可缺失的资源。在当前学校教育的背景下，教师面对的不是一个学生，不是同质的学生群体，而是丰富多样的“多”个学生。如何看待这种差异性？教师所面对的学生是不同的，每个学生都“全息”着其全部的家庭、地区、时代的特征，有着其个体独特的生命经验。因此，面对群体学生的教育实践活动，必须充分考虑到这种差异性。在教育实践中，无论是在小学、初

---

① 鲁洁：《教育：人之自我建构的实践活动》，载《教育研究》1998年第9期。

② 李鹏程著：《当代文化哲学沉思》，人民出版社1994年版，第46页。

中、高中的起始年级，还是在其他年段，这种不同总是存在着。而这些不同并非不可沟通，而是有诸多内在的相通性。它不仅体现为成长条件的相似性、发展问题的相似性，而且在其发展的基本机制、个体的成长需要方面，都有着深层次的相通。当我们对待学习、品德、活动能力等方面差异比较大的学生时，尤其需要看到：这些学生都有其自尊、自爱的一面，都有其需要发展的内容，也都需要教师给予帮助。进一步说，学生之间的差异，在促进每个个体成长的维度上看，恰恰是个体成长不可缺失的资源，在差异中呈现出的可能性，可能通过教育的力量，转化为每个个体新的成长现实，从而构成相互促进、共同生成的学习共同体。

再次，学生存在于学生群体之中，群体构成学生成长的新生态，并各自保持着自身的独特性。学生不仅存在着个体之间的关系形态，而且还需要处理与学生群体的关系问题。在我国部分地区和学校，学校的规模、班级的规模都相当大，这一问题尤其明显。从学生观的角度看，教师大量面对的是学生群体。这一群体首先是由一个个丰富的个体而形成，因此，个体具有群体所无法代替的特殊性；而学生群体一旦形成，又会形成学生成长的新生态，制约着、规范着、支持着学生个体的成长。教育生活中的学生，既是群体的构成，又是独立的个体；学生群体既来自学生个体，又影响着学生个体；学生个体与学生群体构成相互生成的新关系。为此，教师的教育实践活动必须尊重这一独特的关系形态，面向群体中的独特个体，面向独特个体形成、影响并融入其中的独特群体。此时，对于学生个体成长而言，“发展”的内涵也有了拓展的新可能：“发展就是充分实现个人自主性和扩大共同参与（从就近的参与到全球的参与）：更多的自由，更多的共同性；多些自我，少些自私。”①

（三）认识学生成长的综合性

学生的成长是生命体的成长，其内容构成是相当综合的，无论教师是否意识到这一点，学生始终呈现为具体综合的生命状态；而当教师清晰地形成这一学生观时，教师的教育实践活动的目标指向和实践过程，也就可能出现新的更新。

这意味着，首先学生的成长是多方面的，不是简单地获得知识、获得某种情感的满足，而是包含着拓展知识、深化思维、丰富情感、锻炼意志等多方面的发展。有研究者从人类学的视角指出“人”的超级复杂性：“这是一个不时地微笑、欢笑、哭泣的感情强烈和不稳定的生物，一个焦虑和惶惶不安的生物，一个享乐的、陶醉的、痴迷的、暴烈的、多情的生物，一个充满想象事物的生物，一个知道死亡但不愿被它降服的生物……”② 这已经向我们呈现出“人”多元、丰富的形象。教育理论研究中大量涉及的知识、能力、非智力因素、科学与人文素养、全面发展等内容，也都在以各自的方式发现、确证着学生成

---

① ［法］莫林等著，马胜利译：《地球·祖国》，生活·读书·新知三联书店 1997 年版，第 112 页。

② ［法］埃德加·莫兰著，陈一壮译：《迷失的范式：人性研究》，北京大学出版社 1999 年版，第 95 页。

长的多方面性。① 如果我们忽视其发展的多方面内容时，学生某些方面的成长状态就会处于一定的“休克”、“麻木”状态，甚至出现心理、精神的扭曲和生命质量的极大降低。

以基础教育阶段学习压力最大的高三学生为例，他们也充满着对未来丰富生活的向往，在他们眼中的未来的大学生活形象，蕴涵着他们对多方面发展的需要。

> “其实，我同样期盼能拥有一次夜幕星辰的邂逅，雨中漫步的一次回眸，年轻的生命需要懂得去爱和被爱。在那里，激情、热爱、温情都能被释放。”
>
> “她应该是梦想起航的地方，她应该是我心灵寻找归宿的地方，她是一个生命变得更有价值和丰富的地方。我想象她有一个漂亮的外衣，有一双清澈透亮的眼睛，这双眼睛能够帮我寻找未来前进的方向。她有一双温柔厚实的双手，将我紧紧地拥在怀里，我能够在她怀里感觉出生命的喜悦。她有一个聪明理性的头脑，她能够毫无保留地教我生存和生活的道理……”
>
> “怀有年轻人应有的梦想，踌躇满志着自己的未来，辛勤耕耘，用心生活，大学会给予我知识、动力、情怀和人性的伟大感慨！”
>
> “大学，每一个莘莘学子向往的地方，为何有这么多的人为了进入大学不惜拼搏 12 年？难道只为了一张大学文凭？难道只为了毕业后能进入一个好的企业，有一份好的工作，有一段美好的生活？我心目中的大学是一个丰富多彩的地方。她可以完善一个人的人格，丰富一个人的知识，积淀一个人的文化底蕴，塑造一个人的修养。她可以让你看起来有内涵，有文化，有竞争力。在大学中有太多美好的我们未曾涉足的世界。”②

当教师走进学生的生活世界，就会发现：学生和教师一样，有着多方面的发展需要，其现实的成长中，绝不仅仅只是成绩、作业，而始终包含着与外部世界的多维、多层面的关系。

其次，学生的成长内容之间是多维度、多层面综合互动、有机构成的整体。学生成长最直接、外显的层面，是个体对自己生存状态的直接感受与体验，它直接呈现为个体的精神状态。这是个体非常整体、综合的内在发展状态的体现。它的形成，依赖个体更为具体的综合素养；而一旦形成，就会对个体具体的行为处事与思考等产生渗透性的影响。个体成长的第二个层面是每个人的具体素养。其中，认知素养在横向维度上包括对外部世界的

---

① 可参阅叶澜：《时代精神与新教育理想的构建》，载《教育研究》1994 年第 10 期；瞿葆奎主编，雷尧珠等选编：《教育学文集·教育与人的发展》，人民教育出版社 1989 年版；扈中平著：《人的全面发展：历史、现实与未来》，四川教育出版社 1988 年版；仇忠海著：《“全面发展、人文见长”的学校教育》，教育科学出版社 2004 年版；燕国材、朱永新、袁振国著：《非智力因素与学习》，苏州大学出版社 2000 年版；涂艳国著：《走向自由：教育与人的发展问题研究》，华中师范大学出版社 1999 年版。

② 该材料来自李家成主持的“高三与大一衔接中的学生成长需要研究”课题材料。

认识和对自我的认识，在纵向维度上包括个体视野的拓展、个体知识的获得、个体知识的运用等。个体的情意素养既可以从对“过去”的接纳、对“现在”的悦纳、对“未来”的希望等方面呈现出来，又可以在对待成功、失败、困惑等方面呈现出来。思维方式素养指的是个体思考问题、获得某些认识的内在方式。它与“认识”直接相关，但以非常内在的方式而存在，渗透在个体认识世界与自我、理性思考的全过程之中。第三个层面是个体的行为方式，这是一个综合性的方面，是对个体的生命实践活动的考察。人的行为方式，具体可以从行为活动的时间系列来考察，包括行为目标的确定、策略的选择、活动的展开、自觉的反思、更新性的重建，由此而形成个体的行为之环。在每一环节中，个体行为的自觉性、主动性、合理性就成为其内在的品质。在一定意义上说，确定合理的目标需要一种策划能力，策略的选择需要有鉴别、综合、选择能力，反思需要有发现问题、分析问题的能力，这些能力渗透在行为方式之中。个体成长更为内在的层面，是学生个体的人格发展，是通过人的全部活动而体现出的个体对人之生命属性的获得程度，特别是人对现实生活世界中的“自由与责任”、“自主与自律”、“超越与现实”等几对矛盾关系的处理，体现着个体的生命品性。而这类生命品性的形成，需要个体全部生活的滋养，而其一旦形成，又会对个体的生命情态、具体素养、行为方式等产生渗透性的影响，学生个体就在这种多层面、多维度的互动中不断发展。

（四）认识学生成长过程的复杂性

聚焦到儿童成长的具体过程，我们需要正视其复杂性，教育的力量正是在这一复杂过程中，有变为现实的可能，有成为关键性力量的可能。

首先，学生成长是在具体的历史、社会、文化条件下实现的，成长着的学生“全息”着历史与时代的相关信息。“生物存在是自我组织的存在，它们不断地自我产生，因此，消耗能量以维持它们的自主性。由于它们需要从它们的环境中汲取能量、信息和组织，它们的自主性与这种依赖性是不可分割的，因此必须把它们看为自我的—依靠环境的—组织性的存在。”① 学生的成长，就是在具体的世界中实现的，他不可能脱离开外部环境而成长，而且，其当前的存在状态包含着外部世界的相关信息，并在当前条件所提供的情境下，形成着个体的发展可能性。

其次，学生成长是在与外部世界的交往中实现的，既不是个体潜在因素的自然生长过程，也不是外部强制灌输的被动对象。在交往中，学生有选择地吸收着外部世界的多种信息，在观察、理解、参与、建设之中，形成个体的生命情态，积累经验，发展能力，形成思维方式。学生的成长，事实上离不开这个世界，因此，教师工作的价值也就产生于这种关系之中。学生的成长需要教师等成人的介入，儿童世界不能离开成人世界而存在；而重建新型的儿童世界与成人世界的关系，就成为值得追求的教育理想。

---

① ［法］埃德加·莫兰著，陈一壮译：《复杂性理论与教育问题》，北京大学出版社 2004 年版，第 181 页。

再次，学生个体的成长本身，尤其是其自主发展意识与自主发展能力的形成，是个体成长中关键性的力量。就其对个体成长的独特价值而言，有研究者指出，主动生存的方式与人所特有的发展、创造的需要联系在一起，与生命活力的激发和潜在可能的实现联系在一起，“以这样的态度去对待周围世界、对待自己的人生，人的生命过程就会积极，呈现出自主的色彩，个体会具有独特，会出现创造，不仅创造出新的事物、新的方法、新的技术、新的思路、新的作品、新的外部世界，而且会不断丰富自己的内在精神世界，创造新的生命历程。这正是未来社会所需要的新人的基本生存方式”①。

如果将其放在与外部世界交往的维度上看，外部世界是复杂的，而个体能否将外部各种性质、类型的影响转化为个体的健康成长，不仅取决于外部影响的质量，更内在地受到个体自主发展意识与自主发展能力的影响。个体成长得足够强健，也就更能应对、吸收外部世界的复杂性。“氧气杀死原始生物，直到生命把这种腐蚀剂用来作为解毒剂。”②

面对当代中国社会转型中出现的大量新问题，教育工作者不仅需要研究、呼吁、推动改变不良状态，而且更需要研究如何通过学校教育的力量，增强学生的选择、判断意识与能力，以增强学生的内生的力量而应对外部世界的复杂性。

第三节　以学生成长需要为导向的学校教育改革

在学校教育的视野下，学生当前的生存状态是学校教育的直接起点。把握社会发展的趋势，认识学生的发展可能、成长需要，通过教育活动促进学生的发展，就成为教育直接的使命。教育自诞生之日起，就一直承担着发展人、培养人的使命，相对于其他人类文化活动来说，教育以“育人”为根本特征，因此，我们需要进一步关注：如何建设一种能够促进学生成长的学校教育？

一、认识学生的成长需要

“需要”这一概念之于教育学，并不陌生。人的生理需要与社会需要，或者物质需要与精神需要乃是哲学和人类学的核心概念之一，对教育学研究有重要影响。在心理学和管理学领域，经过马斯洛等人的努力，人的需要理论开始以分层、立体、发展性的形象出现，这也给教育学带来一些新的意义。这些分类方式，都是从人的需要本身的层面、类别进行分类，“需要”与教育的关系在于：教育要按人的需要的发展逻辑，以自己的方式满足学生的成长需要。

---

① 叶澜：《把个体精神生命发展的主动权还给学生》，载郝克明主编：《面向 21 世纪我的教育观》（综合卷），广东教育出版社 1999 年版，第 334 页。

② ［法］埃德加·莫兰著，秦海鹰译：《方法：思想观念》，北京大学出版社 2002 年版，第 272 页。

成长需要指的是在人的生命成长过程中产生并与成长相关的需要。这一概念的独特在于以“成长”与“需要”的双重视野认识人的发展问题。

从需要的角度看成长，成长是每个生命体本真的需要，因而也是生命体不可剥夺的权利。每个人都需要成长，每个人都需要发展、壮大。这一需要，正是一个生命体的基本特征，是人之生命性的具体体现。在“生命”这一本体之上，任何人都没有任意剥夺他人成长的权利，除非他以反生命的角色出现。

从需要的角度看成长，成长又是每个生命体需要自觉意识与承担的责任。成长不只是机体自然对周边环境应答的结果，而是一个从多方面与社会交互作用、积极生成的过程，是不断形成成长自觉意识及其责任的过程。作为生命而存在的人，需要对自己的生命负责，需要以自己的在世生活证明自己的“活”，需要以自己的成长形成生命的尊严。在这个世界上，谁能为你的成长负责？谁需要为你的成长负责？唯有自己！这一责任，是任何人不能代替的。

从需要的角度看成长，成长是出自每个人生命本性的一种动力，而不是外界诱惑、压迫的产物。体悟一下我们自己的人生历程，每个人的人生不就是不断渴望发展、不断争取发展资源、不断形成自我并不断产生新的需要的过程吗？这一过程将伴随着我们终身，并与我们的生活形影不离。成长，乃是生命体最为独特的存在方式。从这一角度认识人，人的成长需要是个体极为内在和根本的一种需要。但人的成长需要可以是不断实现和提升、超越自我的过程，也可能因其缺乏自觉和消极自我的形成而停留在某一水平而不再有层次超越。正是这两种可能，使教育有了促进生命成长的“用武之地”和对于生命而言的神圣责任。因此，成长需要这一概念不同于把人定位在受教育者的层面，它进入到对人之生命本性、教育与生命之关系的探讨之中。也许正因为如此，具体的和不同的人之成长需要，同样可以被认识、被体悟，体现出人与人之间、历史与当下之间的相通性。

从成长的角度看需要，人的成长需要具有了整体综合性。这不是从具体分析类别的角度，而是从一个人的整体性发展的角度看，能认识到个体不同内容和类型的需要，始终从整体、综合、发展的角度认识人的需要，把人作为一个整体来看待，是具有自然、心理、社会和精神文化三个层面特质相互渗透、丰富而复杂的人，而不仅仅是一个认知体。因此，成长乃是一个整体的人的成长，是身处世界、置身于关系之中的人与世界关系的整体完善。

从成长的角度看需要，人的需要就具有了时间的终身性和空间的广域性。人的生命存在与“成长”同义，人只要还在活着，他就需要成长，需要完善自身，并以自己永不终结的努力彰显自己最为尊贵的成长本性。这一成长，体现为生命个体在时空维度上建立起合理的个体与世界的关系形态，因而使得生命在时空维度上得以更大程度地成长。所以，具体到对人之成长需要的认识，必然要认识、理解他所处的具体的时空环境，并在这一具体的时空之中寻找可能的发展空间。伴随着人之生命在时间和空间中的存在，这一成长需要就存在于人的生命全程和全部的生活领域之中。

从成长的角度看需要，他人与自我的关系、教育与个体的关系问题等综合性的关系就开始凸显。人的成长需要指向于成长，这一成长不仅意味着在具体的生活环境中的成长，因而需要以对周围生活世界的认识、体悟为前提和条件，而且意味着需要外界环境对于个体的影响。在此意义上，教师的存在本身、教育实践活动的特殊性，就体现为对人之成长需要的唤醒、滋养，这使得教师的工作、教育活动同时兼有了永恒的意义和当下的特殊性。

在“成长”、“需要”的双重视阈下，生命体呈现出活泼、永恒而富有生气的状态，召唤着每个人回归生命本体，体认自己的生命本性和当下的成长需要。回归到成长中来，每个人都需要认真地体悟自己当前的生存状态，都需要自问：我喜欢这种生活状态吗？我的生命成长需要什么？而且，需要反思、体悟的岂止是学校中的孩子们，教师与校长、年幼者与年长者，不论年龄、经历、职位、能力，作为一个人、一个生命体，只要我们还有生命，我们就需要发展，需要成长；唯有对成长需要的自觉与追求，才真正彰显着我们作为人之生命体而具有的独特性。

对人之成长需要的认识，是对教育和教育学的生命基础研究的具体化。在此之前，已经有许多教育学者关注到教育与个体成长的关系问题，例如许多教育学类教材与专著都会涉及人的发展特征与教育等问题。西方也有学者曾指出：“教育学就是迷恋他人成长的学问”，“教育学所关心的是孩子的自身及其发展”①。在教育实践改革领域，曾有实验在学校管理改革领域不断强调要依据学生发展需要综合整体设计学校年历；在课堂教学改革领域关注对学科育人价值的认识和对学生发展状态的分析，并且在教学设计中要求教师对学生发展状态进行分析；在班级建设领域明确提出要关注和研究学生的成长需要，提出了对九年义务教育阶段学生的成长需要和相应教育系列的研究任务，并作了一定的前期准备。②

在当代中国教育理论和实践发展的背景下，认识学生的成长需要，成为一个基本的理论问题和必须面对的一个实践问题。

二、不同阶段学生的成长需要及其对学校教育改革的启示

对儿童发展阶段的认识，乃是对儿童发展独特性认识的具体呈现。这一认识方式，有的是基于自觉的体验或经验，如亚里士多德的分阶段方式，将儿童出生到 7 岁视为儿童“植物灵魂”发展的时期，儿童的发展需要主要体现在营养、肌体发育等方面，主要的教育工作在于儿童体格的教育；7～14 岁是儿童“动物灵魂”发展的时期，儿童的发展主要体现为各种本能、情感、欲望的发展，相应地需要进行情感教育；14～21 岁属于儿童“理性灵魂”发

① ［加］马克斯·范梅南著，李树英译：《教学机智——教育智慧的意蕴》，教育科学出版社 2001 年版，第 18、46 页。

② 可参阅叶澜主编：《“新基础教育”发展性研究报告集》，中国轻工业出版社 2004 年版。

展的时期，儿童的发展主要表现为思维、理解、判断能力的发展，相应地需要突出智育的重要性。这样的思想有着个体猜测的成分，但毕竟意味着对儿童教育的特殊性和阶段性有了专门的关注与思考。近代以来的部分教育家，如蒙台梭利开创了对学前儿童发展多方面的细致研究。当前我国在生理学、心理学等学科研究中，也有着比较丰富的对儿童身体发展阶段差异的研究，对儿童认知、情感、个性与社会性发展的阶段性研究。①

不同角度的研究，都为认识儿童发展的具体特殊性提供了多方面的启发。但是，对于学校教师而言，当前不仅需要借鉴、吸收不同学科对学生发展问题的研究成果，更需要关注教师在日常教育实践中对学生的研究。

首先，学生是具体的，每个地区、每所学校、每个班级、每个学生，都具有其不可替代的独特性，为此，难以将他人的研究成果不加分析地引进或简单演绎为自己教育活动的依据，而是需要教师形成对直接面对着的学生的研究。

其次，教师对学生发展问题的关注，需要并且可以是综合性的。我们需要关注其认知的发展，关注其情感的发展，关注其人格的形成，关注其心理的健康，而且，我们更需要关注这些综合素养的形成、不同素养之间的互动关系。因此，这一研究就具有教育学的独特气息：直面学生而进行的综合研究。

再次，这一研究需要在个体研究、群体研究、类研究的综合互动中形成。在当前的教育实践中，教师对某个学生的认识会非常突出，尤其表现在大量的个别研究的个案中。同时，对相关学科所形成的对一类学生或者是某一发展阶段学生的发展问题的认识，也有着比较强的兴趣。而对于一个班级、一所学校、一个地区的学生研究，则缺乏研究意识和相关研究行为。这反映出教师对学生发展问题研究的独特空间的存在还未有清晰的认识。教师需要并且可能在对学生的个体研究、群体研究、类研究的沟通、对话中，丰富对学生的认识，形成教师教育实践的坚实的学生研究基础。

作为一个具体的个人，儿童的发展在多方面的关系维度上存在，受到多方面关系的影响，通过实践活动而与各种环境互动生成。在这个过程中，生理的成熟、社会性的发展是综合的，个体发展的综合关系域是不断变化的，各种身心发展因素都会对儿童发展产生影响。这里，我们试图以整体综合的方式，在儿童发展所处的关系域（包含儿童与成人世界的关系、儿童与核心实践活动的关系、儿童身心发展与自我意识发展的关系等）中认识儿童的阶段发展特征，突出儿童发展的具体性、整体性。在对个体具体发展阶段的认识上，我们依据个体生理的变化、社会成熟性、社会角色的转换以及与教育制度的相关性，将人生分为婴儿期、幼儿期、儿童期、少年期、青年期、成年期、老年期等七个时期。以下我们主要结合学生的不同学习阶段，探讨与基础教育最为密切的童年期、少年期和青年初期

① 参阅林崇德主编的“儿童青少年心理学丛书”，尤其是《小学生心理学》、《初中生心理学》、《高中生心理学》三本，浙江教育出版社 1993 年版；并可参阅沈德立主编的“儿童心理与行为研究书系”，尤其是其中的《社会性发展心理学》和《道德发展心理学》等著作，安徽教育出版社 2004 年版。

的学生成长需要问题。其中，小学阶段的学生处于儿童期，初中阶段的学生处于少年期，高中阶段的学生处于青年初期。

（一）小学阶段学生的成长需要

学龄初期的孩子，带着对世界的初步认识来到小学，带着对小学生活的好奇、向往，带着幼儿阶段所形成的初步兴趣、爱好和基础，以不完全相同的发展水平和状态进入小学。尤其是生活在教育比较发达地区的儿童，已经接受过比较系统的幼儿教育，因而在学习的基础能力方面已经比较好。这就首先给小学低年级的教师提出要求：如何在尊重儿童已经拥有的发展基础，在了解、认识儿童独特性的基础上，开展教育工作。在这一阶段，将儿童视为一张白纸而全然不顾儿童已经“会”了的知识与能力，或者不顾儿童已经呈现出来的发展水平差异而“齐步走”的做法，往往会造成巨大的教育浪费。而且，在这一转换阶段，如何创设既有新的教育要求，同时又充满激励氛围的教育生活，如何使儿童在喜欢新的学习环境的前提下，进而适应新环境、在新环境中获得新的发展，是非常值得关注和研究的问题。儿童对新的小学生活是充满向往的，有着学习的内在动力，但也相当不稳定，需要保护它，需要发展它。而且，随着当前儿童基础发展状态不平衡的加剧，重建小学低年级儿童发展教育的问题，可能还会进一步凸显。

进入小学之后，随着儿童生活中出现的诸多新关系、新活动，儿童开始能够感受到家长对自己学业的期望和道德发展方面的要求，开始接触到一个重要的关系人——教师，并且在班级和学校生活中感受到规则、氛围的存在，其核心实践活动也由游戏转换为学习。学校生活带给儿童新的生存环境，身处其中，受到来自班级同学、各科任教师、学校组织与领导等不同方面的人的影响，并通过学习活动，与历史、世界产生身心两方面的沟通。从生命全程的角度看，这是一段初步、自觉地认识、接触历史与现实的过程，是儿童在精神、情感、认知多方面初步丰富、发展的过程，也是初步形成生命意识与主动的生存方式的奠基时期。

处于这一发展阶段的儿童，身体的发育相对平缓，在智力、情感、意志等方面的发展处于快速积累时期。而且，从儿童所处的综合关系来看，家长对儿童的期望值比较稳定，同伴关系也比较平稳，小学教师与儿童的关系比较亲近。相对于幼儿园来说，学习性的要求是一个凸显性的要求，但是学习任务的丰富性是能够吸引儿童的，学习的难度相对不大。在这一背景下，如果没有特殊事件影响，我们能够看到儿童在学校生活中平稳、迅速地发展。

这一阶段的儿童，有着强烈的求知欲，通过识字、阅读能力的发展，通过系统地学习，不断接触丰富的文化知识，继而不断丰富着自己幼小生命的内涵。在这个过程中，儿童良好的学习习惯，需要在小学低年级就加强培养，儿童学习的方法，尤其是质疑、探究、复习、整理等学习能力，不仅对于学习文化知识是重要的，也会对儿童思维的发展和未来的终身发展产生积极的效应。在小学阶段，儿童的思维处于从具体形象思维向初步抽象综合思维发展的阶段，非常需要提升儿童思维发展的层次，增强思维的清晰性、合理性，这就对语文教学、数学教学等学科教学提出发展学生思维的新任务，需要我们重新研究如何通过学科教学促进儿童的思维发展。

随着学习要求的不断提高，儿童学习的积极性尤其是自信心方面，可能会在三四年级的时候出现一个波折期，这段时间尤其需要教师加强指导，通过帮助儿童提高能力，形成高质量的学习方法和学习心态，适应学习要求的提高，从而整体提高学习质量。到了小学高年级，促进儿童对学习的自觉性、学习内容的扩展、深度的加强、方法的自觉和对知识的初步系统化，并使其成为儿童发展的内在需要，显得十分重要，各学科对儿童思维、精神世界发展的价值更为突出。

小学阶段的儿童活泼、天真，具有比较明显的交往积极性，但是，他们的交往能力、意志水平并不高，这恰恰是小学阶段教育的起点和基础。从小学低年级开始，教师就需要针对儿童交往的特点，引导儿童热情、有礼貌地与他人交往，发展交往过程中的倾听、表达、欣赏、组织管理的意识和能力。随着年级的升高，儿童逐步形成初步的朋友意识、性别意识，友谊、交往等开始成为小学高年级儿童重要的生活内容。这一需要不仅需要学科教师关注，也需要班主任通过班级建设工作加以培养。伴随着儿童交往世界的扩大，他们的交往圈也由原来的家庭、学校中的班级，不断扩展到全学校和社区，交往的内容不断丰富，吸收性的学习转向才华的展现、相互的沟通和校内外公共事务的参与。这一走向随着年龄的增长会越来越明显，儿童交往的积极性和需要非常值得家长和教师关注。此时就需要教师创设良好的交往环境，针对儿童特点，不断提出相应的发展要求。

小学阶段对于儿童的生命全程来说，是一个重要的基础，以后学习所需要的基本知识、各种学习能力、交往能力、意志发展基础、自信心与自我教育的初步意识与能力，都需要在小学阶段得到全面关注和培养。小学阶段还是一生中难以忘记的彩色的季节，需要有丰富多彩的学校生活，让这段生活充满童趣、童真，充满值得回忆的快乐与发展。因此，小学阶段需要在丰富的活动中拓展儿童的生活空间，在积极的参与中感受自我的发展，在主动的实践中初步唤醒儿童主动发展的意识，培养其主动发展的能力。

小学生的发展，需要有爱心的教师的关怀，需要有智慧的教师的指导，需要丰富多彩的学校生活的滋养。在一定意义上说，小学教师是帮助儿童、为其生命全程的发展和生命质量的提高形成底色和背景的人，是直接促进这一阶段儿童发展的人。热爱儿童、富有智慧的教师会在这一实践中获得自身生命成长的灵气。

（二）初中阶段学生的成长需要

当儿童带着全部小学生活的积淀进入初中时，总是对这段新生活充满着期望。因此，初中阶段开始年级的教育，就具有“定调”的价值，帮助学生积极地认识新的学习环境和学习生活的新要求，积极参与对新的自我的建设，并且积极投入多方面的学习之中。在此，关注原先在小学阶段发展相对迟缓或有缺陷的学生就显得特别重要，因为一个新的阶段和环境会燃起他们重新开始的愿望。

初中阶段学生发展的相关研究正在丰富化，有学者针对初中生心理学问题，指出初中阶段学生身心发展的特殊性表现为“身心发展的整体加速”、“青春期萌动”、“初中生需要一个同成人能平等交流情感的空间和时间”、“在身心加速发展中，情感和意志表现出相对的脆弱性”等。① 如果从综合的关系维度来看，由于生理成熟所直接带来的各种关系维度构成与性质的变化，成为初中生成长重要的生态环境。

从生理发展来看，突出的发展特征是青春期的到来，这是初中生生理机能的初步发育成熟、生理特征发生重大变化的时期，也是心理发展与生理发展不同步、因而会带来诸多发展需要的时期。从教育的角度思考，青春期的“叛逆”恰恰是人之生命成长需要的一种呈现方式。对于教育来说，这一阶段最核心的任务在于自我意识的唤醒，对于自身的生理变化形成积极的自我认识，对于自我的人格特征、人生理想形成初步的认识与积极向上的追求，这是初中生健康人格和心理养成的重要阶段。在教育中，对学生成长的教育，不能仅仅局限在生理卫生层面的教育，而且需要将生理、心理和精神层面的教育综合起来考虑。即使从身体发育的角度看，体育、艺术等学科的教育工作，也非常值得重视。

从与成人世界交往的角度看，这一阶段的学生与家长的矛盾冲突会非常明显，他们急于摆脱家长的控制，急于表现自己的存在和独立的思想与行为；相对来说，家长对他们的长大及其独立意识形成的准备，可能更为不足。因此，家长的话语方式与行为方式，就常常成为初中生反抗的对象。在学校内，与教师的交往，也不同于小学阶段亲密的关系，初中生呈现出对教师权威的“蔑视”、对同伴群体的倚重、对自己个性化表达方式的追求。在人的成长中，这些矛盾所反映出的是学生强烈的企图“成人”意识，他们在生理上逐渐成熟，而且在心理上自认为已经长大，尽管事实上还有相当大的发展空间和发展历程。因此，这一阶段学生与成人世界的交往问题，便彰显出新的发展需要：不仅他们需要学会与成人交往，成人也需要调整与他们的交往方式，尤其是初中教师需要尊重他们的意见，需要更多地倾听和欣赏他们，平等地与他们交流、讨论。对此，初中教育不能仅仅停留在说教、树立榜样，不能仅仅停留在对父母不合理行为与观念的批判与校正上，或者提倡数量繁多的“为父母做一件事”、“为老师做一件事”等点状的行为上，而需要将教育重点放在如何形成学生良好的交往意识、提升其交往能力上，培养学生与成人交往中的倾听能力、沟通能力等，以高质量地促进相互之间的沟通、理解与相互悦纳、相互支持。

在与各类实践活动的关系维度上，学习依然是核心任务，而且，相对于小学阶段来说，初中生对学科的敏感性极大地提高，对学科的兴趣开始呈现出稳定与深化的倾向，其体验水平与思维能力、思维品质也有可能获得较大的提升。此时，各学科独特的教育价值就更需要关注，无论是语文、数学、外语还是音乐、美术、体育等，对初中阶段学生的内在吸引力开始增强，学科的独特魅力更应清晰地呈现出来。因此，初中教师需要更加自觉地思考以下问题：如何通过学科教学，不断丰富学生的精神世界，不断促进学生思维水平的发展，促进学生精神境界的提升。

---

① 参阅黄煜锋、雷雳著：《初中生心理学》，浙江教育出版社 1993 年版。

初中生的视野已经能够关注到周围社区、国家的发展，已经有历史和国际的视野，而且他们有关注外部世界、积极参与周围世界变革的强烈愿望，正在发展中的正义感、社会责任感，也会使他们对社会中的丑恶现象、不合理现象给以较多的关注。与此同时，他们也可能被外部的世界所吸引而迷失自我，当前大量出现的未成年人沉湎于网吧、参与不良社会活动乃至走向违法犯罪道路，也都是这一状态的一种呈现。所以在这一阶段，非常需要通过学校教育，促进学生积极、理性地参与班级、学校和社区的事务，促进学生将自己的心灵向广阔的文化世界和现实世界开放。

从个体意识的角度看，生理的巨大变化对于学生产生重要的心理影响，不仅仅会有适应生理变化的需要而出现的行为、习惯的调整，还有悦纳自我的新任务。在这一阶段，"我"的意识进一步强化，学生急于表达"我"的存在、"我"的长大，乐于以"大人"的角色行事，因此往往表现出个体的特立独行，但又没有摆脱稚气与缺乏理性的特征。因此，这一阶段的教育，需要借其发展之势，推动学生形成积极的自我意识，包括性别意识、独立意识、发展意识、理性意识等。

这一阶段的学生处于一个快速发展的时期，也是一个多事之期。对于教师来说，研究这一阶段学生的成长需要，通过教师创造性的努力促进学生发展，将对学生终身的发展产生影响。有学者认为："在人的一生中，中学时代是最重要的，其重要性往往被估计得不够……我把中学时代称作人生中一个发现的时代。发现了什么？因为求知欲的觉醒，发现了一个书的世界。因为性的觉醒，发现了一个异性世界。因为自我意识的觉醒，发现了自我也发现了死亡。总之，所发现的是人生画面上最重要的几笔。质言之，可以说就是发现了人生。千万不要看轻中学生，哪怕他好似无忧无虑、愣头愣脑，在他的内部却发生着多么巨大多么细致的事件。"① 尽管这只是一个个案，却可以促使教师思考：我们对初中生的发展已经产生或者需要产生怎样的独特影响？

（三）高中阶段学生的成长需要

进入到高中阶段后，学生生理上的快速成熟已经缓和下来，经过初中阶段的选择，已经对自己未来的发展产生初步的目标设计，这一切使得学生在高中阶段的发展显得平稳。在这一发展时期中，充满着青春的气息。有学者指出："高中阶段为青年初期，这是个体各方面处于成熟的时期，他们的生理与心理、情感与思想、交往与理想，都随着青春年华的每一根血管的膨胀，每一块肌肉的强健，每一节骨骼的增长而发生着深刻的变化。他们每分每秒都会呈现出一个一个崭新的进步。""他们生理在成熟、心理在成熟、情感也在成熟。高中阶段是人们愿意建立个人友谊的鼎盛时期。16 岁的花季，是友谊的花季、奋进的花季，也是步入人生、为未来大有作为作准备的花季。"②

---

① 周国平：《发现的时代》，载季羡林等著：《我的中学时代》，福建教育出版社 1999 年版，第 199 页。

② 朱小蔓：《探索追求人生价值的高中生》，http://blog.cersp.com/17846/39037.aspx。

花季中的高中生，所处的关系域在发生综合转换，各种社会信息和世界图景开始更多地进入学生的视野，学科的压力与魅力同时呈现出来。家长与教师的期望值相对于初中阶段来说，有相当大的提高，同学之间的关系尤其是异性之间的关系开始变得敏感，对友谊的体验和向往变得突出。在经历高一、高二的丰富与开放之后，到高三阶段，高考或者就业准备成为举足轻重之事。总之，高中生的发展是一个质的提升期，是一个生理与心理的成熟获得新的综合的时期，并面临着生存方式质量的新的提升。

从智力发展水平上看，高中生的逻辑思维能力已经得到比较快速的发展，开始关注独立观点的形成和独立思考习惯的形成，尽管观点本身的合理性和思维方式的多向性、变通性还需要提升。高中学生的视野已经相当开阔，对现实生活世界的关注度在提高，历史、文化等多学科的滋养，又逐步形成他们丰富的内心世界。他们思维的深度有了明显的提升，敏感性进一步增强，欣赏独立个性与独立见解，努力形成着自己的独特性与丰富性。

高中生对学科所展现的独特精神文化世界已经有很高的敏感性和感受力，有的学生已经开始形成比较稳定的学科兴趣。学科知识的丰富与学科实践的体验，尤其是学科教师的独特魅力，会对高中生的学习与职业定向产生直接的影响。有学者在回忆中说："我的数理基础是在那时奠定的；献身于科学的志趣，也是来自中学里教数学、物理、化学的老师。中学老师，尤其是高中里的老师，常常对学生的一生有决定性的影响。我也是其中的一个。"① 在这一阶段，大范围而且有一定深度的学习，一方面在极大地扩展学生的视野，另一方面也会对部分学生的学习能力提出相当艰巨的挑战，可能会有一部分学生难以适应某些学科的学习。这一过程又可能通过高中阶段的文理选修而成为学生必须面对的一次选择，促使学生认真地认识自我、规划自我。有比较清晰的自我意识的学生，有可能在这一阶段获得学科学习方面的极大发展。这一阶段所形成的兴趣和打下的学科基础，很可能会成为他们未来一生的发展方向。因此，这一阶段学科及其教师的影响，往往是直接的和终身性的。

高中生的成人意识进一步发展，开始形成比较稳定的价值观，并且在责任意识上有着较大的发展空间，尤其是与父母关系的形态，基本走出青春期的叛逆，开始走向内涵的深沉。在与异性同学的关系维度上，高中生对异性同学的关注也有强化的倾向，这一方面呈现为友谊的价值得到非常强烈的珍视；另一方面，朦朦胧胧的异性之间的好感也在形成，对于部分学业压力很大的学生来说，这很可能成为心理能量转移的一个方向，从而形成早恋等问题。在当前各种社会因素的影响下，这一问题有着严重化的倾向。

在这种社会性发展方面，高中生基本形成的价值观和日益形成的独立思考的能力，使得高中生对各种生活中的丑恶、不合理现象有着强烈的反应，教师某些不合理的行为、同学间某些摩擦、社会中某些不良风气，很可能会在高中生身上产生激烈的反应，因此非常

---

① 何祚庥：《我的中学生活》，载季羡林等著：《我的中学时代》，福建教育出版社 1999 年版，第 67～68 页。

需要学校教育者谨慎地对待高中生，洁身自好，以身作则。

与此同时，强大的学习压力也有可能挤压掉学生大量的休息、活动的时间。尽管迎接挑战、获得成功的积极性和自觉性是终身的财富，但是，学生积极的交往方式的发展、积极的自我规划、积极安排自己生活时间和空间的能力，迫切需要在这一阶段得到发展。而当前高中教育阶段，学校、教师、家长为学生高考所作的安排，会挤压掉学生绝大部分的时间，学生在形成自主安排时间和空间能力的发展上缺乏最基本的条件。①

在这一比较紧张的、为未来而努力的状态下，学生情感的发展需要更为迫切，事实上也更容易被忽视。他们非常需要家长和教师的关怀、鼓励和尊重，非常需要在紧张的学习生活中与人交流。而且，越是临近高三，如何认识自我、如何规划自我发展的需要就更为突出。无论从对高考信息的获得与判断，还是最终的选择，都对学生的选择能力、信息能力、自我意识的清晰度提出极高的挑战。现实生活中，我们往往会在学生考上大学后感受到高中阶段相应教育的缺失，而事实上，高中阶段正是促进学生相应能力和素养发展的重要时期。

以下是我们所作的上海市高三学生成长需要调查研究中的部分信息（参见表3-3、表3-4）。②

表3-3　上海市高三学生问卷调查中“考大学的目的”回答结果分析

A	找一个好工作	66.7%
B	提高自己的综合素质	18.2%
C	完成父母的心愿	5.2%
D	没有想过这个问题，别人上我也上	5.4%
E	其他	4.6%

表3-4　上海市高三学生问卷调查中“当前的准备状态”回答结果分析

A	关注考试成绩，但对于考什么大学、专业还不明确	44.5%
B	明确了报考大学，但未明确报考的专业	21.1%
C	明确了报考专业，但未明确报考的大学	9.7%
D	明确了报考大学和专业，但未考虑进一步的发展目标	12.0%
E	不仅明确了报考大学、专业，更清楚自己未来的人生目标	9.7%
F	其他	3.0%

---

① 一则新闻报道披露了当前部分高中教育的办学方式：“封闭式管理是这种学校一切应试训练的基础……除此之外就是最大限度地占用学生的时间。记者了解到，这些学校有的是三个星期放一次假，有的是一个月放一次假，有的是不定时放假，每次放假时间多为一天半到两天半，每年最重要的假期就是春节，学生可以休息一个星期左右。平时除了吃饭和睡觉的时间以外，学生基本都在上课，一天的课程通常从早上7时到晚上11时左右……一名学生抱怨：‘我们一天的时间很有限，现在学校把我们大部分时间都给占了，我们根本没有时间和精力想别的事。我们的身份很单纯——就是学习的学生。’”参见《家长追捧“县一中模式”》，载《中国青年报》2005年2月18日。

② 本研究由李家成、陈彦、邓睿等合作开展，于2005年12月下旬至2006年2月下旬对上海市不同类型的21所高中发放5 250份问卷，回收4 555份，其中有效问卷4 170份。

上述材料所反映出的高三学生在人生价值意识、个人发展意识、具体目标选择等方面的具体状态，为我们进一步思考高中学生发展问题提供了新的资源。因此，高中教育中如何认识学生的成长需要，如何形成高中学生的生命全程意识，如何促进他们的健康成长，依然有许多的课题留给我们。

思考题

1. 以你所在学校或任教班级为例，分析学校或者班级学生的生存状态及其成长问题。

2. 以两个具体的案例说明你的学生观和你同事的学生观，分析不同学生观的差异，并作出你的评价。

3. 就你所在学校或班级提出如何构建能够促进学生生命成长的学校教育生活形态。

主要参考文献

1. 华中师范学院教育科学研究所编：《陶行知全集》，湖南教育出版社 1985 年版。
2. 北京市教育科学研究所编：《陈鹤琴全集》，江苏教育出版社 1991 年版。
3. 瞿葆奎主编，雷尧珠、王佩雄选编：《教育学文集·教育与人的发展》，人民教育出版社 1989 年版。
4. 鲁洁著：《道德教育的当代论域》，人民出版社 2005 年版。
5. 叶澜主编：《“新基础教育”探索性研究报告集》，上海三联书店 1999 年版。
6. 叶澜主编：《“新基础教育”发展性研究报告集》，中国轻工业出版社 2004 年版。
7. 朱小蔓著：《教育的问题与挑战》，南京师范大学出版社 2000 年版。
8. 朱小蔓主编：《道德教育论丛》，南京师范大学出版社 2000～2002 年版。
9. 李晓文著：《学生自我发展之心理学探究》，教育科学出版社 2001 年版。
10. 邹进著：《现代德国文化教育学》，山西教育出版社 1992 年版。
11. 刘晓东著：《儿童教育新论》，江苏教育出版社 1998 年版。
12. 黄书光、王伦信、袁文辉著：《中国基础教育改革的文化使命》，教育科学出版社 2001 年版。
13. 李家成主编：《成长需要：在高三与大一之间》（第一卷），天津教育出版社 2006 年版。
14. 张文新著：《儿童社会性发展》，北京师范大学出版社 1999 年版。
15. 黄希庭、郑涌等著：《个性品质的形成：理论与探索》，新华出版社 2004 年版。
16. 詹栋梁著：《儿童哲学》，广东教育出版社 2005 年版。
17. ［法］卢梭著，李平沤译：《爱弥儿》，人民教育出版社 1985 年版。

18. ［意大利］蒙台梭利著，马荣根译：《童年的秘密》，人民教育出版社 1990 年版。
19. ［美］杜威著，傅统先、邱椿译：《人的问题》，上海人民出版社 1965 年版。
20. ［美］杜威著，王承绪译：《民主主义与教育》，人民教育出版社 1990 年版。
21. 联合国教科文组织国际教育发展委员会编著，华东师范大学比较教育研究所译：《学会生存——教育世界的今天和明天》，教育科学出版社 1996 年版。
22. ［德］博尔诺夫著，李其龙等译：《教育人类学》，华东师范大学出版社 1999 年版。
23. ［苏］阿莫纳什维利著，朱佩荣译：《孩子们，你们好！》、《孩子们，你们生活得怎样？》、《孩子们，祝你们一路平安！》，教育科学出版社 2002 年版。
24. ［美］波伊尔著，王晓平等译：《基础学校：一个学习化的社区大家庭》，人民教育出版社 1998 年版。
25. ［德］布伯著，陈维纲译：《我与你》，生活·读书·新知三联书店 1986 年版。
26. ［美］弗罗姆著，万俊人译：《自为的人》，国际文化出版公司 1988 年版。
27. ［奥］弗兰克著，赵可式等译：《活出意义来》，生活·读书·新知三联书店 1991 年版。
28. ［苏］科恩著，佟景韩等译：《自我论》，生活·读书·新知三联书店 1986 年版。
29. ［美］埃尔德著，田禾、马春华译：《大萧条的孩子们》，译林出版社 2002 年版。
30. ［美］埃里克森著，孙名之译：《同一性：青少年与危机》，浙江教育出版社 1998 年版。
31. ［法］埃德加·莫兰著，陈一壮译：《迷失的范式：人性研究》，北京大学出版社 1999 年版。
32. ［法］埃德加·莫兰著，陈一壮译：《复杂性理论与教育问题》，北京大学出版社 2004 年版。
33. ［美］特林·芬瑟著，吴蓓译：《学校是一段旅程》，人民文学出版社 2006 年版。
34. ［加］居伊·勒弗朗索瓦著，王全志等译：《孩子们：儿童心理发展》，北京大学出版社 2004 年版。

第四章　学校教育价值取向与培养目标重建

教育的存在与变革，充满着对教育价值的认识、判断与选择问题，而教育价值取向的具体确定及培养目标的具体拟定，直接影响着教育实践的开展。因此，在教育实践中，尤其是在教育变革时期，首先进行且必不可少的是对教育价值取向与培养目标的反思和重建。本章首先分析当前学校教育实践中存在着的价值取向与培养目标问题，进而从教育变革的立场出发，探讨学校的教育价值取向更新与培养目标重建问题。

在本章中，学校教育价值取向是指学校教育工作者对学校教育价值的自觉选择；学校培养目标是指学校教育工作者基于明确的价值取向，在宏观教育方针、教育目的和培养目标指导下，自主确定自己学校所要培养的学生的目标类型，以直接指导学校办学和教师教育实践活动。

第一节　学校教育实践中的价值取向与培养目标透析

价值取向与培养目标问题看似抽象、宏观，其实它渗透在学校教育实践之中，无时不在，无处不在。明确意识到这一点，是教师对教育工作中的价值取向与培养目标走向自觉的开始。

一、学校教育实践中渗透着价值取向与培养目标

在日常教育工作中，不论是否清晰地意识到，教师总是在做各种各样的选择，在自己的教育观念、思维方式与价值取向指导下，开展着各种教育实践行为。

从日常的教学工作来看，教师对教材内容育人价值的选择，对教学过程的设计，课堂教学中对待学生的方式等，都包含着教师的价值取向，都暗含着教师对培养怎样的人的认识。例如以下案例中，一位初三教师针对学生的具体学习状态，从单元整体的角度，设计了一堂语文课。经过校内研讨，第三稿的目标制定确定如下（参见表 4-1）。①

① 材料来自“新基础教育网”，http://mhxjc.mhedu.sh.cn。

表 4-1　一位初三教师的教学设计（部分）

教学目标	教学内容分析	学生实际分析
1. 进一步让学生体会杂文的特点，激发阅读杂文的兴趣。 2. 初步培养学生能用杂文的方法来观察、思考身边的生活，并表达出来。	初三第二单元是杂文单元，杂文一直被喻为“匕首”、“投枪”，后又有“时代最强音”、“哲理之舟”等美誉，它以强烈的时代性、深刻的哲理性、浓厚的趣味性和犀利的战斗力，紧贴社会现实生活，深入拓展思想新领域，深受读者青睐，具有强大的生命力。但本单元的杂文如《论雷峰塔的倒掉》、《事事关心》、《谈骨气》等，因为写作年代较早，对学生来说有一定难度，杂文原有的强烈的时代性、紧贴社会现实生活、深入拓展思想新领域这些特点就体现得不够明确。希望通过本单元的学习，让学生明确杂文其实离我们并不远，而且是一种很好的思想、情感表达方式。培养学生善于观察、思考身边的生活，能透过一些事物的表象发现一些本质的东西，并以杂文的形式表达自己的思想和情感。	希望通过对本单元的学习，学生能够掌握一些杂文的基本知识，初步培养阅读杂文的能力。但是，教完课文后感觉没能激发起学生阅读杂文的兴趣，学生对杂文的感受还只是停留在语文书上的几篇文章上。另外，通过平时的谈话与写作，我发现学生大多都缺乏对身边生活的观察和思考，更缺乏表达自己感受的能力及愿望。希望通过本单元的学习，培养学生善于观察、思考身边的生活，能透过一些事物的表象发现一些本质的东西。

面对这份材料，我们可以思考：教材的内容已经“教”完了，教师为什么要进行新的设计？新的设计的目标追求是什么？这位教师在追求怎样的教育价值？当如此追问时，我们就能感受到：这位教师不是把“教”完知识作为自己的追求，而是把学生的真实需要与发展作为追求的目的。而这样的情境和类似的教师行为，应该是当前许多教师所熟悉的。

类似地，从日常的班主任工作和学校德育管理者的角度来看，为什么要开展班级建设？需要建设怎样的班级？如何设计、开展学校的德育活动和日常管理？这些思想及其行为中都或明显、或隐蔽地包含着价值取向与培养目标的内容。请看以下案例。

表 4-2　两种学生生活状态的比较

“我根本没有体会到成长的乐趣，每天几乎除了睡觉，我都在学校里呆着，几乎过着与世隔绝的生活”，张昭说，“我上次跟我的一个好朋友通电话，说到鲁迅笔下的少年闰土‘心中有无数的新鲜事’，可想到自己的处境，我突然觉得，自己看到的，也是‘四角的天空’。”①	提倡班级的一切事务都听学生的，鼓励学生在参与中实施“责任行为”。在班级里，班旗、班徽、班规都由学生设计和确定，具体事务也由学生自己处理；班内重大问题，像评选先进等，都必须采用民主的方式解决。教师的意见只作参考。只要不违反法律法规，教师和学校都无权否定学生的决议。②

① 田文生：《让学校声名鹊起，让流失的学生“慕名回归”，也让学生们失却了本应绚丽多彩的青春——封闭管理风行，好成绩是关出来的?》，载《中国青年报》2005 年 10 月 11 日。

② 李帆：《十年磨一剑——天津市蓟县一中坚持实施素质教育纪实》，载《人民教育》2005 年第 17 期。

两种差异度极大的学生生活方式、学校德育管理方式，为我们提供了思考的资源：两所学校追求的价值有着怎样的差异？

从一所所学校整体改革来看，学校为什么要改革？要向何种方向发展？面对各种各样的科研项目、上级要求，校长如何判断、选择？如何具体策划自己学校的发展？从不同学段学校教育的改革走向来看，小学教育、初中教育、高中教育的独特价值是什么？需要培养怎样的学生？应如何实现不同年段教育的独特价值？这些问题，无不包含着价值取向和培养目标问题。以高中教育为例，2004 年末，中国教育学会高中教育专业委员会举办了“基础教育改革”座谈会，部分专家和全国二十余位知名重点中学的校长参加了座谈会。有高中校长及研究人员明确指出：“我国的教育方针是正确的，但是中小学教育实践中，起主导作用的是升学考试，是考试在指挥教育；学校因此沦为追求考分、培养考试机器的机器”，因此，当前我国基础教育阶段学校的教育重心是偏离的。① 同样有研究者指出：“目前，中国高中存在两种主要的教育价值取向，即高考主义和素质主义。现实的局面是，高考主义实际取向的力量强大，造就了一个考试型的学校时代，形成高中教育的矛盾性格。而素质主义理想取向依赖着时代的支持，正在成长，它必将成为引导高中解决矛盾的主要出路。”② 当代中国高中教育改革研究尽管已经相对丰富，但不可否认的是：需要在认识、反思的基础上，重建一种新型的高中教育价值取向与培养目标。

从区域性的教育变革乃至于一个国家的教育系统改革与发展来看，提出、推进着的各种教育改革，同样内含着国家教育决策者对教育价值取向的判断与取舍，并通过政策、管理而真实地推进着教育改革。因此，仔细地解读区县、省市、国家的教育政策，都会从中感受到教育价值取向的存在。

学校教育中的价值取向和培养目标，学生是能体验和认识到的，以下就是一位大学生对其高中生活回忆的片段。

> “IACE”是每个 S 中学人都耳熟能详的口号，用中文来讲就是“独立”（Independence）、“能干”（Ability）、“关爱”（Caring）、“优雅”（Elegance），它也是 S 中学所力求培养的新时代女性的标准。可以清晰地看出，“独立”在我们学校育人上的地位之重。由于长期以来，女性在某种程度上更多地被视为一种具有依赖秉性的生命体，因此无论我们本身是否承认这一点，整个社会的大环境造成了一种无意识的妥协，使得女性在很多事情的处理上显得不够果断。而 S 中学身为一所纯女子中学，并没有放任我们的依赖性，而是鼓励我们更大胆地去想、去做。由于“先天”

① 中国教育学会高中教育专业委员会“基础教育改革”座谈会秘书处：《忧思与探寻——中国教育学会高中教育专业委员会“基础教育改革”座谈会纪要》，载《中小学管理》2005 年第 3 期。

② 张东娇：《两种主要价值取向下中国高中教育双重性格的分析》，载《教育理论与实践》2004 年第 6 期。

的因素，学校里没有男生，所有的事务都必须由我们自己来处理，不可能像过去一样，搬重的实验器材就找男生帮忙，一些过去常会被老师指派给男生做的工作现在全都得由我们自己来做，而以前因为女生的矜持怯于参加的大型球类活动也不断地走入了我们的学习生活，使得我们实实在在体会了许多在“混中”（我们学校称呼一般男女共校的学校为“混中”）可能被“剥夺”的权利。①

每天生活在教育中的教师，也是能够感悟到教育价值取向和目标的具体性的，并在自己的学生发展上，看到其独特的效应。校长在学校变革中，也完全可能带领教师在学校教育中形成、实现有意义的价值取向和培养目标。

我们在大量的学生作品、学校教育改革报告和经验总结中，可以看到实践的丰富性。这需要我们认识、反思当前的教育在追求什么？在培养怎样的学生？我们应该如何定位学校教育价值取向及其培养目标？

二、透析学校教育价值取向

学校教育的价值取向与培养目标渗透在学校教育实践之中。清晰的相关理论研究，不仅能够帮助我们识别、分析教育实践中的价值取向与培养目标问题，而且有助于我们在社会转型、教育变革背景下更加主动地建构当代中国学校教育的价值取向和培养目标。

（一）认识学校教育价值取向的内涵

有学者认为：“价值取向是人对客观事物及自己需求和利益的认识水平的反映，也是人的主观意志的体现。”② 这一认识存在于对事物价值的认识背景下，关注的是人对事物和自己的认识。我们这里所谈的“学校教育价值取向”，是指学校教育工作者以人的成长需要为基础，对学校教育价值的自觉选择。

首先，作出学校教育价值取向选择的主体是学校教育工作者，是他们在对学校教育价值认识、判断基础上的一种综合性的自觉选择。因此，学校教育中的人，总是有其自身的价值取向的，只不过清晰状态、合理状态不同而已。而研究学校教育价值取向，就将直接关注学校教育中的人的状态。相对而言，学校教育价值的主体是学校教育，关注的是学校教育自身的价值问题。

其次，学校教育价值取向的具体指向是实践中的学校教育整体，它所直接面对的问题是：我们需要何种价值的学校教育？我们需要学校教育向何种方向发展、实现何种价值？在这一整体中，我们才可能进一步探讨教育目的问题、培养目标问题等。这样，它就不是“价值观教育”，那是以价值观为内容的教育形态；它也不是理论形态的教育价值观，而是

---

① 材料来自华东师范大学教育管理学系时莉萍同学的作品。

② 叶澜：《试论当代中国教育价值取向之偏差》，载《教育研究》1989 年第 8 期。

渗透在学校教育之中，直接决定学校教育运作方式与实践形态的人的价值取向。

再次，从研究方式来看，价值取向是人对学校教育价值的自觉选择。它不是无意识状态下的行为，也不是被迫接受他人的价值取向，而是建立在理性认识、对学校教育与自身的深刻“自觉”基础上的。“自觉”的内容，同时指向对学校教育的认识与体验、对自己的认识与体验。这是建立在自己生命需要基础上的选择，因而包含着个体全部的生命情态、理性认识、文化内涵、历史积淀。因此，它是个体全部的认识（包括价值观念）、全部的生命需要的产物，是一种认识、思考基础上的选择、实现，是一个研究者参与其中的思考、选择、实践过程。选择的依据是对时代的认识、对学校教育的认识、对学校教育实践改革的认识，选择的机制是：历史反思—重建—实践—再反思。这种面对现实的选择，是行动的先导，有着鲜明的“动”势。这样，在形态上，学校教育价值研究可以更多地呈现为描述、说明、整理，研究者可以是一个观察者与分析者；而学校教育价值取向研究则必须面对实践、面对整体的学校教育，研究者是一个关注实践、参与实践者。

在上述差异的基础上，我们需要认可一个前提：价值取向是事物价值实现的重要力量，是具有主动性、可能性的力量。同时，价值取向的基础是：事物自身首先需要具有多种可能的价值，能够为人的选择提供基本的空间。

（二）认识学校教育价值取向的重要性

“教育活动是人为的社会实践活动”①，是充满价值色彩并为实现一定的价值追求而存在的。任何教育活动决不可能摆脱价值的影响。不论教师、校长是否意识到这一点，学校教育都是人的自觉活动，是人参与其中，并为着某种目的而进行的活动。人不是没有价值倾向性的物，而是一个有着自身需要、目的、追求、向往的活体。他的参与，直接带来学校教育活动的价值性。无论在何种层面、何种类型的教育活动中，学校教育中的主体总是在有意无意之间做各种价值选择：作为教师，需要选择教学目标和教学形式；作为学生，需要选择自己的学习方式、学习态度；作为校长，需要选择学校整体发展目标、学校发展方式、学校评价思想。而这一切终究都是为了人，这是教育价值性的集中体现。西方也有学者明确指出：“教育的本质更主要是一项规范性活动，而不是一种技术或生产活动”，而“‘规范的’（normative）意味着为人父母和从事教学总是与价值、喜好、道德等问题有关……谈到我们与孩子的教育生活是规范性的，意味着我们接受这一点，即作为教育者和父母，我们必须得有一定的标准，我们自己应该总是指向‘好的’（不论这种‘好’在具体情况下指什么）”②。因此，不存在没有价值取向的、中性的教育活动。

正是因为人这一价值主体的介入，学校教育具有了无穷多的变数，不再具有确定的行为模式和完全的可控性。试图回避价值问题，将教育作为一个机械而确定的活动加以控制

---

① 叶澜著：《教育研究方法论初探》，上海教育出版社 1999 年版，第 313 页。

② ［加］马克斯·范梅南著，李树英译：《教学机智——教育智慧的意蕴》，教育科学出版社 2001 年版，第 13～14 页。

与研究的企图，都有悖于学校教育自身的价值性。在价值与事实的关系处理上，试图将学校教育实践处理成没有价值参与的“客观事实”，试图对之进行中性的研究、追求获得“客观真理”的研究方式与前提假设，都需要反思。而在学校教育实践中，试图回避自己的价值取向，以客观真理、规律的方式为自己的学校教育实践寻找庇护力量，同样是在以另一种隐蔽的方式，推行着自己的价值观。

如果学校教育实践不可回避价值问题，那么，学校教育需要如何确立自己的价值追求呢？

学校教育需要追求什么？作为直接生成、建构着学校教育的学校教育者——校长、教师，如何选择自己的方向？这是一个比“学校教育能否回避价值问题”更为重要的问题，即我们要确立怎样的学校教育价值取向？

以建设性的方式来思考，学校教育是一种价值实现活动。它总是为了实现某种价值，为了人而存在的，“学校教育的产生本身，就是人类试图提高‘生存’关怀的程度和层次的一种努力”，“学校教育的发展史，展现着学校教育与人的生存环境的变迁和生存方式的转换间的密不可分的关系”①。教育和学校教育发展的历史，是其自身价值不断展现、价值取向不断变迁的历史。每一个时代，每一次学校教育生存环境的变迁，学校教育实践都需要重新思考学校教育价值取向问题，这直接决定着学校教育实践的现实形态。

存在于社会转型背景下的当代中国学校教育实践，正处于一个变革的时期。各种各样、各个层面的教育改革，越来越需要合理的价值取向的保障，需要辨明改革的发展方向。尤其在学校教育改革领域，无论是教师还是校长，都面对着自己学校的变革，需要思考自己的改革方向：应该追求何种价值？应该向什么方向发展？怎样进行学校教育改革？忽视这一问题，学校教育改革就缺少方向，改革之路也将是迷乱的。对这一问题缺少认真的思考，盲目地追随国内外的改革风潮，则学校教育改革就很容易停留在表面，很难深入到学校教育改革的内核之中。

因此，自觉地思考、合理地确定当代中国学校教育的价值取向，已经成为学校教育实践者和研究者不得不面对的问题。

三、透析学校培养目标

学校培养目标是学校教育价值取向在“培养什么样的人”的目标确定中的表现。

（一）认识学校培养目标的内涵

学校培养目标是与学校教育价值取向、教育方针、教育目的、培养目标等概念不同而有联系的概念。我们可以在比较中呈现学校培养目标的独特内涵。

---

① 李家成：《回归生存——论“人之生存”语境下学校教育的价值》，载《南京师大学报》（社会科学版）2002 年第 3 期。

首先，学校培养目标要回答的问题是：学校教育要培养怎样的人？这样的人具有怎样的素质、特点？而学校教育价值取向是更自觉地在人、社会与学校教育关系层面上思考，这是比教育目的、培养目标、学校培养目标更为上位的研究层面。相对而言，教育方针是一个国家对教育发展的总政策；教育目的反映的是社会对人才培养的质量规格要求，是人们从事教育工作时所要达到的预期结果或目标；培养目标则是各级各类教育对受教育者发展所提出的具体标准和要求，侧重的是对不同类型教育的目标关注。

其次，主体的可能差异。从当前的教育目的研究和培养目标研究的内容来看，比较多的是从宏观的角度确立教育目的，然后在教育目的的整体要求下，进一步具体化为培养目标和教学目标，是不断由宏观到中观、再到微观的演绎。而在当代学校整体转型的背景下，学校校长、教师不再纯粹是宏观教育政策的执行者，而同时是面对自己学校实际、自主办学、自主发展、对自己的教育实践和办学实践负责的独立主体。因此，校长、教师对自己的实践活动目的的认识，就凸显出其自主性；校长和教师在教育政策指导下，在个体独立思考、判断的基础上，在合理的价值取向指导下，自主确定学校培养目标，就成为现在的新需要。这就具体呈现为学校培养目标，它既不同于具体类型教育的培养目标，也不同于国家层面的教育目的。

在看到这些差异的同时，我们同样需要看到它们之间的相关性：对学校培养目标等问题的研究，总是暗含着某种价值取向前提。而在我们重新思考学校教育价值取向问题后，也必然需要面对如何具体化的问题，即学校教育价值取向研究需要进一步落实到具体的目标研究中。

（二）认识学校培养目标的具体性

当我们将学校作为一个办学主体来看待，对学校培养目标的认识就可以立足在学校层面。这样，学校培养目标的确定与实现过程，就不仅仅是贯彻落实国家教育政策的问题，而且多了一份学校自己的责任、学校自身的独特性。

学校办学是一种自觉的实践行为，因此，目标意识是不可或缺的。但是，学校作为一个办学单位，是否需要、是否可能形成自己清晰、合理的培养目标，这是当代教育发展提出的新需要。基于对教育系统复杂性的认识，学校的培养目标同样是复杂的教育系统的构成，因此，必须放在教育系统中认识，在联系、互动中认识学校培养目标的独特性、丰富性，认识学校教育系统内部的复杂性。

1. 学校培养目标综合渗透着国家发展的需要

通过法律，国家可以将其对教育的方针和目标设计清晰地表达出来，《中华人民共和国教育法》就明确规定：“教育必须为社会主义现代化建设服务，必须与生产劳动相结合，培养德、智、体等方面全面发展的社会主义事业的建设者和接班人。”在《中华人民共和国义务教育法》中，又对义务教育所要达到的具体目标作出规定：“义务教育必须贯彻国家的教育方针，实施素质教育，提高教育质量，使适龄儿童、少年在品德、智力、体质等方面全面发展，为培养有理想、有道德、有文化、有纪律的社会主义建设者和接班人奠定基础。”

具体到教育行政管理层面，则会进一步将相关法律规定和纲领性的教育方针转化为更加具体的目标设计，例如，针对基础教育阶段实施素质教育的需要，中共中央、国务院就规定："实施素质教育，就是全面贯彻党的教育方针，以提高国民素质为根本宗旨，以培养学生的创新精神和实践能力为重点，造就'有理想、有道德、有文化、有纪律'的、德智体美等全面发展的社会主义事业建设者和接班人。"①

这些要求，无疑会影响到教师和校长的实践活动，但这并不能、也不应该替代他们自己的思考和判断。教师和校长在确定学校培养目标的过程中，必须在国家教育方针、教育目的的指导下进行，并以自己不可替代的独特实践，丰富宏观层面对学校教育问题的综合思考。

2. 学校培养目标综合渗透着具体区域发展的需要

在当前我国区域性发展不平衡、城市与农村发展不平衡的现状下，每个地区具体的学校培养目标，会带有各自的独特性。例如，有研究者指出：当前农村实施的素质教育有两大不良倾向：一是严重超越于当地经济发展水平，例如设置高规格、高消费的微机课程和延伸到小学高年级的外语课教学；二是严重滞后于当地经济发展需求，例如沦为"应景课"的劳技课程和连"纸上谈兵"的程度都未达到的"科教兴农"。事实表明，现阶段农村实施的素质教育存在严重的方向性迷失，即仍旧在走简单效仿城市化教育模式的死胡同，而偏离了国家确定的"使农村教育切实转变到主要为农村经济和社会发展服务上来"的方向。②

从发展的意义上说，每个地区独特的背景，都是教育活动得以开展的基础，也是各个地方可以开发的教育资源。具体区域教育改革的深化，需要在共通的价值取向指导下，形成各自的特色，形成丰富多彩、互动共生的培养目标体系。

3. 学校培养目标综合渗透着对各学段特殊性的认识

具体到学校教育中，不同学段、年级的培养目标，会呈现出明显的层次差别。例如，我国普通高中教育的培养目标的具体内容，就与小学、初中阶段的培养目标有明显差别。

> 普通高中教育是在九年义务教育基础上进一步提高国民素质、面向大众的基础教育。普通高中教育为学生的终身发展奠定基础。
>
> 普通高中教育应全面落实《国务院关于基础教育改革与发展的决定》所确定的基础教育培养目标，并特别强调使学生：
>
> 初步形成正确的世界观、人生观、价值观；
>
> 热爱社会主义祖国，热爱中国共产党，自觉维护国家尊严和利益，继承中华民族的优秀传统，弘扬民族精神，有为民族振兴和社会进步作贡献的志向与愿望；
>
> 具有民主与法制意识，遵守国家法律和社会公德，维护社会正义，自觉行使公民的权利，履行公民的义务，对自己的行为负责，具有社会责任感；

---

① 《中共中央国务院关于深化教育改革全面推进素质教育的决定》，1999 年 6 月 18 日。

② 覃章成：《农村实施素质教育：管理理念的四大突破》，载《教育发展研究》2003 年第 11 期。

具有终身学习的愿望和能力，掌握适应时代发展需要的基础知识和基本技能，学会收集、判断和处理信息，具有初步的科学与人文素养、环境意识、创新精神与实践能力；

具有强健的体魄、顽强的意志，形成积极健康的生活方式和审美情趣，初步具有独立生活的能力、职业意识、创业精神和人生规划能力；

正确认识自己，尊重他人，学会交流与合作，具有团队精神，理解文化的多样性，初步具有面向世界的开放意识。①

4. 学校培养目标体现在一所所学校的具体办学中

在当代中国，基于每一所学校的具体性、特殊性，在自主办学、形成学校办学理念和办学风格的背景下，学校开始自主思考、设计具有本校特征的培养目标。

以下是国内部分中学提出的培养目标，从中我们可以感受到这些学校培养目标的具体性（参见表 4-3）。②

表 4-3　国内部分中学提出的具体培养目标

学校	培养目标
北京师范大学附属中学	培养科学素质、人文素质高，具有创新精神和实践能力的栋梁之才。高中毕业时有能力和自信心面对高考，并考取理想的大学。
天津南开中学	使南开的学生具有强烈的社会责任感，具有健全的身躯及心理品质，科学素养、人文素养兼备，创新思维、实践能力两翼齐飞，为祖国的繁荣、世界的和平与发展培养创新型、拔尖型后备人才。
东北育才学校	学会关心，学会创造，全面发展，初露才华。
上海市上海中学	以基础性学力、发展性学力和创造性学力为基础，以高素质、强潜能为核心，为高一级学校输送优秀学生，并为他们日后有望成为国家的栋梁之才打下早期基础。这一培养目标可以分解为：以三大意识、四大品性和五自准则为核心的德育目标体系（一流意识、时间意识、国际意识；爱国心、责任心、适应性、创造性；人格自尊、行为自律、学习自觉、工作自强、生活自理）；以三大能力、六大领域为中心的文化科学素养（分析能力、应用能力、创造能力；语言、数学、社会科学、自然科学、艺术、技术六大领域）；以大体育观为指导思想的身体心理素养（发展个人体育特长、兴趣；体魄、心理、运动技能、保健知识、生活习惯协调发展）。

① 中华人民共和国教育部制订：《普通高中课程方案》（实验），人民教育出版社 2003 年版，第 1～2页。

② 材料来自各学校的网站：北京师范大学附属中学（http://www.bjsdfz.com）；天津南开中学（http://www.nkzx.cn）；东北育才学校（http://www.neyc.cn）；上海市上海中学（http://www.shs.sh.cn）。

5. 学校培养目标通过具体的教育实践而转化为学生的成长

进一步聚焦到学校教育生活中，学校培养目标可以通过教师的努力，在日常的学校教学、德育工作等方面，体现为具体的教学目标、班级活动目标，并通过教育实践最终转化为学生的成长；可以通过学校校长及管理人员的努力，通过学校具体的办学实践，建设学校文化，重建学生在学校的日常生活。这样，学校培养目标就在具体的学校内成为学校整体办学、日常教育实践改革的重要指导力量。

上述几个层面的目标构成，并非是简单地自上而下落实的关系，而是相互渗透、综合互动的关系。几个不同层面的目标，构成相互依存、相互渗透、相互影响的目标系统。对于不同层面的目标设计者和实践者，都需要形成“背景意识”——其他层面的设计与教育实践构成它的背景；也需要形成自主意识——自己的设计、思考与实践本身，就成为这一目标体系不可缺失的构成，并且会影响着其他层面的工作开展。

第二节　学校教育价值取向的当代更新

学校教育价值取向具有历史性，在不同的历史时期有其独特性。随着时代的发展而不断更新学校教育价值取向，也就成为社会发展、教育发展的内在需要，成为个体生活世界变化的内在需要。“人类的、社会的、文化的、精神的进步的可能性恢复了期望的原则，但这是没有‘科学性’的确定性和‘历史的’承诺的。这是一个大大取决于自觉意识、意志、勇气、运气……的不确定的可能性。因此，自觉意识变成了紧要的和首要的。”① 本节讨论的核心问题，就是如何认识当代中国学校教育价值取向的更新问题。

一、学校教育价值取向的变迁

有关不同历史时期学校教育价值取向的认识，需要回归到其独特的历史背景下。

对不同历史时期学校教育价值取向的讨论，可以从不同历史时期教育发展对国民的人格理想与素质要求的变迁中获得启发②，也可以在对新中国教育的社会主义属性的变化中获得启发③。有学者倾向于从科学主义教育与人文主义教育的矛盾中，寻找世界教育价值取向的逻辑，在世界教育改革研究的背景下指出：“20 世纪西方教育思想发展的一个线索是人文主义教育思想和科学主义教育思想的争斗。”④

---

① ［法］埃德加·莫兰著，陈一壮译：《复杂性理论与教育问题》，北京大学出版社 2004 年版，第 58 页。

② 参阅黄书光等著：《中国基础教育改革的文化使命》，教育科学出版社 2001 年版。

③ 参阅金一鸣著：《教育原理》（第二版），高等教育出版社 2002 年版。

④ 陆有铨著：《躁动的百年——20 世纪的教育历程》，山东教育出版社 1997 年版，前言。

我们还可以用结构化的方式，以学术思想的转变为主要线索，把历史环境的变迁作为背景，对学校教育价值取向变迁的轨迹作出简要的梳理。

从中国引进西方学校教育制度以来至今，已经走过百年的历史。回顾这百年的中国学校教育发展，我们能够看到历史、文化、个体、自然环境对学校教育的综合影响，看到渗透在学校教育实践中的价值取向的变迁。学校教育价值取向的核心问题，就是如何处理学校教育的社会价值与个体价值的关系。依据学校教育的社会价值取向与个体价值取向结合的方式与水平，有三种不同层次的价值取向类型。

（一）学校教育的社会价值与个体价值在基本价值层面紧密结合的价值取向类型

这种学校教育价值取向类型及状态，是在民族与国家生死存亡的危机关头，社会与个体之间最低限利益的相互结合。在这种状态下，社会与个体的最基本的需要实现了原点性、基础性的结合。

引进西方学校教育制度，本身就是中国社会、文化在生死存亡的背景下所作出的历史选择。正如舒新城所言："中国之改行新教育制度，并非对于旧者发现若干缺点，亦非真正了解新者之优点而认为可以补救旧者之缺点。只因自鸦片战争而后，屡次逼于外侮，求所以自强的道路而不得。""中国现行的学校制度，完全是由于外侮逼成，初不曾在国情民性上有精详的考虑。"① 19 世纪上半叶，鸦片战争的失败，惊醒了当时的一批官员和开明学者，曾国藩、李鸿章、张之洞等洋务派人士不仅大力倡导学习"西学"，而且亲自创办京师同文馆、上海广方言馆、福建船政学堂等洋务学校，这标志着中国系统引进西方学校教育制度的开始。之后，维新派人士不仅积极创办新式学校、培养新型人才，而且极力倡导引进西方学校教育制度。梁启超曾明确指出："亡而存之，废而举之，愚而智之，弱而强之，条理万端，皆归本于学校。"他强调："变法之本在于人才，人才之兴在开学校；学校之立，在变科举。"② 在上述学校教育实践的发展、思想领域的发展和社会转型的共同推动下，清政府于 1901 年下令科举停武试、废八股，改书院为学堂。1902 年颁布《壬寅学制》，1904 年颁布《癸卯学制》，近代型的学校教育制度得以建立起来。

不仅宏观的教育制度变革如此，民间的教育实践也带有强烈的救亡图存的价值追求。

南开中学的创始人张伯苓曾指出："南开学校系因国难而产生，故其办学目的，旨在痛矫时弊，育才救国。"③ 梁漱溟主持的乡村建设运动追求"创造新文化，救活旧农村"④。多年之后他回忆说："中国前途如何，怎样统一？我潜心研究中国几千年之文化史、经济史、社会史，对当前的社会结构和状况也进行过调查摸索，提出了乡村建设的理论。'伦理本位，职业分途'八个字，融伦理、经济、文化、教育、科技、政治、治安于

① 华东师范大学教育系编：《中国现代教育文选》，人民教育出版社 1989 年版，第 346～347 页。

② 梁启超著：《饮冰室合集》第 1 册，中华书局 1936 年版，第 14、10 页。

③ 崔国良编：《张伯苓教育论著选》，人民教育出版社 1997 年版，第 305 页。

④ 梁漱溟著：《梁漱溟教育论著选》，人民教育出版社 1994 年版，第 224 页。

一体，以乡村为基地，从普及民众教育入手，先搞实验，一个县，一个省，逐步扩大，而避免武力，结束内战。”①

在上述状态下，国家、文化的存在与发展，与每个个体的生存与发展紧紧结合在一起，构成学校教育价值取向的一种重要类型。晏阳初的一段话，能够清晰地呈现出这一关系状态：“今日我国的问题，这样地复杂，非从根本上求一个解决方法，只顾头痛医头，脚痛医脚，终究是治丝愈棼，剪不断理还乱的状态。所谓根本的解决法，在将欲从各种问题的事上去求的时节，先从发生问题的‘人’上去求，因为社会的各种问题，不自发生，自‘人’而生，发生问题的是‘人’，解决问题的也是‘人’，故遇着有问题不能解决的时候，其障碍不在问题的自身，而在惹出此问题的人，所以我中华四万万民众共有的各种问题，与根本上求解决的方法，还非从四万万民众身上去求不可。”“吾辈所以努力于平民教育的目的，正为培养国民的元气，改进国民的生活，巩固国家的基础。”②

（二）学校教育的社会价值凌驾于个体价值之上的价值取向类型

这种学校教育价值取向类型及状态，是社会价值取向凌驾于个体价值之上，学校教育的社会价值居于主导地位的一种结合形态。从新中国成立至改革开放初期，由于侧重从教育服务于社会发展的角度思考，将学校教育定位于社会生产发展、阶级斗争的工具，因此，忽视学校教育中的个体存在，忽视学校教育对于个体全面发展、个体生命存在与生活幸福的作用，教育改革中前提观念与思维方式出现了偏差。

从具体的学校教育价值取向来看，1949 年《中国人民政治协商会议共同纲领》中提出了对文化教育政策方面的总体要求：“中华人民共和国的文化教育为新民主主义的，即民族的、科学的、大众的文化教育。人民政府的文化教育工作，应以提高人民文化水平，培养国家建设人才，肃清封建的、买办的、法西斯主义的思想，发展为人民服务的思想为主要任务。”③ 不久，教育部部长马叙伦在第一次全国教育工作会议上的开幕词中强调：“代替这种旧教育的应该是作为反映新的政治经济的新教育，作为巩固与发展人民民主专政的一种斗争工具的新教育。”④

1951 年政务院发布《关于改革学制的决定》，通过重建制度，为实现上述价值取向提供制度支持，直接服务于巩固新的政治经济制度的价值追求：“我国原有学制（即各级各类学校的系统）有许多缺点，其中最重要的，是工人、农民的干部学校和各种补习学校和训练班，在学校系统中没有应有的地位；初等学校修业六年并分为初高两级的办法，使广大的劳动人民子女难于受到完全的初等教育；技术学校没有一定的制度，不能适应培养国家建设人才的要求。这些缺点亟须改正。在目前，全国学制的完全统一虽然还有一些困

---

① 汪东林著：《梁漱溟问答录》，湖北人民出版社 2004 年版，第 104 页。

② 宋恩荣编：《晏阳初文集》，教育科学出版社 1989 年版，第 19～20 页。

③ 《中国人民政治协商会议共同纲领》，《新华月报》1949 年第 11 期。

④ 瞿葆奎主编，雷尧珠、余光、黄荣昌选编：《教育学文集·中国教育改革》，人民教育出版社 1991 年版，第 6 页。

难，但是确定原有的和新创的各类学校的适当地位，改革各种不合理的年限与制度，并使不同程度的学校互相衔接，以利于广大劳动人民文化水平的提高，工农干部的深造和国家建设事业的促进，却是必要的可能的。”① 之后，国家通过一系列“规程”的发布与推行，将学校教育的政治、经济价值取向进一步落实在学校教育之中。

1957 年，毛泽东在《关于正确处理人民内部矛盾的问题》中要求：我们的教育方针，应该使受教育者在德育、智育、体育几方面都得到发展，成为有社会主义觉悟的有文化的劳动者。这一要求成为其后学校教育改革的基调。

从上述材料来看，这段时期学校教育实践直接的价值取向是为当时的政治、经济服务，关注的是学校教育的社会价值，尤其是政治价值。在这一价值取向之下，个体的人的问题并没有被重视，也没有成为一个重要的问题。在特定的历史发展阶段，这是一种特殊的“社会—个体”的关系形态；在特定的“社会”形态下，需要这一特定的“个体”形态。

（三）学校教育的社会价值与个体价值在更高价值追求层面紧密结合的价值取向类型

改革开放以来，教育的社会价值与个体价值出现了更高程度的结合状态，基础教育通过培养富有主体意识、富有生命活力的自主个体而实现对当代中国社会发展的需要的满足。“能力”、“素质”、“主体”、“生命”等主题词大量出现在教育改革中，“以人为本”、“以人的发展为本”、“以人的主动发展为本”等富有时代气息的口号与价值观，成为当代中国教育中主导性的倾向。

在 20 世纪上半叶，中国学校教育价值取向关注更多的是救国家、救民族、救自己，具体到个体层面，关注更多的是个体自身的物质生活、个体自身的生存问题。陶行知曾提出“生活即教育”、“生活教育是生活所原有，生活所自营，生活所必需的教育。教育的根本意义是生活之变化”②。陶行知所关心的“生活”问题，迥然不同于 20 世纪末期基础教育改革领域所谈论的教育回归生活世界问题，而是普通民众最基本的物质生活问题、存活问题：“生活教育是下层建筑。何以呢？我们有吃饭的生活，便有吃饭的教育；有穿衣的生活，便有穿衣的教育；有男女的生活，便有男女的教育。它与装饰品之传统教育根本不同。它不是摩登女郎之金钢钻戒指，而是冰天雪地下穷人的窝窝头和破棉袄。”③

进入到 20 世纪后期，中国学校教育的关注重心已经明显转向人的精神生活层面，人的独立性、人的自觉性、人的自主性、人对教育乃至于生活的感受、人的成功与希望、人的生存状态与生命质量等问题，开始成为教育中的主导话语。这反映出随着社会的发展，

① 瞿葆奎主编，雷尧珠、余光、黄荣昌选编：《教育学文集·中国教育改革》，人民教育出版社 1991 年版，第 50 页。

②③ 华中师范学院教育科学研究所编：《陶行知全集》第二卷，湖南教育出版社 1985 年版，第 633～634 页。

个体在基本物质生活需要得到满足的基础上，精神生活丰富和提高的需要就显得迫切起来。例如主体性教育实验认为："主体性教育的近期目的是在教育过程中，通过增强学生的主体意识和发展学生的主体能力，培育和提高学生在教育中的能动性、自主性和创造性，使他们具有自我教育、自我管理和自我完善的能力，从而成为教育活动的主体和自我发展的主体；主体性教育的远期目的则是造就主体性的社会成员，弘扬人在社会发展中的能动作用，把学生培养成为社会历史活动的主体。"① 该实验在增强学生的主体意识、发展学生的主体能力、塑造学生的主体人格等方面进行了理论探索与实践改革。"新基础教育"实验追求培养能够主动健康发展的健康个体，明确提出了"把个体精神生命发展的主动权还给学生"的口号。②

价值取向的变迁，还体现在对不同类型的学生成长的关注上。其中有对智优儿童的教育研究，如上海市实验学校的研究、北京市第八中学的研究等；③ 有针对弱势学生群体的研究，如成功教育是"旨在使学习困难学生获得诸方面成功的一种教育"④。又如"面向全体学生，成批转化后进生，这是理解教育的基本出发点，蕴涵着设计者把素质教育的初衷之一'面向全体学生'变成普遍事实的动机"⑤。

在当代中国教育改革的过程中，学生发展始终是教育实验的主题。从 20 世纪 90 年代开始，教育实验中出现了一种新的取向：日益关注教师成长乃至校长成长。在"新基础教育"实验中，充分关注到学生、教师和学校管理者的生命存在："我做'新基础教育'不是为了顶尖学校的顶尖教师，而是为了千百万普通学校、普通教师而做的，它看重的是每一个普通人的生命价值，每一个人都是珍贵的，不是只有好教师好学生，才可以有好的发展机会。"⑥ 在一定意义上说，该实验对教育中的"生命"问题的深入与长期关注，是明确形成这一价值取向的基础所在。而在其他类型的实验中，教师成长问题也不断显现出来。"教师的校本专业成长"就是顾泠沅等主持的"面向未来的基础学校研究"的重要内容。⑦ 在"理解教育"实验中，"从理解的内涵可以看出，理解教育是消除误解、增进理解，使教师与学生更好地理解自己与他人从而获得较好发展的过程"，理解教育的主要特点之一就是"师生相互理解、共同发展"⑧。

---

① 张天宝著：《主体性教育》，教育科学出版社 1999 年版，第 49～50 页。

② 叶澜：《把个体精神生命发展的主动权还给学生》，载郝克明主编：《面向 21 世纪我的教育观》（综合卷），广东教育出版社 1999 年版，第 334 页。

③ 恽昭世主编：《教育实验与学生发展——上海市实验学校 10 年纪实》，人民教育出版社 1997 年版；刘运秀主编：《超常儿童成长摇篮——北京八中超常教育实验班》，北京大学出版社 2001 年版。

④ 刘京海：《在尝试中成功，在自主中成功》，载马联芳主编：《60 个校长的智慧谈话》，上海教育出版社 2004 年版，第 12 页。

⑤ 熊川武：《"理解教育"是素质教育深化的结晶》，载《中小学教学研究》2002 年第 4 期。

⑥ 叶澜：《为创建"生命·实践教育学派"而努力》，载《教育研究》2004 年第 2 期。

⑦ 顾泠沅、吕达：《面向未来的基础学校研究》，载《课程·教材·教法》2002 年第 9 期。

⑧ 熊川武：《说"理解教育"》，载《高等师范教育研究》2002 年第 2 期。

这种社会发展需要与个体发展需要在更高层面的结合，也是当今世界基础教育改革的基本特征。信息社会的到来，全球教育发展的方向，在于依据新的社会发展需要而寻求新型的教育价值取向。对全球教育发展产生重要影响的《学会生存——教育世界的今天和明天》一书指出，这种社会与个体发展之间的不可分离的关系呈现出的新状态是："人类发展的目的在于使人日臻完善；使他的人格丰富多彩，表达方式复杂多样；使他作为一个人，作为一个家庭和社会的成员，作为一个公民和生产者、技术发明者和有创造性的理想家，来承担各种不同的责任。"① 国际21世纪教育委员会提出的重要报告《教育——财富蕴藏其中》指出："为了迎接下一个世纪的挑战，必须给教育确定新的目标，必须改变人们对教育的作用的看法。扩大了的教育新概念应该使每一个人都能发现、发挥和加强自己的创造潜力，也应有助于挖掘出隐藏在我们每个人身上的财富。这意味着要充分地重视教育的作用，就是说使人们学会生存，实现个人全面发展的作用，不再把教育单纯看作是一种手段，是达到某种目的（技能、获得各种能力、经济目的）的必经之路。"②

二、当代学校教育价值取向更新的需要

从教育发展史看，任何社会转型、教育变革的时期，都会出现大量教育价值取向的矛盾、冲突、混乱现象。重建一种能够促进社会、教育和个体健康发展的学校教育价值取向，就成为转型社会学校教育面临的现实任务。

（一）对当前学校教育价值取向的反思

在新的时空背景和教育内涵提升的基础上，重新认识当前学校教育的价值取向，就能感受到整体重建当代中国学校教育价值取向的必要性和可能性。

从当前中国学校教育发展中体现出的价值取向来看，存在着以下几个基本问题。

1. 学校教育价值取向的片面化

这是就学校教育价值之"一"与"多"的关系维度而言。

当前中国学校教育价值取向存在着狭隘化的倾向，缺乏对学校教育多维价值的认识，更缺乏将学校教育多维价值综合为一体的意识和能力。

首先，在学校教育实践中表现为仅仅关注将学生"输送"到高一级学校，缺乏对学校教育"成人"价值的关注。现实学校教育实践中，追求"升学率"、"重点率"往往成为学校主要的甚至是全部的价值追求。这一状态，使得学校教育工作者放弃了自主确定学校培养目标的权利，局限了自己的视野，也束缚了自主性。尤其是在高中阶段，部分学校给学生灌输的思想是：只要考上大学，一切都好了。他们明知硬抓升学率的方式损害学生的正常发展，却振振有词地辩解：考上大学就是为了学生的成才。这种

① 联合国教科文组织国际教育发展委员会编著，华东师范大学比较教育研究所译：《学会生存——教育世界的今天和明天》，教育科学出版社1996年版，第2页。

② 国际21世纪教育委员会：《教育——财富蕴藏其中》，教育科学出版社1996年版，第6页。

观点的最大失误在于：他们忘记了人的成才是一个发展的过程，忘记了人生是一个连续的过程，人生每一阶段的生活方式在人的一生中都有不可替代的独特价值。它既是前一阶段的延续与发展，又必然延续影响到此后阶段的人生。就像人每天要吃饭，不能以一顿饭的暴吃，代替几天的进食。相反，暴吃带来的后果是吃坏了身体，甚至使其丧失食欲。相当一部分考上大学的高中生，在大学里不爱学习、不会学习，不就是这种对学习“倒胃口”的表现吗?①

其次，这一倾向性体现为学校教育仅仅关注学生对教材知识的“接受”，而缺乏对精神文化世界中丰富的教育资源的充分开放。在学校教育实践中，表现为对教材知识的死记硬背，将“传授—接受”书本知识视为学校教育的核心生活内容。这不仅将学校教育的资源局限在教材之内，缺乏对学校生活中丰富的教育资源的价值开发，而且教材本身所内含着的丰富的精神文化资源也被遮蔽了。

再次，这一片面化的价值取向，表现为学校教育对社会发展、人类存在价值某些具体方面的关注，而缺乏整体观照。学校教育实践中的反映是往往对生命成长某一方面的强化，如对个体政治生活能力的培养、对个体参与经济活动能力的关注、对个体身体机能完善的关注、对个体外国语或信息技术能力的关注等。学校教育改革中一些分门别类的改革，也往往只关注了个体某一方面的成长，忽略了个体生命的整体性、人类生活的整体性。

就学校教育价值的“一”与“多”的关系而言，当前学校教育需要提升整体意识。学校教育价值取向的“一”是丰富、整体的“一”，是由“多”融会而成并指导着“多”的“一”。学校教育价值取向是对生命存在的所有领域、生命整体的关怀，是对个体与世界关系的一种关注。学校教育生活对个体生存方式形成的影响是整体性的，对个体生命质量提升的影响也是整体性的。学校教育生活中，每一种单独的活动，都是作用于整体的生命存在的，并且也应该存在于整体情境中。

这种整体性并不排斥“部分”，且往往需要以“部分”为突破口。它不是部分的相加，而是通过部分实现整体的生命成长。我们在关注部分的同时，始终需要具有一种整体的视野。例如，我们依然需要关注“升学”，但决不仅仅关注“升学”；我们需要关注知识传授，但决不仅仅关注知识传授；我们需要关注语文学科、数学学科、外语学科及其他领域的教育改革，但我们更需要有一个整体的价值追求，充分考虑到各学科、各领域改革的相互关系以及对实现学校教育价值的独特性，从而通过每一部分的改革，推动整体教育价值的实现。

2. 学校教育价值取向的当下化、直接化

这是就学校教育价值取向的确定中之根本问题与表面问题的关系维度而言。

当前学校教育价值取向停留在简单回应当代社会诸多问题的层面，尚未对社会发展、

---

① 参阅李家成主编：《成长需要：在高三与大一之间》第一卷，天津教育出版社 2006 年版。

个体发展的基础性需要作出清晰认识，因此，难以重建学校教育与时代发展需要和个体发展需要的内在关系。

首先，这一当下化、直接化倾向体现在学校教育改革中的应对性思维和改革策略，缺乏对社会发展中诸多根本问题、基本问题的关注。当代中国学校教育对外部世界的敏感度在提高，但是，在诸多教育改革项目中，往往是简单化地分析全球化、信息化发展给教育带来的挑战，将社会转型的复杂性简化为对外语的重视、对信息技术的重视等。这就容易忽视社会转型对学校教育价值取向的深层次需要，事实上大大削弱了学校教育对社会发展的促进价值。表现在教育改革中，就是迅速更换着的口号、追风式的改革状态。因此，当前社会转型、个体生命存在向学校教育提出的新挑战有哪些？哪些是根本性的挑战？有哪些基本而不可回避的问题？这些都需要重新认识。

其次，这一当下化、直接化倾向体现在学校教育对个体生命成长价值的忽视。在诸多教育实践工作者的意识中，学校教育对生命的维护，是通过其他中介而实现的。这比较多地体现在以社会政治、经济、文化等为中介，阐述学校教育对人的影响。例如通过“个体的社会化”、“潜在的劳动力转化为现实的劳动力”等途径，实现学校教育对社会发展的价值，进而通过社会发展而提高个体的生存水平。这一思想的前提观念是：只有社会生产与社会生活，才具有直接的生命价值，而学校教育不具有直接的生命价值。这样，学校教育就可能会关注于特定知识的获得、特定道德品质的培养、特定能力的获得等。这些知识、能力等素养的获得，并非没有生命价值，但它们与生命的关系是间接的，往往以外在于生命的形态出现。

就学校教育的深层次价值与表层价值之关系来看，学校教育深层次价值的存在，意味着学校教育与社会转型、与人的生存方式变化之间具有内在的联系。社会转型对教育提出的深层次挑战，是实现学校教育的整体转型，整体重建师生在学校的日常生活方式；个体生命存在对当代学校教育的根本需要，也在于获得一种富有生命成长、发展活力的生存方式，它将包容学校教育的各种表层价值，如知识的获得、能力的养成、某些特殊领域行为习惯的培养。但是，如果这些表层价值不能在深层次价值的指导下实现，就只能停留在表层与自在的影响状态，而很难获得对个体生命自觉的本源性促进。

3. 学校教育价值取向的凝固化

这是就学校教育价值取向之可能与现实的关系维度而言。

当前中国学校教育价值取向尚停留于粗浅的现实层面，没有意识到学校教育价值取向之动态发展的内在力量和内在需要。

凝固化的学校教育价值取向，看到的是缺乏发展可能的现实。当前学校教育改革有诸多历史、文化、社会的制约性，诸如社会用人制度、社会文化环境、考试制度等，都是学校教育改革重要的影响因素。在现实学校教育实践中，我们容易看到它们对当前学校教育改革的阻碍作用，但也容易仅仅停留在这一点，以当前这些因素的难以改变甚至认为不可改变而否认学校教育改革的可能性，进而拒绝改革。诚然，学校教育价值取向的更新及学校教育的整体变革本身是复杂的，并存在于复杂的社会系统中。但是，这一复杂性中同时也包含着可能性。因此，我们需要重新对待“现实”：“重要的是不要做一个平常意义上的现实主义者（使自己适应直接的现实），也不要做一个平常意义上的非现实主义者（使自己逃避现实的约束），重要的是做一个复杂意义上的现实主义者：认识到现实的不确定性，知道在现实中存在着看不见的可能性。”①

凝固化的学校教育价值取向，看到的是静止的“现实”。当前中国学校教育改革实践与理论研究都已经出现相对丰富的状态，不同地区甚至同一地区内的不同学校，都可能呈现出不同的改革状态，大量学校教育改革的推进、研究质量的提升，也在呈现给我们一个变动、发展着的中国教育。因此，现实的教育世界一直在发展着，无论从历史发展的角度看，还是从当前教育改革生态分布的角度看，都是如此。

凝固化的学校教育价值取向，看到的是在静态化的时间观、发展观下的学生，而缺乏对学生生命成长全程的关注，缺乏对人的生命成长中长效性因素的关注。学生的生命成长，是一个“过去”融入“现在”，并生成新的“未来”的发展过程，学校教育对个体生命的影响，将积淀在他的生命存在中，不可替换、不可否认。因此，学校教育不能仅仅关注对“现在”学生成长的需要，而必须在生命全程的视野下，认识当前具体学校教育阶段的独特价值；必须关注学生生命成长中会长期产生作用的影响因素，如自我意识的不断形成、思考习惯与探究能力的形成、主动意识的唤醒、自信心的培养等。

尽管学校教育总是呈现为某种具体的状态，总是面对当前具体的学生，但学校教育价值取向更新中，需要形成动态发展的意识，不断认识自身变革的可能性，关注学生生命成长的全程，关注其成长中的内在的、长效性的因素。这样，学校教育价值取向本身的更新就可能获得新的活力。

（二）当代中国学校教育价值取向更新的可能性

学校教育处于真实而复杂的现实之中，学校教育价值取向的更新，也是一个艰难、复杂、长期的过程。当代中国学校教育价值取向更新的可能性，就存在于当前的复杂性之中。

1. 当代中国社会转型需要更新学校教育价值取向

改革开放以来的几十年里，中国社会转型的趋势在明显化，速度在加快，力度在增大，复杂度在提高。

这一转型，根本的需要是富有生命活力的个体的出现。只有富有活力的、具有主动的生存方式的个体，才能推进时代的转型，才能自觉地催生一种新型的文明。在这样的时代背景下，学校教育通过对生命的关怀，更可能培育出富有生命活力、具有主动的生存方式的个体。而且，变革着的社会生活领域为个体提供着新型的生存方式，这也使得“关怀生

---

① ［法］埃德加·莫兰著，陈一壮译：《复杂性理论与教育问题》，北京大学出版社2004年版，第67～68页。

命”的学校教育价值取向不再是乌托邦，而具有实现的可能性。

现实中固然会有众多的困难，传统思维方式尤其是生存方式的影响、传统的学校教育弊端的存在、学校教育中的人的观念与行为的陈旧，都会很大程度上制约着“关怀生命”的价值取向的实现。但是，当我们以发展的眼光看待社会与学校教育，以可能的眼光看待学校教育中的各种问题，以期待的眼光看待学校教育的未来走向，以责任人和发展主体的身份参与到这一时代与学校教育的自我变革之中，我们在失望、烦恼、困惑之外，就可以更多地关注未来，关注可能，关注自身的力量，关注自身实际的行为。在一种长时段、内在性、发展性的视野中，现在的问题、困难，都是发展中的问题，而不是绝对的、超时空的困难。对现在困难的主动克服、对当下生活的积极改造，将成为时代、学校教育与人的发展历程中不可缺少的一段；也正是在这一探索性、更新性的学校教育变革过程中，学校教育中“人”的新生、生存方式的重建、生命质量的提升，才具有真实的可能性。

2. 当代中国个体成长需要更新学校教育价值取向

生命，是人的深层次核心性的存在。在社会转型中觉醒了的个体生命，不仅成为社会转型的“生产者”，而且成为学校教育变革的重要影响者之一，介入到学校教育变革中。

无论是学生还是教师，都只有一次生命。作为生命而存在的人，需要学校教育生活成为其生命成长的重要阶段，需要通过学校教育整体性提升自身的存在水平。因此，生命需要一种“关怀生命”的学校教育。这种需要，体现在每个人的生命之中，体现在你的生命、我的生命之中。

人的意识的觉醒，也为这一价值取向的实现提供着力量的保障。

在对学校教育价值取向研究反思的基础上，当代中国学校教育研究完全可能在复杂思想指导下，进行更为深入合理的研究。当我们以一种发展的眼光看待学校教育，则学校教育就充满着可能，具有创造的可能性。当我们以一种责任人和发展主体的态度参与学校教育，学校教育就直接关系到自身的生命质量，直接确证着自身的生命存在，直接体现着自身的生命力量。当我们以一种内在的力量投身于学校教育改革，学校教育就可能获得更大更多的力量支持。出自于生命的力量，将推进着学校教育进入到新的存在水平，学校教育将因人的意识的觉醒而获得恒久的、巨大的发展动力。

人的意识的觉醒、人的主动性的发挥，使得今日提出“关怀生命”的学校教育价值取向不再是乌托邦式的空想，不再是对现状的无奈，不再是对问题的激进的批判，而是成为一种建设性的力量，推进着学校教育、人、社会的复杂化进程。

3. 当代中国学校变革实验的推进在萌生着新的价值取向

从教育改革实践看，改革开放以来，尤其是世纪之交以来出现的大量教育改革实验，不仅建构了相对丰富的理论体系，形成了新的价值取向，而且在实践中检验、完善着新的价值取向。这类改革研究，有区域性的改革实验，有以学校为基本单位的学校转型性变革，有学校整体的改革实验，有新课程的改革，还有不同学科、不同教育领域的改革实验。①

大量的教育改革研究，在思考、实践着当代中国学校教育价值取向更新问题，也萌生和建构着新时代新的学校教育价值取向。

上述时代转型、个体意识凸显、基础教育改革的生态变化，共同作用于当代中国教育改革，并从中国教育改革中吸取营养，形成回归环路。重建当代中国学校教育价值取向的现实可能性，从中不断生成。

三、重建当代中国学校教育价值取向

当代中国学校教育已经需要并且可能重建学校教育价值取向。从“生命”这一元视点出发，关怀生命可以成为当代中国学校教育价值的一种新取向。②

我们可以用下列陈述作为对这一取向的说明。

（一）关怀生命，意味着当代中国学校教育要直面生命存在，以“自我”的身份承担自身的时代责任

这种有意识的、自觉的价值选择，是在人的意识之光照亮下的行为。这种性质的学校教育，保持着对自身价值的清醒认识，对学校教育的价值基础保持着提问权、选择权，对学校教育自身的丰富性与底蕴有着清醒的自我意识，对自身的行为具有反思能力。这种性质的选择，作为意识的产物，意味着它是出自于“人”的，并将在人的行为与思维方式中获得体现，将在人的生命活动中获得完善。这已经不同于那种对价值取向无意识的学校教育，也不同于那种只关注操作性的技能与程序、忽略价值问题的学校教育了。

其中，后两种学校教育，普遍存在于传统教育中并依然影响着当代学校教育。在中国封建社会，在特定的思想观念、制度安排与生存现实下，学校教育者很少自主地考虑为什么而教的问题，而主要考虑怎样教的问题；教育政策、教科书、标准答案，成为学校教育中最受关注的东西。这种被动性的直接产物，就是学校教育对价值取向的无意识性，而这

① 参阅潘仲茗、雷实主编：《中小学教育改革与实验丛书》，四川教育出版社 1998 年版；李吉林著：《小学语文情境教学——李吉林与青年教师的谈话》，人民教育出版社 2003 年版；顾泠沅著：《教学改革的行动与诠释》，人民教育出版社 2003 年版；叶澜主编：《“新基础教育”发展性研究报告集》，中国轻工业出版社 2004 年版；杨小微著：《全球化进程中的学校变革——一种方法论视角》，华东师范大学出版社 2004 年版；熊明安、喻本伐主编：《中国当代教育实验史》，山东教育出版社 2005 年版；等等。

② 教育价值取向中的生命取向研究相当丰富，也开始呈现出不同的类型和研究方式，可参阅叶澜主编：《中国教育学科年度发展报告》2001～2004 年四本，上海教育出版社 2002～2005 年版；叶澜主编：《“新基础教育”探索性研究报告集》，上海三联书店 1999 年版；叶澜主编：《“新基础教育”发展性研究报告集》，中国轻工业出版社 2004 年版；张文质著：《保卫童年》，福建教育出版社 2004 年版；冯建军著：《生命与教育》，教育科学出版社 2004 年版；刘济良著：《生命教育论》，中国社会科学出版社 2004 年版；刘慧著：《生命德育论》，人民教育出版社 2005 年版；李家成著：《关怀生命：当代中国学校教育价值取向探》，教育科学出版社 2006 年版；等等。

种无意识性同时也加剧了学校教育的被动性。教育者的行为按照既定的规则机械地进行，按照既定的标准死板地评价。学校教育者们习惯于这样的教育现实，对自己工作的价值丧失了批判性的反思。直到今天，这种状态依然以惯性的形态存在着。

今日我们提倡关怀生命的价值取向，意味着当代中国学校教育需要有更清晰的自我意识、生命意识，需要以“自我”的身份，考虑自身的存在方式与价值实现。

在“关怀生命”的自觉意识下，学校教育生活将可能有意识地融会历史与未来，吸收各种生命资源于自身之中，成为一种有意识地选择、组织、利用信息，从而促进人的自我生成的生活形态。正是人的意识性的存在，使得学校教育成为可能，成为历史性的事实；也正是意识性的增强，使得学校教育可以、也可能走向一条自我更新的发展道路，使得今日的学校教育改革、学校教育研究乃至于学校教育价值取向研究成为一种需要而不是“奢侈品”。

如此强调学校教育的“自我”意识，不是否认外界条件的重要性，不是追求一种虚无缥缈的浪漫，而是在多样的条件、动态的运作过程中，寻求现实的可能性。学校教育的“自我”，就是可能的、内在的力量。它的存在，使得外界的条件对学校发展不再具有决定性的作用，使得各种条件可能朝着有利于学校改革的方向发展，从而可能生成新的条件、新的环境。

（二）关怀生命，意味着当代中国学校教育以“生命”为本体性前提，以积极的关怀作为基本的行为方式

生命的成长，需要外界积极的支持与介入。这涉及学校教育对生命成长的作用方式。在学校教育与人的关系形态中，至少有以下几种类型。

第一种选择是忽略了生命的本体地位，将知识的获得、智能的训练等作为学校教育的根本价值，以他者的良好意愿，为个体做好结果性的安排。作为一种自觉的选择，它可能是建立在这样的前提上：知识的获得、智能的训练，就是对学生“爱”的体现，就是学校教育为学生服务的主要方式。如果不对这一前提进行反思，不深入研究人的生命成长的基本过程，人们就很难意识到这一选择的有限性。现实的学校教育中，许许多多的学校教育行为，就是在这一前提假设下进行，以至于考试、作业、记忆乃至惩罚与管制，成为学校教育中司空见惯的现象。这是一种外在于生命、漠视生命存在的“关怀”，是对生命缺乏理解的一种表现，因此，“爱”得不得法、不到位，缺少效果，甚至是在“爱”的口号下进行着一种伤害生命的“学校教育”。

第二种选择是有意识地放任学生，这似乎也是一种“尊重”学生的方式。从其渊源来看，它与卢梭的自然主义教育思想有很大的相关性。西方罗杰斯的“非指导性教学”，也具有这一思想倾向。当前国外各种教育信息的介绍大量涌进中国，诸如“千万别管孩子”等的炒作性宣传，很容易使人误解，以为只要教师不管学生、给学生完全的自由，就是对学生最好的“教育”。这一思想体现在实践中，在很大程度上放弃了教师、学校的主动行为，放弃了“教育”这一人为性活动的基本立场，也背离了生命体成长与外部环境之间的内在关系。作为一种思想表达，它们可能有其独特的用意，但这不能等同于现实的学校教育生活，也不能替代自觉的教育理论研究。如同我们所讨论过的：生命的成长是在与环境不可或缺的互动中实现的，没有虚空的“生命”与“自由”。对于生命而言，它与外界环境之间存在着复杂的关系。问题的关键不是要不要“管”学生，而是如何选择影响方式、提高影响质量，这正是学校教育的使命。

第三种选择是有意识地关怀生命。以“关怀”为取向，意味着对生命本体地位的清醒意识，意味着学校教育自身对生命的积极关注、主动的行为、建设性的气质。学校教育意识到自身的特殊性以及对于个体生命成长的巨大可能，有意识地将自身的财富开发出来，使自身成为个体生命成长的资源。如此，学校教育实践所关注的始终是“人”的问题：人的生命需要、人的生命成长。学校教育实践的价值取向，就是直面人的生命需要，通过学校教育促进人的生命成长。

关怀，是一种积极的行为。它不仅包含着积极的态度，而且意味着学校教育与人之间新的关系形态，人成为学校教育关注的核心。学校教育对待生命，不再是“压抑”，不再是漠不关心，也不再仅仅是出自于自然性的“良知”，而是一种积极的支持、鼓励，是对个体成长的积极介入，是学校教育主动而自觉地影响个体生命的成长。“关怀”取向得以确立的基础，正是在于对生命内涵与学校教育内涵的理解。只有意识到了生命的本性、生命的追求、生命成长的基本机制，学校教育的关怀才有了具体的目标，才使得自身的“关怀”行为有了合理的基础，才可能使自身的关怀具有持久而强大的内动力。同时，也只有深入到生命层次，学校教育对人的关怀、对时代转型的作用，才可能更根本、更整体地获得实现。

关怀，意味着我们承认每个生命体都有成长的内动力，都有成长的可能空间，也都需要成长。学校教育的价值，在于使人在学校教育生活中自主、能动、积极地成长，在于使人意识到自身的生命存在，在于唤醒人的生命意识，在于推动、促进每个人的生命成长。每个人都是成长中的人，都可以有更好的生命存在，都可以有尊严地生活着。学校教育的关怀，意味着信任，意味着介入，意味着唤醒，意味着促进，意味着通过学校教育使学生成长得更好。

（三）关怀生命，意味着当代中国学校教育以培育具有积极的生存方式、主动健康发展的个体为己任

学校教育对时代转型、对人的成长的促进作用，可以在更深层次上实现。关怀生命，就提供了这种可能。

当代中国学校教育所要造就的“人”，是一种具有积极的生存方式、富有生命活力的健康的个体。这一“新人”，不仅表现为知识形态的时代性更新，不仅表现为能力、技能的时代性更新，而且更根本的是具有一种积极的生存方式。这正是源自于对生命内涵与当代中国文化转型的理解。当代中国人只有实现生存方式的更新，从被动压抑的生存方式转变为积极主动的生存方式，才可谓真正实现了人的更新。生存方式这一本源性的更新，将带来人的表现形态的全面更新。

正是集中在个体主动的生存方式的形成上，学校教育将以个体生命质量的提升为目标追求。它需要将学校教育所蕴涵的生命资源更大可能地开发出来，在个体积极主动的活动中，实现个体复杂度的提升，即生命时间的获得，实现个体生命表达的丰富化，即生命空间的获得，实现个体生命体验的获得。学校教育的一切工作，都可以以此为导向，将个体生命质量的提升视为学校教育质量的标准，视为学校教育自身发展水平的标志。

这并不意味着脱离社会的现实发展，也不意味着忽视社会的需要，更不是以此与社会需要对立。它是在对新型的个体与社会关系认识基础上的自觉选择。对个体生命的关注，正是当代中国文化转型的需要和增强当代社会创造力的需要。在我国当前和谐社会的创建中，已经把每个人的发展、人的全面发展既作为前提，又作为“以人为本”的目标提出。此外，对个体的关注，需要借助于时代所创造的各种可能性、各种生命资源，将这些资源组织进学校教育生活中，从而整体提升学校教育中人的生命质量。学校教育与社会发展之间、个人与时代转型之间积极互动、共生共荣关系的形成，复杂系统的整体演化，是这个转型性的时代和转型性的学校教育的根本特征。

（四）关怀生命，意味着当代中国学校教育以整体的、深层次的眼光进行自我改造，以建设性的方式促进生命的成长

生命的成长，是在生活中实现的。学校教育是个体生命成长的一种生活形态。学校教育对生命的关怀，不是以传统的工业化思维方式将这一个体“培养”出来，而是要回到学校教育自身，以对学校教育生活的优化而实现对生命成长的促进。生命是通过全部的学校教育生活滋养而成的。

对于学校教育自身的改造而言，这需要一种整体性深层次的学校教育变革。

从对整体与部分的选择而言，不同的选择，会带来很不相同的学校教育。当代中国学校教育的变革，已经在许多方面展开。但是，单一的、局部的改革，不可能实现整体的自动更新。我们需要更自觉地策划、设计、实践。因此，我们并不反对局部性的改革，但更强调：当代中国需要整体性的学校教育变革，即使是因为各种原因而选择局部性的变革，也需要有整体的意识。具体到学校工作中，现在的学校教育改革较多地集中在课堂教学改革领域。这确实是学校教育非常重要的工作。但就整体性而言，还不是学校教育生活的全部，尚未构成个体生命成长的全部资源。比如，学生的班级生活同样是个体在学校的基本生活形态。更进一步说，我们需要将学校教育的全部时间与空间作为“整体”、作为一种“生活”，考虑这一“整体”、“生活”的优化，这是更具挑战性的工作。

从“人”的角度看，现在大多数的学校教育改革都在强化学生意识，但这还不是学校教育关怀对象的全部。我们还必须意识到：教师的生命质量、学校管理者的生命质量，都应该进入“关怀”的视野之中。也只有在作为个体的教师、学生、管理者各自的生命得以成长、活力得以展现的前提下，关怀学生、关怀教师这些不同的目标才可能实现。这是生命与环境互惠共生关系的一种具体体现。因此，新型学校教育的创建，需要将学生、教师、学校教育管理者都视为具体的生活者，关注他们，研究他们，自觉地为他们的成长提供条件。

对于当代中国学校教育而言，应该而且可以自觉地将自身的改造定位于深层次的转型性变革。深层次并不意味着脱离表层，而是意味着将表层深入到更根本的生命层次，以深层次的眼光指导表层的行为；转型的整体性并不意味着与部分的隔离，而是以整体转型的策划指导每一部分的具体改革。

这样，对学校教育生活的改造，就将更加关注学校教育日常生活的质量，关注生命体在学校教育生活中的生存状态，关注学校教育所可能开发的、多样的生命成长资源。

第三节　学校培养目标的当代重建

学校作为办学主体，自觉思考自己的培养目标问题，并以自己创造性的实践实现这一目标，不仅是学校教育价值取向在学校层面实现的重要环节，也是一个国家的教育发展不能缺失的独特层面。

一、学校培养目标的历史变迁与改革实验的启示

学校培养目标的变迁，是一个历史的过程。学校自主设计、实现学校培养目标，也是一个与宏观社会文化、教育管理体制、学校教育发展水平直接相关的历史现象。依据学校教育发展的历史轨迹，我们可以从宏观的学校培养目标的发展和民间的基础教育改革实验中所包含着的学校培养目标变迁问题入手，初步分析我国学校培养目标的基本变化轨迹。

（一）我国学校培养目标的历史变迁

如前所述，我国学校教育从古代向近代的转型，发生在19世纪末到20世纪初期，自20世纪初到中华人民共和国成立的五十年间，学校培养目标处于不断变迁之中。

在宏观层面，不同时代，政府都会制定相应的教育目的，它会非常直接地决定着学校教育的培养目标，越是在学校发展自主权较小的时期，这种同质性就越强。

清末时期，1904年颁布的《奏定学堂章程》规定的教育目的是：“至于立学宗旨，勿论何等学堂，均以忠孝为本，以中国经史之学为基，俾学生心术壹归于纯正，而后以西学瀹其知识，练其艺能，务期他日成材，各适实用，以仰副国家造就通才，慎防流弊之意。”

1906年，当时的学部规定的教育宗旨是：“忠君、尊孔、尚公、尚武、尚实。”

1912年，民国教育部公布的教育宗旨是：“注重道德教育，以实利教育、军国民教育辅之，更以美感教育完成其道德。”

1929年，国民党第三次代表大会确定中华民国的教育宗旨为：“中华民国之教育，根据三民主义，以充实人民生活，扶植社会生存，发展国民生计，延续国民生命为目的；务

期民族独立，民权普遍，民生发展，以促进世界大同。”

以当时的中等教育为例，1931 年 9 月国民党中央委员会通过的《三民主义教育实施原则》规定中等教育的目标为：“一、确定青年三民主义之信仰，并且是陶冶其忠孝、仁爱、信义、和平之国民道德；二、注意青年个性，及其身心发育状态，而予以适当的指导及训练；三、对于青年应予以职业指导，并养成其从事职业所必具之能。”1932 年 12 月公布的《中学法》则进一步明确中学教育的目标为：“继续小学至基础训练，以发展青年身心，培养健全国民，并为研究高深学术及从事各种职业之预备。”于次年 3 月公布的《中学规程》中具体要求：“（1）锻炼强健体格。（2）陶融公民道德。（3）培育民族文化。（4）充实生活职能。（5）培植科学基础。（6）养成劳动习惯。（7）启发艺术兴趣。”①

1936 年，国民党政府公布的《中华民国宪法草案》规定：“中华民国之教育宗旨，在发扬民族精神，培养国民道德，训练自治能力，增进生活智能，以造就健全国民。”

通过以上的简要介绍，我们能看到不同社会发展时期政治、经济、文化对学校培养目标的影响，能看到人们对学校教育价值认识的变迁，也能看到主管学校教育的机构、人员、教育学者、教育实践者在其中所发挥的重要作用。

新中国成立以后，学校培养目标出现了一些新的特征。

新中国成立初期，为落实教育为建设新政权服务、建立新型教育的价值追求，国家通过一系列“规程”的发布与推行，将国家对教育的价值取向落实在学校教育之中。1952 年的《中学暂行规程》（草案）指出：“中学教育的任务，是用马克思列宁主义的理论与中国革命实践相结合的毛泽东思想和普通文化知识教育青年一代，使他们的身心获得全面地发展，以便为升入高等学校或参加建设工作打好基础。”② 同年发布的《小学暂行规程》（草案）指出：“小学教育的宗旨是：根据新民主主义的教育方针和理论与实际一致的教育方法，给儿童以全面的基础教育，使他们成为新民主主义社会热爱祖国和人民的、自觉的、积极的成员。”③在这些具体政策中，我们能够感受到基础教育政策中强烈的政治气息。

1953 年，政务院在《关于整顿和改进小学教育的指示》中强调：“小学教育是整个教育建设的基础。它的任务是教育新后代，使之成为新中国的健全的公民。”④ 1954 年，政务院在《关于改进和发展中学教育的指示》中强调：“中学教育的目的，是以社会主义思想教育学生，培养他们成为社会主义社会全面发展的成员。中学教育不仅要供应高等学校以足够的合格的新生，并且还要供应国家生产建设以具有一定政治觉悟、文化教养和健康体质的新生力量。”⑤

1958 年，中共中央、国务院在《关于教育工作的指示》中要求：党的教育工作方针，是教育为无产阶级的政治服务，教育与生产劳动结合。教育的目的，是培养有社会主义觉

---

① 叶澜主编：《中国教师新百科》（中学教育卷），中国大百科全书出版社 2002 年版，第 39 页。

②③④⑤ 瞿葆奎主编，雷尧珠、余光、黄荣昌选编：《教育学文集·中国教育改革》，人民教育出版社 1991 年版，第 67、78、131、138 页。

悟的有文化的劳动者，这是全国统一的，违反这个统一性，就会破坏社会主义教育的根本原则。

1963年，中共中央在《全日制中学暂行工作条例》（草案）中明确要求："全日制中学应该贯彻执行教育为无产阶级的政治服务、教育与生产劳动相结合的方针。""全日制中学学生的培养目标是：使学生具有爱国主义和国际主义精神，具有共产主义道德品质，拥护共产党的领导，拥护社会主义，愿意为社会主义事业服务，为人民服务；逐步培养学生的工人阶级的阶级观点、劳动观点、群众观点、辩证唯物主义观点。使学生在小学教育的基础上，进一步掌握语文、数学、外国语等课程的基础知识和基本技能，并且具有一定的生产知识。使学生的身心得到正常的发展，具有健康的体质，培养良好的生活习惯和劳动习惯。"① 在《全日制小学暂行工作条例》（草案）中要求："全日制小学应该贯彻执行教育为无产阶级的政治服务、教育与生产劳动相结合的方针。""全日制小学学生的培养目标是：使学生具有爱祖国、爱人民、爱劳动、爱科学、爱护公共财物等品德，拥护社会主义，拥护共产党。使学生具有初步的阅读、写作和计算的能力，具有初步的自然常识和社会常识，培养良好的学习习惯。使学生的身心得到正常的发展，具有健康的体质，培养良好的生活习惯和劳动习惯。"②

经历过"文化大革命"十年的破坏后，改革开放以来，我国的教育目的在新的价值取向指导下，出现了新的内容。

1981年《关于建国以来党的若干历史问题的决议》要求：坚持德智体全面发展、又红又专、知识分子与工人农民相结合、脑力劳动与体力劳动相结合的教育方针。

1985年《中共中央关于教育体制改革的决定》要求：教育必须为社会主义建设服务，社会主义建设必须依靠教育。社会主义现代化建设的宏伟任务，要求我们不但必须放手使用和努力提高现有的人才，而且必须极大地提高全党对教育工作的认识，面向现代化、面向世界、面向未来，为90年代以至下世纪初叶我国经济和社会的发展，大规模地准备新的能够坚持社会主义方向的各级各类合格人才。要造就数以亿计的工业、农业、商业等各行各业有文化、懂技术、业务熟练的劳动者。要造就数以千万计的具有现代科学技术和经营管理知识，具有开拓能力的厂长、经理、工程师、农艺师、经济师、会计师、统计师和其他经济、技术工作人员。还要造就数以千万计的能够适应现代科学文化发展和新技术革命要求的教育工作者、科学工作者、医务工作者、理论工作者、文化工作者、新闻和编辑出版工作者、法律工作者、外事工作者、军事工作者和各方面党政工作者。所有这些人才，都应该有理想、有道德、有文化、有纪律，热爱社会主义祖国和社会主义事业，具有为国家富强和人民富裕而艰苦奋斗的献身精神，都应该不断追求新知，具有实事求是、独立思考、勇于创造的科学精神。

---

①② 瞿葆奎主编，雷尧珠、余光、黄荣昌选编：《教育学文集·中国教育改革》，人民教育出版社1991年版，第404～405、421～422页。

1986 年《中华人民共和国义务教育法》要求：义务教育必须贯彻国家的教育方针，努力提高教育质量，使儿童、少年在品德、智力、体质等方面全面发展，为提高全民族的素质，培养有理想、有道德、有文化、有纪律的社会主义建设人才奠定基础。

1999 年《中共中央国务院关于深化教育改革全面推进素质教育的决定》要求：实施素质教育，就是全面贯彻党的教育方针，以提高国民素质为根本宗旨，以培养学生的创新精神和实践能力为重点，造就“有理想、有道德、有文化、有纪律”的、德智体美等全面发展的社会主义事业建设者和接班人。

在具体的课程与教学改革领域，1992 年《九年义务教育全日制小学、初级中学课程计划》（试行）提出的培养目标如下。

> 按照国家对义务教育的要求，小学和初中对儿童、少年实施全面的基础教育，使他们在德、智、体诸方面生动活泼地主动地得到发展，为提高全民族素质，培养社会主义现代化建设的各级各类人才奠定基础。
>
> **小学阶段的目标：**
>
> 初步具有爱祖国、爱人民、爱劳动、爱科学、爱社会主义的思想感情，初步养成关心他人、关心集体、认真负责、诚实、勤俭、勇敢、正直、合群、活泼向上等良好品德和个性品质，养成讲文明、讲礼貌、守纪律的行为习惯，初步具有自我管理以及分辨是非的能力。
>
> 具有阅读、书写、表达、计算的基本知识和基本技能，了解一些生活、自然和社会常识，初步具有基本的观察、思维、动手操作和自学的能力，养成良好的学习习惯。
>
> 初步养成锻炼身体和讲究卫生的习惯，具有健康的身体。具有较广泛的兴趣和健康的爱美的情趣。
>
> 初步学会生活自理，会使用简单的劳动工具，养成爱劳动的习惯。
>
> **初中阶段的目标：**
>
> 具有爱祖国、爱人民、爱劳动、爱科学、爱社会主义的思想感情，初步了解辩证唯物主义、历史唯物主义的基本观点，初步具有为人民服务和集体主义的思想，具有守信、勤奋、自立、合作、乐观、进取等良好的品德和个性品质，遵纪守法，养成文明礼貌的行为习惯，具有分辨是非和自我教育的能力。
>
> 掌握必要的文化科学技术知识和基本技能，具有一定的自学能力、动手操作能力，以及运用所学知识分析和解决问题的能力，初步具有实事求是的科学态度，掌握一些简单的科学方法。
>
> 初步掌握锻炼身体的基础知识和正确方法，养成讲究卫生的习惯，具有健康的体魄。具有初步的审美能力，形成健康的志趣和爱好。
>
> 学会生活自理和参加力所能及的家务劳动，初步掌握一些生产劳动的基础知

识和基本技能，了解一些择业的常识，具有正确的劳动态度和良好的劳动习惯。

发展到21世纪，2001年《基础教育课程改革纲要》(试行)提出的目标要求如下。

> 新课程的培养目标应体现时代要求。要使学生具有爱国主义、集体主义精神，热爱社会主义，继承和发扬中华民族的优秀传统和革命传统；具有社会主义民主法制意识，遵守国家法律和社会公德；逐步形成正确的世界观、人生观、价值观；具有社会责任感，努力为人民服务；具有初步的创新精神、实践能力、科学和人文素养以及环境意识；具有适应终身学习的基础知识、基本技能和方法；具有健壮的体魄和良好的心理素质，养成健康的审美情趣和生活方式，成为有理想、有道德、有文化、有纪律的一代新人。

从上述变迁来看，我国学校培养目标日益关注社会发展对当代人才素养的新需要，日益在全球化、信息化和社会转型的背景下自主思考学校培养目标问题，逐步具有了自觉的时代意识、自我意识，对目标的设计也日益具体、清晰。它不仅指导着具体学校的改革实践，而且也在逐步吸收中小学改革实践中的经验和理论研究的成果。

（二）我国教育改革实验对学校培养目标的探索

在教育改革实验领域，对学生成长中知识、技能目标的关注，一直是重点。

20世纪20～30年代诸多的小问题实验，大都涉及具体的知识传授、能力培养问题。据统计，1933年以前进行的小问题实验，国语科有35项，算术科有6项，艺术科有2项，外语科有1项；其具体的实验问题诸如“国语科应否用书”、“国语教材每课要多少生字”、“生字教学讲解法与练习法孰善”、“朗读与背诵何者效率最大”、“默读在读文教学上之效率”、“估定短篇语体文之背诵价值”、“熟读与多看效力孰大”等。① 在这一方面，俞子夷等人的实验相当引人注意。②

改革开放初期，教育实验关注的中心问题，是面对刚刚恢复的教育教学秩序，尽快提高学生的知识能力水平。当时基础教育的现状，也使得这一任务相当紧迫。以青浦实验为例，当时所面对的现状是：“1977年10月20日，我们以考查形式对青浦全县4 373名中学毕业班学生的数学基础知识进行摸底了解，测试内容仅限于当时的中学数学第一至第五册教材，试题十分浅显。考查的结果，总平均成绩为11.1分，及格率仅为2.8%，零分比率高达23.5%。学生数学基础知识的贫乏，已到了令人难以置信的地步。数日后，我们从五所学校各抽调一个班级的试卷逐题分析，寻找质量低下的原因，从中发现：①运算能力低下，约有三分之二的学生分数运算不熟练；②分析问题和解决问题的能力欠缺，不

① 熊明安、周洪宇主编：《中国近现代教育实验史》，山东教育出版社2001年版，第274～285页。
② 参阅董远骞、施敏英选编：《俞子夷教育论著选》，人民教育出版社1991年版。

会解简单行程问题的学生占五分之四以上；③基础知识掌握甚差，通常的概念检查题，全错率占二分之一；④缺乏基本的逻辑思维能力，简单的几何论证题，无从着手的学生占70%。这次数学摸底测试的结果震惊全县上下，并被上海市教育局领导视为‘十年动乱’灾难性破坏的典型。”①

20世纪80年代初期，教育实验的重点在于“掌握知识、培养能力、发展智力”，教学领域各种类型的识字教学实验、卢仲衡的“初中数学自学辅导”实验、“尝试教学法”实验、育才中学的“读读议议练练讲讲”实验、张思中的“外语十六字教学法”实验、魏书生的“自学六步法”（定向、自学、讨论、答疑、自测、自结）、钱梦龙的“三主四式语文导读法”（“三主”是训练为主线、学生为主体、教师为主导；“四式”是自读课、讲读课、练习课和复读课四种课式），其直接的目标指向是促进学生知识、技能的获得。在20世纪80年代初兴起的上海和田路小学的“创造教育”实验、北京香厂路小学的“小学生创造才能培养”实验，在学生能力发展方面进行了有益的探索，这也是在微观的教学改革领域里的实验项目大都具有的价值追求。

正是由于知识、技能和能力对于个体发展的基础性，这一类型的目标是任何一个基础教育实验项目都不能忽视的。但是，这也仅仅是教育实验目标的构成之一而不是全部。

随着教育改革的深入，“非智力因素”概念进入教育领域，许多教育实验在这一目标追求上有所建树。这一类实验较多集中在德育领域，有的是从传统美德教育的角度开展，有的是从集体教育的角度进行②，有的是从个性培养的角度进行③。也有的是基于学校现有基础、结合先进的教育理念进行的，如有的小学“根据小学生的实际情况，把学校引导学生‘学会关心’的教育目标定位在学会关心自己、关心他人和关心环境上”④。还有的实验是直接从非智力因素中的某些内容出发，如“淬砺教育”，通过训练其行为，磨炼其意志，锤炼其精神，锻炼其理想，从而使学生意志超群、能力超群，在未来激烈的国际竞争中所向披靡。⑤ 还有许多学校曾经探索过挫折教育、情感教育等，进一步丰富了教育实验中对于意志、情感等内容的关注。

关注学生自我教育能力的培养，是教育改革实验对培养目标探索的新贡献。有研究者认为：“无可置疑，教育要开发人的智力、能力（包括道德判断能力等），要开掘人的大脑潜能等。但教育更重要的是要发展人之发展的动力，授人以自我发展的‘发动机’和‘钥匙’，并不断提高它们的能量与功能范围。”⑥ “基础教育与学生自我教育能力发展”实验

---

① 顾泠沅著：《教学改革的行动与诠释》，人民教育出版社2003年版，第7页。

② 唐迅著：《班集体教育实验的理论与方法》，广东教育出版社2000年版，第18页。

③ 龚浩然、黄秀兰著：《班集体建设与学生个性发展》，广东教育出版社1999年版。

④ 尤仁德、黄向阳著：《“学会关心”研究》，上海三联书店2001年版，第16页。

⑤ 《半个世纪的辉煌——东北师范大学附属中学五十年发展纪实》，载《新长征》2000年第9期。

⑥ 鲁洁：《应然与实然两重性：教育学的一种人性假设》，载《华东师范大学学报》（教育科学版）1998年第4期。

就具体分析了自我教育结构的表层与深层四种不同的类型，系统展现了自我教育的丰富性（参见表 4-4）。①

表 4-4 自我教育结构的层次与类别

	表层		深层	
	第一类	第二类	第三类	第四类
直接认识对象	外部世界中已有的知识或新技能等	在改造外部世界中遇到的新事物、新问题	主体外部活动的内部心理过程、状态	主体内部世界（部分或整体状态）
目的	掌握知识与技能	解决实践中的困难与问题，形成经验或理性认识	调节内部状态，发展自己，更好完成外部活动	认识自己、发展自己、完善自己
承担者	学习主体与教育者“二为一体”	实践主体与教育者“二为一体”	认识主体与认识对象、教育者部分“三为一体”	认识主体与认识对象、教育者“三为一体”
活动主要动机	独立对外在知识或技能由感知、理解到掌握、运用	独立对外部对象进行分析、研究，寻找解决问题的途径	反思与活动相关的心理状态与过程，寻找改善、提高的途径	反思自身的精神和心理世界的状态，寻找发展自我的途径

在各种目标追求中，还有一类目标是超越具体、可见目标，但又是各种具体目标的灵魂性的目标。陈鹤琴倡导的“活教育”就具有这种思维特征。他关注的是教育本身的“活”性和人本身的“活”性。在当代，有研究者认为：“主体性教育首先应致力于个性素质的全面构建。与以往教育的不同之处在于，主体性教育更关注个体的素质结构特性，如构成内容的完整性和基础性、构成状态的和谐性以及建构过程中的积极主动性。借此为受教育者在今天的学习活动及日后的生活过程中得以适时发挥其能动性、自主性和创造性等主体功能特性奠定良好的基础，在年轻一代身上形成以良好素质结构为基础的积极的、建设的和创造的主体性品质，正是主体性教育价值取向的核心所在。”② 在这里被突出的，不是平面的或者多维的素质，而是在具体素质背后的“素质结构特性”、“主体性品质”，这已经呈现出对教育中的人的发展的另一种关注方式，也自然会产生对改革思路的新探索。有的实验形成了小学生主体性发展测评指标，共 10 个分析单元、49 个项目，其中 10 个分析单元为：创新意识、创造性思维、动手能力、成就动机、竞争意识、兴趣和求知

① 叶澜：《基础教育与学生自我教育能力发展》（上），载《上海教育科研》1996 年第 7 期。

② 杨小微等著：《教育优化论》，华中师范大学出版社 2003 年版，第 123 页。

欲、独立判断决断、自我调控、社会适应能力、自觉自理。① 有的实验建构了以自主性、自律性、适应性、创造性、效率感为核心的目标体系。还有的实验明确地从“促进人的主动、健康发展”的角度进行目标定位，这一简洁的表述背后，是该实验对人之生命存在体悟的具体结晶。

上述研究，丰富了我们对学校培养目标的认识。在当代背景下，基于学校自主变革基础上的学校培养目标重建，已经成为真实的改革需要。

二、重建当代中国学校培养目标

就当前状态看，已经有一批学校能够自觉地思考、建构、实践学校培养目标，其内容构成也开始变得多元、丰富。相对而言，在对学校培养目标内容的设计上，还存在相当多的“加法”思维，不断增加新的素质目标，但各素质目标之间的有机联系不强，缺乏核心性的构成；学校培养目标的设计过程中，自主意识处于初级阶段，还存在大量的简单借鉴，对国家教育目的的理解和对自己学校的深入透析还不够；在学校培养目标的实现过程中，缺乏对学校工作的系统整合和有效推进。

针对上述状态，我们将从学校培养目标的内容构成及其实现两方面，对当代中国学校培养目标问题作出探讨。

（一）学校培养目标的内容构成

基于对当代中国学校教育价值取向的思考和当前学校培养目标问题的讨论，我们认为，当代中国学校教育需要关注人的生命成长，关注人的主动的生存方式的形成。我们所建构的目标系统，应该在新的价值取向的指导下，关注人的生存方式，关注具体而日常的学校教育生活，关注动态生成，关注“活”在现实生活中的人。因此，我们可以尝试将学校教育目标直接建立在“生存方式”基础上。这样建立的目标系统，或许可以更好地沟通学校教育过程与人的生存方式的形成，避免以结果形态作为教育目标所可能带来的与学校教育过程的疏离。

在当代中国语境下，学校教育需要将以知识传授为中心的目标，转换为对个体生命的尊重与养育。这种转换，不是意味着丢弃知识、废除考试，而是意味着将它们置于个体生命成长的视野内，使它们体现出生命的价值。而且，个体内在生命活力的激发，只会更加促进对知识的获得与运用、理性力量的成长。培育富有活力的生命个体，应该成为新的教育目标的核心。

相对于已经受到普遍重视的知识学习、能力发展、人格养成等内容而言，当代学校培养目标更新非常需要关注个体积极的生命情态和高质量地实现生命活动所需要的基本条

① 北京师范大学教育系、河南安阳人民大道小学联合实验组：《小学生主体性发展实验与指标体系的建立测评研究》，载《教育研究》1994 年第 12 期。

件，它们将和知识、能力、人格形成等共同构成学校培养目标的具体内容。

1. 通过学校教育养成个体积极的生命情态

积极的生命情态，呈现于个体与世界的关系形态中，是个体以积极而非消极、开放而非封闭、乐观而非悲观、身在现实之中而胸怀美好希望，并且能通过个体的创造性行为，改变不完善的现实状态、推进现实生活的优化的精神状态。在学校教育中，那些不怕丢面子、勇敢地投身于学校教育改革的教师，有着积极的生命情态；那些在难题面前不退缩、积极思考、解决问题的学生，有着积极的生命情态；那些面对自己学校的现状，不断寻找学校发展可能空间的校长，有着积极的生命情态。在他们的活动中，散发着真诚、执著、进取的气息，充满着开放、生成的意蕴。

之所以关注生命情态，在于这是个体存在的整体表现形态，也是个体能否积极健康地生存在世界之中、在不完善的世界中不断完善自身与世界的基础性条件。并不是每个人都能博学，并不是每个人都能有多样的技能，并不是每个人都能始终生活在正常、幸运、顺利之中。但是，无论是怎样的人，无论在何种生活境遇下，有着积极的生命情态的人，总会活出自己独特的、亮丽的人生，总会散发出生命特有的活力与生命的气息。

我们需要通过学校教育，培育富有积极的生命情态的个体。

这样的生命个体，是对自然与社会有着强烈的探索欲与好奇心，有着开放的心态，有着跃跃欲试的热情的人。他对外界的自然与社会，有着积极的开放心态，有着接受多方面信息的意愿，有着参与的热情与勇气。这是个体参与到生命世界的运行中，获得与世界共在共生的先决条件。正是在这种开放中，个体的自我生成才可能获得更丰富的资源。

对于他人，他乐于接纳，能够合作，能够在人与人的交往中，渴求并不断实现自我的不断完善。他有着“自我”，但能向他人开放，他相信人与人之间的相通性，相信人际的对话，能够唤起生命的共鸣。

对于自己，他具有明确的自我超越的意向，始终向往并勇于实践自己的追求。他不会满足于自身的存在状态，而总是试图获得更新性的成长。这种积极的生命情态，体现为对自己的信心、对自己未来的希望与信任、对自己生活的关心与体验。

对于“事情”，他有着实践的热情，有着投入的勇气，有着对辛勤劳作的热爱，有着百折不回、勇往直前的精神。这些都综合在他做事情的过程之中。

这样的人，有着内在的、向上的活力，有着不断新生着的向往。无论是对于熟悉的还是陌生的世界，他不惧怕挑战，而是能迎接挑战，勇于自我更新。他也会遭遇挫折与失败，但他会在挫折与失败中重新鼓起勇气。在直面失败、直面陌生、直面困难中，个体的生命情态往往体现得更为鲜明。这是一种综合性的个体素质体现，不仅包含着对自身状态的理智判断与情感体验，而且是一种与生命本性相契合的生命状态。具有这一特征的人，始终保持着进入创造性的生命活动的趋向性。

这种生命情态，是热爱生命、热爱生活的集中体现。积极的意向，始终将个体内在的力量与外界丰富的世界相结合，始终将时间与空间融为一体，生命体保持着向前的“气势”。

这样，我们的教育改革、我们对学校教育的体悟与观察，就首先表现为感受人的生存状态：是生活在积极的、生生的气息之中，是生活在阳光的滋养之中，还是生活在暗淡的、沉闷的、阴郁的静寂之中。一旦我们踏进学校，走进学生，我们就能感受到不同的气息，感受到人不同的生命情态。而且，作为学校教育者，需要唤醒学生的生命意识，让他们感受自己的生命力量，感受自己的成长，感受开放的可能世界的召唤。也正是在这一过程中，教育者自身的力量得以展现，唤醒他人的同时，也在唤醒自我。

2. 通过学校教育养成个体富有创生性的行为方式

这里所关注的是个体如何与世界交往，以何种方式生活。我们可以依照活动的基本阶段来进行讨论。这是个体面对“活动”所需要经历的过程，是一种“纵向”的研究思路，关注的是个体活动“过程”的质量，而不是横向的“知识”、“能力”的维度。

首先，养成能合理地确定自身行为目标的个体。对于个体而言，在生命历程中，需要面对连续不断的活动。目的的合理性，是活动质量的先决条件。这需要个体对自身存在状态有清晰、理智的判断，对自身的生命能力有充分的信任与恰当的评价，而且，需要自觉意识到自身的成长可能。他需要在丰富、多样的可能性中，作出自己的判断、选择，通过个体的规划、策划、预期等活动，建立合理的发展目标。这一策划过程，是一种创造性的过程，是对自己与世界发展前景、道路、方向的一种汇聚与开拓。因此，这不仅仅是面对着已经出现的问题、在已有的答案中进行选择，而且可以是一种开拓性的创造。这就需要在学校教育活动中，不断地形成个体良好的自我意识、生命意识，引导个体确立富有生命价值并具有实现可能性的目标。随着年龄的增长，个体确定目标的能力、目标本身的质量水平都呈上升趋势。这样的素质养成，是个体面对复杂的生存环境，走向更广阔的生活、走向更高的存在水平的需要，个体在这一过程中，获得自我意识的清晰，获得对自己潜力的信任。

其次，养成具有策略意识与能力的个体。这是期望个体能积极主动地发挥自身的力量，在复杂的环境中，灵活运用多种策略，实现活动的目的。实践活动的展开、具体目标的实现，原本就是在复杂的环境中进行的，因此，会有各种各样的干扰、意外、机遇、挑战。在这一过程中，如何充分有效地利用外界机遇，开发可能资源，将相关条件转化成发展的支持力量，最终实现有价值的目标，将是社会转型时期个体非常重要的一种素质。这不仅需要灵活多样地收集信息、判断信息、处理信息，而且需要在此基础上调整自己的行为与目标。这样的素质养成，只能在复杂的活动中实现，学校教育能够在其中发挥重要的作用。

再次，养成能反思、超越自我的个体。人的活动，最终以某种结果状态显示出来。而对这一结果的认识，对活动结果与活动过程的历史性、空间性比较，都会带来个体的反思。通过反思，个体不断地将活动置于更宽广的时空背景下，不断认识变化、发展中的自我，不断通过对过去的反思而重新调整目标与行为方式、思维方式。而且，只有通过真实的反思活动，才可能形成反思的习惯、品质，才可能不断成为习惯于反思、能够反思的健康个体。这一品质是生命个体能够自我发展、自我更新的关键因素。

学校教育需要进一步推动个体走向更新性重建，实现对自我的不断超越。这是从一个阶段跃升到更高成长层面所需要的。它意味着个体在已有活动的基础上，通过自我反思，对自身的目标合理性、过程合理性与结果合理性作自觉的思考，从而在新的自我意识与对象意识的基础上，建构新的目标与过程设计，并逐步实施，由此进入到更高水平的成长层面。

这一素质要求同样体现在教育者日常的学校教育生活中。一次教育活动之后，教师能否自觉地提出重建的措施，学生能否自觉地提出更高的要求，校长能否提出更适切的发展目标与方案，往往成为决定个体能否实现成长的决定性因素。人的成长需要一次次“质变”，需要一次次“飞跃”。重建，就是个体飞跃的努力。

上述目标构成，体现于学校教育生活之中。丰富的学校教育生活，包含着实现上述目标的可能。其关键在于：需要始终将个体积极主动、富有活力的生存方式的形成，作为学校教育的根本目标，而不是停留在知识传递、技能训练的层面上。

（二）学校培养目标的实现

对于这样的学校培养目标，需要一种整体的学校教育形态。这种整体，表现为学校教育工作的各个方面，始终围绕着核心目标进行；而且，在不同的层面与领域，相互沟通、合理分工但不分家，充分实现自身的独特价值，促进生命整体的成长。

从空间的角度看，在第一个层面上，学校整体的工作目标应围绕培育富有生命活力的个体而展开。全校性的工作安排，校长的全部工作，必须明确这一中心。学校要研究如何针对本学校的学生特点，设计和建设适应学生发展需要的学校生活。学生在学校中生活，是学校生活的整体在促进着学生的发展。而综合性地设计和建设学校生活，就要以整体综合的思维方式考虑学校整体育人环境的建设，无论是显性的学校环境还是隐性的文化氛围，无论是学校的制度体系还是丰富多彩的活动体系，都是育人的资源，因此也都需要在学生发展的层面上加以设计和建设。综合设计和建设还包含着一个时间维度，即从不同年段儿童发展需要的角度，设计和建设促进不同年段儿童发展的教育生活。这种生活环境或者活动可以是常规的、长期性的，又可以是短期性的活动。

在第二个层面上，学校教育中基本的生活形态是班级活动与课堂教学。这二者具体的表现形态不同，因此，目标的重心也会不同，其价值与目标却是一致的，都在于促进学生成长，只是在用不同的构成性资源养育着共通的生命。因此，分析自身的特殊性构成与表现形态，分析自身在生命养育中的特殊价值，就可以构成这一层面的目标特征。

在第三个层面上，课堂教学内部的不同学科与课程的教学、班级中不同主题的活动，又构成自身的资源特殊性。在自身的特殊性之上，又可以建立这一层面的目标系统，如语文教学的目标、数学教学的目标等。

这样，学校教育的目标系统至少体现在三个不同层面上。如果再考虑更为微观的一次次的活动，这一结构还要延伸。

这样的结构，再放在时间的视野下思考，就有了全程与当前的区分。每一次、每一学期具体的学校教育目标都是具体的，也必须针对当下的学生生存状态。但同时，又必须具有全程视角，将当下的目标建立在学生过去活动的基础上，保持着对未来的开放性，追求实实在在的层次提升。

不同层面、不同时段的工作，具有内在的价值取向的相通性，并且在实际的学校教育生活中相互影响、相互生成。因此，无论是面对哪一层面、哪一时段的工作，都需要同时关注到它的独特性和它的整体背景。这样，我们才会通过每一层面的深入而带动整体改革的深化，通过整体的推动进一步创造每一层面的新的发展空间；我们才会在分析学校教育中的“具体”事情时有一种整体的语境，在思考全局工作时又有具体的“抓手”。

上述多层面、多维度、立体的教育生活的建设，需要在坚实的、研究型的教育实践中生成。在具体的教育生活创建中，需要关注不断生成的新资源，不断将资源的价值开发出来，动态调整学校生活，在清晰合理的价值取向指导下，推进学校改革的深入。

这一过程，也同样是每一位教师直面挑战的过程。实现中国学校教育价值取向和培养目标的当代重建，需要有思想、有智慧、有境界的教师，需要能够脚踏实地、自强不息的教师。在这一过程中，有发展意识与自我更新能力的教师，也将生成教师的灵性与智慧，将使教师的职业形象获得全新的定位。因此，这一过程将是一个学校教育的自我更新过程，是一个教师成长的过程，是一个富有生命气息的生命实践过程。

思考题

1. 以你任教的学校和学生为对象，分析学校的培养目标设计与学生成长的现实状态。
2. 选择当代基础教育改革实验中的一个或若干个实验，分析其在学校教育价值取向和培养目标研究方面的贡献。
3. 请阐明你对当代中国学校教育价值取向更新的基本走向的看法。

主要参考文献

1. 瞿葆奎主编，丁证霖、瞿葆奎选编：《教育学文集·教育目的》，人民教育出版社 1989 年版。
2. 瞿葆奎主编，雷尧珠、余光、黄荣昌选编：《教育学文集·中国教育改革》，人民教育出版社 1991 年版。
3. 叶澜著：《教育概论》，人民教育出版社 2006 年版。
4. 叶澜、郑金洲、卜玉华著：《教育理论与学校实践》，高等教育出版社 2000 年版。
5. 叶澜主编：《“新基础教育”探索性研究报告集》，上海三联书店 1999 年版。

6. 叶澜主编：《“新基础教育”发展性研究报告集》，中国轻工业出版社 2004 年版。
7. 陆有铨著：《躁动的百年——20 世纪的教育历程》，山东教育出版社 1997 年版。
8. 朱小蔓著：《教育的问题与挑战》，南京师范大学出版社 2000 年版。
9. 扈中平著：《教育目的论》，湖北教育出版社 1997 年版。
10. 黄书光、王伦信、袁文辉著：《中国基础教育改革的文化使命》，教育科学出版社 2001 年版。
11. 李家成著：《关怀生命：当代中国学校教育价值取向探》，教育科学出版社 2006 年版。
12. 熊明安主编：《中国近现代教学改革史》，重庆出版社 1999 年版。
13. 熊明安、喻本伐主编：《中国当代教育实验史》，山东教育出版社 2005 年版。
14. 张东娇著：《最后的图腾：中国高中教育价值取向与学校特色发展》，教育科学出版社 2005 年版。
15. 唐盛昌著：《中学教育的求索与超越》，人民教育出版社 2004 年版。
16. 刘彭芝著：《人生为一大事来》，高等教育出版社 2004 年版。
17. 李烈著：《给生命涂上爱的底色》，高等教育出版社 2005 年版。
18. 康岫岩著：《生命因教育而精彩》，高等教育出版社 2005 年版。
19. [苏] 阿莫纳什维利著，朱佩荣译：《孩子们，你们好!》、《孩子们，你们生活得怎样?》、《孩子们，祝你们一路平安!》，教育科学出版社 2002 年版。
20. [美] 杜威著，王承绪译：《民主主义与教育》，人民教育出版社 1990 年版。
21. [美] 波伊尔著，王晓平等译：《基础学校：一个学习化的社区大家庭》，人民教育出版社 1998 年版。
22. 国际 21 世纪教育委员会：《教育——财富蕴藏其中》，教育科学出版社 1996 年版。
23. 联合国教科文组织国际教育发展委员会编著，华东师范大学比较教育研究所译：《学会生存——教育世界的今天和明天》，教育科学出版社 1996 年版。
24. [德] 博尔诺夫著，李其龙等译：《教育人类学》，华东师范大学出版社 1999 年版。
25. 李鹏程著：《当代文化哲学沉思》，人民出版社 1994 年版。
26. 张世英著：《进入澄明之境》，商务印书馆 1999 年版。
27. 梁漱溟著：《东西文化及其哲学》，商务印书馆 1999 年版。
28. [美] 马斯洛等著，林方主编：《人的潜能和价值》，华夏出版社 1987 年版。
29. [德] 卡西尔著，甘阳译：《人论》，上海译文出版社 1985 年版。
30. [德] 贝克勒等编著，张念东等译：《向死而生》，生活·读书·新知三联书店 1993 年版。
31. [德] 布伯著，陈维纲译：《我与你》，生活·读书·新知三联书店 1986 年版。

32. [奥] 弗兰克著，赵可式等译：《活出意义来》，生活·读书·新知三联书店 1991 年版。
33. [法] 埃德加·莫兰著，陈一壮译：《复杂思想：自觉的科学》，北京大学出版社 2001 年版。
34. [法] 埃德加·莫兰著，陈一壮译：《复杂性理论与教育问题》，北京大学出版社 2004 年版。

第五章　课堂教学的原理与策略

我们今天所赖以生存和发展的社会，是转型中的社会；我们今天所用以充实、丰富和提升自我的知识，是转型中的知识；无论是作为研究者还是作为实践者，我们今天所置身于其中的课堂，也是转型中的课堂。因此，本章所要透析的课堂教学，不是静止的事物，而是一个处于不断变动和转换中的对象，是一个我们必须投身于其中才能真切地把握住的活动过程；本章所要讨论的课堂教学的原理与策略，是教育学原理在学校日常实践中的基本领域之一——课堂教学中的具体表现。通过这一章的学习，我们将体会课堂教学原理与活生生的教学实践的关系。

第一节　教学的概念及其实存背景

一、教学概念的理解

教学是我们非常熟悉的一种学校日常的生活或活动，然而，达成理解上的一致（哪怕是基本一致）却非常困难，中外学者们在教学概念的定义上众说纷纭，至今也未达成较为一致的意见。

在英语国家，常用“instruction”表示“指导”（有时也指整个的教学活动），用“learning”表示“学、学习”，用“teaching”表示“教、教导”，用“teaching-learning”或“teaching and learning”表示“教学”。根据美国教育学家史密斯（Smith，B. O.）的整理，英语国家中的教学（teaching）内涵可以归为以下五类：（1）描述式定义，可表述为“教学是传授知识或技能”；（2）成功式定义，意味着“教与学不仅要发生某种相互关系，还要求学习者掌握所教的内容”；（3）意向式定义，表明“尽管教学在逻辑上可以不包括学，但人们可以期望教导致学”；（4）规范式定义，即将教学作为规范性行为，它表明教学的活动符合特定的道德条件；（5）科学式定义，即关于教学的一个专门性定义是由“和”、“或”、“含义为”等词连接起来的一组句子构成。①

① 施良方、崔允漷主编：《教学理论：课堂教学的原理、策略与研究》，华东师范大学出版社 1999 年版，第 8～10 页。

国内教学论著作中关于教学的定义及用法也是多样的。近代以前有关教学的文献中，对“学”、“学习”、“教”、“教学”乃至“教育”这些概念几乎不作严格的区分。当然，到了今天人们已经不满足于这种笼统模糊状况，要求加以辨析，以明确问题讨论中的所指。有学者将对各种教学的用法归纳为五个层次的理解：（1）最广义的教学，一切学习、自学、教育、科研、劳动，以至生活本身，都是教学；（2）广义的教学，教学不是某些自发、零星、片面的影响，而是从内容到形式都体现出有目的、有领导、经常而全面的影响；（3）狭义的教学，指的是教育的一部分和基本途径，通常所说的教学或教学的主要特征表现得最典型的就是这种教学；（4）更狭义的教学，在有的场合下，教学被理解为使学生学会各种活动方法和技能的过程，如教学生阅读、写字、算术等；（5）具体的教学，区别于以上四种抽象的教学。①

以上述归类分析为基础，有人本着既要将教学与非教学现象相区别，又要反映“一切”教学之共性的宗旨，尝试提出了如下一个关于教学的“一般定义”。

所谓教学，乃是教师教、学生学的统一活动。在这个活动中，学生掌握一定的知识和技能，同时，身心获得一定的发展，形成一定的思想品德。②

这一定义不仅描述了教和学活动的统一形态，而且隐含着教学活动的价值取向——使学生掌握知识技能、身心获得发展、形成思想品德。下面再看两例定义。

教学就是指教的人指导学的人进行学习的活动。进一步说，指的是教和学相结合或相统一的活动。③

教学是以课程内容为中介的师生双方教和学的共同活动。④

以上三种定义一致的地方是，都描述了教学是由教学（师生）双方参与的统一或共同的活动，属于“描述式定义”；不同之处在于：定义一隐含着“应当”，所以又属于“纲领式定义”。纲领式定义是一种指向实践计划或实践纲领的定义，其语言形式上一般隐含或明确地包括“应当”的成分，而描述式定义则是对所要界定的对象作出“白描”，较少或不带主观色彩。定义二和定义三可视为描述式定义。

还有一种下定义的方法是“约定”，或叫“规定式定义”，它一般规定一个概念或词语在某种特定的语境中按某种特定的方式和意义理解，而这个概念或词语在这种语境中始终表示一种规定的意义。例如同是在《学记》这篇著作中，“建国君民，教学为先”一句中的“教学”，可以理解为“教育”；而“教学相长”中的“教学”，则是另一种约定，指具体的教和学的活动。

国内有研究者依据约定俗成的用法与讨论便利的需要，提出了关于教学这一概念的另一种“规定式定义”，这里的“规定”不是对教学实践活动的规定，而是在理性思维层面

①② 王策三著：《教学论稿》，人民教育出版社 1985 年版，第 83～89 页。

③ 李秉德主编：《教学论》，人民教育出版社 1991 年版，第 2 页。

④ 顾明远主编：《教育大辞典》第 1 卷，上海教育出版社 1990 年版，第 178 页。

上的规定。规定式定义由五个判断组成：(1) 教、教学经常是通用的；(2) 教与学在思维上是可分的；(3)“教的行为”是教学理论的中心问题；(4) 教学 (教) 就是教师引起、维持与促进学生学习的所有行为；(5) 教学行为即探究行为。研究者还指出，判别一种活动是不是教学活动，主要依据三点：(1) 引起学生学习的意向；(2) 明释学生所学的内容；(3) 采用易于学生觉知的方式。①

事实上，按中文表达方式，“教”与“学”往往是不能分开的，至少在教学实践中是浑然一体。当我们说到“教”时，必定暗指同时发生着某种“教”指导下的“学”的活动，否则“教”只能算“独白”或“独行”；当我们在讨论教学时说到“学”，这种“学”肯定是某种“教”指导下的“学”，否则就只能算“自学”。因此，我们可以从“教”或“学”不同的角度去理解教学这一复合式的活动过程，而不能从事实上将这二者分开。但是，上述的约定基本是教师教的立场，并未提出教学作为一体的内在规定性。

既然教与学在教学过程中是不可剥离、相互锁定的有机整体，是一个“单位”，而不是由“教”与“学”两个单位相加而成的，那么，我们在动态地理解教学活动过程时，就要看到：教学过程是师生为实现教学任务和目的，围绕教学内容共同参与，通过对话、沟通和多种合作活动产生交互影响，以动态生成的方式推进教学的活动过程。教学过程中师生的内在关系是教学过程创造主体之间的合作交往关系。所以，分析课堂教学活动的基本单位不是“教”，也不是“学”，而是教学如何“互动生成”。

把教学作为一个整体单位来理解，与以往将教学分开来理解的观念是不一样的，导致的实践也是不同的。一所尝试进行课堂教学改革的中学，提出了一个口号——“先学后教”，仿效者不少。这样割裂地理解教学，很容易导致实践中时而有“教”无“学”，时而有“学”无“教”，教学双方处于游离状态，难以形成真正的共时性互动，也难以生成有价值的教学资源。相反，一些视教学为不可分割之整体的课堂教学改革研究，例如“新基础教育”的学科课堂教学改革研究中，把问题、活动等“放”下去让学生自己思考或练习时，总是有教师的巡回指点、发现“资源”、适时回应等活动，而当教师将资源“收”上来进行小组或全班范围的研讨并解决疑难问题时，一定有组内同伴或全班学生参与对话交流的活动。也就是说，无论“放”与“收”，课堂上发生的都是师生之间、生生之间双边或多边共时性的交互活动，在这些活动中，既有新资源的不断生成，又有教学互动质量的不断提升。

综上所述，我们可以将教学的内涵理解为：以师生之间、生生之间的多向互动、动态生成这一基本方式，教师引导学生实现个人的经验世界与社会共有的精神文化世界的沟通和富有创造性的转换，逐渐完成个人精神世界对社会共有的精神文化财富具有个性化和创生性占有的过程。

---

① 施良方、崔允漷主编：《教学理论：课堂教学的原理、策略与研究》，华东师范大学出版社 1999 年版，第 12～16 页。

上述定义中，师生、生生之间如何互动生成，学生如何实现个人经验与人类精神文化的沟通、转换以及如何完成个人精神世界对社会共有的精神文化财富具有个性化和创生性占有等问题，将在下面展开论述。

二、教学与课程的关系

我国当前正在进行的新一轮基础教育课程改革，是新中国成立以来的第八次课程改革。在经过了数年的广泛调研和深入研制之后，教育部于 2001 年颁布《基础教育课程改革纲要（试行）》（以下简称《纲要》），到 2005 年秋季，初中和小学起始年级基本上进入了新课程体系；高中阶段的新课程改革方案也在 2003 年面世，并于 2004 年秋开始在 4 个省份试行。新一轮课程改革从理念到行动都带有强烈的变革意味，对长期以来形成的教学理论体系及课堂教学实践模式都产生了很大的冲击，这不仅将引起教学理论的深刻反思与重建，而且对每一位以课堂教学作为自己的教育日常生活的一线教师来说，既是发展机遇又是严峻挑战。

我们首先要弄清楚的是：新课程改革究竟带来了什么样的发展机遇？

新课程改革的根本任务是：全面贯彻党的教育方针，调整和改革基础教育的课程体系、结构、内容，构建符合素质教育要求的基础教育课程体系。由于新课程从价值取向、课程功能、知识结构、学习方式、评价系统及管理模式上对旧的课程体系进行了根本性改造，因而我国中小学长期以来形成的与旧的课程体系相适应的教学体系，包括相应的教学观念体系和实践模式，将遭遇严峻的挑战。长期受其影响甚至束缚的一线教师，将在改变课堂面貌、参与课堂教学重建乃至教学理论重建的同时，摆脱旧理论框架及实践模式的束缚，实现自身理论素养和实践品质的重铸。

从实践角度分析，新课程改革将给课堂更新、教师发展和学校变革带来如下机遇。

（一）新课程改革带来的机遇

1. 加大课堂教学自主性和自由度

《纲要》明确了新一轮课程改革的核心目标是课程功能的改变：改变课程过于注重知识传授的倾向，强调形成积极主动的学习态度，使获得基础知识与基本技能的过程同时成为学会学习和形成正确价值观的过程。要实现这一根本转变，需要使课堂转变成为学生积极参与，有可能自主学习的场所，这就需要在课堂教学过程中充分体现学生学习的自主性，加大教师教学设计与实施的自由度。新一轮课程改革之前，教师的用武之地仅限于教学方法和手段的改革，涉及教材也只能在充实内容、调整顺序等方面略有作为，而且这点小作为也不可避免地受到教学大纲要求及教学评价导向的掣肘：有“纲”在，教学内容改革就不能突破“纲”的限制；有统一的考试在，教学设计与实施就不能不有所顾忌。新课程改革的总体构思是将过去过于集中的权力分散和下放，从目标到内容、方法到评价都留有充分的弹性和余地，这就为任何一位有思想、有创意的教师自主地进行课堂教学改革提供了前提性保障。

新课程改革把目标设计、内容选择和活动安排的自主权还给了教师。在教学的价值取向与目标定位上，超越了以往单纯重视知识目标的局限，把能力培养（即“过程与方法”）和情感陶冶（即“情感态度与价值观”）也作为重要的目标维度，而且对这些目标的实现程度也作了弹性的要求，区分出行为目标、生成性目标和表现性目标，有些目标只要去“做”了，就算达到要求了。在内容选择上，以往的教学大纲严格规定了学习的内容及其范围，在“学什么不学什么”、“学多少”等方面，教师没有自由度，而新课程以课程标准取代教学大纲，重在指出要达到的目的，并不严格限定具体通过什么内容、什么途径去实现。在活动安排上，包括不同学科的学时分配上，也是具有浮动和伸缩的空间，具有更大的机动性。

2. 拓展每一位教师的专业发展空间

有了课堂自主和创造自由，教师的潜能才能得以充分发挥，教师专业的自主发展才有了起码的前提。拓展教师专业发展的空间，首先表现在对教师专业发展内涵的理解要超越专业知识技能的局限，因为仅仅强调知识要素无法实现新课程在“过程与方法”、“情感态度与价值观”方面的教育目标，可以把新课程改革背景下教师专业发展理解为以专业素养为核心的“全人格”的发展。其次表现在日常化的、带有明显研究成分的教学实践开始成为教师专业发展的必由路径。面对新课程、新课标、新教材以及渗透其中的新理念，教师劳动的创新性成为不可缺少的基本特征。再次表现在教师的这种渗透于日常教学实践中的研究既是自主的独立劳动，同时又是同伴之间（还有与外部专业人员之间）多种形式互动生成的合作劳动。教师通过教研组（备课组）内外、校内校际交流等多样化途径，参与专业性很强的探究活动，同时也就获得了有助于个体专业发展的良好的群体“生态”。

3. 对学校的整体变革与发展产生积极效应

课程是学校工作的一部分，无论我们怎样强调课程是学校工作的核心，是多么重要的一部分，也不能替代学校工作的全部。所以，课程改革在学校中不能孤军奋战，新课程改革能否顺利推进，也取决于学校其他方面的工作能否及时跟进。尤其是新课程改革理念要成功地转化为实践（而不仅仅停留于话语层面），需要学校在教学、德育、管理等各方面形成相适应的新理念，并与新课程改革的理念同步转化为新的学校实践，而且是最为日常的实践。从当前一些学校实施新课程的状态和经验来看，新课程改革确已带动了学校的校本管理、校本教研以及校本教师发展等各方面的工作，为学校的总体面貌更新和结构性变革准备了条件。

（二）新课程改革面临的挑战

那么，我们需要应对新课程及新课堂的哪些挑战呢？

1. 课堂教学需要走向新的“有序”

改革意味着对旧秩序的“破坏”和对新秩序的创建。课堂教学秩序在“破旧立新”的过程中难免出现混乱，这当然是一种积极的“无序”，是前进中的问题。“无序”之中，参与教学活动的各种因素要按照新的机制来运行，要在新的规则约束之下产生相互作用，教师作为其中最能动的因素，应成为教学新秩序的探索者、发现者和缔造者，而这对于习惯了旧规则的教师来说，任务的确是非常艰巨。当课堂不再是完全按照事先的设计亦步亦趋的时候，当学生不再满足于知识的简单再现、技能的机械操练的时候，当教师面对大量信息资源需要及时捕捉、有效回应的时候，创建新规则、形成新的课堂形态就显得十分迫切了。

2. 教师的教学观念和教学行为习惯需要作适应性调整

进入新课程改革实验不久，各地实验区教师不约而同地发出“我们不会教了”的感慨。其实并不是真的不会教，而是不会在新的课堂规则和秩序下教。改变教师头脑中根深蒂固的教学观念和习以为常的教学行为习惯，其难度不亚于改变一个人长期形成的生活方式。

3. 教师个人素质将在开放、民主的课堂上经受极大的考验

开放后的课堂，无疑会出现信息资源充分“涌流”的局面，与过去那种按预先准备好的内容、程序上课，排除过程中可能出现的意外和“干扰”的方式相比，教师的个人素质、专业修养及教育智慧会受到难以比拟、也难以预期的考验和挑战。

当然，原有的教学理论体系也将经受严格的检视和严峻的挑战。例如，教育信息技术提出了不同于原先的普遍的教学组织形式与方法手段的“网络化交往”；建构主义认识论则通过“意义建构”冲击了传统的客观主义的认识论，引起了人们对知识、学习、教学、教师等概念的重新审视。我们相信，通过理论对话和实践验证，作为学科的教学论也将出现系统更新。

三、教学与信息技术的关系

当今时代是信息化高速发展的时代，信息技术的改进和功能的扩展使其逐步渗透到社会各个领域，带来社会结构性变革，使社会呈现信息化特征。与此同时，它又直接且越来越广泛地影响到生活在信息社会中的生命个体，使个体的生命实践呈现出信息时代特征，并且信息成为一种影响人的生命发展的重要力量，呈现出生命特征。以往我们局限于从技术层面去认识信息化与学校教育的关系，忽略了信息化的社会特征和个体生命特征，作出的回应也往往流于表面。因此，要以认识信息化的多层存在形态为前提，理解信息技术给课堂带来的新变化，进而在教学活动的设计、实施及调整中，把握好现代化课堂中人与信息技术的基本关系。

（一）信息技术向课堂注入新的元素，使教学具有新技术的特征且发生深刻变化

信息技术进入学科课堂，无论是对促进教学内容的呈现方式多样化、提高学习方式的灵活性，还是对引发各种教学方式融合、促成课堂师生互动多向化，都具有不可低估的意义。在教学内容呈现方面，信息技术有助于拓宽信息呈现形式，增强学习内容的刺激强

度，具有提供超文本信息的特性，有利于学生发散、联想思维的培养，有利于通过网络传递的方法实现教学内容的时空开放。在学习方式灵活性方面，信息技术为学生的非同步学习提供了可能时空，为学生的自主学习提供了快捷有效的工具，信息技术网络为学生的协作式学习提供了平台。从教师设计与组织教学的角度看，信息技术不仅提供了新型的教学准备资源设备和工具，如电子备课室、网上备课、电子化教案等，而且可以改变备课模式，实现跨时空参与，还可以创设模拟、仿真的可供讨论、合作和体验的多种教学情境。此外，还可以运用信息技术实现师生互动的多向性（如通过电子邮件实现一对多的交流互动）、跨时空性（如利用网络技术的 BBS 开展同步或异步的讨论、交流）和民主性（如隐名发表观点、提出问题）。

当代课堂活动过程中蕴涵的这些高技术含量，使得我们基于过去生活经验所形成的课堂活动观无可挽回地落伍了，只有直面这些新的特征、寻找新的教学对策，才有可能重新自如地驾驭课堂。

（二）信息技术的属人性和技术作用的有限性，要求教师理智地对待现代信息技术

信息技术无论先进得多么不可思议，它都是属于人，是由人所创造并为人服务的。信息技术的这种本性决定了它只能是受人支配而不是反过来奴役人。现实中我们看到不少教师遭遇停电或电脑、投影仪等设备故障使准备好的课件无法使用时便不知所措，看到一些上级制定的评课标准中将“是否使用多媒体”赋予一票否决的权重，看到大多数现代信息技术手段不过是充当了高档黑板、电子挂图或资料查询器……这种种现象表现出对信息技术的盲目崇拜及简单化应用，没有充分研究现代信息技术在学校教育、教学中运用的特殊要求和价值的有限性，即信息技术不可能完全代替教师在教学中的作用。在缺少现代教学理念的教师手中，现代信息技术同样会沦为过时教育观念的工具。

四、教学与学习的关系

讨论教学与学习的关系，其前提是要区分两种意义上的学习：一是日常情境中的学习；二是教学过程中的学习。这两种方式都既是人的学习方式，又是人的成长方式。日常情境中的学习是自古至今每个人都有的，是与生命、人生经历共存的学习成长方式。尽管人类有了这种凡人皆有、无可剥夺的学习方式，还是创造出了专为儿童学习成长服务的学校机构及教学活动，这是因为人类社会随着自身的发展，创造了一个以符号及其运作方式为表征和形式构成的精神文化世界，积累了丰富的精神文化财富，这就为年轻一代提供了一种新的学习环境和学习方式，即“教学过程中的学习”。

然而，精神文化世界毕竟从最本源意义上是来自现实生活世界的，与现实生活世界有着千丝万缕的内在关联，并且现实生活世界又是随社会历史条件的不断变化而变化的。因而，我们不仅要在沟通人类精神世界与现实生活世界的前提下把握学习本质以及教学与学习的关系，而且要从历史、现实与未来的贯通性上理解学习本质以及教学与学习关系的动态变化。

学习化社会的到来，使学习成为一种空间上的“泛在”现象，也使学习成为时间维度上永不终止的连续现象，这也意味着人的学习状态不仅决定了人的发展状态（尤其是人的精神发展状态），而且学习本身也成为人存在和发展的基本形式。当一次性学习再也不能供人终身享用的时候，社会的每个成员，尤其是成长中的年轻一代，学习的终身化便是不可避免的了。作为基础教育阶段的教学活动，必须从人的终身学习与发展的视角来重新自我定位。

学习环境的变化，尤其是信息化社会的来临，不仅改变着年轻一代的生活方式、学习方式，也在改变着他们的语言、思维和行为，这意味着教学活动基本因素之一——学生的改变，进而也必然要求课堂上所组织的“教学过程中的学习”发生重大的改变。对此，我们稍作展开阐述。

生活在信息时代的个人的生命实践，与前信息时代中成长的个体有着很大不同，呈现出信息时代的个体生命特征，这在青少年的身上尤其突出。这些特征主要表现在以下几个方面。①

（1）个人时空意识的变化。从时间维度看，在过去、现在和未来三个时态中更注重未来的价值，关于危机、转机和生机的“时机”意识增强，时间观因现实的变化加速而变得非序列化、碎片化、无常化。从空间维度看，首先，信息技术赋予个体超越实际生存空间局限的可能，使个体意识中的世界空间、宇宙空间变小，而个人空间变大。其次，互联网上可实现的空间转换的迅捷，现实中个人生命实践中的空间变换的频率、速率与跨度，与过去相比普遍增强。再次，不同地域或专业之间原先分明清晰的边界，由于个体穿越的可能性提升，使个体空间意识富有弹性，边界变得模糊和有更多的可通性。最后，个体的生存空间在现实与内在心理空间之外，又增加了一个虚拟空间。

（2）个人生存方式的变化。在交往方式上，由网络构筑的虚拟空间大大增加了人与人之间交往的间接性、匿名性、随意性。在学习方式上，学习资源的丰富性和学习方式的个体化、学习时空的非局限性等，明显增加了个体学习的自由度和效率。另外，个体活动方式与时间分配在信息时代也发生了很大的变化。

（3）个人语言与思维方式的变化。语言与思维方式的变化属于个体生命内在精神活动与表达形态的变化，是信息生命化存在的最内在的一面。就思维方式变化而言，由于阅读图像语言的机会增加，使得个体需要或者能够培养起综合、全息式思维和情境式、互动式的思维能力与习惯，这与工业化时代倾向和看重的理性分析思维有很大的不同。由于“人机对话”的增强，个体思维中的程序意识加强，人的头脑中也增加了计算机逻辑的因素。

---

① 叶澜主编：《全球化、信息化背景下的中国基础教育改革研究报告集》，华东师范大学出版社 2004 年版，第 15～20 页。

这样一些变化无疑提醒教育者要对今天的年轻一代“刮目相看”，要对他们变化着的个人内在的精神世界进行研究。当然，对教师而言，这种研究可以也应该是随教学实践过程而进行的。学生的课堂表现、作业作品等，都是教师即时研究学生的好素材。不仅要研究学生在信息社会背景下思维、语言和行为变化的共性，也要研究作为个体的学生的个性差异，避免面对一个想象中的“抽象的学生”，简单照搬心理学结论，从而造成教学方案的目标空泛、措施缺乏针对性。总之，要了解和理解一个个鲜活生动的学生的内心世界，必须走进他们所浸润其间的生活世界，进而以合理有效的、也是师生双方可以接受的方式展开交往与对话。

学习的变革以及教学与学习关系的发展变化，也必然导致学习理论研究的深化与拓展。学习理论是指“描述或说明人和动物学习的性质、过程和影响学习的因素的各种学说”①。“学习理论要解决的基本问题是学习的实质问题，即有机体是如何获得个体经验的，这个获得过程的实质如何。”② 在学习实质问题上的众说纷纭，导致形形色色的学习理论流派，这些理论流派可以被划分为某些类型来加以比较和把握。有学者认为：“个体的学习从性质上来看，可以分为两类或两个层次，第一类学习是指个体获得经验的学习，而第二类学习则是指个体获得学习机制的学习……我们把第一类学习称为一般的学习，而把第二类学习称为‘元学习’。相应地，各种关于学习实质的观点和理论也可以分为讨论一般经验的获得的学习理论与讨论学习机制的获得的学习理论，前者可称为‘学习理论’，后者则称为‘元学习理论’。”③

我国历来重视学习问题，孔子、朱熹等先贤对学习及“学、思、行”的关系问题，对读书及读书法问题，都有大量的真知灼见，但是，缺少像近现代西方心理学那种对学习的实证性研究，更缺少当代世界范围内兴起的系统的、综合的学习科学研究。当然，近些年来教育心理学界关于“元认知”、“元学习”问题研究的“升温”，也使我国的教学理论研究从过去只关注一般学习问题研究转向关注并吸纳教育心理学和学习学的研究成果，也开始重视教学理论与学习理论的关系问题，引进和吸收西方教育心理学的研究成果。也许正如西方教育心理学者所说，有效的学习理论并不能告诉我们如何教学，但是它确实给我们提供了最可靠的起点，从中可以发现按师生的心理过程和因果关系两方面来阐明教学的一般原理。教学理论必须建立在学习理论之上，而且还需要更关心其实用的方面，即教学的程序和技术方面。④

对学习问题以及学习理论与教学理论相互渗透的关注，已经成为一种世界性的潮流。欧洲于1985年成立了“学习与教学研究协会”，其宗旨是促进学习过程、发展过程与教学过程的理论研究与实验研究。国内自1988年以来也如雨后春笋般地出现了各种“学习科

---

①④ 施良方、崔允漷主编：《教学理论：课堂教学的原理、策略与研究》，华东师范大学出版社1999年版，第20、17～22页。

②③ 莫雷：《论学习理论》，载《教育研究》1996年第6期。

学研究会”或“学习学会”。心理学和教学理论界的学者们经潜心研究，出版了为数不少的学习与教学的心理学原理方面的专著和教科书。这些对丰富和发展教学理论研究、促进其科学化进程无疑具有极大的推动作用。

第二节　教学观的演变与更新

如果说，新课程勾画了教学现代化的蓝图，信息技术架起了向现代化跃迁的平台，那么，现在起关键作用的就是我们的教师是否具备在观念上不断自我更新的心态了。

一、教学观及其构成

（一）什么是教学观

教学观，顾名思义是对教学的总体性认识或基本看法。教学观不仅存在于不同的理论书籍中，也实存于教师的头脑中，并决定了教师在教学过程中将如何去行动。例如，一位把教学看作是“灌输”的教师，就会以知识讲解、讲述或示范的方式让学生通过记忆、背诵或大量练习来掌握他所教的东西；而另一位把教学看作是一种对学生学习的“组织”、“引领”的教师，则会通过组织活动、创设情境、探究问题等方式让学生自主、主动地去发现和领悟需要掌握的内容。由此可见，教师不仅需要了解、研究有关教学观的理论，而且需要明晰和审视自己头脑中的教学观。

在教学观这一总体认识之下，又有关于教学目的、教学过程、教学质量与评价等的一系列具体的看法。这些认识和看法，从教学目的看，表现为对“为何而教”的思考与回答，例如为了传授知识、传递人类文化，或者为了学生的能力发展、个性形成、道德品质养成等，这可以称为教学价值观；从教学过程看，表现为关于教学要素及其相互关系、教学活动的展开步骤等问题的看法，可以称为教学要素观（如教师观、学生观、课程与教材观等）、教学结构观（即上述各种要素之间的关系，如师生关系观等）、教学过程观（关于教学活动的进行步骤及展开逻辑的认识或主张）；从教学结果看，还有教学质量观及其相应的教学评价观。一个时代比较符合共识的教学观，可以称为“主流教学观”，它总是反映这个时代的总体面貌和基本精神。但也会有旨趣相反的“非主流教学观”与之并存。总体的教学观通过上述各种特殊的具体的教学观（如学生观、师生关系观、教学过程观等）体现出来，即总体教学观的主要精髓渗透或蕴涵于这些具体的特殊的教学观之中，又通过具体的学科或活动内容的教学表达出这种总体的思想精神。

（二）教学观的基本构成

为简明起见，我们先借助一个直观的图形①描述教学观何以形成且为什么会表现出不同教学观之间的差异（参见图 5-1）。

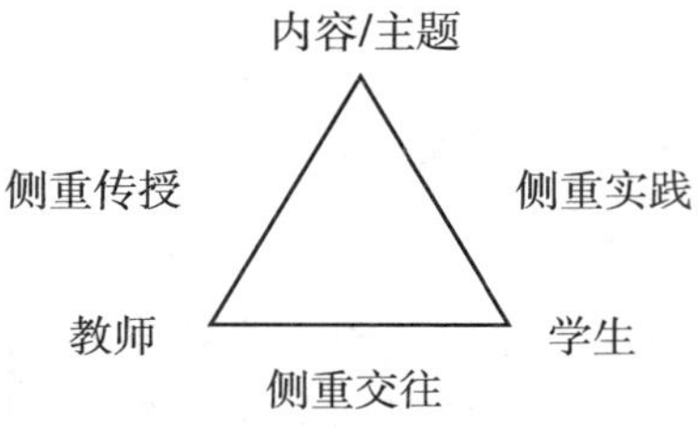

图 5-1　教学观的基本构成

由上图可见，处于教学三角的三个角上的要素分别是教师、学生、内容/主题，这三个要素是教学活动不可缺少的。一个教学活动的发生，时间、场地虽然必需，但还不是作为构成教学这一特殊活动的必备因素。设施、方法以及组织形式等虽然是教学活动中必须研究、设计的方面，但它们是在三要素具备后由教师作进一步策划要考虑的内容，属于教学活动过程中的相关要素，并非教学能否开展的基本要素。因此，教学活动最少必须有教师、学生、内容/主题这三个“要件”，如当年孔子率弟子出游，行至大树底下就可以开讲。也就是说，只要不缺这三个“要件”，教学活动随时随地都可能发生。所以，我们可以把这三个要素称为基本要素，它们处于教学活动的核心层。

三个“角”所对应的三条“边”，每条“边”连接起两端要素，便形成三种教学关系，对这三种关系中任何一种的强调，则构成不同的教学观，即交往教学观（师—生“边”）、实践教学观（学生—内容/主题“边”）、传授教学观（教师—内容/主题“边”）。如果非要以某一要素为中心，实际教学中必然导致对其“远边”的忽视或疏离。例如，一种以教材为中心的教学活动，相应地比较忽视师生的互动交往关系，而一种以教师为中心的教学活动，则容易忽略学生与内容/主题的直接接触（即忽视实践）。同样地，一种以学生为中心的教学活动中，教师如何处理教材便难以进入教学设计的视野。

然而也必须看到，处于核心层外的各种因素，如教学方法、手段、设备、场地、氛围等，在教学活动中也不是无足轻重的，因为正是这些要素的关联与互动，构成教学核心要素相互作用、相互影响的“生态场”，它支撑、维系或者损害着教学基本要素的活动，影响着教学活动的质量和水平。

上面的分析还只是形式的、表层的分析，要理解教学活动的发生，还必须深入研究教

---

①　教学活动中三个基本因素之间关系的图示常被国内研究者称为“金三角”关系，甚至国外学者的著作也采用类似的表示方法，如 2000 年出版的由 Lan Westbury 等主编的《教学作为反思性实践——德国教学论传统》（*Teaching as a Reflective Practice*：*The German Didaktik Tradition*）一书，就在第 31 页用三角形图示表示学生、学科及学习机构之间的关系。这种表示法的优点是简洁，缺点是仅限于静态描述，难以表现教学活动过程中各基本要素之间复杂的、动态的相互作用。

学活动整体的、内在的发生发展机理。教师、学生都是生命体，都有自己的主动精神追求及其过程体验，教学内容虽然常常被视为“文本”，其实所谓文本也不过是一个“载体”，它所承载的同样是生命能量——人类的文化精神力量的积淀、积聚、转化和释放。教学作为这样一种人的精神生命活动，受社会在不同历史时期各种政治、经济、文化等因素的影响，受个体在不同社会条件下精神追求愿望与成长需求的影响，也受不同时代思想和精神思潮（如哲学思潮）的影响，教学观在历史的进程中也不断发生着演化与变革。

二、教学观的演变

（一）演变的历史线索

关于教学思想和教学理论的形成与发展，已有不少论著和教材进行过十分详尽的分析。① 重述这些历史事实不是本教材的任务，但又有必要对教学观念发生发展的基本线索作简略的概括。

中外教学思想史上，早期均是由教育家们零散地发表一些谈学论教的思想观念和主张，如苏格拉底的问答法（即“产婆术”），昆体良论演说家的教育，孔子讨论“学”与“习”、“思”与“行”等，这些富有哲理的观念至今对我们认识教学仍有启发，但并不是系统的学术探讨，均不成系统。即使中国古代曾有不少学者系统地论学，也基本上属于“朱子论学，只是读书”一类。被誉为古代西方的第一部教学法论著的古罗马教育家昆体良的《雄辩术原理》，也只是更关注如何教的方法论著。如何将人类积累起来的赖以生存发展的社会经验有效地逐代传递，成为当时教学观念上的首要追求。随着早期形态的心理学，如官能心理学、统觉心理学等的引入，教学理论界开始出现重视个人能力发展的倾向，并在后来形成了形式教育（重视能力培养）与实质教育（重视知识传授）的激烈论争。随后，人们渐渐意识到人的情感、个性等因素在教学中的重要性。其后又有多次的“回潮”，如在知识问题上，要素主义、科学主义等数次将知识教学的合理性提到重要的议程。时至今日，教学价值上的综合取向才被越来越多的人接受。

除去“学论”不算，我国 20 世纪初最早出现的教学论著作、教材，就是一本教学方法论，随后便有大量的教学法著作被引进或自编出版。海外归来的或本土成长的学者，如陶行知等，纷纷将泊来的教学思想理论以实验的方式进行本土化处理，造就了教学论研究的一时繁荣。新中国成立以来，又从“东窗”引进了苏联教学论，再一次突出地张扬了知识教学传统。经过了十年“文革”的劫难之后，教学论在改革开放的二十多年里，“东窗”、“西窗”一起开放，各种思想资源冲突碰撞且又沟通融合，使教学思想理论主流几乎是浓缩地从头经历了一遍教学思想观念的演变历程：从重视知识教学开始，到意识到智力

① 参阅田本娜主编：《外国教学思想史》，人民教育出版社 1994 年版；李定仁主编：《教学思想发展史略》，青海人民出版社 1993 年版。

和能力发展的重要，到正视教学活动是理智与情感交织的过程，因而提出教学也要重视兴趣、情感等非认知因素的培养，再到强调教学要使学生在全面素质基础上获得个性发展，最后形成由新一轮基础教育课程改革各科课程标准所共同表述出来的综合取向的教学价值观——知识与技能、过程与方法、情感态度与价值观。

教学观的形成与人们对教学问题的思考有关，教学观的演变也与教学研究"问题域"的转换相关。有的教材以教学问题提法上的变化为线索来清理教学论的历史发展，这对于思考教学观的历史形成与演进也是有启发意义的。有人认为，在教学论的萌芽期，人们首先提出的是"应该怎样教学"和"为什么教学"的问题，即关于"教学方法"和"教学目的"的问题；在教学论作为独立学科建立的漫长岁月中，核心问题域转向"教学是什么"、"教学什么"、"(实然性的）怎样教学"这三个方面，即"教学本质"、"教学内容"、"教学方法"；到了20世纪，人们重新提出了"应该怎样教学"的问题，这实质上就是"教学价值"问题。及至当代，在社会与教育的双重转换中，教学观发生了如下重心转移：从重视教师向重视学生转变，从重视知识传授向重视能力培养转变，从重视教法向重视学法转变，从重视认知向重视发展转变，从重视结果向重视过程转变，从重视继承向重视创新转变。①

其实，早期的和繁荣时期的"应该怎样教学"都是关于方法、程序、原则、模式和策略的应然性命题，它们体现了人们的价值取向，但并不就是价值取向问题。教学观念的演变也不是线性的一种取向绝然取代另一种取向的过程，对知识的注重、对能力的强调、对行动和体验的重视，都盛极一时却都未能独步天下，而是此起彼伏、此消彼长，在论证、较量、超越和包容中整体推进。下面选择几个看似对立的、主要的、足以构成教学思想发展主旋律的取向略加分析。

（二）演变的主旋律

要准确地概括教学论或教学思想演进的历史是困难的，三百年来各种教学思想流派之间的冲突融合、此消彼长，绵延不绝，难以尽数，这里只能挂一漏万，试作概括。

1. 关注知识与关注能力

西方教育史上，历来就有关注知识还是关注能力的分歧和争论。"形式教育论"者主张像训练身体器官那样训练人的心理"器官"，应该也可以运用拉丁文、希腊、数学等难度较高的学科来训练学生的记忆、思维和语言能力；"实质教育论"者则相反，认为学习对人将来过完满生活的有用知识是最重要的，例如，生理学、卫生学是直接为保全人自身服务的，应该在课程体系中占有重要位置；逻辑学、数学、物理学、化学、天文学、地质学、生理学、社会科学（尤其是关于金融、商业贸易的知识）都是与进行生产、贸易密切相关，为间接保全人自身的活动服务的，它们具有很大价值，在学校教育中应当受到重

① 黄甫全、王本陆主编：《现代教学论学程》，教育科学出版社1998年版，第18～28页。

视；为了从事抚养和教育后代的活动，除了必须具备生理卫生知识，还要懂得心理学和教育学；为了履行公民职责，必须学习历史；等等。相关的研究与实践使人们渐渐意识到，知识和能力是不能分割的，知识作为认识的结果，镌刻着人们的智力活动“印迹”，知识在其获得或运用的过程中，又需要大量的认知与情感活动参与；丰富而深刻的知识是能力形成的基础，而能力又是人们拓展或更新知识的条件，二者是相互影响、相互建构的。随着人们认识的深化，今天已经很少有人提“知识和能力谁更重要”这样的问题了，但在实际教学中，这种非此即彼的僵化思维仍在起作用。例如，20世纪80年代初，只要强调智力、能力的重要，就有人离开具体学科的教学搞所谓的“智力训练课”；只要注重学生的应试成绩，就会忽视学生的能力发展，一味地开快车，强迫灌输，机械背诵，大搞题海式训练。这表明，从观念认同到行为自觉之间还有一段距离。

2. 主“知”与主“行”

19世纪末，欧美“新教育运动”和“进步教育运动”竭力将实践、活动和操作引入教学，与社会和生活密切联系的教学内容和教学方法受到重视，学生的主动精神和兴趣得到弘扬，教学的灵活性和适应性增强，新的更为活泼的教学组织形式纷纷出现，打破了以系统传授知识为主导的班级授课制的一统天下。这时候，人们开始用书本中心、课堂中心和教师中心（即旧的“三中心”）来称呼“主知主义”的课堂教学，并用新的“三中心”，即“经验中心、活动中心和儿童中心”取而代之，形成了以行动主义为主导、以实际活动为主调的新的教学模式。这两种教学模式的分歧来自两种“主义”的分歧，即班级教学体现了主知主义的思想，活动教学则反映着行动主义的追求，二者在教学目的、内容、方法、组织形式等方面的认识都有很大的分歧。主知主义强调科学知识的系统学习，以便为将来生活作准备；行动主义认为教学就是一种生活，要通过教学生学会如何行动以适应环境。主知主义强调依据学科结构组织教学内容；行动主义强调依据儿童的兴趣、通过活动来组织教学内容。主知主义注重通过书本知识、课堂讲授来获得知识；行动主义主张通过在具体情境中的操作活动或探索性活动来获得经验。主知主义重视教师的主导作用，赋予教师极大的权威；行动主义则关注学生的主体作用，强调学生积极主动性的发挥。当然，二者的对立也不是绝对的，例如主知主义的代表人物赫尔巴特也看到了多方面兴趣对课程内容组织的重要性，杜威的实验学校也设想在儿童年龄稍长以后对他们进行分学科的教学。

3. 崇尚理性与崇尚非理性

由于二战后科学技术革命的兴起，理性主义思潮成为主流意识。在教学上，加强科学教育、提高学生的知识质量和科学素养便成为改革的主题。斯金纳的程序教学实验、达维多夫的“智力加速器计划”、布鲁纳的结构课程及发现法教学，典型地体现了这种理性主义的追求。这种教学过分相信科学和技术的力量，忽视了学生的人格、情感和主动精神。又由于受存在主义、人本主义思潮的影响，一股重视个性发展、情感体验、艺术创造等活动，重视人的价值实现、精神健康、创造力激发，重视人文知识、审美价值和道德价值为特征的教学新思潮开始出现。罗杰斯的非指导性教学、马斯洛的人文主义教学、苏联的合作教育学是这股新思潮的典型代表。学界有不少人将这两种倾向概括为“科学主义”和“人本主义”教育思潮。事实上，它们各自相对的侧重点是有的，有时还是很明显的，然而，也不是截然对立。例如，布鲁纳被称为科学主义教育思潮的代表，可是他的结构迁移理论强调的恰恰是“原理和态度的迁移”。人本主义思潮的出现是对科学主义的纠偏，并不是对科学带来的进步视而不见。我国教育现实中，高中阶段的文理分科以及时常出现的“重理轻文”现象在客观上加剧了我们头脑中科学主义与人本主义的对立，而事实上，一个完整、和谐、健康成长的人，其理智与情感的发展应该是均衡的且相互促进的。

第三节　课堂教学观的系统重建

我国改革开放二十多年的教学改革史，几乎是浓缩地复演了一遍曾在西方发生过的从重知识到重能力，从主知到知行并重，从崇尚科技理性到兼顾科学与人文、理性与非理性的整个过程，国外各种教学改革流派的理论与实践也曾在中国轮流地“你方唱罢我登场”，然而最终人们发现，这些丰富的外来思想资源，必须经过本土性的思考、吸收和内化，才能有助于中国自己的教学理论与实践的更新与重建。在以下的具体问题阐述中，我们主要采用了“新基础教育”研究提出的一系列观点。第一，这一研究是在教育基本原理视野下开展的研究，十分重视原理性问题的重新审视，具有全局、整体和关联的方法论特征；第二，这一研究坚持在理论与实践的双向建构、批判反思与重新创建相辅相成，在与第一线教师持续合作十多年研究基础上形成一系列理论观点，在相当程度上经受了实践的检验；第三，这一研究是本书编者共同经历的研究过程，许多认识是有体验的认识。但是，这并不等于有关认识只限于“新基础教育”即可，上述三点也可能造成编者视界的局限。

一、课堂教学价值观和过程观的重建

价值问题是一切教育活动不能回避的问题，以往教学实践中以知识为唯一追求、视学生为知识的被动接受者、忽视学生生命发展的整体性和独特性等问题，引起越来越多的人的关注。有的研究者认为，实践中教师的价值选择停留于传递知识，而对技能、能力和智力发展的关注大多仅为点缀且流于口号，这些价值观并不表现为言说和书写，而是实实在在地体现于备课和教学行为之中，由此而深切地感到：教师教学观念的转变，包括教学价值观的转变，不能脱离教师的教学实践，只有教师的内在观念才具有真实地指导教师制定教学目标和定向教学实践行为的作用。由叶澜主持的“新基础教育”研究致力于重建新的课堂教学价值观，其核心理念是“从单一地传递教科书上呈现的现成知识，转变为培养能在当代社会中主动健康发展的一代新人”，其中“主动”一词是对现在已十分流行的“以学生发展为本”的提法的进一步聚焦。教育理论界曾先后提出过“多方面发展”、“自由发

展”、“和谐发展”、“主体性发展”，但似乎都只是从期望人本身达到的理想状态来说明发展。“新基础教育”的研究者把“发展”看成是一种开放的、生成性的动态过程，既不是外烁的也不是内发的，人的发展只有在人的各种关系与活动的交互作用中才能实现，因此，应当以“关系”与“活动”为框架思考教育以什么发展为本的问题，用“主动”一词来界定发展，既体现了活动状态，又内含了主体自觉，还指向了关系事物，而且道出了追求期望。①

新的教学价值观需要我们重新理解教学活动的性质，重新理解教学过程中教师与学生的关系，在这些认识和理解的基础上，建立起我们新的教学过程观。

当前国内外关于教学活动性质的研究十分强调“生活”、“游戏”、“真实”、“对话”等含义。例如强调书本世界与生活世界的联系与沟通；将对话视为一种新的教学精神，打破教学各要素的封闭与对立状态，建构起开放的、生成的、充满生命力的对话式教学体系；强调要确立教学中的真实主体，给学生以真实性任务，从而引起真实的智力活动，并将“真实”作为评价教学的一种标准……这些与以往那种主智主义的教学观及理性主义的教学研究态度形成鲜明对照。

主客二分的思维导致了我国教学过程理论问题的研究长期不能摆脱机械化、简单化的偏向，例如强调知识教育的时候是以教师为主体的，突出个性教育的时候又转向以学生为主体，而“教为主导、学为主体”的观念看似不偏不倚，实则是一种简单的折中办法。②有研究者认为，主体—客体关系范畴具有特定的含义和功能，它只适宜于用来描述教学活动中的部分关系，而不能描述教学活动中的全部关系，尤其是教与学之间的关系。教与学之间的关系结构比较适宜于用“条件性活动”与“目的性活动”之间的关系范畴去描述和概括，教师的教是学生有效地学的条件性活动，学生有效地学是教师的教的目的性活动。教学活动的基本结构是条件—目的性活动结构。③

“新基础教育”的研究者通过系统的历史梳理，指出从赫尔巴特到苏联凯洛夫逐渐形成并对我国学者认识教学过程的本质产生巨大影响的“教学特殊认识论”，在实践中仍然占据主导地位，从杜威到布鲁纳、赞科夫、克拉夫基的教学思想虽然也先后对我国的教学理论和实践界产生过巨大冲击，但真正在实践中受到一定程度重视的还只是操作性强、效果好测量的布卢姆的教育目标分类理论。后现代教学论批判简单还原、二元对立以及基于分析思维和逻辑建构的方法论，批判以追求终极真理为目标的认识过程论，从多侧面、多层次冲击了现代教学论作为前提性认识基石的知识观，从而使整个“大厦”出现倾倒之势。但是，后现代观所普遍存有的过度批判、怀疑、解构以及对不确定性、偶然性等方面

---

① 叶澜：《重建课堂教学价值观》，载《教育研究》2002年第5期。

② 万伟：《对话：一种新的教学精神——从主体思维到关系思维》，载《教育理论与实践》2002年第12期。

③ 陈佑清：《教学活动的条件—目的性活动结构》，载《教育理论与实践》2002年第2期。

的过度推崇，在给人巨大震动和兴奋的同时，也让人感到其存在着偏激和否定性弥漫化的问题，而且还使其自身也缺失了存在的根基，削弱了对现实教育世界变革的作用力度和可能性。就我国目前状态看，一些课程改革的先行学校，相当多的是把这些观点体现在新创设的研究性课程和综合实践课程的教学中，而学科课程的教学还是采取较稳妥的传统方法，以确保改革背景下的升学率的“万无一失”。

“新基础教育”突破了以教师为中心、以讲授法为核心、以复制式的传授知识为目的、以“强操作性”为特征，限制了学生也限制了教师自主性的传统教学过程观，以此来重新认识教学过程的不可替代的基本任务，这就是：使学生努力学会不断地、从不同方面丰富自己的经验世界；努力学会实现个人的经验世界与社会共有的精神文化世界的沟通和富有创造性的转换；逐渐完成个人精神世界对社会共有的精神文化财富具有个性化和创生性的占有；充分发挥人类创造的文化、科学对学生的主动、健康发展的教育价值。关于教学任务的这一定位，表达了对教学过程中必然出现的两个“世界”多重变换关系的认识，对如何处理这些关系的基本立场，以及教学需要完成的任务和服务目标的明确。

社会共有的精神文化财富，就其内容而言，是自有人类社会以来逐渐形成的我们今天称之为科学、哲学、艺术、技术等多种符号和体系构成的丰富的学科世界。精神文化财富具有双重的开发功能：一是对不断满足人类丰富多样的需要和社会发展的人类实践的开发功能；二是对每个学习者的精神世界和创造潜力的开发功能。正是这两种功能，使精神文化世界对人类和个人具有了重要的、不可缺失的发展性价值，而且也使其与现实生活世界之间建构起双向多重的交互作用和彼此创生的关系。

在传统的教学观和教学实践中，教学任务被直接规定为传递人类社会所积累的系统的文化知识和形成学习知识的技能、技巧，教学过程被简化为教师以讲授为主导、学生以记忆和练习为主的被动接受过程。它忽视了文化知识与人类及儿童经验世界的丰富关联。杜威的现代教学观批判了上述观点，提出知识不是商品，不能直接地从一个人手里传到另一个人手里；教学应实现对儿童的经验改造的任务，主张从儿童的经验出发，通过丰富、扩展儿童直接经验的方式来学习人类文化知识，并最终走向对科学知识的系统掌握；通过改革教学，实现儿童身上两个不同形态和意义世界之间的联系与转换。这是杜威较之传统教学观的深刻之处，也是他对教学任务认识深化的贡献之处。但是，杜威学校中一系列以“做中学”为特征、以“儿童经验改造”为中心任务的教学实践尝试，带来的后果是对学科系统知识在教学过程中独特地位和育人价值的削弱。后现代主义在知识论上的批判，确实对人具有振聋发聩的意义，但如果以此作为依据，把教学的主要任务定位在让儿童去怀疑、批判已有知识，自己去发现、探索知识，以实现解放儿童、发挥儿童的主动性、开发儿童的创造潜能的美好目标，这未免又高估了儿童进行研究、创造的可能性，忽视了作为成长期儿童的身心发展特点，从另一个角度削弱或否定了人类已有的精神文化财富对于儿童发展所不可取代的价值。

上述偏向产生的原因，说到底是对人在“日常情境中的学习成长”与“教学过程中的学习成长”的关系问题上认识的偏差。不管学校教学、课程的具体内容怎样不断地随时代发展而变化，教学要促进学生在“教学过程中的学习成长”的性质是不会变的。这是一种个体要进入符号抽象意义的精神文化世界所必需的学习，与通过日常生活实践获得现实世界生存经验意义的学习相关，但决不相同。如果没有这样的性质区别，那么学校教学这种专门的、人为的学习形式就失去了存在的根基。

尚需进一步略作说明的是关于学生对社会共有的精神文化财富的个性化和创生性的占有这一任务。其中，个性化是指个人的动机、需要、基础、兴趣、特长、倾向性、学习风格和思维方式等因素的组合，它使每个人从共有精神文化财富中获取的内容、方式等都带有个人的选择和特征，并形成个人精神世界的特质，促进个性的丰富化与发展。提出这一点是为了强调两个“世界”的转换不是千篇一律的过程，也不是要求通过教学培养出统一的“标准化”学生。创生性包括两方面的含义：(1) 创生性的占有过程对于学生的发展具有生成的意义，它不仅表现在丰富、形成和发展了学生的内在精神世界，培养了各种能力和加速社会化的进程，而且表现在学生对自我的期望与信心以及发展的意识、能力与策略等方面的提升；(2) 创生性的占有是学生创造能力的开发、生成和积聚，以及对创造性活动的理解和体验。它不是知识的灌输与简单积累过程，而是用科学、文化内含的创造力，通过教学实践，激发、促进学生个体生命创造力的发展过程。

教学过程中的师生关系或教学关系历来存在争议，当“教为中心”和“学为中心”显露出明显的理论缺陷和实践弊端以后，“教师主导、学生主体”和“师生互为主客体”的认识开始引起较广泛的认同。然而，教学中的师生关系不能以“人”与“物”在实践中的主客体关系模式来认识，否则，就会陷入把“一方”当做“物”来操作的危险。改变参照模式，以“人”与“人”之间的实践中的交往，即主体间性的模式来认识，可以认为教学是人类的特殊交往活动。但是，这一逻辑推论需要改革实践的支撑。“新基础教育”的研究者在深入学校与教师一起改革课堂教学的过程中，在上千节课的观察及事后的研究中深切地认识到，要使师生在教学过程中真正建立起特殊的“人—人”关系，就要把师生的教学活动当做不可剥离、相互锁定的有机整体，就要把教学过程看作是师生为实现教学任务和目的，围绕教学内容，共同参与，通过对话、沟通和合作活动，产生交互影响，以动态生成的方式推进教学活动的过程。教学过程中师生的内在关系是教学过程创造主体之间的交往（对话、合作、沟通）关系，这种关系在教学过程的动态生成中得以展开和实现；教学过程的内在展开逻辑是“多向互动、动态生成”，在这一逻辑指导下，“新基础教育”正在创造不同学科、不同年级、更多类型的新型课，形成新型课的类型系列，提高每个实验教师重建课堂教学过程和结合自己的实际进行教学创造的自觉性，形成自己的教学风格。①

① 叶澜：《重建课堂教学过程观》，载《教育研究》2002 年第 10 期。

二、课堂教学价值观在实践中的体现

由于我国长期以来实行国家统一的教学（课程）计划、教学大纲乃至同一套教科书，因而教学论领域长期以来也只讨论教师如何对既定的教学内容进行“备课”的问题。新一轮基础教育课程改革极大地变革了课程和教材制度，提出教师不仅是课程的执行者，而且是课程的创造者、课程资源的组织者，教材只是资源之一，要求教师“用教材教”而不是“教教材”。这样，教学设计问题也就十分突出地摆在教师们面前。

（一）从备课到教学设计

传统教学强调的备课有“三备”，即备教材、备学生、备方法，由于教学（课程）计划、教学大纲和教材的“三统一”，教师备教材时不可能有多大的突破或创新，更多的是理解和体会。在大量的实际备课活动中，备教材干脆成了“抄教参（教学参考书）”；备学生往往从概念出发（如套用心理学上揭示的儿童发展各年龄阶段的特征等），面对的是抽象的人而不是具体的活生生的人；备方法成了追逐流行方法，或者“跟着感觉走”。尤其要指出的是，在充满展示意识的“公开课”模式影响下，备教材就是找出重点、难点，在缺少对具体学生进行分析的情况下，所谓重点、难点只是针对刚才说到的“抽象的学生”，备学生就是看哪几个学生能“出彩”、能表演出“好效果”；备方法则是流行什么方法就用什么方法，把某时某地适应某些学生的方法，强行变成普遍适用的方法，如从流行什么都用发现法，到流行无论是否必要都用小组讨论法，再到无论是否适用都用探究性学习等。至于一些具体的方式，如“你喜欢哪一段就读哪一段”，更是不遗余力地竞相模仿。显然，简单的“三备”容易把教师局限于一个“操作工”的定位之上。解决的基本办法是将教师置于教学活动组织的主体地位，引入教学设计的概念，使教师明确自己的地位和角色。教师不仅是教学活动的组织者，而且还是教学活动的决策者。

然而，在我国教学论研究传统中，教学设计一直被视为教育技术学的“专利”，尽管研究者们给教学设计的界定各不相同，但基本上都循着一种技术路线或方法思路，例如“教学设计是实现教学最优化的一种重要措施”，“教学设计是制定教学计划的系统方法”，“教学设计是一种旨在促进教学活动程序化、精确化和合理化的现代教学技术”等。① 更多的时候，教学设计这种“技术”是与使用多媒体及若干机器设备联系在一起的。事实上，教学设计是一项复杂的、综合性很强的决策与规划活动，这种活动首先是有价值导向和理论认识前提的，这决定了教学的性质和方向；其次，教学设计是从一种整体的观念来考虑如何使参与教学活动的各种要素以最佳的方式组织起来，并在活动的各个关键阶段合理地展开相互作用，从而最有效地实现期望的教学目的。当然，教学设计也有较高的技术含量，效率、兴趣以及如何使学生真实地成长，这些追求的实现需要教学技术提供支撑。教学设计活动的文本呈现方式就是教学方案。

---

① 参阅李定仁、徐继存主编：《教学论研究二十年》，人民教育出版社 2001 年版，第 235 页。

（二）教学方案设计的基本范围

教学方案设计所涵盖的范围，大体包括研究文本，研究学生，确立目标，设计活动形式、内容及程序，选择教学手段和方法等。

研究文本是指对课程计划、课程标准、教材等课程文本的解读，传统备课理论中强调的“懂—透—化”三部曲依然适用，教师不仅要熟知课程标准和教材的总体要求，而且要熟悉所教内容在整个教学内容体系中的地位和在形成学生素质中的作用。不仅如此，教师还应有自己的理解和体会。在课堂上我们常常见到，教师个人对课文或其他类型知识单元的解读至关重要：教师解读得浅，课就上得浅；解读得偏，课的方向就偏。除此之外，教师还要根据教学需要，开发利用其他教学资源。

研究学生也是“读懂学生”的过程，教师要对学生的知识结构和经验水平，学习的兴趣、愿望等态度因素，学习的方法和能力等情况进行深入而具体的了解，从而准确地把握学生在进入课堂之前的状态。有的教师虽然也在教案上写着“学生的听和说的能力还有待提高”、“学生对于围绕主题展开讨论感到困难”，但若要深问：有多少学生感到困难，有多少学生能成段地说/成句地说/一个一个单词地说，不会说、不敢说的原因是什么，则无言以对，这表明教师并未真正“读懂学生”。

以读懂文本和读懂学生为基础，确立怎样的目标才能使所有学生在教学过程中既能获得真实的进步，又不至于感到特别困难；既使成绩好、能力强的学生不感到虚度时光，又使学习困难的学生能够跟上并有收获。围绕教学目标的实现，教学设计还要综合地考虑教学中师生活动的形式和内容、活动展开的程序以及对活动过程及效果的检测与评价方法等问题。当然，也有对课堂环境等因素的考虑。

教学方案的设计应当是动态的、不断更新的，因为当方案再次使用时，即使内容不变，学生也肯定是变了的，又需要从读学生开始。再者，每次课后教师与其同事通过说课评课所展开的反思，也是以重建为旨归的。每一次上课所获得的多方面信息，就是下一次教学方案设计的珍贵资源。

（三）教学方案设计的典型案例

“新基础教育”把促进学生主动健康的发展作为“共通目标”，即第一个层次的目标，它的落实必须经由第二个层次的价值观重建，即学科教学价值观的重建，这一层次的价值观重建要通过教学内容加工、教学过程设计以及课堂上的实施而转化成为一个实践的、动态实现的过程。具体表现为：（1）拓展学科丰富的育人价值，为学生认识、阐述、感受、体悟提供不同的路线、独特的视角以及亲身的经历和体验等，这需要对学科内容进行深度开发；（2）按照育人价值实现的需要，重组教学内容，将结构化的以符号为主要载体的书本知识重新激活，实现与人类生活世界的沟通、与学生经验世界和成长需要的沟通、与发现和发展知识的人和历史的沟通；（3）综合设计弹性化的教学方案，也就是把每节课的具体教学内容与教学过程的事先策划结合起来。“新基础教育”主张教学过程中的动态生成，因而在教学方案的设计中，要把弹性因素和不确定因素引入，为学生的主动参与留出时间和空间，为动态生成创造条件。①

“新基础教育”提出了一整套教学方案设计的要求，包括格式上的要求：教学目标设计上，目标清晰具体，针对学生实际状态，考虑学生发展的可能；教学内容设计上，体现与生活世界的沟通，体现灵活结构性，体现学科教育价值；教学过程设计上，考虑师生双方的活动内容和形式，并在教案上清楚地呈现出来，考虑双方活动的针对性、有效性（要求在教案上写明师生活动的设计意图），开放性的设计要有度、有弹性。②

第四节　教学过程的展开

以师生交互作用、动态生成为过程特质的“新基础教育”追求的课堂教学过程，既区别于严格按缺乏弹性的预设教学方案实施于课堂的传统教学过程，又不同于完全围绕学生自发兴趣或需求而开展的、无须预设的所谓反传统的教学过程。它是教师有方向、有目标，在开放、弹性化教学设计基础上，根据课堂上师生交互作用呈现出的多种状态与具体情境，通过不断重组、生成、推进的课堂教学过程，是具有丰富意义、智慧灵动与生命活力的课堂教学过程。这种过程状态，正是教学作为一个完整分析单位在过程中的展现。

一、预设与生成

教学过程的展开也就是教学方案的实施过程。一般来说，教师对教学方案实施有三种典型的态度（或者说“取向”）。(1) 忠实执行的取向。持有这种取向的教师努力不折不扣地执行教学方案确立的目标、程序（环节）、方法及组织形式等方面的要求，比较类似施工者对设计者建筑蓝图的忠实态度（尽管他自己往往就是设计者或设计者之一）。这种取向反映了典型的对教学关系的割裂式理解，也反映了对教学活动不确定性、非预期性的严重忽视，最容易导致“预设—兑现”式的机械被动场面。(2) 相互适应的取向。教师能够在基本遵循预先设计的前提下，根据教学现场发生的变化适时加以调整，比较类似足球队员既能贯彻主教练战术方案又能临场应变。这一取向充分估计了教学过程的偶然性、生成可能性，但对教学过程中师生之间、生生之间如何互动缺少理性的认识和心理上的准备。(3) 主动创新的取向。教师有一个大致的教学意图和设想，但基本上依靠临场发挥，经验丰富的教师倾向于采取这种态度，比较类似小品表演者根据导演或考官的命题稍加构思便开始进入角色、即兴发挥。这一取向在师生关系的认识上有“学生中心”的倾向，对教学过程中方向导引的必要性认识不足，所以有时难免随心所欲，在经验与责任心不足的情形下尤其如此。从动态生成的观点看，后两种取向均有互动生成的可能空间。教师在课堂上

① 叶澜：《重建课堂教学价值观》，载《教育研究》2002 年第 5 期。

② 叶澜、吴亚萍：《改革课堂教学与课堂教学评价改革》，载《教育研究》2003 年第 8 期。

最合理的追求，应该是有预设而不拘泥、有生成而不随意，在预设与生成之间保持恰当的张力，充分体现互动生成的育人价值。

预设式的教学过程展开，在比较极端的情况下，除教案规定的内容、方法、程序不折不扣地完成之外，预期的每个环节、步骤所需要的时间与实际用的时间也基本一致。正因为教师只是在意能否按时完成教案规定的任务，所以对实际教学过程中出现的非预期事件（如意外的答案、学生的质疑、有价值的错误等）一律采取压制、不理会或简单处理的方式和态度，久而久之，学生也习惯了揣摩教师的用意，尽力“配合”教师，“恰到好处”地给出正确答案，以使课堂教学“顺利进行”。而这样一来，课堂也就渐渐呈现如下现象：教师关注认知目标多，关注学生多方面发展少；关注知识点多，关注知识结构少；教师占有课堂教学时间多，每个学生主动学习时间少；师生一问一答式活动多，生生积极有效互动少；教师关注预设教案执行多，关注课堂上动态生成少；教师关注学生知识掌握多，关注学生探究发现少。这不妨称之为“六多”、“六少”现象。

动态生成式的教学过程，并不轻视预先设计和准备的作用，只是设计和准备的着力点不同；动态生成式的教学过程，不仅不排斥课堂上呈现的非预期现象，反而把这些意外的事件或信息视为“资源”，采取欢迎的态度。教师重视这些资源，教学过程中才有可能产生真实有效的师生互动和生生互动。所以，树立资源意识，是将教师的课堂教学行为导向有意义互动的前提性要求。教学设计和准备的重心，是放在如何充分地了解学生、把握学生在课前的真实状态，放在如何解读课程文本和教学任务的具体要求以及根据自己对学生的了解而增强教学目标要求的适切性上。在教学过程中，不仅“善待”意外事件和信息，而且往往要用思维空间较大的开放式问题，激发学生参与学习过程的热情，促使他们通过独立思考和合作探究，使课堂上“涌”出更多更有价值的“资源”。资源生成的目的，又是为了有超出原设计方案的新的教学过程的生成。如果说弹性的教学设计方案为生成留足了空间，那么，开放式问题和过程中的有效互动则为生成铺平了道路。

二、多向互动与动态生成

“新基础教育”的研究发现，无论是以“教”为中心、为主导所建立的教学过程观，还是以“学”为中心、为主体所建立的教学过程观，其结论虽不相同，但前提是一致的，它们都把教学过程中的“教”与“学”看作是可以分割为独立单位的活动，两者之间的关系是一种谁决定谁、谁围绕着谁转、谁引导谁的关系。教学过程的转型如果不超越这一认识前提，就不可能走出传统教育的框架。新的教学过程观的形成首先要从认识教学过程的方法论转换开始。我们认为教与学在教学过程中是不可剥离、相互锁定的有机整体，是一个“单位”，不是由“教”与“学”两个单位相加而成。教学过程是师生为实现教学任务和目的，围绕教学内容共同参与，通过对话、沟通和多种合作活动产生交互影响，以动态生成的方式推进教学的活动过程。教学过程中师生的内在关系是教学过程创造主体之间的合作交往关系。所以，分析课堂教学过程的基本单位不是“教”，也不是“学”，而是教与学如何“互动生成”。这里的互动，不只是指教师与学生之间“一对一”或“一对多”（全体或小组），也包括学生个体和群体、小组之间的各种教学活动。这是一种人人参与的网络式互动，作为网络中节点的每个人，既是信息的接受者，又是重组者、传递者和生成者。师生在课堂教学中的角色都处于多元变动之中。教学中的“生成”，一是指因开放式的互动产生了新的教学资源，我们称其为“资源生成”；二是指对新生教学资源的即时分析与重组，形成新的、不同于教学设计原定的内容或程序，产生新的过程，故称之为“过程生成”。

正是这种“多向互动”与“双重生成”，改变了课堂教学作为预设教案的执行过程，使“新基础教育”的课堂教学质量呈现出“开放”和“弹性”，师生思维活跃，随时可能面临新的情况和意外挑战。正是学生与教师一起成为课堂生活的创生者，使课堂本身充满了生命的活力。

在学校课堂教学转型实践中，一开始就要求实验学校教师从“还”字做起，提出还学生主动学习的时间、空间、工具、提问权和评议权等“五还”。教师要做到“还”，并认同“还”的意义，首先要改变在课堂中把学生仅仅看作是学习对象或学习主体的传统意识，树立起学生也是教学资源的观点。我们使教师认识到，学生是带着自身的全部丰富性进入到课堂教学的当下情境，并随情境的变化而变化。学生已有的经验是教学得以开展的“基础性资源”；学生已有的差异在任何时候和任何情况下都不可避免，它不仅是教学要面对的事实，而且是互动中不可缺少的“互动性资源”；学生在课堂上的状态和行为是不同程度的“生成性资源”，即使是他们在学习中表现出来的错误，只要巧用，也可能成为资源。因此，教师关注的重心应放到课堂中的学生身上，放到对课堂生成的信息的捕捉、判断和重组上。如果教师连“还”都不敢，那么，互动与生成都不可能出现，不可能出现新的教学过程，高质量也无从谈起。因此，首先要让学生在课堂教学中不再被动，从静听的模式中走出来，呈现出活的状态，而后，才能进行探讨。面对一个“活”起来的课堂，怎样使教学过程有效和形成新的逻辑？那就是通过开放式的问题、情境、活动，使学生能联系自己的经验、体验、问题、想法或预习时收集的信息，进行交流，开发学生的“原始资源”，实现课堂教学过程中的资源生成；再通过教师（学生）的评价、反馈，生成与教学内容相关的新问题“生长源”，继而经网络式的生生多元互动，形成对问题解决的“方案性资源”，然后再就“方案性资源”进行研究讨论，形成更为丰富、综合、完善的新认识，进而引出新的开放性问题。这就是我们所指的“互动生成”式教学的内在逻辑。为此，课堂教学中的互动要以积极、有效、高质量为标准，教师在教学过程中不仅要成为“学生资源”的激发者，而且要不断捕捉、判断、重组课堂教学过程中生成的资源，成为课堂教学过程生成的重组者和动态生成的推进者。

目前，“新基础教育”研究做得较成功的学校和教师，在课堂上已经基本能改变传统课堂教学中普遍存在的“六多”、“六少”问题。他们在课堂教学中，已开始以初步形成的关于“多向互动、动态生成”的课堂教学内在展开逻辑，指导和创造不同学科、不同年段、不同内容的更多的课的类型，逐渐形成结合学科和年级的新型课的类型系列。关于教学过程逻辑展开的具体内容，现已转化为教学评价的指标①，并通过评价活动，成为推进广大实验教师课堂教学实践转型的力量。通过多年的研究，“让课堂充满生命活力”的口号逐渐充实，转换成一套新的教学理论，转化为一节节真实的新型的课。②

第五节　教学策略及其实践探索

一、从原则、模式到策略

20 世纪初，我国在向西方学习教学理论的过程中，就一直是注重教学方法的，有时把一位教育学家整个教育思想体系作为一种方法（教学法）来吸取，而后注意到从一些西方教育学家和心理学家的研究成果中吸取教学原则思想，如夸美纽斯的直观性原则、赫尔巴特的教育性原则、克伯屈的同时学习原则、凯洛夫主编的《教育学》中的一整套原则，直到后来赞科夫的高难度高速度原则、布鲁纳的结构迁移原则等。同时也注意从中国古代教育家和革命战争时期革命根据地的教育经验中总结提炼教学原则，如因材施教原则、理论联系实际原则等。到 20 世纪 80 年代，我国教学论教材基本形成了“教学任务＋教学过程本质＋教学原则＋教学方法和组织形式＋教学工作基本环节（备课、上课、作业布置与批改、个别辅导、考试评价）”这种体系格局。在这一格局中，教学原则从理论上讲是在理论（教学原理）与实践（教学方法、教学手段、组织形式）之间的转换中充当“中介”的角色。然而人们发现，教学原则在教学实践中往往被当做仅在口头唱唱而已的“标语口号”，显得空疏和苍白。教学论教材所阐述的理论、原则、方法各部分之间的关系也是模糊松散的，实践中只能见到一个一个方法被孤立地使用。当时，国外一些关于教学模式的著作，如乔伊斯和威尔的《教学模式》等被引入，于是人们以极大的热情对带有一定综合性的教学模式进行了研究。这些研究探讨了教学模式的概念、意义、特性和功能，对各种类型的教学模式之间的优劣进行了比较，对如何根据特定教学对象、任务及内容性质选择教学模式也给出了若干很好的建议。③ 然而，尽管对理论研究者来说，课堂教学需要模式但不能模式化，这是不言自明的道理，甚至可以说是一种基本常识，不少实际工作者却期

---

① 参阅叶澜、吴亚萍：《改革课堂教学与课堂教学评价改革》，载《教育研究》2003 年第 8 期。

② 参阅叶澜主编：《“新基础教育”发展性研究报告集》，中国轻工业出版社 2004 年版，第 22～24 页。

③ 参阅杨小微著：《中小学教学模式》，湖北教育出版社 1990 年版；吴光普：《教育模式试探》，载《教育论丛》1984 年第 1 期；甄德山：《教学模式及其管理浅议》，载《天津师范大学学报》（社会科学版）1984 年第 5 期；吴也显：《课堂教学模式浅谈》，载《教育研究与实验》1988 年第 1 期；张武升：《关于教学模式的探讨》，载《教育研究》1988 年第 7 期；张肇丰：《教学模式的概念、类型及其应用的条件》，载《教育研究》1991 年第 1 期；熊川武：《教学模式实质说》，载《教育研究》1993 年第 6 期。

望理论工作者能给出一种最佳的普遍适用的模式。

当教学过程的复杂性、具体性和综合性引起人们越来越多的重视的时候，同时也受西方教学研究成果引进的影响，教学策略问题又引发了人们的研究兴趣。与容易流于空泛的教学原则相比，教学策略更具有实践针对性和可操作性；与容易变得僵化刻板的教学模式相比，教学策略又显得更灵活、更能应付随机性。

我国研究者对教学策略的界定大致有四类。(1) 把教学策略看作是为实现某种教学目标而制定的教学实施的综合性方案。① (2) 把教学策略作为一种教学思想，主张教学策略可以看成是一种教学观念或原则，通过教学方法、教学模式和教学手段得以体现。② (3) 认为教学策略与教学方法、教学步骤、教学模式同义。(4) 教学策略是指教师根据具体情境，运用一定教学理论去解决某一实际问题的谋略，它既包含解决某一实际问题的教学理论，又包含解决某一实际问题的带有规律性的教学方法。它介乎理论与方法之间，既是较低层次的教学理论，又是较高层次的教学方法。③ 上述看法的一个主要的共同点就是教学策略重点研究"如何教"一类的问题，它包括教学内容、教学思路、教学方法、教学评测等一系列有助于最优实现教学目标的工作方式之总和。为了处理课堂教学中大量的动态信息，教学策略必须具有指导性、灵活性、最优化等特征。

教学策略的形成与确立，是综合地考虑教学目标要求、教学内容特性、学生具体状况以及教师自身素质和状况等因素的结果。教学策略在实施过程中，又是可以根据教学过程的变化发展而灵活变通的。

二、教学策略的主要类型

（一）国外的教学策略研究

国外的教学策略探讨成果比较丰富，但放到一起显得庞杂。一般来说，大多数研究是以某个构成教学活动的主要因素（如不同性质或结构的教学内容、教学组织形式、教学技术与方法、特定教学任务等）为核心，其他相关因素围绕这一中心，形成一类相对完整的教学策略。国内有研究者用这种办法将其归纳为内容型策略、形式型策略、方法型策略、任务型策略、综合型策略等五种主要类型。④

1. 内容型策略

内容型策略是指根据教学内容的程度和内在的逻辑结构安排教学活动的策略。例如布鲁纳提出儿童的认知由动作把握、图像把握、符号把握三个阶段构成，每个阶段都需围绕学科的基本结构组织学习。每门学科都具有一个由基本概念所构成的学科结构，每个概念

① 李康：《教学策略及其类型探析》，载《西北师大学报》（社会科学版）1994 年第 2 期。
② 时俊卿：《教学策略——当今教学改革的新热点》，载《教育·管理·社会》1995 年第 1 期。
③ 陈心五著：《中小学课堂教学策略》，人民教育出版社 2000 年版，第 1 页。
④ 李定仁、徐继存主编：《教学论研究二十年》，人民教育出版社 2001 年版，第 243～247 页。

的复杂水平随阶段的上升而增加，因而采取的教学策略应当是分段设计教材，螺旋式地扩展加深。奥苏伯尔基于同化学习理论，认为教学应根据其内容采用序列化策略，首先呈现先行组织者，然后呈现更详细、具体的相关概念。教学应从一般到具体，学习者能将新的详细的知识与头脑中已经具有的更一般、概括性更强的知识联系在一起，形成一种稳定的认知结构。加涅将教学内容划分为不同层次，按照从简单到复杂、从部分到整体的顺序进行教学。每一个简单部分都是复杂部分的先决条件，复杂部分的教学以简单教学为基础。

2. 形式型策略

形式型策略是指以教学组织形式为中心的策略。有的以集体教学形式、个别学习形式和小组教学形式为中心安排教学环节，有的以教师、学校为中心策略和以学生为中心策略为基础来组织教学，还有的则以时间中心、学习者中心、任务中心策略来组织教学。以时间为中心组织教学有五个变量：理解教学的能力、倾向、教学的质、毅力和学习机会。前三个变量决定教学所需时间，后两个变量决定学生实用时间，在有效传递教学中采用不同方法。以学习者为中心组织教学可以划分为儿童中心、成人学习和个体差异。儿童中心是指根据皮亚杰的儿童认知发展阶段理论来组织和设计教学；成人学习则是以自我指导、个人经验、具体需要、问题为中心设计教学；个体差异强调根据学习者的不同能力、性向设计教学。

3. 方法型策略

方法型策略是指以教学技术和方法为中心的策略。有的将教学步骤分为讲解策略（包括呈现信息、检查接受、提供机会、应用）和经验策略（提供表现行为的机会、检查对因果关系的理解度、检查对原理的理解度、应用）。两种主要教学策略之间产生许多变式，从而进一步建构其总体策略。有的认为学习内容的呈现方式主要是讲解和探究，呈现方式与呈现要素（定义、程序、原理式具体例子）匹配，再衍生出多种教学传递方法。选择呈现形式必须遵循三条法则：（1）成分具体化法则，是指描述各种任务类型所需的呈现方式；（2）一致性法则，是指选择学习者行为结果与其呈现形式的最佳结合；（3）恰当性法则，是指传递的技巧、反馈与精心加工等。

4. 任务型策略

任务型策略是指以教学任务或学习类型为中心实施的教学策略。有学者主张围绕教学任务，针对不同的学习目标采取不同的教学措施，包括讲解性策略、练习性策略、问题定向性策略和综合能动性策略。讲解性策略是提供掌握陈述性知识的学习环境中的各种教学变量，如名称、定义、例子等。练习性策略是提供以前未遇到过的问题情境，详细说明基本信息、形式、问题数量，提供必要的建议指导，进行错误分析，作出总结。问题定向性策略是提供该领域专门化的问题情境。综合能动性策略是提供学习者积极运用其知识库的情境，发展和改善高层次的思维能力。

5. 综合型策略

综合型策略与前面所述的四种类型不同，不是按教学过程的某个组成因素为中心，而是从教学活动的整体出发来综合地实施教学策略。有的学者从“过程—成果”研究中总结出七种教学策略：（1）教师制定一整套规则，使学生不需征求教师意见就知道做什么；（2）教师要在教室里经常走动，检查学生的课堂作业，注意学生的学习要求；（3）让学生独立完成的作业有趣、有意义；（4）教师尽量减少发号施令，使学生知道应去哪里、该干什么等；（5）提问学生时，使所有学生回答次数相同；（6）对落后学生采用不同提问方式或提供线索；（7）在阅读小组教学中，教师尽可能提供大量简短的反馈。还有学者根据对动机、业绩、教学之间的关系，把动机需求划分为注意、相关、自信、满足四种类型。学习者和学习内容两方面因素的结合决定了教学动机的需求，这种需求又反过来为描述具体的动机策略成分奠定基础，每一类型的动机需求都可以运用到教学设计过程的各个阶段。

（二）国内的教学策略研究

我国的研究者曾经从实际教学活动需要、教学活动指向、教学活动过程的不同阶段提出过表述各异的教学策略体系，如一般教学策略与特殊教学策略，问题指向策略与自我指向策略，教学准备、实施和监控策略等。例如：（1）减轻课业负担过重的教学策略；（2）调动学生学习积极主动性的教学策略；（3）课上增加每个学生练习量的教学策略；（4）课上把思维训练落实到每个学生身上的教学策略；（5）培养独立获取知识的能力的教学策略；（6）发展学生创造才能的教学策略；（7）预防和纠正错别字的教学策略；（8）提高学生阅读和分析能力的教学策略；（9）提高学生作文水平的教学策略；（10）提高学生课外阅读质量的教学策略；（11）提高课上练习和家庭作业实效的教学策略；（12）克服学生粗心的教学策略；（13）提高解应用题能力的教学策略；（14）课上照顾不同学习水平学生的教学策略；（15）有效调控上课过程的教学策略；（16）优选课堂教学模式的教学策略；（17）转变后进生的教学策略；（18）发现和提高特长生的教学策略。① 这种对教学策略体系的分类和表述比较具体，但不够集中和概括。另一种表述则是：（1）提高课堂教学质量的策略与方法，包括课前准备、课堂教学、教学评价等；（2）提高学生学习质量的策略与方法，包括课堂教学中调动学生的学习积极性、教学中发挥学生的主体作用、指导学生学习等；（3）提高学生综合素质的策略与方法，包括课堂教学中发展学生智力、培养学生创新精神、培养学生实践能力、培养学生自学能力、渗透德育和提高学生综合素质等；（4）有效教育学生的策略与方法，包括如何深入地了解学生、如何进行说理教育、如何进行情感教育、如何陶冶学生的情操、如何进行榜样教育、如何通过实践锻炼学生、如何指导学生自我教育、如何对学生进行评价、如何对学生进行奖励与惩罚、教育的机智和把握教育方法的相互渗透性等。② 这一策略体系除第一类外，其他三类都是针对学生及学生的学习问题提出来的。但是，由于教和学在实践中是整合的、统一的，而教学策略显然是针对教学实践这样一个整体来考虑的，所以把提高教学质量的策略与提高学习质量的策略区

---

① 参阅陈心五著：《中小学课堂教学策略》，人民教育出版社 2000 年版。

② 参阅刘芳主编：《提高教育教学质量的策略与方法》，中国和平出版社 2000 年版。

分开来是不合理的，这样划分类型无疑会产生“子项包容”的问题。

三、教学策略的近期探索

近期的研究开始关注学生与学习内容（主题或课题）以及教学活动中教师与学生的关系问题，相应地提出了体现关系思维的教学策略（或模式）。现举例加以说明。

（一）着眼于自主、合作与探究的教学策略

由于新一轮基础教育课程改革十分强调学习方式的变革，因而在课程实施过程中，自主、合作与探究便成为炙手可热的关键词。事实上，自主、合作、探究并不是各自孤立的学习方式，它们通常是对一种综合性探索活动的不同侧面的描述（如让学生自己选择探索活动课题，并分组展开课题研究，这既是自主的，又是合作的，还是探究的），然而，教学策略针对其不同侧面则是合理可行的。有研究者曾经总结出“过程完整化教学模式”，指出它其实就是一种自主、合作、探究式教学模式。为了便于说明，研究者撰文重画了教学模式图，并命名为自主、合作、探究教学模式。在改进后的新模式图中没有改动教学过程的操作程序，只是增加了以下三个判断框：“学生面前有无明确的课题性问题（或任务）”、“面对问题（或任务）学生能否尝试解决问题”、“学生有无自主、探究的时间和机会”。其目的在于把“自主、合作、探究”的四种前提条件凸显出来。四种前提条件是：面对问题；学生试着解决问题；教师帮助；师生互动。① 其实，研究者已经重新解读了“旧作”并赋予了新的含义。

（二）着眼于理解、解释和体验的对话教学策略

新教学观视角下的教学过程，是教师、学生和课程文本之间的理解与对话的过程。在这一过程中，课程文本是当然的“资源”，而教师和学生也互为“资源”，对话将“教学三角”三个“顶点”要素以及重要的两条“边”——“学生—文本”和“教师—学生”连接起来，发生交互作用。这一教学策略强调师生的相互理解和共同体验、师生之间的合理交往以及师生的共同发展。②

对话在现实生活中具有社会和文化的意义，从国际事务到人与人之间的关系，从政治领域到学术领域，从科学世界到生活世界，对话已经成为人们普遍追求的一种生存状态。具体来说，对话作为一种原则，往往与民主、平等、包容、坦诚联系在一起；对话作为一种策略，往往与共同在场、主动介入、积极参与联系在一起，即通过敞开、接纳、回应、碰撞、沟通、合作、交流、互动等，达成视界融合以及共生共荣的理想；对话作为关系思维的表征，既可以发生在人与人之间，也可以发生在人与各种文本之间。对话作为一种时代精神必然进入学校教育领域，作为学校教育主要途径的教学必然会与对话联姻，从而在

---

① 陶·哈斯巴根等：《对创建“自主、合作、探究”教学模式的思考》，载《内蒙古师范大学学报》（教育科学版）2003 年第 1 期。

② 谌启标：《论理解与对话的教学观》，载《上海教育科研》2003 年第 4 期。

师生关系、教学目标、教学策略等诸多方面发生嬗变，并逐步生成一种新的教学形态，我们称之为对话教学。

对话教学的要素主要有以下几个方面。(1) 目标。在教学目标上特别关注对话过程中即时性的体认，即感悟的目标。(2) 场景。对话教学中的场景应体现民主、平等、自由、开放、沟通、合作等特性，营造这一场景可从改革课堂常规、建立课堂礼仪切入。(3) 问题。对话教学中问题的确定可采取“师生协商”的策略，即先行预习、小组讨论、组际交流、合理统整、展示问题。(4) 评价。对话教学的评价应是以生成师生双方的反思能力为终极目标，而“协同自评”恰恰是以缄默认识模式为基础，凸显参与者自我审视、自我提升、自我完善的一种评价模式，因而完全适用于对话教学的评价。协同自评是指以当事者(既包括学生，也包括教师) 的自评为主，在他人的协同下共同完成包括确定评价内容、制定评价目标、选择评价方法在内的一系列评价操作活动。①

(三) 着眼于反思性实践的教学策略

源于西方的反思性教学理论，强调教学过程中的“反思性实践”及其构成因素——行动与反思。反思性教学理论确认学习是一种社会性行为，因而主张教与学是师生之间的一种对话关系，而不是一种权威关系，是师生之间合作的、整体的、注重个性的过程；反思性教学理论强调“反思性实践”的世界是被建构的世界而非自然的世界，因此需要承认知识也是一种社会性建构，学生是这一建构过程的积极参与者。反思性教学理论的实施需要具备如下条件：(1) 教学过程中当事人双方主体意识的确立；(2) 对平等对话的主体性行为的理解和宽容；(3) 教学主体具有自觉反思的意识和较强的反思能力；(4) 对现代教育中工具理性的无限扩张所产生的对教育本质的危害和对人性的侵蚀有清醒的认识。②

(四) 着眼于发展学生优势智能的教学策略

美国哈佛大学心理学教授加德纳于 1983 年提出的多元智能理论也在新课程改革实验中成为讨论的热点，这一理论强调发现、利用和发展学生的优势智能。了解学生的优势智能有两种方式：学生自陈测验法和教师观察法。相应于语言智能、逻辑数理智能、视觉空间智能、音乐智能、身体运动智能、人际交往智能、自省智能和自然观察智能，发展学生的优势智能有八条课堂教学策略。根据加德纳的多元智能理论，国内有研究者结合数学教学的研究，提出了相关联的八条教学策略：为学生创设丰富的语言环境；要使数学教学体现生活化的特点；要使师生的肢体动作贯穿于课堂教学之中；创设多元的视听教学环境；为学生创设轻松、愉悦的音乐课堂教学氛围；课堂应成为师生交流的空间；课堂教学应为学生提供反思、自省的时间；各科教学应满足学生探索自然奥秘的好奇心理。③

---

① 陈顺洁、华卜泉：《对话教学的概念与要素》，载《现代中小学教育》2003 年第 2 期。

② 范明林：《试论反思性教学及其基础和条件》，载《上海大学学报》(社会科学版) 2003 年第 3 期。

③ 刘玉娟：《发展学生优势智能的课堂教学策略研究》，载《中国教育学刊》2003 年第 6 期。

（五）各种专题性教学策略研究

在课程改革日渐深入的过程中，教学策略引起高度重视决不是偶然的。新课程方案实施成败的关键，在于新的教学观念转化为教学行为，而教学策略是沟通教学观念与教学行为的中介和桥梁，是教学观念的具体化与程序化，也为教学的变革提供现实途径和有力支持。① 研究者们正在进行着如下一些策略的研究。

个性化教学是指教师以个性化的教为手段，满足学生个性化的学，促进个体人格健康发展的教学活动。它具有民主性、主体性、创造性及和谐性等特征。有研究者认为，要将个性化教学付诸实施，在教学中就应注意以下几个方面：愉悦和谐的教学环境；尊重个性的教学目标；丰富多样的课程开发；民主互动的网络教学模式；灵活有效的教学策略；多元动态的教学评价。②

创造性教学需要教师运用创造性教学策略。由于教学对象、教学内容、教学方法和形式的多样性，教师可采用的教学策略也具有多样性。为了实现创造性教学的目标，教师必须从创造性教学的角度考虑教学情境监控、教学方法选择、教学内容编排、教学形式组织、教学效果评价与反馈等指导性策略。③

也有研究者提出了名为"范型—言说"的后进生转化策略。在分析了西方盛行的"精确教学"、"直接教学"、"自我教学"和"互惠教学"这四种后进生转化教学策略以及各自的针对性、局限性之后，研究者指出"范型—言说"策略强调"教学具有语言性"，即语言是师生交往的主要手段，是呈现思想的主要手段，也是文化的工具。语言、思维和意义三者有非常重要的关系。"范型—言说"策略强调的教学意义观是：（1）学生没有好坏之分，只有经验多少之分，后进生是由于经验少造成的；（2）学生不是用信息去填充的空的容器，他们有自己的经验；（3）与学生一样，教师也是经验者，而不是知识的管理者，这样的师生关系是合作关系；（4）知识传递是经验共享的一种形式，知识获得是理解过程，而理解总是个人的理解，因此教学应当尊重每个人的经验；（5）语言负载经验，尊重每个人的经验，就得尊重每个人的实践，尤其尊重后进生的语言；（6）学生之间的结构性对话是他们学习过程的一部分，他们各自在互动中验证自己的理解。"范型—言说"策略的操作步骤是：根据实际情况、水平分组；各组发言人轮流向全班言说；反思理解；跟踪理解。④

不同的教学策略之间是可以根据实际情况加以整合的。例如，合作学习可以与接受教学策略整合；合作学习操作策略的本土化、有效性与便利性相统一的另一种思路，是将帮

---

① 田良臣、刘电芝：《教学策略：沟通教学观念与教学行为的中介桥梁》，载《教育研究与实验》2003 年第 3 期。

② 刘玉静：《实施个性化教学的若干策略》，载《当代教育科学》2003 年第 5 期。

③ 罗秋明、刘安民：《试论创造性教学的指导性策略》，载《教育探索》2003 年第 2 期。

④ 邓友超、李小红：《"范型—言说"：后进生转化教学策略的逻辑发展》，载《四川师范大学学报》（社会科学版）2002 年第 3 期。

助型合作学习与协同型合作学习这一连续统一体与发现教学策略加以整合，以适应不同学生、学科内容和学习活动的具体特点。有研究者详细论述了“帮助—发现型”合作学习和“协同—发现型”合作学习这两种策略的操作程序，为各科教师的具体应用提供了平台。①

第六节　教学评价及其改革

中外教育评价大体经历了考试、测量和评价这一历程，相对于强调主观判断和强调客观精确的测量，评价似乎是一种价值判断的复归。然而，我国在引入“评价”这一概念的早期，比较看重评价的客观性，如有人认为，教学评价是指收集整个教学系统或某个侧面的信息并基于所获得的信息对教学（或实验）效果作出客观衡量和判断的过程。② 但是，对于教学这样一种以人的身心发展为旨趣、发生于复杂的文化背景之下的人为实践活动而言，保持“价值中立”和“文化无涉”是否可能呢？更何况，教学评价本身就是一种价值判断活动，它与教育测量的重要区别在于：测量是“按照法则给事物指派数字”，而教育评价则是根据价值取向作出的体现特定主体需要和意愿的价值判断。这并不是说评价可以随心所欲，因为评价是需要测量提供证据的。

尽管相当多的教育评价理论专著和教材一直在强调评价主体的多元，包括受评者也是评价主体之一，但在事实上受评价者的自我评价总是因为“不够客观”（或“难免主观”）而只能“仅供参考”；另外，评价者也似乎因为是“局外人”而被视为有足够的客观性和权威性。于是，不问具体情形，一概采取“当事人回避”方式，就成了不证自明的普遍规则。这里强调的“具体情形”是指：当受评价者的业绩或成果需要被鉴定达到某一等级的时候，采取当事人回避以保证其客观公正是应该的；当受评价者从事的是一项探索性、革新性、创造性的事业，并且评价的意图是要发现问题和经验以便改进工作、继续前进，而这时由一些完全不知情者按照他们原有的理念和标准来作出价值判断，显然，这不仅不可能客观，反而会更加“主观”。后一种情况可以称为“关于改革的评价过程外在于改革过程”，是需要重新审视的。

新一轮基础教育课程改革强调评价的过程性，并倡导“档案袋”（或“成长记录袋”）评价方法，这一举措是有其理论依据的。改革开放二十多年来，教育评价界的研讨大体是沿着评价的导向功能、证明（鉴别）功能、诊断功能、激励功能来进行的。大家渐渐意识到，教学评价不以区分学生学习的好坏为目标，相反，它的作用是多方面的，归结到一点，就是它能有效地改进教和学，使学生发展得更好。通俗地说，教学评价一般不要做

① 郑淑贞、盛群力：《合作学习与发现教学策略整合的操作程序》，载《全球教育展望》2003 年第 3 期。

② 周学海：《数学教学评价的基本理论》，载《东北师范大学学报》（社会科学版）1985 年第 1 期。

"温度计"，测试一下"室温"高低就完事，教学评价应该是"恒温器"，要使"室内"始终保持理想的"温度"状态。但是，我们又不能因此而将教学评价的功能窄化为过程性评价，甚至就是一种"档案袋"评价方法。教学评价与教学过程融为一体，评价方式是多样的，评价主体是多元的，甚至评价标准都是可以商讨的。评价既然是一种价值判断活动，那么，判断标准的产生就要以价值共识为前提，当共识一时不能形成时，价值商谈就是十分重要的前提性活动。更为重要的是，当学生以积极的姿态参与和体验这些价值商谈、价值评判活动时，他们的独立思考能力、价值判断能力和自我反思能力也在不断地得到提升。

国内有研究者重点探讨了教学评价的文化价值观问题，指出在不同文化价值观支配下，教学评价呈现出不同的特点。(1) 以知识本位为核心理念的教学评价，目标完全依据社会的尺度确立，以教学主体（教师）的经验为基础，评价的策略多持动机论（即评价依据教学主体的主观动机）评价的方法，是定性化的。知识本位的教学评价，关注的只是客体知识而不是人的成长。另外，它缺乏科学基础，缺少必要的量化依据，割裂教与学的内在统一性，使教师与学生成为两种对立的力量，这是其主要的缺陷。(2) 以能力本位为核心理念的教学评价产生于工业时代，这种评价在目的上关注教学对社会经济发展和对学生能力发展的达成度，在评价方式上摆脱了经验论，追求定量化、技术化和精确度，内容上崇尚量化与分解，评价主体与客体对立问题仍未解决。这种评价具有技术主义和能力至上的倾向。(3) 现代评价看重人格和谐发展，努力完整地把握评价对象，一方面利用先进的科学技术改进评价手段，另一方面也不忘记理想和人文关怀，还为教学评价尺度的多元化创造了条件。(4) 多元发展是新的文化价值观下教学评价的"应然"走向，即以人文精神为导向，着眼于终身教育，立足于知识经济，从以往的评价主体与客体二元对立中摆脱出来，重建评价活动中人与人的关系，实现评价主体与评价客体的统一，实现真正的评价主体多元化。研究者还预言，教学评价的研究将更加关注学生的和谐发展，更加关注价值论前提的研究，更加注重方式方法的创新，评价主体趋于多元化，评价理论也将致力于本土化。①

下面就近期一些研究在教学评价上的尝试与创新作简单介绍和分析。

(1) "新基础教育"研究的评价创新。"新基础教育"研究打破了"评价改革与教学改革孰先孰后"的思维定式，改变了评价者在改革之外、评价过程外在于改革过程的传统，将评价改革贯穿于教学改革研究与实践全过程，使其成为教学改革认识深化和实践推进中不可缺少的重要构成，把课堂教学改革实践的深化过程与阶段成果不断转化为评价改革的深化过程和重要资源。研究者发现，没有能够直接用于"新基础教育"课堂教学改革评价的现成方案或方式方法，因为"新基础教育"改革评价的目的，不只是认定和解释课堂事实，而是旨在发现改革过程中的问题、经验和教师达到的不同水平，形成新的课堂教学结

---

① 李定仁、徐继存主编：《教学论研究二十年》，人民教育出版社 2001 年版，第 382～395 页。

构。不仅如此，还要通过评价促进教师的自我反思和研究者对自身研究的反思。“这是一种研究者、实践者与评价者合一式的评价，是一种面对改革着的实践十分综合和复杂的评价。”为此，研究者在改革过程中逐渐探索和创造出服务于上述多重目的的一套评价系统。这一系统的形成大体经历了三个阶段：诊断性评价与常规性评价；原则性评价与比较性评价；全程整体性评价与阶段系统性评价。每个阶段都体现了自评与他评、内评与外评的结合。①

（2）课堂教学评价研究。北京市教科院基础教育教学研究中心课堂教学评价研制小组撰文指出：课堂教学评价不能单纯地采用一种方法，而应该同时运用自下而上的归纳实证方法和自上而下的演绎方法。只有在关注评价研究方法的基础上，才能更好地关注评价内容的变化，才能使评价标准既符合现代课堂教学的理念、特点，又具有可行性和可操作性。确定中小学课堂教学评价体系，要坚持“以学生发展为本”，注重考察体现素质教育课堂教学特征的基本要素，坚持评教与评学相结合，侧重评学。中小学课堂教学评价指标体系共设置了“教学目标”（设计）、“学习条件”、“学习活动的指导与调控”、“学生活动”、“课堂气氛”、“教学目标”（达成）6 个评价项目和 14 个评价要点。②

（3）教学评价的特点与评价指标体系研究。有人研究了新课程课堂评价的特点，主要有：在评价功能上，淡化评比与选拔，强调发挥评价促进课堂教学质量改进与提高的作用；在评价主体上，改变过去教师被动接受评价的局面，注重教师的自我评价，并将自评和他评有机结合起来；以新的教学观为指导，建构和使用符合素质教育要求的新的课堂教学评价标准；在评价方法上，重视案例分析、课堂观察和成长记录袋等质性评价方法的应用。③

有研究者为引导和推动创造性教学的实施，探讨了创造性教学的评价及其指标体系的建构问题。该体系的建构综合考虑了我国的教育政策法规、现代教学理论、创造力理论、评价目的以及现实可行性等多方面因素，从如下几个方面设计了创造性教学评价指标体系的主要内容：教学目标是否符合实际，师生是否具有明确的创造目标意识；知识教学是否科学、灵活；学生是否独立自主学习，气氛是否融洽、宽松，情感体验是否丰富；教师的语言、表达能力及教态如何；教师是否切实贯彻主体性教学策略，真正运用启发式教学方法；课堂教学成果是否具有高价值，课堂效率如何。④

（4）一堂好课的标准。我国有学者认为，一堂好课没有绝对的标准，但有一些基本要求。就“新基础教育”而言，这些要求是：扎实、充实、丰实、平实、真实。扎实的课是

---

① 叶澜、吴亚萍：《改革课堂教学与课堂教学评价改革》，载《教育研究》2003 年第 8 期。

② 北京市教科院基础教育教学研究中心课堂教学评价研制小组：《课堂教学评价体系的研究与实验》，载《课程·教材·教法》2003 年第 2 期。

③ 齐国贤、赵德成：《新课程背景下课堂教学评价改革的新特点》，载《评价与考试》2003 年第 2 期。

④ 陈晏辉：《创造性教学的评价》，载《泉州师范学院学报》（社会科学版）2003 年第 3 期。

有意义的课，学生通过这一课，学到了知识，发展了能力，得到了体验，并且越来越主动地投入学习；充实的课是有效率的课，全班各层次的学生至少都有或高或低的学习效率；丰实的课是有生成性的课，由于教学过程中的互动，课堂上既有资源的生成，又有过程状态的生成；平实的课是常态性的课，不是为了表演而刻意准备的“公开课”，而是平平常常、实实在在的课；真实的课是有待完善的课，只要是真实的就是有缺憾的，“十全十美”的课往往是不真实的课。“扎实、充实、丰实、平实、真实，说起来好像很容易，真正做到却很难，但正是在这样一个追求的过程中，教师的专业水平才能得到提高，他的心胸也变得博大起来，同时他也才能够真正享受到教学作为一个创造过程的全部欢乐和智慧的体验。”①

思考题

1. 二十多年来，我国课堂教学在价值观、过程观及评价观上经历了哪些演变？在现时代这些观念应如何重建？

2. 结合你的课堂教学实践，谈谈你对教学策略研究和教学评价改革的看法。

主要参考文献

1. 叶澜主编：《“新基础教育”探索性研究报告集》，上海三联书店 1999 年版。
2. 叶澜、郑金洲、卜玉华著：《教育理论与学校实践》，高等教育出版社 2000 年版。
3. 田本娜主编：《外国教学思想史》，人民教育出版社 1994 年版。
4. 李定仁主编：《教学思想发展史略》，青海人民出版社 1993 年版。
5. 叶澜：《重建课堂教学价值观》，载《教育研究》2002 年第 5 期。
6. 叶澜：《重建课堂教学过程观》，载《教育研究》2002 年第 10 期。
7. 叶澜、吴亚萍：《改革课堂教学与课堂教学评价改革》，载《教育研究》2003 年第 8 期。

① 叶澜：《扎实、充实、丰实、平实、真实——“什么样的课算一堂好课”》，载《基础教育》2004 年第 7 期。

第六章　学生组织建设的原理式透析

学生的学校生活是在具体的组织形式中进行，教师的职业生活、学校教育实践的进行也是通过对具体学生组织的介入而实现。本章主要讨论与学生成长密切相关、但又不同于课堂教学的一类教育领域——作为学生正式组织的班级建设、课外活动以及非正式群体发展等问题，主要梳理这类教育实践的发展历史，分析其独特价值，辨析相关问题，关注在学校教育实践改革中如何实现学生组织的教育价值等问题，通过讨论认识教育学原理在这一教育领域中的具体表现。因此，我们把本章的题目称为“学生组织建设的原理式透析”。

第一节　班级建设的基本原理

学校中的班级是学生在校生活的基本组织单位，也是促进学生成长的正式组织之一。在本章中，班级建设是指班主任和全班学生一起，通过建设班级生活，促进学生成长的教育实践活动。这是教师教育实践中一个具有相对独立性的重要领域，对教师与学生成长具有直接而重要的影响。它不仅是千千万万班主任的日常工作领域，而且具有内在的专业性，有着诸多可以开发的研究与实践空间，其内涵丰富，改革任务具体而综合，改革过程也是复杂的。

一、班级建设的当代教育价值

在学校教育制度体系内，班级是一个基本的教育单位和组织形式，尽管可能会出现各种补充性的教育组织形式，但班级依然会居于主要地位。班级建设工作是学校教育实践不可缺失的构成。

（一）班级建设与教师成长的关系

班主任是班级建设领域的责任主体、实践主体。班级建设的质量、班级建设对学生成长价值的实现，受制于班主任的全部素养，并同时对班主任的成长产生直接影响。

就当前班主任和学校德育领导工作的日常状态而言，我们不仅需要感知它的存在状态，更需要在教育学原理层面思考班主任及德育领导的工作、发展之间的关系。这样我们就可以发现：当前的班级建设工作呈现为整体转型前的丰富乃至杂乱状态，各种不同的工作方式对教师的成长具有不同的意义。

从学校层面上看，学校往往首先将班级视为教学的基本单位，其次才是德育的基本单位。而在相当普遍、实际上不能落实学校德育任务的背景下，学校工作又往往更关注教学，对德育工作较多停留在口头重视上，或者以突击性的方式开展。在与上级主管部门的关系维度上，当前学校对班级建设的管理沿袭着自上而下、贯彻落实的思路。在一定意义上说，这是把学校仅仅作为执行上级行政机关指示和要求的工具，体现着工业化时代、科学管理思想的影响。在学校对班级建设工作的具体管理方式上，存在着崇尚一致、追求统一、强化外部激励的管理方式，试图通过统一的计划、落实、检查、奖惩等方式，实现学校德育改革的规范与目标的达成。这一管理思路，缺乏对学校内部各部门、年级和教师的个性与丰富性的认识，缺乏对班级建设工作中智慧因素和价值含量的关注，由此形成了一种规范过多、个性不足、创意缺乏、生气淡薄的学校德育状态。具体到学校德育领导①的工作方式，呈现出整体性、系列性的缺乏，研究性的缺位，教育性的缺失等状态。作为这种工作状态的直接产物，德育领导的自我角色意识、自我发展意识和自主开展工作的意识与能力受到很大制约，现实中常常可以看到德育领导或追求稳定，或疲于应付，自我定位不高，工作中缺乏创造性，德育领导本人的发展也缺乏动力。

从班主任层面上看，首先我们能够感受到的常态，是班主任在学校统一布置、安排下开展工作，班主任习惯于照搬照套学校德育工作计划，按部就班地完成学校的各项具体安排。这种工作减弱了班主任工作的创造性，将班级工作变成了例行公事。班主任对班级的管理，同样存在着沿袭自上而下的管理方式、轻视学生的创造性和发展需要的问题。因此，从具有普遍意义的班主任工作思路来看，重执行、轻设计，重外在结果评价、轻内部评价和学生发展，重形式、轻内涵。

在班主任的工作方式方面，基本的工作思路是简单执行而不是综合创造：班主任是具体的执行者，关注的是班主任的认真、负责，而较少看到班主任如何以自己的智慧面对工作的具体性和复杂性。有位老班主任曾作出如下反思："苦干多，巧干少；凭经验多，讲科学少。"例如，"苦干多"主要表现在：（1）每天早到校，晚离校；（2）把学生看死、管死；（3）不离学生寸步，严密监视，严加控制；（4）家访作为家常便饭，学生稍有不当，赶忙家访告状；（5）放弃节假日，叫学生回校，抓学习；（6）小孩有病、妻子不适，也全然不顾，只想往学校跑；（7）自己小病不上医院，大病（医生开了病假条）还出没在学生中间，久而久之，反而把自己的身体拖垮了，患了多种慢性疾病。② 可庆幸的是这位教师

---

① 例如分管德育的副校长、德育教导主任、共青团和少先队的指导教师等。这支队伍在每所学校都有，而且分属不同的组织系统。本章中以"德育领导"统称这支队伍中的领导人员。

② 钱德仁：《探索班集体建设之路》，载朱永新主编：《中国著名班主任德育思想录》，江苏教育出版社 2002 年版，第 137～138 页。

毕竟已经走出这种工作状态和工作方式了。但是在当前的班级工作中，也许还有许多教师依然在以这样的方式工作着、生活着。班主任通过大量、辛苦的工作，换来学生的发展，这是非常难得的。但一个很重要的问题依然存在：在人们的潜意识中，把班级工作看作是更需要时间、精力和爱心的投入，而可以不要或者很少需要智慧投入的工作。

在班主任的工作内容方面，往往会忽视整体，窄化班级建设的内容，例如仅仅关注文娱性活动的开展、个别学生的教育工作等。而这些工作本身往往缺乏明确的核心价值观的指导，不清楚为什么要做这些工作。这样，班主任就往往关注具体的形式，忽视核心价值观和目标。当前的班级建设工作中，也确实出现了许多努力、进取的班主任，他们会在具体的策略、方法上作出许多的探索与创造，但依然存在着系统性的缺乏、深度的缺乏等问题。即使班主任掌握了一百种方法、策略，也不会自动形成一个整体；即使在个别情境下获得了成功，也不会自动成为有思想、有理念、有较高专业水平的优秀班主任。

如果说上述工作状态反映了大量教师在班级建设工作的当前状态，那么我们就非常有必要思考：班级工作除了贯彻执行统一的要求，除了大量的精力投入，除了勤勤恳恳的工作态度之外，是否还需要智慧、需要创造？当前的这种工作方式，是否有利于班主任和德育领导的成长？教师与学生的成长需要怎样的班级工作方式？

现实生活中，教师也会提出“当我们有了更多的自主时间与空间……”这样的问题。

> 诚如X老师所言，班主任的日常工作，“最多的是处理日常事务，以及做好上级部门布置的工作”。所以，X老师也提出了这样的想法：“是否可以给班主任工作更多一些的自主思考、反思、改进、创造的时间与空间？”
>
> 是的，班主任很忙，忙于应付来自上级的方方面面的工作，而且似乎也已习惯了这样的忙——你吩咐，我照做。一旦忙完了手头的活，便觉得可以轻松一下了。稍后，新的任务来了，再战；再轻松一下，再战……如此循环而已。
>
> 我在想，有哪一天，领导不布置或少布置任务了，给了我们更多的自主时间与空间，我们的班主任也别高兴得太早。因为对我们来说，要求不是低了而是更高了。写到这里，我问自己：你会偷懒吗？你还知道自己该做些什么吗？回答是：也许会，有点儿茫然。正像猫习惯了主人喂食，学生习惯了做老师布置的作业一样，我们的班主任也习惯了完成领导布置的任务。那么，当有一天我们拥有了更多的自主时间与空间，我们会做什么？①

这就需要我们重新认识班级建设的性质与班主任工作的性质、要求和工作方式等问题。

① 该材料来自华东师范大学网络学院远程研修网，作者为浙江省嘉兴市范晓明老师。

（二）班级建设价值取向的历史变迁

新中国成立以来，基础教育阶段班级建设工作经历了三度变迁。

新中国成立初期至20世纪80年代，基础教育中非常注重班级工作，其中主导的价值观是集体主义思想，尤其是以马卡连柯等为代表提出的苏联“班集体建设”的思想：在集体中、通过集体、为了集体而进行教育。当时集体主义强调的是：统一的目标，一致的步调，清晰的是非标准，极强的向心力。在具体的班级工作中，实现集体主义教育的途径，包括集体舆论、纪律、组织等，以大型活动为基本活动形式。这样的工作方式，非常关注学生的政治、思想工作，需要班主任和德育领导严格遵守相关教育条文，开展具有相对统一性的教育工作。

这一实践取向在教育理论上也有诸多呈现。在20世纪80年代初期，教育学界认为组织和培养班集体，是班主任工作的中心环节。一个健全的班集体，应当具有正确的政治方向、共同的奋斗目标、坚强的核心、自觉的纪律、正确的舆论，以及团结友爱、勤奋好学的好风气。健全的集体是一股巨大的教育力量，因此，组织和培养班集体，既是班主任工作的目的，也是借以进行教育的手段。① 20世纪80年代中期，有学者归纳出强有力的班集体的特点在于：（1）是党领导下的社会主义性质的集体；（2）班集体有由社会主义性质所决定的共同奋斗目标和为达到共同目标而组织的共同活动；（3）班集体有统一的领导机构，有严格的组织性、纪律性；（4）班集体有共同的正确的舆论、传统和作风；（5）班集体应与学校集体建立有机联系，班集体与校集体都是整个社会主义集体的一部分。②

20世纪80年代至90年代中期，班级工作的整体价值观开始发生变化，其指导精神是：集体主义与个性特长相结合，强调集体尊重个体的权利与价值，个体尊重群体的规范与利益；但是，在集体与个体利益发生矛盾时，个体需要服从集体利益。在班级工作的目标上，呈现为模块核心式结构；在班级工作的途径上，开始关注非正规组织，重心下降，大量的中队、小队的活动开始得到重视；③ 在活动形式上，体现为小型化活动的增多；在活动内容上，体现为学科性、科技性、文艺性、体育性活动大量增多，日常性、竞赛性、交流性等工作方式变得多样化。这一变革具有一定的整体性，目标取向、内容和组织形式的变革相互强化，从而形成不同于前一阶段的丰富、多样的班级建设状态。这是与当代中国改革开放的进程相契合的，呈现的是一种不断开拓、不断变化的改革气息，但还没有实现整体转型。对于班主任和德育领导来说，这一阶段强化了教师个体思考、创造的成分，教师个体的思考与创造有可能通过多样化的方式呈现在班级工作之中，一部分积极进取、

---

① 华中师范学院教育系等五院校编：《教育学》，人民教育出版社1980年版，第290页。

② 南京师范大学教育系编：《教育学》，人民教育出版社1984年版，第304～305页。

③ 例如上海市徐汇区开展的“小队优化组建”实验在组织形式、活动内容、运作方式等方面都有了新的探索，倡导队员自愿组队、轮流担任小队长、建职立位、评优竞赛。该实验反映了这一发展时期班队建设的新状态。参阅段镇：《集体建设重在小队》，载《少先队研究》1991年第1期。

富有创意的班主任开始成长起来。

20 世纪 90 年代中期之后，基础教育阶段的班级工作进入到新的创建阶段，对班级工作的改革研究也进一步丰富化和深化。这既是社会转型特征进一步清晰化的结果，也是班级建设工作历史发展的趋势。当代中国改革开放进程的进一步加快、领域的拓展与深化，正在越来越明确地散发出社会转型的气息，正在呼唤具有生命活力的健康个体的出现。而班级工作自身的发展历史，也正在趋向于重新确立合理的价值追求，将造就一代适应社会转型需要的新型个体作为自己的价值取向，关注学生的成长和班主任自身的成长，并由此带来对班级工作性质、价值、内容、工作方式等一系列新的挑战。对于班主任和德育领导来说，这一挑战更富有个体成长与智慧生成的意义。

（三）班级建设改革研究的类型

班级建设的改革，已经受到教育理论与实践界的关注。从当前的研究现状看，有多种研究思路，而日益丰富的工作思路和富有研究性的实践改革，也在不断培养着一批批优秀的班级建设工作者。

教育社会学的研究，非常关注班级作为社会组织或初级群体的问题。有学者曾分析过班级研究的几种视角：第一种是将班级作为一种社会体系进行分析，以美国学者帕森斯（Parsons，T.）为代表；第二种是将班级作为一种集体来分析，以苏联教育家克鲁普斯卡娅（Крупская，Н. К.）、马卡连柯等人为代表，关注的是形成集体、通过集体进行集体教育的思路；第三种是日本教育社会学家岗德雄提出的班级理论，将课堂里进行学习的人的群体组织称为班级；第四种是将班级看作是一种社会组织，班级具有各种社会组织共有的特点，具有组织目标和包括职权结构、角色结构、信息沟通结构在内的组织结构。在这一视角辨析基础上，有研究者认为，通过分析班级成员构成与互动方式的特殊性、情感在班级中的特殊作用、班级社会功能的多样性、非正式的方式与手段在群体互动中的独特价值等几个方面的独特性，可以将班级视为一种社会初级群体。① 还有研究者认为，对于班级性质的判断依据是“班级具有社会组织所共有而家庭与同辈群体等其他群体不具有的三个主要特征或构成要素，即明确的组织目标、正式的组织机构、清楚的组织规范”。此外，研究者还提出了班级作为特殊的社会组织的特征是“自功能性组织”、“半自治性”，并且进一步阐明了这一观念对班主任工作的指导价值。②

教育社会心理学视角下的班级改革和研究也很独特。有研究者在历时十几年的理论与实践探索基础上，提出了“班集体教育社会心理学理论范型”，其关注的内容包括作为自变量（操作变量）的结构要素（集体目标、组织结构、人际关系、纪律、舆论）和作为因变量（目标变量）的功能水平（组织和管理功能水平、教育和自我教育功能水平、个性社

① 谢维和著：《教育活动的社会学分析》，教育科学出版社 2000 年版，第 180～183 页。
② 吴康宁：《教育社会学视野中的班级》，载《教育研究》1999 年第 7 期。

会化的功能水平）。① 相关领域中，也有学者提出通过班集体建设发展学生个性的研究课题，并进行了具体的实验和理论研究。②

从德育整体改革的角度，有研究者通过具体的理论与实践改革研究，提出了对班级性质、内容、改革思路的设想，并开展了具体的改革实践活动。③ 这一研究建构了“班级教育模式”的基本内容，认为“班级教育系统”是促进学生发展的班级教育体系，是以班主任为主导的，由包括相互联系着的班级教学、班级目标、班级集体、班级活动、班级文化、班级管理、班级教育合力、学生发展评价等各个子系统有机构成的班级教育整体。④ 在实践系列上，该研究具体关注了教育者集体（班主任主导下的教育合力）、目标与计划、班级集体、班级活动、班级文化、班级管理、班级教育合力、受教育者素质发展评价等内容。

从班主任工作的角度进行研究，主要涉及班主任的地位、工作性质、素养、工作方式等内容。有学者认为：“我们可以自豪地说，班主任理论就是有中国特色的教育理论之一。因为在‘班主任’这一课题上，中国有如此之多的人在关注它、探究它，并有自己的独到发现。”⑤ 在一定意义上说，班主任工作具有独特性，值得我们关注与研究。有研究者特别关注了班主任工作与班级、学生发展的关系：“班主任管理的最大效率，我认为是一个个活生生的人性的展开，是丰富多样的生命的展开，是个性创造力的展开。如果班主任的水准越高，他班上学生的个性就会越来越丰富地展开。如果他没有驾驭能力的话，他就不能够让学生展开个性。”在促进学生发展的意义上说，班主任不仅是班级的组织者、教育者、管理者，而且是“精神关怀者”、“重要他人”。⑥

还有教育改革实验在学校整体转型的总目标指导下，将班级建设作为学校基本日常实践之一开展研究。该研究在探索性研究阶段，从动态变化的班级角色分配制度、班级活动模式、班级文化建设三大方面，建构了“新基础教育”班级建设的实践改革框架。⑦ 在发展性研究阶段，该实验又在班级环境建设、班级组织结构与运行机制建设、班级活动建设等领域进行了深化性研究。⑧

（四）认识当代中国班级建设的教育价值

基于教育学的立场，重新思考当代中国班级建设改革的走向，需要我们正视班级建设

① 唐迅著：《班集体教育实验的理论与方法》，广东教育出版社 2000 年版，第 16 页。

② 龚浩然、黄秀兰著：《班集体建设与学生个性发展》，广东教育出版社 1999 年版。

③ 参阅班华等著：《发展性班级教育系统》，南京师范大学出版社 2000 年版。并可参阅陈震主编：《班主任新思维》，南京师范大学出版社 2002 年版。江苏省教育委员会陈万年等人主编的《21 世纪班主任文库》分综合卷、小学卷、中学卷等数卷、数十本，是一套相对大型的班级工作研究丛书，涉及班级工作中相当多的改革研究领域，由南京师范大学出版社出版。

④ ⑥ 班华等著：《发展性班级教育系统》，南京师范大学出版社 2000 年版，第 73、27、2 页。

⑤ 鲁洁、班华：《21 世纪的教育与班主任工作》，载高谦民、黄正平主编：《小学班主任》，南京师范大学出版社 1997 年版，第 8 页。

⑦ 参阅叶澜主编：《“新基础教育”探索性研究报告集》，上海三联书店 1999 年版。

⑧ 参阅叶澜主编：《“新基础教育”发展性研究报告集》，中国轻工业出版社 2004 年版。

的独特性和丰富性。

首先，班级建设与课堂教学、德育、班级管理等概念之间有差异。班级建设与课堂教学之间有相通性，这是客观存在的事实，但我们不能因此而忽视两者的区别。第一，在教育载体上，课堂教学是以学科为载体、通过开发学科教育价值而形成个体独特的学科素养，通过学科而实现对人之生命的滋养，其中内含的教育工作更多地存在于课堂教学场景中。班级建设则是以班级日常生活为载体，通过班级文化、班级组织制度建设、班级不同类型的群体活动等资源，促进个体社会性的成熟和个性的充分发展。第二，在主体上，课堂教学是由学科教师和学生共同构成，教师所具有的学科素养，使得教师在教学活动中居于重要的组织者、引导者地位。班级建设则是由班主任和学生为主体构成，班主任要对这一班级的发展承担具体的责任，发挥作用的方式更多地在于幕后的支持、鼓励、帮助，学生及其群体更多地走到前台，自主地开展班级工作。第三，在教育目标上，课堂教学对学科素养的形成非常关注，某一学科的教师更关注学生某一方面素养的提升。班级建设则更关注学生在班级中整体综合的生存状态，将学生作为具体的社会生活主体来看待、培养，尤其是在主题教育方面，更具有明显的整体性。

在我们看来，班级建设需要与课堂教学沟通，但不是为课堂教学服务的附属领域，而应该是并且可以建设成为与课堂教学同等重要的独立领域。这一分化，是班级建设领域自觉的“封闭”，以“开启”内部的丰富性，并同时获得向课堂教学等领域“开放”的必要条件。因此，这一分化可以在整体上丰富学校教育、深化学校教育，而且可以与课堂教学相互影响和渗透，共同提高学校教育的当代品质。

班级建设也不等同于德育。班级建设是独特的教育领域，是一种综合形态的教育实践，有其自身的价值追求、目标系统、内容、过程与评价，它不同于德育，更不仅仅是集体教育。它具有对象的全体性、价值追求的整体性、教育活动的综合性。相对于德育而言，班级建设追求学生生命的整体成长，而德育是从教育内容角度作出的一种划分。班级建设的价值追求也不是德育能全部涵盖的。与此相关，班级建设也不同于集体教育，因为集体教育是德育的组成之一。另外，班级建设也不仅仅是班集体建设。班级群体的发展是班级建设重要的构成，但不是全部内容。

班级建设还不同于传统的班级管理。传统的班级管理关注更多的是作为管理者的班主任和小干部如何管好班级、建立秩序，使学校各项工作，尤其是教学工作能正常开展；而班级建设更加关注每个学生在班级生活中的参与和成长，以动态生成而非外在控制的方式推进班级发展，共同建设一个富有成长气息的班级。

其次，我们需要考虑如何在学校转型和促进学生发展的立场上，认识、开发、重建班级建设的教育价值。人的主动发展问题，是教育的核心问题，也是我们认识班级的视角。以这种眼光看班级，我们能够发现：千千万万需要成长、处于发展中的学生，就生活在班级中；他们在班级独特的文化环境、组织制度与各种活动中，受到潜移默化的影响。班级建设的改革及其研究，需要关注这些学生的生存状态，关注班级对他们发展的价值。学生在班级中的生存状态并不是天生造就的，而是学校与班级一系列的组织、制度以及由班主任、学生在一系列不同性质的活动中创生的；个人对自己在班级中承担的角色、所处的地位的体验，以及对这一群体的态度，对各种活动的参与程度和满足程度，则构成个体在班级中的生存状态。因此，教育可以通过改变上述因素中不利于学生发展的方面，创造有利于学生主动发展的方面，来实现班级对学生主动发展的价值。事实上，看不到班级中的人，看不到班级对学生成长的影响，就很难有对现有班级工作弊端的切肤之痛，就很难有改造现有班级、建设一种能够促进人之生命成长的班级的强烈愿望。

因此，班级建设需要关注具体的人的生命成长问题，充分开发班级生活的多方面价值，诸如提升学生的社会责任感，培养公民意识，发展个性，培养个体的创造精神和合作、发展能力，则是班级建设价值的具体表现。

班级作为一种集体生活，有助于学生社会性的发展。作为个体，需要在集体生活中成熟和发展，学习在社会中与人交往，理解、形成、尊重在一定组织中群体生活的规则和社会规范。对于当前独生子女的学生来说，这一价值更为重要。

承担责任，是一个人社会性成熟的体现，是建立合理的人与事关系的需要，也是中国文化中极为重要的传统。在家庭教育中，儿童尤其是独生子女，是家庭的中心，他们感受更多的是家人对自己的关心；同时，由于儿童在家里的交往对象主要是成人，主要的活动都是生活性的，这也在一定程度上限制了儿童责任意识的形成。进入学校的班级生活后，交往对象转换为同伴群体和教师，活动类型上有了更多的学习要求，在地位上，每位学生都需要承担起服务者、管理者和被管理者多重角色。在这样的班级生活中，学生需要承担学习的责任，需要积极参与班级活动、承担对班级的责任，需要在班级组织机构中承担小干部或者成员的责任，需要在更多样的活动领域中承担多种责任，需要形成对成人、对社会的责任感。在这种多重社会角色的自我认知与外在约束下，学生开始意识到自己的角色，开始意识到自己需要承担的责任，并将这种认识付诸实践。

合作乃是当代人必需的基本素质。合作不仅涉及与他人之间共事的技巧与能力，而且包含着对他人的欣赏与宽容，包含着能够帮助他人并同时接受他人的帮助。在家庭教育中，培养孩子的合作意识与能力的资源相当有限。在班级这种群体生活中，学生之间、男女同学之间、小干部之间、小干部与班级成员之间、学生与教师之间，可以形成多层次、多类型的合作关系。而且，随着班级组织的发展和活动质量的提升，这一合作可以被提升到相关规则的形成、对共同规则的尊重的层面上，从而与个体在群体生活、社会生活中的权利、责任、自由、民主等核心问题产生内在的联系。

参与班级组织建设，形成学生与相关组织的健康关系，同样是学生社会性发展的重要目标。班级建设领域中，从学习小组的建立，到小队的建立，到班级整体合力的形成与发展，这些实践领域都包含着众多的教育价值。在其中，学生可以学会参与，能够形成自觉的主动意识，在建设班级中形成新的自我意识。例如，作为班级小干部的策划、组织、调控、反思与重建能力以及交往与表达能力，作为班级成员的参与能力、表达能力，都可以在相关组织建设中形成。学校生活中为学生提供的参与、建设学生组织的生命经历，将为学生参与公共生活乃至于未来的政治参与，提供奠基性的支持。

班级对于学生个性的形成，也同样具有重要的价值。一个充满活力的班级，将为每个学生提供发展的多维空间，将为每个学生创造性的发挥提供机遇与条件，班级生活将成为学生展现、形成自己独特性的舞台。因此，在一个富有成长气息的班级中，学生个体的独特性、创造性将充分展现，学生的发展可能将更充分地实现。

再次，作为独特教育时空的班级，也有着多样的教育资源。班级环境是学生浸润其中的物质、心理与文化环境。不同的环境，会给个体的心理、行为带来不同的影响。一种积极、健康、展现个体生命成长、个体参与创建的物质环境，会给个体成长以积极的支持；民主、宽容、相互关心、共同成长的精神环境，不仅潜移默化地影响着个体的心理健康与精神成长，而且能够激励、滋养每个学生的成长，从而使得班级生活展现出丰富、发展、充满生机的气象。反之，一个充满教条性的说教、等级性的制度、管制性的氛围的环境，只会压抑个体生命的活力，只会形成一个习惯于教条、等级、管制的个体。日常生活中的环境更多是无意识形成的，而班级环境的特殊性在于：它是有意识创造的，是师生共同参与的产物。

组织结构与运行机制建设，这是任何社会中的个体都必然需要面对的。从历史发展来看，摆脱封建等级制的束缚，克服计划经济时代的组织特征，走出科层制，实现社会民主与运行机制的重建，是当代中国社会转型的重要使命。在班级生活中，个体能否积极参与班级事务，能否以民主的方式参与管理班级，能否建立民主、高效、自我更新型的运行机制，对于当代中国的民主建设、社会发展，对于学生公民素养的形成，具有基础性的价值。

班级主题活动是综合性、动态性的教育活动，其内容不仅包括前述的文化建设、班级组织与运行机制重建，而且包括丰富多彩、具有教育价值的主题活动的建构。学生的成长需要是鲜活而综合的，学科教学的分科性往往难以顾及学生成长的这一特征。班级主题活动能够针对本班级学生特有的成长需要，通过开发出具有成长特征的活动系列，更大程度地满足学生的成长需要，提升学生的需要层次，促进学生的主动发展。

上述教育资源蕴涵在班级生活之中，而且，这些资源又可以与外部社会生活、未来的生活产生多维的关系。如此，班级建设就与学校发展、社会发展融通在一起。

二、班级建设改革走向的理论透析

从促进学生成长并同时实现教师成长的价值取向出发，班级建设领域的改革有着深入、拓展的可能。

（一）班级建设改革的基本原则

在班级建设改革实践中，需要形成一些基本的原则，以促进将班级建设的当代价值具体化为改革实践。

首先，班级建设需要以学生和班级的发展状态为基础。在班级建设中，需要将学生成长、发展的现有状态及其问题作为工作的起点。这样，班主任工作“向上看”的习惯思路，需要转换为更加自觉地关注“本班级”、“本班级学生”的“向下看”的思路，在班级层面上进行综合、渗透性的研究与实践。它要求班主任工作思路的清晰、工作计划的形成以及具体改革的开展、反思与重建，都根据这一原则进行。唯有如此，班级建设的“根”才会深深扎在具体的“这个”班级中，也才可能产生真正的发展效应。

对学生的研究，不能单维度进行，而要作综合研究，要从生命成长的角度，关注学生具体生存环境中的生存方式，关注学生的可能发展空间，从学生成长的精神状态、思维方式、行为方式、能力发展、社会性和个性的形成等具体方面进行研究。

当我们的视野回到真实存在着的班级及生活于其中的学生时，就会发现现实中的班级是不完美的、有缺陷的。问题的存在，现有发展状态，正是我们工作开始的基础和需要努力改变的对象。

其次，班级建设需要以实践活动为载体。人是通过活动、在活动中获得发展的。活动是人的发展的现实性因素，各种可能性因素为人的发展提供的是多种可能，但要使可能最终成为现实的发展，只有借助于个体的活动才能实现。正是在使个体发展的各种可能变为特殊的现实发展的意义上，可以说个体的活动是个体发展的决定性因素，没有个体的活动就谈不上任何发展。而且，“人的生命的发展水平、丰富程度、潜在可能的开发状态、生命质量的高低，说到底是他自己的人生实践铸成的”①。无论是教师、家长还是专家、学者，都不能代替学生自己生活。

人在活动中形成自己的生存方式。“现实的人是存在于复杂的关系之中并从事活动的。人通过自己的活动处理各种关系，而人的活动与关系的展开，则决定人的现实的存在状况与人的现实的特性、本质和本质力量以及它们的发展。因此，人的现实的存在状况与人的现实的特性、本质和本质力量以及它们的变化发展，同人的活动和人的关系的展开与发展是一致的。”②

从形成人主动的生存方式的角度看，怎样才能使活动的育人价值得到更大的发挥？这需要活动的开展对学生具有挑战性，活动的要求与学生现有发展水平之间具有合理的差异度；需要学生参与活动的全程，主动地感受、思考、推进活动的进行，并能自觉地作出反思与重建。这是两个最基本的条件。而当前实践中比较多的类似“公开课”类型的班级活动，存在着功利主义的取向，往往以博得观赏者（评估者、检查者、观摩者）的喝彩为追求，活动的全程以教师为“主导”，学生缺少主动参与活动的机会；活动中以表演为主，追求过分的精致化、完美性，而忽略最基本的真实性，活动不能给学生带来真实的触动与

① 叶澜、郑金洲、卜玉华著：《教育理论与学校实践》，高等教育出版社 2000 年版，第 152 页。

② 夏甄陶：《人：关系・活动・发展》，载《哲学研究》1997 年第 10 期。

发展。因此，实践改革中提升实践活动的质量，还是一个相当艰难的任务。

再次，班级建设中需要以学生的成长需要为主线策划活动系列。班级建设工作需要有长期、持续的努力，而且，学生成长本身就是一个过程，班级建设需要追求对学生成长持续、长效的价值。这就需要班级工作根据学生成长全程的需要和阶段实现的可能，关注学生成长的持续性，尤其是关注对学生成长能产生根本、长效作用的因素，如学生生命意识的觉醒、合理的行为方式的形成、积极的人生态度的滋养等。在具体的改革实践中，可以逐步形成长程的教育系列，并以长程的意识设计短时的教育工作，乃至于每次具体的主题教育活动中，都将教育渗透到活动前的设计、活动过程和活动后的反思、重建之中。

具体的班级建设工作，需要将短时的考虑寓于长程之中，改变应景性、突击性、缺乏主线的工作方式，始终关注学生的成长需要，以日常、真实、有长期设计与深入思考的班级建设工作促进学生的真实成长。

学生的成长需要是在具体的学校生活场景下学生成长可能性的呈现，而非学生个体的任何即时性需要。对学生成长需要的研究和把握，是教师从促进学生成长的角度出发对学生成长可能性的关注，是教师在与学生的积极互动中形成的专业知识。

最后，需要为班级建设提供组织制度的保障。新型班级形态的建设，不仅需要改变教育理念和班级活动，而且需要在组织机构方面进行重建，形成新型的学校和班级两个层面的组织制度保障。

在学校层面，需要转换对班级工作的领导思路，将班级建设的自主权还给班主任和学生，大力提倡班主任研究班级和学生，研究自己班级建设的具体工作，创造性地开展班级建设工作。为此，学校在领导思路、管理方式、学习、指导、评价等方面，需要为班主任提供相关的支持条件，变革学校传统的工业化管理方式，形成新型的、基于学生成长需要的德育管理新体系。

在班级层面，传统的管理制度与组织结构，锻炼了少数的学生干部，却没有向全体学生开放，也缺少对班级工作改革的激励性。为创建充满成长气息的班级，需要重建班级的组织结构和制度体系，改变传统的小干部终身制，改变班级固定的组织结构方式，通过小干部轮换和岗位建设，为每个学生创造更多的发展机会。不仅如此，班级中的评价、班级生活中的基本规则、组织体系的发展性建构，不同班级之间以及班级与年级、学校组织之间的关系重建，班级主题活动开展方式的整体重建，都是值得关注的内容。

（二）以教育的立场重建学校对班级建设的管理方式

在学校层面，当前的学校整体变革，需要学校自觉地以教育的立场重建学校德育管理方式，通过管理变革尤其是管理方式的变革，直接引导、推动、保障班级层面改革的进行。

首先，需要形成合理的教育价值观和清晰的改革思路。学校中学生发展工作的价值取向在于促进学生的生命成长，关注每个学生，把学校教育价值观聚焦到为每个学生的终身学习与发展、实现幸福人生奠定基础上。作为直面学生发展的班主任和德育领导，最需要关注的是具体情境下学生的发展，需要关注的是如何通过具体而丰富的教育活动，为宏观的教育改革提供多样的路径，开辟新的改革空间。

学校学生发展工作的根是扎在自己学校中的，是面对具体的学校状态、具体的班主任工作和具体的学生群体的。而时代的影响、历史的延承，正是以全息的方式凝聚在我们的学生和教师身上，需要我们关注这一“特殊”，关注这一“全息”体。

在这个意义上，教育的立场需要学校关注自己学校内一个个具体的学生的发展状态，需要我们在促进学生生命成长的价值取向指导下，以整体综合的方式反思、设计本学校的学生发展工作，从而形成扎根于本校实际、具有鲜明个性特征和时代特征的“这个”学校、“我”的学校的学生发展工作体系。

其次，学校德育领导需要指导、鼓励、推动学生发展工作的开展。学生发展工作中大量、具体的实践，要靠班主任和教师来实现，但是，学校层面的整体策划、具体指导，学校层面的鼓励与推动，具有重要的意义。学校对学生发展工作进行管理的价值在于凝聚力量、推进德育改革。作为一种具体的管理活动，必须在明确价值取向和目标的前提下，汇聚各种资源，吸纳各种变革力量，形成变革态势，推进德育改革，在改革中动态生成，并最终实现促进学生发展的目标。

事实上，学校校长和主管领导思路的变化，以及相应的组织重建与制度变革、评价体系重建，会对学校的学生发展工作产生重要的影响。通过学校的组织管理，更能够形成多维互动的发展局面，形成学校整体的学生发展工作的提升。其目标取向，不仅在于促进班主任工作方式的转型和专业品质的提升，在于促进学校层面大型活动的组织与日常生活的改造，而且在于提升学校德育生态的质量，形成学校层面的、富有成长气息的学校德育生态。

（三）班主任自主开展学生研究工作

在教育研究和改革实践中，并不缺少对学生研究的呼吁或者具体的做法，缺乏的是对学生研究的清晰定位和富有成效的价值开发。尽管诸多研究方法都指向于形成强有力的班集体，但在实际的工作中，这些研究更多成为实现既有目标的一种基础，不会对整体的工作性质产生实质性的影响。在改革实践中，一些优秀的德育工作者都在个别学生研究方面，尤其是家庭背景、心理问题、学习障碍等方面有不少的成功案例，但由于班级建设改革的取向处于变迁之中，因此我们不能以这些零星的创造替代整体的反思与重建。

如果从学生发展工作的重建来看，尚有诸多方面值得讨论。

首先，对学生的研究不仅是教师工作中需要关注的内容，更是全部教育工作设计、开展和评价的前提，是教师工作的基础。相对于各种检查、规定和他人的经验来说，班主任所面对的“这个”班级，是一个具体的班级，各种规定、经验中所包含的普遍性的因素，是综合在这个“特殊”之中的。因此，对这个具体、特殊的班级的认识，是班主任工作的起点，是设计和开展有针对性的班级建设工作的前提。

其次，对学生研究的方式，不仅需要有研究的灵感、责任心的推动，更需要成为班主任日常的工作方式。这也就意味着，班主任对学生的研究是渗透在日常工作之中的，而并非一定要用专门的时间来研究。日常学校生活中的交往、活动，班主任都可能获得大量有关学生的信息，通过教师的观察、辨别、梳理和思考，辅之以一些必要的方法，班主任就可能形成对学生发展诸多趋势、问题的认识。

再次，对学生的研究，不仅需要关注个别学生、关注学生问题的突出方面，更需要形成对全体学生整体发展状态、成长需要的深入研究。如果说，相当长一段时间内，我们的班主任对班级整体的认识停留在模糊的整体水平上，关注的是对个别学生的认识，那么，当前我们需要强化班主任研究层面的提升和整体性的增强、深度的开发。班主任面对的是一个整体的班级，班级本身构成一个独特的生存空间，个别学生的研究与班级整体的研究是相通的，但也处于不同的层面，有着不同的意义。

三、班主任以智慧的方式开展班级建设工作

促进班级德育生态的优化，这是一个综合的教育系统的形成问题，也是复杂的动态生成过程。当前班主任工作可以通过以下途径，提升班级建设的专业品质，增强班级建设的教育效应。

（一）在干部轮换工作中培养学生

任何班级都包含有组织制度的构成，从教育的立场看，班级的组织制度建设包含着相应的教育价值，尤其是班级干部的轮换和班级岗位的设立，可以对学生公民意识的形成和综合素养的提升，对班级的发展产生积极的作用。

传统的干部观中，干部是教师的得力助手，他们帮助教师管理班级，承担教师的一部分任务。因此，这些干部需要有威信、能力，能代替教师维持班级秩序；而且，在群体中，干部往往是各项工作的楷模，是全班学生学习的榜样。这样的干部，自然只能是少数；而且，“培养”出一个干部，也需要相当长的时间。因此，这些干部往往以高高在上的管理者自居，习惯于以教师的腔调，训斥、责怪甚至惩罚其他学生。

如果从教育的立场来看，我们需要重新认识学校教育场景下“干部”的独特性，避免把社会生活中的“干部”观直接迁移到学校教育中来。首先，干部角色对于学生成长具有重要的价值。学校和班级中的干部，是为同学服务的职位，是代表同学对班级进行自我管理，以组织者的身份将班级同学凝聚在一起、共同开展活动的角色。担任这一角色对学生具有发展价值，做过干部的学生，在自我意识、民主意识、能力发展、多重社会角色的形成与丰富等方面，大都相对较强。这样的锻炼、发展机会，所有学生都有权获得。其次，学校中的干部不同于社会上的干部，不以能力为选拔标准，但以能力发展为目标之一。学校中的干部选举，是教育的起点，而不是教育的终点，不意味着当上干部的学生就已经是发展得最好的学生。再次，干部轮换是一项长期的工作，不是马上就能见效的。这需要我们形成对教育长效性的耐心和追求。

在制度建设方面，当前基础教育阶段学生干部的轮换工作已经在中小学中开展起来，

但依然存在诸多误区，班主任从工作方便的角度，家长从维护自己孩子利益的角度，都可能会造成无法真正做到干部轮换的现象。针对这样的问题，班主任一方面要坚持所有学生参与轮换的基本制度要求，另一方面要对所谓“不能轮换”的学生和轮换下来后的学生干部培养问题进行探索。对于因各方面表现无法立即胜任干部要求的学生，班主任应为他们的发展“搭台”，建立小岗位与小干部之间的共通性培养机制。班主任可以先提供给他们在小岗位上锻炼的机会，帮助他们首先胜任岗位；被评为优秀岗位的学生，就可以是下届干部的候选人。这样，在组织制度上，岗位建设与干部轮换就可以沟通。同时，通过岗位锻炼这批学生，也使得其他学生逐步了解、认同、接纳这一批学生，为他们以后进入干部轮换队伍创造群体认同的舆论条件。针对部分轮换下来的学生干部，需要为他们提供更具有挑战性的工作，使他们获得更大程度的发展，而不是停滞或后退。

在干部轮换过程中，也需要努力形成宽容、民主、积极互助的文化氛围。对待所谓不够“资格”或者没有“能力”当干部的学生，班主任需要与学生共同营造一种宽松、支持性的氛围，给这些学生以机会、鼓励与理解。当他们一旦当选为干部，全班学生要给予积极支持。对于“退”下来的干部，要做好思想工作，让他们学会调整心态，寻找新的发展和为集体出力的空间。这些最为内在的关系形态，是干部轮换工作中最细致的工作。

在小干部的任期内，教师的工作重点是帮助提高他们各方面的素质，主要有以下几种方式。（1）教师的直接指导，表现为教师直接帮助干部熟悉、设计和实施相应的工作，这一方式是许多班主任熟悉的。（2）建立班级和学校层面的培养机制。例如通过学校对小干部的专项培训，通过高年级学生对低年级学生的帮助，通过各类小结活动的开展，培养学生反思与重建的能力。（3）通过活动与评价培养小干部。例如通过建立竞争机制和班级内部评价机制，形成干部成长的激励氛围，通过活动促进学生干部对工作的总结与反思。

干部轮换过程中还需要加强的另一方面，是对“群众”的教育工作。“群众”可能有不同的类型，有的是当过干部、轮换下来的学生，需要避免他们成为挑剔者；有些“群众”是暂时还没有当过干部的学生，需要教育他们认识班级中的组织制度、规则的必要性，以理解、合作、建设性的方式参与班级工作。总之，班级建设的独特性就在于始终以“教育”的立场看待学生，并开展具体的教育工作。

（二）通过班级岗位建设，促进学生的发展和班级生活的自主

在丰富的班级生活中，许多生活内容都包含着教育的资源。如果我们通过将班级生活组织化，引导学生参与到班级生活的自我维护中，不仅可以促进班级本身的健康发展，也将为学生提供更多锻炼的机会。设立班级中的各种“岗位”，丰富学生的社会角色，引导学生参与到自我管理之中，就是一种可行的做法。有关实验证明，岗位对于学生发展具有养成性价值，特别是在小学阶段，岗位在养成个体的服务意识、合作意识、责任感、管理能力等方面十分重要。而且，每个个体在班级生活中所从事的岗位，在长时段内呈现出其发展的谱系，岗位种类的丰富程度、岗位挑战性的变化曲线，往往折射出这个学生成长变化的轨迹。

在具体的岗位建设实践中，我们需要强调岗位设置的教育性，提倡因需设岗：只要有利于促进学生发展，就可以设置岗位；岗位是教育学生、促进学生成长的具体方式。这一原则迥异于社会生活中的按岗选人的原则。从班级生活的需要出发，考虑到学生的具体特点，从发挥学生才能、弥补其不足的角度，可以设置多样的岗位，促使学生在岗位中不断改变自我。在具体岗位设置方面，需要充分发挥学生的创造性，由学生提出、策划各种类型的岗位，自主地设计岗位的职责，确立合理的岗位目标，并且自主地进行集体评价与自我评价。这样，岗位的产生与设置的过程，就成了引导学生关注班级生活、自主地建构班级生活的过程。

班主任需要关注每一具体岗位对学生成长的价值。当学生在岗位工作中出现问题时，班主任需要及时地帮助他；当学生出现懈怠时，班主任和其他同学需要鼓励他、支持他；当岗位工作取得成效时，需要给予即时的反馈，并且将这一教育资源推广到所有的岗位工作中。这样，通过岗位设置与轮岗工作，学生的自我意识、工作能力等各方面都可能获得发展。实验显示，丰富的岗位设置、岗位教育价值的开发，使学生获得了更多成长的资源。与此同时，不同方面的问题开始通过岗位建设得到重视，班级生活开始组织化，呈现出丰富、立体、动态生成的特征，班级自主管理、自主发展的整体态势良好。

（三）创建富有生命气息的班级文化

在班级文化建设领域，我们可以同时加强隐性与显性两方面的文化建设工作。

显性的、常规性的文化建设，需要体现出“儿童立场”，考虑儿童的眼光、语言与思想，反映儿童的生存状态，实现“让每一面墙壁都说话”。这样的文化环境，不再纯粹是成人世界话语与思想的强势介入，而是在展现班级生活的丰富性，展现学生成长的全景，展现每个班级的特性，让学生生活在自己创设、反映自己班级生活的环境中，培养亲和力、班级认同感和自豪感。具体而言，这些文化建设的内容可以包括班级奋斗目标、学习性文化环境、家校沟通性文化环境、人际互动性文化环境等。随着学生年级的升高，学生也会创造出新的班级文化形态。例如在以下案例中，我们看到的不仅仅是一个学生的成长，同样看到的是班级文化建设对学生成长的重要影响，看到“学生立场”的独特。班级建设对学生成长的意义，就是融合在其中的。

（高二那年）记不清是根据校领导指示，还是新班主任为了重振班风，我们班决定自己建立网站、出报纸。这种事，按照常理都是班干部做的，像我这样从未担任过一官半职的人，应该是沾不上边的。不过当时我对这些事情特别感兴趣，于是就毛遂自荐担当打字的工作，班长立刻就答应了。这样，我就成了他们的“编外人员”。可是他们每次讨论时都让我参加，渐渐地我成为了他们中真正的一员，负责班报第二版的制作。那一版的名字是我自己取的，叫“瞭望窗”。

因为当时设计这个版面时，准备主要刊登国内外重大新闻。但我觉得同学们对这些东西并不感兴趣，他们在看报时大都跳过了这版，我便想尽办法提高这版的“收视率”。在班长的帮助下，我们开设了“阿 sir 漫话”，每期请一位老师讲述一件他读书时的故事。这一新举措收到了“立竿见影”的效果，同学们纷纷称好。后来我的胃口越来越大，把我平日里收集的各国民俗风情的小故事也搬上了报纸，开设了“世界真奇妙”一栏。我们的报纸也由最初的四版变为了八版，还向其他班级赠阅。

现在看我们当时的报纸，觉得它好幼稚啊，自己居然也好意思称之为报纸。不过在当时，这可是我们的一项重大成果，而且更重要的是这件事带给我的影响。它给我带来的不仅仅是那薄薄的一张纸，还有同学、老师对我的肯定，更重要的是，我终于超越了自己的自卑，开天辟地地毛遂自荐。也正是毛遂自荐，使得同学们更加了解我、接纳我，也让我意识到原来大家也没有我想象得那么恐怖。从那以后，我渐渐和大家融为一体，结识了许多好朋友。班里的活动我也都积极参加，记得那一年的运动会，我还积极地参加了 800 米（赛跑），这在以前我是想都不敢想的。①

文化环境建设中还需要增强动态意识，有意识地从班级整体工作的角度，将班级发展过程体现在班级文化上，尤其是主题活动中的有关材料，可以即时呈现在环境之中，形成阶段性、流动性的文化建设形态。这样，每次大型活动都会在班级文化建设上留下厚重的一笔，形成浓郁的活动氛围，从而提高整体活动的教育价值。

隐性的文化环境建设方面，班主任需要特别致力于形成一种积极向上、充满民主氛围和创造精神的班级文化。

在人际关系上，班级建设中需要提倡并形成相互理解、欣赏与宽容的文化精神。在一个班级中，人与人之间、男女同学之间、干部与群众之间、教师与学生之间，需要建立相互理解的关系，相互尊重对方的权利、尊严，相互理解对方的行为，更多以欣赏、宽容的态度对待他人。这样，班级中就充满着良好的心理氛围，有利于每个学生的努力、探索、尝试与发展。

在人与事情的关系上，需要形成负责的文化精神。在一个群体中，每个人都对他人、集体和自我承担责任，每个人都需要以负责的态度对待班级事务和个体事务。只有负责，只有努力实现自己在班级、群体中的义务，这个班级才是坚实的。

在人与自我的关系上，需要形成自主、自强、自信的文化精神。无论对于班级事务，还是个体的学习等事情，只有个体以积极进取的态度对待，自信、自强地投入其中，才可

---

① 邓睿：《曾经走过那片天》，载李家成等主编：《回首高中——大学生的高中记忆及教育学评点》，天津教育出版社 2006 年版，第 203～204 页。

能不断实现班级工作的完善与个体的发展，才可能在开放、生成性的活动过程中不断实现自我提升。

需要指出的是，不同地域、不同年级、不同发展基础的班级，其需要建构、强化的显性文化与隐性文化也都会有各自的独特性，因此，需要班主任与学生们一起积极、自主地策划、开展。

（四）开发班级活动的教育价值

对班级活动教育价值的开发，可以分为日常性的活动与主题性的活动两大类。

就日常性的活动而言，当前的基本状态，或者是放任自流，或者是被占用为学科教学时间。而从内在可能来看，这是学生锻炼成长的机会与新空间。当前需要改变教师包办代替或者放任自流的状态，让学生自主参与到活动之中，诸如每周的班队会、晨会、干部与岗位选举、总结交流、少先队争章活动等，都可以放手让学生参与设计、实施、重建。任何人的发展都需要在具体的实践活动中实现，学校日常活动中就内蕴着许多这样的教育资源。

班级主题活动是更加集中、综合的教育活动。当前相当多的班级工作和相关研究中，都关注到学生主题班队会的开展。但是，实践中存在着的核心问题是活动缺乏教育价值。这具体体现为：在活动主题的选择上，缺乏对学生发展问题与成长需要的关注；在活动的整体设计上，缺乏学生的主动参与和整体设计；在价值追求上，缺乏学生立场和教育意识；在活动方式上，以少数学生的机械表演为主，即便相当精彩，价值也相当有限。

第一，从深度开发主题班队会的教育价值的角度看，在主题选择上，班主任要努力形成以成长为主线的活动系列。具体到每次班队活动，都需要有一个鲜明的主题，各项具体的活动设计围绕主题进行，避免为了表面的热闹而只注重形式。主题的选择，务必来自于对学生当前发展问题的判断和成长需要的认识，关注教育主题的内生性。系列主题的设计，都是围绕着班级工作目标具体展开，从多个方面深入。而且，不同地域、不同学校、不同年级在具体开展过程中，都需要关注自己的独特性。与此同时，我们还可以从成长的长程系列及其教育的角度进行研究，探索形成随着学生年级升高而不断变换的成长教育系列。

以下是一位初三班主任在和学生们一起组织“艺术伴我成长”主题班会过程中，对教学目标的数次重建，并伴随着对活动背景的多次认识，从中可以看到主题班会之主题选择的变化过程及其内在的思维方式与教育理念的差异。①

---

① 该材料来自上海市闵行区浦江一中 2005 年的一次主题班会活动。

表 6-1 “艺术伴我成长”主题班会的设计

<table>
<tr><th colspan="2">活动目的</th></tr>
<tr><td>第一稿</td><td>一、为了让同学们更加认同民族文化，增强民族自信心，我们三（1）班开展一次“艺术伴我成长”主题班会。
二、同学们通过自发组织一次主题班会活动，回顾伴我成长的艺术实践探索之路，对自己的未来充满信心。
三、进一步体会到艺术中的民乐是中华民族文化的瑰宝，感受到中华民族文化的博大精深、灿烂辉煌，增强对民族文化的认同感，提高民族自信心，以做龙的传人为荣。
四、同学们自发组织一次主题班会活动，人人是活动的主人，人人是班级的主人，大家团结友爱，人人享受快乐，大家主动、健康地成长。</td></tr>
<tr><td>第二稿</td><td>一、同学们自发组织一次主题班会活动，人人是活动的主人，人人是班级的主人，大家团结友爱，人人享受快乐，充满着青春活力。
二、通过一次主题班会活动，同学们回顾伴我成长的艺术探索之路，唤醒同学们内心深处对成功的渴望，激发同学们获取成功的热情，对自己的未来充满信心。</td></tr>
<tr><td>第三稿</td><td>通过一次主题班会活动，同学们回顾伴我成长的艺术探索之路，展示同学们的成就，展现同学们的风采，唤醒同学们内心深处的成功感，激发同学们对新的初三生活充满信心，以饱满的精神、高昂的斗志投入到初三的学习、生活之中。</td></tr>
<tr><th colspan="2">活动背景</th></tr>
<tr><td>第一稿</td><td>进入中学三年以来，同学们学习了多种艺术，并自发地组织了各自的探究小组，同学们在艺术学习和探究中快乐成长，提高了艺术修养，促进了整体素质的提升。初三学习紧张而忙碌，不少同学对自己的前途、命运充满怀疑。现代社会不少人包括很多青少年学生一味地崇洋媚外，认为外国的月亮比中国的月亮圆，不愿意相信自己的国家，缺乏一种对民族文化、对本民族的认同感。</td></tr>
<tr><td>第二稿</td><td>进入中学三年以来，同学们各自学习了不同的艺术，并自发组织了艺术学习探究小组。三年的艺术之旅带给他们许许多多美好而难忘的回忆，有泪水，有欢笑，风雨同舟，同甘共苦。三年的艺术追求，同学们硕果累累，他们茁壮成长，他们是学校的骄傲。同学们在艺术学习和探究中健康成长，提高了艺术修养，促进了整体素质的提升。但初三学习紧张而忙碌，中考压力大，同学们面临着更大的人生挑战，需要同学们以更强的自信心和更大的勇气来面对。
由班级同学提议，经班委会研究决定，组织一次主题班会活动，通过同学们回顾伴我成长的艺术探索之路，唤醒他们内心深处对成功的渴望，激发他们获取成功的热情，增强他们的自信心，让同学们以饱满的精神、高昂的斗志迎接人生新的挑战。</td></tr>
</table>

续表

	活动目的
第三稿	中学三年，全班同学各自学习了不同种类的艺术，自发组织了艺术学习探究小组。 三年的艺术之旅，带给他们许许多多美好而难忘的回忆，有泪水，有欢笑，风雨同舟，同甘共苦。三年的艺术追求，硕果累累：琵琶、古筝、手风琴、笛子、舞蹈等，有多人通过了较高水平的等级考试，各艺术小组、小乐队多次参加各种演出，琵琶、古筝等民乐组及个人分获“荟思杯”民乐演奏三等奖…… 他们茁壮成长：步入艺术殿堂的同学们，由三年前的稚嫩少年，成长为一个个精神饱满、情感丰富的“艺术新秀”，他们是学校的骄傲。 初三学习紧张而忙碌，中考压力大，需要同学们以更强的自信心和更大的勇气，应对更大的人生挑战。 由班级同学提议，经班委会研究决定，组织一次主题班会活动，通过同学们回顾伴我成长的艺术探索之路，唤醒同学们内心深处的成功感，激发他们获取成功的热情，进一步增强他们的自信心，让同学们以饱满的精神、高昂的斗志迎接人生新的挑战。

在上述变化过程中，逐步清晰的是在长程设计的基础上不断使目标具体化，而相关的民族精神教育、艺术教育等内容，被更加具体地安排在其他阶段开展，从而将以往经常被虚化的主题活动目标真正地具体化。目标的确定，又是基于对学生成长和班级发展需要的具体分析，从而使得主题活动目标的建立更加合理。

第二，主题班队会的开展过程，是学生主动参与、建设的过程。从准备、实施，到阶段性的小结或交流，到最终的总结、反思与重建，需要有一种系列性的设计，实现学生对活动全程的参与。在不同的年龄阶段，学生的参与意识和参与能力是有差异的，但这正是主题教育的起点之一：通过主题班队会，提升学生的综合素养。在这个过程中，要时刻关注：怎样使更多的学生获得更大的发展？怎样的参与过程能够实现这一价值追求？

第三，班级活动要达到使学生在活动中有新的体悟与变化，以促进学生真实的成长为核心目标，改变为获得他人认可、以表演为主的活动方式。主题活动必须建立在学生真实的感受与发展基础上，这样的活动才会触动学生的心灵。为此，不仅主题选择相当重要，而且，主题班队会需要学生真实地投入其中，面对真实的、学生发展中的问题，展开真实的讨论、交流，班主任也可以随时介入其中，把握住动态生成的活动过程。因此，一次成功的主题班队会，其必不可少的条件之一就是：真正解决了学生成长中的问题，促进了学生的成长。

上海市某城乡结合部初中在政教处和语文教研组联合开展的校园文化系列活动后期，组织开展了相关主题班队会，其中，七年级六班开展了“我创作，我快乐”主题活动，以下是部分学生的感言，从中我们可以看到主题班队会在促进学生个体意识的觉醒、对同学的再认识、对自己生活的再规划等多方面的价值。

● 上完刚才的班会课，我有很大的感触。在刚才的班会课上，有许多同学都自己创作了歌词、寓言以及童话，作为同龄人的我，为什么就不行呢？因此我也要自己创作……在班会课上，有同学认为漫画在书中是不重要的，古代的书籍，像《红楼梦》、《水浒传》……才是书的重点，但我不这么认为，我觉得同学们每天课程很紧，学习很繁忙，应该抽一段时间来放松一下，可以看看漫画，但是时间不能太长哦！

● 看了×××、×××等人的创作以后，我认为在我们班里有很多人才。以前在班中，我还没发现×××有这种才能，今天，我可见识到了！还有，讲到读书，我也很爱看书，本来想在班会上发言，可是由于我的胆小，没敢发言。中学生活很烦恼，但也很有趣。烦恼是一天要上七节课、晚自修，老师们也要留得很晚。有趣的是，把看书当做享受，不要像读教科书一样，带着问题去读。这次主题班会，我觉得很成功。

● 唉！可惜啊！我的胆量太小了！不敢面对如此之多的老师。在最后时刻我终于鼓起勇气站了起来，一句多么快的话啊！我只想让自己平静下来，好好发挥，相信自己的能力，但我做不到。即使站了起来，始终充满了恐惧感，似乎一只老虎在追赶我一样，说完就好。我一直没有踏出最关键的一步。我想我有潜力，我不会败给任何人。一次又一次的失败，我受够了。我一定要做一个全新的我、勇敢的我、敢于发言的我、敢于发挥自己潜力的我！我对自己呐喊：我是最强的，我相信自己的努力一定能成为一名优秀的三好生的！我要加油努力！加油！加油！努力吧！①

第四，活动的形式要丰富，探索形成多种类型的主题班队会。一个主题活动，需要选择适合主题、目标和学生的形式进行。例如，在经过一阶段的教育活动之后，以展示过程、交流收获为主的活动，可以通过汇报、展览、表演、发表感想、讨论的方式进行，并且可以有机融入班级文化建设。在班队会现场，务必要处理好内容与形式的关系，力戒单纯“表演”事先准备好的节目乃至每句话。这里需要的是真情实感的投入与多样化的表达，不是过度的准备，而且也需要教师临场参与和调节的智慧。

第五，要有活动的反思与重建环节。活动的全程，包括交流活动之后，都需要有反思与重建的环节，将一次主题班队会纳入成长教育系列之中，并保持每次班队会对后续活动的开放状态，形成教育活动的系列性、教育力量的持续性。积极引导、鼓励学生参与反思

---

① 该材料来自上海市闵行区马桥强恕学校某班级主题班会活动后，该班级学生所写的感受材料，2005年6月7日。

与重建，对干部的培养、对学生素质的整体提升都是有价值的。

在当代中国学校变革的整体背景下，班级建设领域的改革有着丰富的可能空间，班主任和学校德育领导完全可能在这个领域中自主、自觉地研究与实践，实现工作方式的整体转型，提升工作的专业品质，并使自己成长为一名有活力、有智慧、有境界的新型班主任和学校德育工作者。

第二节　学校课外生活价值的开发

学生的学校生活是多层面、多类型、多时空的综合体，除了课堂教学和班级建设之外，还有课外活动和校外活动等领域。本节主要讨论课外活动，并将课外活动界定为在学校之内，在规定的课程与教材体系之外、班级建设领域之外所开展的有意识的教育活动。在论述中，侧重学生立场作分析时，我们更多采用“学生课外生活”这一概念；侧重学校立场作分析时，我们更多采用“课外活动”这一概念。这两个概念的内涵是一致的。同课堂教学与班级建设领域一样，课外活动也具有重要的教育价值。

一、认识学生课外生活的教育价值

新中国成立以来，中国曾进行过比较丰富的课外活动实践，并认识到课外活动在促进学生兴趣发展与特长形成等方面的价值。在当代背景下，我们可以从学校整体转型、学校生活重建和学生生命成长的角度，重新认识课外活动的教育价值。

（一）新中国成立后课外活动的理论与实践

在新中国的教育发展史上，课外活动很早就进入到教育实践工作者和理论研究者的视野之中。

早在1955年，教育部就正式发布《“关于小学课外活动的规定”的通知》，其目的在于：“以使课堂教学的成果巩固和扩大，并使智育、德育、体育、美育和基本生产技术教育充分地获得全面发展。”① 该文件对课外活动的时间、内容、组织方式等都作出一定的要求，对于形成课外活动的基本实践形态产生过积极的影响。理论界也很早就开始关注这一领域，如有学者撰文指出，课外活动的意义表现为：“课外活动是学校教导工作的组成部分”，“课外活动是课堂教学的必要辅助”。②这一阶段对课外活动的价值定位，考虑的基点是课堂教学、教导工作，这就延续成为两个系列：课外活动德育化，课外活动成为辅助教学的途径和手段。这是与当时对教育核心任务的认识相关的：“在学校中，搞好课堂教学是压倒一切的中心任务，是教师们首先应该胜利完成的工作。”③这样的认识一直延续下

①②③　瞿葆奎主编，吴慧珠、蒋晓选编：《教育学文集·课外校外活动》，人民教育出版社1991年版，第197、211、215页。

来。在“文化大革命”期间，学校教育受到极大的破坏，直到改革开放时期，才有了反思与重建的可能。

改革开放以后，有的教育学教材开始讨论课外活动问题，但大都是在“教学”的视野下认识课外活动。例如，有的教材认为课外活动是“学校在教学计划和教学大纲范围之外，对学生实施的多种多样的有计划、有组织的教育活动”①。该观点认识到课外活动不同于课堂教学的诸多特点，但是在对二者关系的认识上，该教材认为：“课外文化、科技活动是课外活动的重要内容，它与课堂教学有着密切的联系，是课堂教学的必要补充。”②这一认识尚未突破20世纪50年代形成的对课外活动价值的认识。

随着理论认识的深化，理论研究界开始更自觉地从课外活动与学生发展的关系角度进行研究。有教材明确提出，课外教育工作的意义在于：可以更好地促进学生德、智、体诸方面生动活泼地发展；可以适应多种需要，丰富学生的精神生活，进而有利于提高教育效果；可以使学生经受各种实际锻炼，培养学生的独立性、创造性和实际工作能力，培养学生的各种兴趣爱好，发展学生的各种特长；有利于培养、发现和选拔各种专门人才。③ 在这一认识中，对课外活动与学生发展关系的强调是非常突出的，尤其是涉及对学生丰富的精神生活的关注。在这里，既可以看到对苏联教育家苏霍姆林斯基等人教育实践的借鉴，也可以看到中国教育学界对人的精神发展、生活质量关注的新的开始。在当时，该教材认识到课外活动的自愿性、丰富性、自主性、灵活性等特点，在对具体任务的认识上，该教材认为主要包括以下方面：第一，巩固、加深、扩大在课堂上所学得的基础知识，及时传递即时信息，扩展学生眼界，发展学生在科学、技术、文艺、体育等各个方面的兴趣和才能；第二，提高思想觉悟，进行共产主义道德教育；第三，组织学生从事有益的娱乐体育活动和获得积极的休息，使学生的生活安排得更加合理，做到身体健康、精神愉快，成为健壮、活泼、勇敢、坚强、朝气蓬勃的新一代，以更好地担负起建设四个现代化的艰巨任务。④这样的具体任务界定与前面的价值定位有着不对等的状态，这也正是当时具体实践状态有待发展的一种反映。

在具体的教育改革层面，无论是教育行政领导还是学校教师，都开始关注、思考、策划具体的改革行为。

曾有学者对课外活动的意义进行了全方位的阐述，其关注的问题和思维的方向，已经出现变化，具体内容包括：第一，促成学生在全面发展的基础上发展个人的特长；第二，促进脑力劳动和体力劳动相结合；第三，促进理论和实践的统一；第四，发展智力，发挥创造力；第五，培养自学能力；第六，增长知识，开阔视野；第七，寓教育于课外活动之中。这些观点是非常积极的，但作者在最后的归纳中认为：“综上所述，可以得出这样一

---

①② 华中师范学院教育系等五院校编：《教育学》，人民教育出版社1980年版，第171、172页。

③④ 南京师范大学教育系编：《教育学》，人民教育出版社1984年版，第487～490、492～493页。

个结论：课外活动是课堂教学的延续、扩展和加深，它是学校教育的一个不可缺少的重要组成部分，是贯彻执行教育方针的一条必由之路。”①

同年，有研究者基于对时代发展尤其是科学技术迅猛发展与学校教育因循守旧矛盾的认识，明确指出，在过去，我们受传统观念的束缚，只把课外活动看作是课堂教学的补充与延伸，离不开大纲与教材的束缚，完全是处于辅助地位或从属地位。“而现在则应该把课外活动看作是培养具有真才实学的现代化人才不可缺少的重要手段。因为它可以完全不受大纲、教材的约束，不受传统的教学程式的约束，也可以不受学校现有师资条件的限制，充分利用社会上的各种可以利用的条件，达到充分发展学生聪明才智、潜在能力的目的。”② 在作者看来，要进一步发展和完善课外活动，特别是科技活动的内容和活动形式，使之成为与课堂教学相并列的、在整个教育结构中成为重要组成部分的教学形式，从理论到实践逐步建立起与传统教学形式不同的崭新的教学体系。

这一思想的独特之处，首先在于其对时代尤其是信息化的社会条件的敏感性，对科技发展与国家发展关系的认识。这样，对课外活动的认识，就建立在广阔的社会发展背景下，直接指向“培养具有真才实学的现代化人才”之上，使得考虑的背景与目标超越狭义的教育范畴。其次在于其对课外活动的定位，不是附属于课堂教学，而是与之并列。再次在于具体改革实践的开展。在这一工作思路指导下，上海市中小学开展了丰富多彩的课外活动，当时在市、区两级建立科技教育的指导机构，在学校建立科技活动领导小组，形成课外科技教育的网络，配备专、兼职科技辅导教师，在活动场地、物资设备和活动经费方面加强配备，在活动的内容和方式上都有很大发展。除了科技类的课外活动之外，在人文社会科学等方面也都作了创建性的努力。

除了上海市的整体建构和探索之外，以独立的学校为单位开展课外活动的案例，也开始涌现出来。早在1983年之前，上海市静安区第一小学就进行了这方面的探索。③ 浙江省杭州市天长小学提出：“课堂教学和活动体系，它们的目标是一致的，都指向学生的全面发展。就学校教育教学工作的时间或侧重点而言，课堂教学是基本的和基础的；就对培养全面发展人才的重要性而言，两者缺一不可。前者侧重于理论的、学科知识的纵向联系；后者侧重于实践的、学科知识的综合运用。这样，纵横交错，理论与实践结合，左右脑功能同时开发，才能在教育教学工作中既为学生打好坚实的学科知识基础，又培养和发展各种学习能力。由此可见，活动体系决非可有可无，也不完全是课堂教学的‘补充’或‘延续’，而是教育教学体系中的一个子系统，是全面发展教育的重要途径。”④ 该学校建

① 董纯才：《课外活动的意义和原则》，载《人民教育》1984年第12期。

② 吕型伟：《创建两个渠道并重的教学体系，培养现代化建设人才》，载《上海教育》1984年第12期。

③ 童立亚、朱家雄：《为一年级小学生设计新生活》，载《人民教育》1983年第10期。

④ 杭州市天长小学、杭州大学教育系综合实验组：《学校活动体系的探索》，载《教育研究》1987年第1期。

立了以五大活动为内容的活动体系，包括班队活动（每周 1 节）、体育活动（每周 2 节）、兴趣活动（每周 2 节）、知能活动（每周 3 节，“信息活动”、“学会学习活动”、“自理生活活动”各 1 节）、社会活动等。这一认识与实践的独特意义在于，开始从系统论的角度思考课外活动问题，并进行了具体的实践。

在上述理论研究与实践改革的背景下，1986 年颁布的《义务教育全日制小学、初级中学教学计划》中，第一次正式将课外活动列入其中，并指出：“小学、初中的课外活动列入教学计划。各地应努力创造条件，有计划、有组织地开展科技性活动、学科性活动和文娱体育活动，以及组织参观访问、社会调查等社会实践性活动。”① 在一定意义上说，这是以教学计划的形式肯定了课外活动的重要意义。

之后，在教育理论界开展过对“课外活动”、“第二课堂”、“第二渠道”与课堂教学之间关系、内涵、地位、组织原则、内容等的讨论，观点尽管各异，但课外活动作为一种实践改革在继续推进，与此相关的理论研究也逐步触及对时代、对教育思想发展史、对学校教育制度的重新思考和认识，对信息论等新兴学科的借鉴，对苏联与美国等国家课外活动开展的借鉴等。②

上述的历史回溯，呈现出人们对课外活动的价值、性质、内容、组织方式等一系列问题的认识与实践轨迹。从当前课外活动的发展现状看，教育界对它的兴趣与认识没有发生大的突破，实践改革界比较多地是从丰富学生生活、满足学生兴趣、加强课堂教学与德育的教育效应的角度来定位课外活动。

（二）学生课外生活的基本理论思考

如果从反思与重建的角度来思考，我们必须面对如下几个问题。对这些问题的不同解答，会形成不同的实践改革思路。

首先，课外活动与学生发展、时代发展的关系。这涉及课外活动与学生、与社会两个不同层面的关系。只有在至少这三元的关系维度中，课外活动的定位才可能避免单一化，并为我们开展这一领域的实践改革提供基本的思路。

从与社会发展的关系来看，课外活动作为学校教育的构成之一，不仅需要直面社会发展需要，而且需要并且可能把对社会发展需要的认识转化为自身的价值观，将社会发展所提供的独特资源转化为教育的资源。在这一意义上，课外活动与社会发展之间的沟通可以是深层次的。

这一转化，最终将体现在课外活动与学生发展之间的关系上。在我们看来，课外活动是一个新的教育时空，这个教育时空的价值与人的发展的关系是直接的，它利用独特的教

① 瞿葆奎主编，陆亚松、李一平选编：《教育学文集·课程与教材》上册，人民教育出版社 1988 年版，第 732 页。

② 参阅瞿葆奎主编，吴慧珠、蒋晓选编：《教育学文集·课外校外活动》，人民教育出版社 1991 年版。

育资源，依靠其独特的实践形态，能够对学生精神状态与价值取向、知识拓展与能力发展、个性形成与思想道德素养的整体提升乃至于积极健康的生存方式的形成，产生积极的影响。

因此，我们可以更明确地说，课外活动是促进学生成长的一种学校教育生活。当我们在这种三元关系之中认识课外活动时，它已经不是可有可无的内容，也不是课堂教学的补充或者德育活动中的点缀，而是学校教育生活建构中必须关注的内容，是能够直接生成教育价值的一种生活形态。

其次，课外活动与学校教育的关系。从当前的学校教育改革来看，学校教育不能仅仅等同于课堂教学或者德育，而需要从整体综合的角度，认识这一师生共同的实践形态与生活时空的独特和丰富。

新型学校教育的建构，乃是一个从教育理念到教育实践形态的多层面、立体的重建。课外活动对于学校教育理念的具体化、学校教育构成的系统化、学校教育综合效应的形成，乃至于重建时代发展背景下学校教育的新形态，具有重要的意义。

在这一整体中，课外活动与课堂教学、班级建设具有相通的价值追求，它们面对着相同的学生，但是在具体实践方式、内容构成、时空安排方面，也会有明显的不同。当然，我们不是仅仅讨论课外活动与课堂教学、班级建设的关系，而是在整体建构学校教育的层面上认识课外活动。可以说，当代中国需要以新的教育理念重建学校教育整体，只有在这个整体中，课外活动与课堂教学、班级建设的沟通才能在价值论的层面上实现，并且每一种实践形态的独特意义才可能综合起来，形成强有力的教育力量。

而且，课外活动的开展，有可能丰富、完善和更为整体地呈现学校办学的文化精神乃至特色。一所学校的发展，有着多种发展的可能性。在已经开展的课外活动的基础上，有可能进行新的内容综合、理论提炼和层面提升，此时，课外活动就可能直接与学校的整体发展、特色形成沟通起来。

再次，课外活动自身内部的关系形态。将课外活动作为认识对象，则课外活动不是简单的搞搞活动、活跃气氛、培养兴趣，而是一个具体的综合体，不仅包括操作，而且包括理念；不仅包含内容的多样化，而且包含内容的综合性；不仅包含形式，而且包含内涵等一系列关系领域。因此，对课外活动的认识，需要整体的视野、价值的眼光、动态生成的意识，需要把它作为一个独特的教育实践活动和生命实践活动来认识。这样，从课外活动的价值追求、目标定位，到内容、形式、途径选择，到功效评估与反思、重建，就构成一系列需要思考的问题。

二、学校课外活动整体建构的思路

当前，各类学校在课外活动方面积累了相当多的实践经验，也显示了相应的教育效应。这里主要在学校教育系统的层面上，从具体建设的过程来讨论学校课外活动整体建构的思路。

（一）以生态意识指导整体设计

课外活动是在课堂教学之外的时空中开展的实践活动，但并不意味着它一定是随意的、缺少计划与组织的。如果我们从学校教育价值开发的角度来看，课外活动是需要教师与学校领导有意识地进行策划、组织的。

在一所学校中，要开展怎样的课外活动、怎样开展课外活动，需要认真思考与精心设计。作为学校领导和教师，需要在清晰、合理的学校教育价值取向指导下，研究本校学生的发展状态和学校现有的教育资源，从学生发展的立场，确定学生需要怎样的学校教育体系。而且，在设计中，还需要考虑如何形成学校不同层面、不同内容的活动体系，注意所设计的课外活动与课堂教学、班级建设的沟通、区别、互动等问题。

这种整体设计需要考虑以下多方面的关系。

一是学生发展需要与可能的关系。这是学校课外活动最基本的价值之所在，要关注、认识和研究本校学生的发展需要，关注学生的兴趣、爱好及其发展中的缺失，进而通过重组、开发学校教育资源，设计针对学生成长需要的课外活动。

二是不同年级学生发展的关系。在学校层面，需要关注不同年级的学生对课外活动的需要。对于相通性的需要，可以通过统一的活动类型与形式进行，并且注意内容、要求与方式的差异性。对于不同年级的不同需要，就需要开展有差异性的活动。这样，全校学生都有适合自己的课外活动，学校整体犹如一个丰富的生态系统，提供给该学校所有学生需要的发展空间与条件。

三是不同类型课外活动的关系。一般来说，课外活动的类型，包括文化活动类、体育文艺类、科学技术类等，而且不同类型课外活动的内部，又可以有不同的具体内容。在课外活动的整体设计中，要努力形成丰富而不单一、立体而不杂乱的活动体系。

四是设计与实践中灵活调整的关系。学生的发展状态在不断变化，成长需要处于动态发展过程之中，学校的各类资源也在变化，因此，在具体开展课外活动的时候，需要不断关注周围环境与活动本身的动态性、生成性，把握课外活动的基本价值追求，动态调整具体的实践行为。

学校课外活动的整体设计，是对学校领导和教师的重要挑战，它体现着学校领导和教师的教育理念、价值取向与思维方式，反映这一所学校的文化追求，并且有可能形成学校的发展特色。以下是一个具体的案例。

> 由于我校较特殊的教育背景（地处偏僻的农村，学生家长综合素质不很高，小学开学时流失较多优秀学生，文化气息、文化底蕴不浓厚等），我们始终感觉本校的文化生态远未达到最理想的程度和状态。因此，德育处、语文教研组联合开展了为期三个月的“读书节”系列活动，确立了“我们读书，我们快乐；我们创作，我们快乐；我们思考，我们快乐”为核心的活动内容，通过“内增修养、外塑形象”，积极地去建构具有强恕特色的校园文化，同时从学生主动发展出发，

积极为学生搭建操作平台，提供他们展示自己能力的机会，并极大地丰富了学生的精神世界，使“读书节”真正成为文化育人的一种载体。

1. 积极呈现读书快乐

我们通过“读书节”主题班会、“读书节”口号征集评选、“读书节”会标设计等多种形式呈现学生读书、创作、思考的快乐，通过这些活动满足了学生表现的欲望，如七年级六班在“读书节”系列活动中一堂“我们创作，我们快乐”的主题班会，令所有在场的人都有一种耳目一新的感觉。课上，学生们展示了自己创作的一件件作品：有的是诗歌创作，有的是寓言故事创作，有的是漫画创作，有的是歌词改编……无论是哪件作品，无不反映出孩子们的心声和他们内心成长的渴求，让我们为师者动容并引发思考：我们应该以怎样丰富多彩的活动帮助孩子们更好地成长和发展？

2. 读书帮助学生成长

读书，能够让心灵在阅读过程中体会到书籍给思想带来的触动和启发，享受到各种美好和愉悦。可以说，书是困惑时的答案，是心烦时灿烂的微笑，还是未来个人发展的导航。

六年级有个女孩子由于“读书节”活动而发生了很大的变化。和所有的独生子女一样，她叛逆，难以驯服，和父母有着所谓很深的“代沟”，但当她在“读书节”期间读了《少年维特的烦恼》之后，她的内心有了脱胎换骨的巨变，她的父母欣喜地发现女儿竟然主动和他们沟通、畅谈，欣喜之余，打电话给班主任老师报告这个喜讯。“孩子长大了，懂事了，成熟了”，是班主任老师和家长共同的感受。①

（二）点面结合，形成立体的课外活动形态

从学校课外活动设计的整体状态来看，需要丰富多彩的“面”。学生成长涉及智能、情感、精神世界等诸多维度，涉及不同年龄阶段和发展水平，涉及全体学生或部分学生，当我们综合设计学校课外活动时，就需要充分考虑“面”的存在。

每一所学校都有其独特的历史、文化与当前的生存环境，其学生发展状态也会不平衡，这也就需要在特定时间段内确定重点关注的“点”，实现“点”的突破、“点”的带动。在面之中的“点”，也已经不再是孤立的“点”，而成为立体结构中的可能的生长点、亮点、特点。

当前，许多学校开展各类主题教育周、教育月活动，如果在针对不同年级特点的设计和多年积累、更新的基础上，完全可能形成课外活动设计的系列性与整体性，并成为学校发展的“亮点”和“特点”，形成促进学生发展的关键事件。

---

① 该材料来自上海市闵行区马桥强恕学校德育处的学期总结材料，2005 年 6 月。

上海市某区一所很普通的初中，在身为体育教师的校长带领下，在学生中开展了棒球教育活动，吸引了一批有兴趣的学生，并且逐步发展、壮大起来。在多年发展棒球特色的基础上，学校于2003年10月成功地承办了全国青少年2A级棒球锦标赛，与一所高中联合组队，荣获亚军。2004年6月，学校棒球队代表该区参加上海市青运会，荣获冠军。2004年8月，学校再度承办该项目2A和3A两个级别的赛事，学校代表队荣获2A级冠军。2004年9月以后，学校进一步从文化的角度认识已经形成的棒球特色，提炼出“棒球精神”：敏锐的判断，迅速出击，合作的精神与整体的意识。学校进一步提出，将学校现有的体育、科技、艺术类活动进一步整合，提升品位，养气励志，怡心健体，最终整体形成“健体励志、自育自强”的学校文化。①

（三）资源与过程的动态生成

学校课外活动的开展过程，是设计意图不断展开、教育价值不断实现的过程。它往往伴随着成功的经验、意外的收获，或是偶然的挫折、沉重的失败。作为学校教育工作者，需要直面过程的复杂性，增强资源意识和动态生成意识。

从发展的角度思考，过程中呈现的各种问题、经验、收获等，都是进一步完善学校课外活动体系的资源。而对这一资源的捕捉、判断及其价值开发，就可能成为推进学校课外活动进一步发展的重要力量。

在学校课外活动体系中，每个独立项目或小组的活动状态，都可能对其他项目或小组产生积极的影响，而且也都需要获得对外开放的机会。每个项目或小组活动的过程、阶段性的小结和最后的成果，非常有必要获得一次展示、交流的机会。这既是对这一项目或小组活动的一种肯定，更是能够促进相互交流、对话、资源生成和过程生成的一种方式。这一过程有赖于教育工作者的智慧，并具有促进教育工作者自身成长的内在价值。

三、学校课外活动的具体改革措施

课外活动从规模上来看，有大型活动，如群众性的集会、报告会、运动会、大型比赛等；有小型活动，包括学科小组、科技小组、体育小组等具体类型；有个人活动，主要是根据个人兴趣与特长而独立开展的活动，如文学创作、阅读、艺术学习、科技制作等。从活动类型上来看，有思想教育类活动、科学技术类活动、文学艺术类活动、体育活动、公益活动、学科活动等。

我们将主要从学校和班级两个层面进行讨论。这两个层面所面对的对象、要求有着一定的差异，而且其承担教育角色的主体也不尽相同。在班级层面，我们将从学科活动系列

---

① 该材料根据上海市闵行区闵行四中有关材料整理而成。

与班级活动系列两个维度展开讨论，这主要是从活动基本资源的性质和目标追求的角度所作的划分。在这些讨论中，我们将不同教育主体的角色、开展的途径与方式等内容融合在其中。

（一）学校层面课外活动的开展

学校层面的课外活动系列是当前非常值得关注和开发的课外活动系列。其中，承担教育角色的主体是学校校长、团队辅导教师、教学与德育方面的主管领导等，其面对的对象是全校的学生。这也许是能够直接体现学校层面特点的活动系列，更是对学校管理人员综合素养提升具有挑战性和发展性的实践活动系列。

这类活动中可以有日常化的一些活动，也可以有一些集中的大型活动。这里我们不讨论所有的类型，而主要讨论日常生活的再组织、典礼与仪式类活动两大类型。

在学校日常生活中，有许许多多类型的“事”，例如日常活动的组织开展、信息的收集与沟通、校园生活的自我维护等。如果从事务性工作的角度对待，这些事情都仅仅是不得不做的杂事而已；而如果从教育的立场出发，这些“事”都可能成为锻炼、培养学生的机会，并成为学生日常的课外生活实践的独特构成。这类活动从目标上看，是对学校日常生活的体验、参与乃至重建；从形式上看，是中高年级乃至所有学生都可能参与其中的活动；从意义上看，有利于将学生带入丰富的学校生活，在活动中去体验、发现、参与乃至创造，从而获得自主的、多方面的发展。学校层面的这类活动，可以给学生发展提供新的空间，日常的生活资源可以转化为课外活动的教育资源，而且每次班级活动结束之后，班主任都可以组织学生以班队会、自我小结、相互交流等形式开展反思活动，系统梳理自己的成败得失，从而将活动的教育价值引向深化。

在日常生活的组织方面，共青团和少先队、学生社团、学生会等可以发挥非常重要的作用，而且，随着年级的升高，其锻炼、发展学生的价值也越来越清晰。

学校中还会有大量的典礼和仪式类活动，是在特定时间和空间中展开的。相对于上一类活动来说，它往往是结合传统节日或法定节日（如元旦、国庆节、国际儿童节、中秋节等）、学校大型活动的开始与结束（如学校自主设立的各种科技节、文艺节、运动会等）、法定的典礼活动（如升国旗、降国旗仪式）、学生发展中特定时期的活动（如入队仪式、入团仪式、十八岁成人仪式、开学典礼、毕业典礼）等进行。在人的生命历程中，这类典礼和仪式类活动往往成为学生平静生活中的一道靓丽的风景、一个难忘的记忆、一次重要的“唤醒”①。对于学校和教师来说，有可能成为一次重要的总结与交流、一次精神的再激励和生命能量的再集聚。因此，这一类型的典礼活动，会激动人心，振奋精神，重聚力量，会使生活充满新鲜的气息。

---

① 这是博尔诺夫所使用的一个概念，意指通过非连续性的事件，使人的生命意识突然敞亮起来、明晰起来，生命能量得以重新集聚，从而开始一种新的生活。可参阅［德］博尔诺夫著，李其龙等译：《教育人类学》，华东师范大学出版社 1999 年版。

以下是一所小学对学校庆典活动所作的变革。

为了丰富学生的校园生活，学校每学期都会安排一次大型的庆典活动（如艺术节和国际儿童节）以及开展学校传统的每月一节的活动（如网上冲浪节、体育节、英语节）。然而几年下来，我们发现活动逐渐流于形式，没有创新性，学生从最初对活动的热衷到后来兴趣渐消，尤其活动的结果与我们最初开展活动的目的背道而驰，艺术节、国际儿童节成了学校精品节目的展示，一台戏尽管在曲目上发生了变化，但年年老面孔，学生参与面不广。每月一节的比赛项目也只是由一些特长生包揽，众多的学生游离在活动之外，活动价值没有体现出来。李晓文老师曾经说过：学校活动要借“事”让学生长大。因此，本学期我们在活动策略上作了调整，不再是由学校领导、分管教师对活动进行安排设定，而是更多倾听来自于学生的声音。体育节我们事先会向学生询问他们喜欢哪些竞技项目。为了能够丰富学生的课间游艺内容，我们还让学生向家人询问儿时的游戏活动，于是一些古老的、在现在孩子生活中已消失的民间游戏、弄堂游戏又回到了校园，为校园生活注入了一丝生机。体育节中的比赛项目根据学生需要来进行安排，融合了个人、小组、团体的比赛，使得更多的学生能够参与到其中。当时也正是第46届世乒赛在上海举行，我们充分利用“红领巾电视台”在午间进行滚动播放，让学生感受运动健儿顽强拼搏的精神。所以，在体育节比赛现场，学校小记者团不断发来报道，反映小运动员选手带病坚持参加比赛，摔倒了带伤跑完全程，更可贵的是在这次比赛中涌现出的互帮互助的现象，让学生懂得了“友谊第一、比赛第二”的道理。这次体育节让我们感受到：作为一个个体的人的生命质量，应该在自主的活动中得到提高，而关注学生的生命质量，首先就要学会关注学生的生命需求。

受体育节的启发，在这次国际儿童节庆祝活动的主题确立上，我们也不再拘泥于以往的形式，不再注重于活动的结果。可能对于学校而言，很容易就能策划出几个保留的精品节目，但我们更希望活动能真正走进孩子的心灵，所以我们更多地是在考虑如何让活动贴近孩子的年龄特点，如何开发活动的最大价值让学生有收获。“大音稀声，大象无形，大成若愚，最高超的教育应该是无痕教育。”学校家委会上一位家长的发言引起了我们的关注。这位家长说：“现在的孩子整天迷恋于日本的动漫世界，其实我们中国也有国粹作品，学校是否应该加强对学生进行民族精神的教育?”由此我们想到今年是“世界反法西斯胜利六十周年，中国抗日胜利六十周年”，恰恰是对学生进行“树魂立根”教育的大好时机，所以我们以“英雄”为起点，在学校开展了“学英雄、赞英雄、当英雄”活动。学校成立了活动领导小组，由校长、书记亲自挂帅，协同党政领导班子成立了时事教育宣讲团，形象的画面配以声情并茂的讲解，再现了那段悲壮又不失气节的历史。此外，我们将权力下放给各教研组，自主选取不同时期的典型的英雄人物，前期通过“八个一”系列活动：读英雄的故事，听老师、父辈讲英雄的事迹，上网查找英雄的资料，让学生了解了近现代历史上的民族英雄，经历了一次思想深处的洗礼；讲英雄的故事，画英雄的肖像，唱英雄的赞歌，写关于英雄的征文，演英雄人物，旨在激起学生的民族自豪感和责任感。因为活动的过程让学生对英雄人物有了具体的了解，激起了对英雄的崇敬，学生们才会把这份震撼、这份激情在舞台上淋漓尽致地表现出来。本次活动我们还结合二年级的入队仪式开展队史教育，了解了红领巾的意义及珍贵。活动获得了成功。此次活动不仅促进了师生德性共同成长，同时也形成了良好的校园文化氛围。①

自然，这种类型的创造，很多学校也许都有，而且着力点与方式可能也都很不同。但重要的是，学校层面包含的活动极为丰富，如果我们多一种教育的眼光，多一些创意与扎实的实践，不仅学校生活会更加丰富多彩，不仅学生会获得更多的发展，而且教师与学校领导的教育智慧也在其中生长起来。

（二）班级层面课外活动的开展

班级层面的课外活动，一类是和学科教学密切相关的活动类型，另一类是和班级建设密切相关的活动类型。

学科类的课外活动，更多由学科教师参与指导，其目标在于补充、拓展、深化学科学习，完善学生的知识结构，促进学生的学科能力发展，激发和满足学生的学习兴趣。

这一类型的课外活动，需要教师依据学生的兴趣与需要，组织相关的活动。尽管这类活动非常多，教师也非常熟悉，但实践中制约这类活动开展的主观因素，恰恰是教师的教育理念。由于课堂教学任务的紧张以及由此带来的繁重的课业负担，更由于依靠题海战术来应对考试和升学的观念依然存在，教育实践中依然存在着忽视学科类课外活动的价值的倾向，不愿意或者舍不得把时间花在“课外”。学科教师和学生的兴趣与灵气，都可能在内外因素共同形成的繁重的学科教学压力下消退乃至消失。

这里涉及的关系主要是学科课外活动与课堂教学的关系、学科课外活动与学生发展的关系。

从学科课外活动与课堂教学的关系来看，学生学科学习的成绩不是简单地由学科教学的时间与数量投入决定的（尽管这是一个基本的条件），而是有其内在的学习机制，而且不同类型学习之间并不是不相通乃至相互矛盾的，而恰恰是相互沟通的。学生学习的成功，有赖于一定的外部条件，有赖于基本的学习时间的保障和学习习惯的形成，但这一基础条件达成后，其质量高低就不再由这些基本条件的数量增加来获得，而由学习者内在的学习动机、学习方式和学习能力的综合作用而形成。在这一意义上，学科课外活动既可以

① 该材料来自上海市洵阳路小学学生发展部的工作总结，2005 年 7 月。

补差补缺、提高拓展，更可以在活动中激发学生的兴趣、培养学习能力、生发自主学习的成功体验。学生在课外活动中所形成的这类素养，往往能直接转化为学科学习中的强大动力和坚实基础。

上述内容还仅仅停留在提高学生学科学习质量的层面上。如果从学科课外活动与学生发展的关系来看，学校教育的根本使命就在于促进学生的发展。在此价值取向下，课外活动与课堂教学一样，都是学校教育实践和学生学校生活的有机构成，不存在孰轻孰重的问题。学科教师对课外活动的忽视，根本的影响因素在于教师的教育理念，在于缺乏对个体当前生存状态的深切体悟和对学生生命成长的深切关注。面对着这些明天可能只是数以亿计的普普通通劳动者一员的学生，面对着每个人都将经历的最基本的生命实践，个体的生活情趣、生活态度、自得其乐的爱好、引以为豪的技能，都需要并且可能在当下的学校生活中通过课外活动而培养起来。因此，使我们的学生在学校生活中生发出某些兴趣，培养起某些能力，发展起某些情趣，使我们的学生在当前和未来的人生中体验和创造自己的幸福，是学校教育者不容推卸的使命。

班级建设类型的课外活动，大都由班主任担任指导教师，也可以是学生自己组织、开展的，而且，完全可以与学科活动结合起来。不同的是活动的目的直接指向于学科教学之外的学生个性与社会性发展等领域，而且是在班级之外的空间内开展的。但事实上，实践中的界限可能并不明显。

当前班级建设类型的课外活动，比较多的是开展各类课外实践活动，有些是为主题班队会做准备的调查、访问、实验、体验、参与性活动，有些是班级建设活动中衍生出来的拓展、深化性活动。在这些活动开展中，教师需要关注学生的发展状态，据此指导学生开展有针对性的课外活动；教师需要及时发现活动过程中的问题与新的生长点，从而灵活、动态地进行指导和调整；教师需要及时地指导学生开展反思、总结活动。这类活动不仅在为班级建设提供丰富的构成资源，为教师提供丰富的研究资源，而且是培养学生的直接途径，对学生的策划、协调、组织、调整、反思与总结能力的培养，都可以融合在这种活动之中。

富有教育意义的课外活动的开展，将成为学生的课外生活实践，成为他们生命质量的有机构成。而且，在这其中，教师的教育智慧可能萌发与生长起来，教师的职业生命也可能在这一具体的实践活动中获得质量的提升。

第三节　学生非正式群体的健康发展

班级、共青团和少先队等是非常规范、教师可以充分介入其中的学生组织，它们代表着一类有明确目标、有组织体系、有共同的文化特征的学生群体。在学生的学校生活中，还有着教师不一定需要介入、难以介入的一类学生群体，它们可能不规范，可能没有大量的、正式的活动形式，但是，它们也存在着、发展着，如同生态系统中的一个个小群落，以其强烈的多元文化特征和自组织性质，成为影响学生成长的独特领域。这就是学生非正式群体。

《中国大百科全书·社会学》一书认为："非正式群体指以个人好恶兴趣等为基础自发形成，无固定目标，无成员之间的地位和角色关系的群体。"① 也有学者称之为"自然群体"，"是指非上级组织和领导，自然形成的群体，这个群体不像正式群体那样有统一的群体目标，成员也不太稳定，更没有正式群体那样的言行规约，一般是以某些成员之间共同的兴趣、爱好，或相同的情感需求，对某些问题的观点、看法趋同一致，或因某一个特殊事件将其联系在一起而形成的"②。

在这里，"学生非正式群体"特指在学校教育生活中存在着的、相对于学校正式组织内的群体而言、缺乏教师正式介入和正式组织规范的一类学生群体。

一、透析学生非正式群体

学生非正式群体广泛存在于学校教育生活中，对学生非正式群体的不同认识，会带来不同的学校教育实践行为，也会产生不同的教育效应。

（一）学生非正式群体的复杂性

学生非正式群体的存在，有着非常多样的体现。

从非正式群体存在的主要目标指向看，诸多的经验总结和理论研究都涉及这一内容。例如，有求知型群体、交友型群体、娱乐型群体、异性群体、邻近型群体、越轨型群体，或者是学习小群体、爱好小群体、友谊小群体、经济小群体等。③ 也有研究者从其构成形态的角度，提出"志趣相投型"、"共同进步型"、"同病相怜型"、"令人反感型"等分析思路。④

有的研究是从对其性质的判断而得出的，例如，有研究者指出非正式群体存在着"积极型"、"娱乐型"、"消极型"、"对立型"等类型划分，或者"积极型"、"中间型"、"落后型"、"破坏型"。⑤ 基于这一认识，其教育对策就会具有非常明显的一一对应性：有的非正式群体需要鼓励，有的需要利用，有的则需要攻坚、突破。在这一类研究中，我们能够

---

① 中国大百科全书总编辑委员会编：《中国大百科全书·社会学》，中国大百科全书出版社 1991 年版，第 471 页。

② 班华、王正勇主编：《高中班主任》，南京师范大学出版社 1997 年版，第 328 页。

③ 易松春：《试谈中学生非正式群体及其引导》，载《中学政治教学参考》2002 年第 8 期；李书文：《浅析青年学生中的非正式群体》，载《上海青年管理干部学院学报》2004 年第 4 期。

④ 梁增红：《谈班级非正式群体的教育》，载《教学与管理》2002 年第 12 期。

⑤ 徐华铁：《青少年学生非正式群体现象透视与对策》，载《湖南教育》2001 年第 11 期；黄承志：《浅析学生中非正式群体的特点及教育》，载《中小学教师培训》（中学版）1998 年第 1 期；江宏：《中学生非正式群体探讨》，载《中国教育学刊》2001 年第 2 期。

发现：对非正式群体进行“定性”的倾向性非常明显。这就提醒我们反思：我们为其“定性”的时候，是基于怎样的立场？在我们的思维方式中，学生非正式群体的“复杂性”是否被我们意识到？我们为其“定性”及其相关教育措施是否过于简单？

有研究者特别指出：“青少年学生非正式群体具有其他非正式群体的共同特征，如自发性、相近性、非权力性、松散性等，又有着区别于其他非正式群体的特点。”这些特点包括：价值取向的多样性、影响明显的互动性、错综复杂的交叉性、比较突出的变动性、至关重要的可塑性。① 这一思路，提醒我们需要在和社会学、心理学研究立场的比较中，寻找认识学生非正式群体的教育学研究立场。

还有学者从非正式群体与正式群体相互关系的角度，在学校整体视野下看待这个问题：“就正式群体而言，它所强调的是比较严格的规章制度和理性的互动与交往，注重行为方式的规范性和统一性；而就非正式群体来说，它所强调的是情感的沟通和非正式的互动与交往，它的行为方式是比较松散的、非规范性的。但是，这两种形式都是学生身心发展所需要的，也都是学校组织必要的结构形式。”② 这一认识提醒我们可以从非正式群体与学校内部相关组织、群体的关系以及与学校的组织形式的关系角度来认识非正式群体。

在这一认识基础上，我们需要透析学生非正式群体的复杂性。

学生非正式群体的形成，是学生之间以多样的组织形式自发形成的。学生之间共同的兴趣、爱好、地位、习惯、处境，乃至于地域、文化、偶然事件，都会催生出学生的非正式群体。在这个意义上说，非正式群体具有内生性，是一个自组织的群体。因此，在教育生活中，教师不仅需要承认、正视学生非正式群体的存在，而且需要学会与非正式群体共存；不仅需要看到非正式群体与学校教育的关系，更需要看到它与学生发展之间的内在的乃至于天然的联系。

非正式群体形成后，其发展的走向也相当复杂，没有确定的发展规则。它可能进一步扩大，也可能会无声地消失；可能形成极强的凝聚力，也可能继续在松散的规则中自生自灭。因此，我们需要看到确定时空中非正式群体的存在及其现有价值，更需要看到它的变动性、发展的可能性、过程的复杂性。这提醒我们要用发展的眼光看待非正式群体，也启示我们：这一发展过程的复杂性，恰恰为学校教育工作者适当的教育力量介入提供了可能。

非正式群体本身具有一定的开放性，会受到复杂的外部环境的影响。无论是这个时代的转型，还是学校教育的整体状态、家庭与社区的发展状态，乃至于不同的非正式群体之间、非正式群体与正式群体之间的关系，都会影响着非正式群体的构成形态、运作方式、目标指向和发展趋势。

非正式群体内部，同样有着复杂的关系。其成员之间存在着多样的关系，组织规则、活动形态与各成员之间也相互影响、相互锁定。丰富的外部影响通过多种渠道影响着这一

---

① 陈志山：《青少年学生非正式群体面面观》，载《中国德育》2005 年第 4 期。

② 谢维和著：《教育活动的社会学分析》，教育科学出版社 2000 年版，第 207 页。

群体内部的状态，而这一群体不仅通过群体形式、也通过个体形式作用于外部世界。

于是，当我们把学生非正式群体看作是一个真实、具体的群体形态时，我们就会发现其独特性与丰富性。进一步说，学生的非正式群体不同于其他类型的非正式群体之处，不仅在于构成人员的独特性上，也同时在于其形成原因、运作过程、关系状态等都与学校教育有着非常密切的关系。

于是，我们就需要考虑这样一个问题：作为教育工作者，应该如何认识学生非正式群体存在的合理性？

（二）学生非正式群体存在的合理性

对学生非正式群体存在合理性的认识，直接涉及我们如何判断其价值。当前的研究，很多是从学生心理需要的角度分析，认为是中学生情感交往的需要、中学生心理安全感的需要、中学生心理相融的需要等，当然也存在一些外部因素。① 有研究者认为："中学生有明显的闭锁性与开放性同时存在的特点，这种特点，使得他们追求同伴之间的相容性，即我们平时所谓的倾心于寻求'够得上朋友'的伙伴。"② 也有研究者更加明确地指出："导致非正式群体产生的根本原因源于人的需要，一方面是归属的需要，另一方面是交往的需要。因此，我们必须从根本上改变对青少年学生非正式群体的不当看法，不再简单地把学校中学生非正式群体视为管理和防范的对象，而应该更多地考虑如何为其提供良好的生长环境，使其归属与交往需要得到满足，从而让其拥有安全感和快乐的体验，促使学生个体的社会化，以实现教育的最终价值——培养人格健全的社会化的人。"③ 将对非正式群体的认识放在学生的需要角度来认识，确实把握住了核心问题。该研究中的一个基本假设就是：学校教育原本就是应该满足这些需要的。

如果我们更明确地从学校教育、非正式群体、学生个体发展三者关系状态出发，基于促进学生成长的价值取向，则三者有着非常复杂的关系状态，特别明显的有以下几类。

第一种状态是非正式群体满足了学生成长中的某些需要，而这一需要状态在学校教育中被忽视了，或者学校教育本身缺乏相关的教育资源，因此，这一类非正式群体成为学校教育的合理补充。

请看以下案例所反映的状态。

刚复读的那些日子，经常看到芹趴在桌子上低声地啜泣，尤其听到以前成绩比她差得多的同学上了某某大学的时候。我不知道怎样安慰她，因为好几次我刚要开口，发现自己的眼泪也出来了。猫、饼则很乐观，他们一看见我们不开心，

① 卢宝祥：《试论中学生"非正式群体"》，载《广西教育学院学报》2002年第4期。

② 黄承志：《浅析学生中非正式群体的特点及教育》，载《中小学教师培训》（中学版）1998年第1期。

③ 丁江林：《重新认识学校教育中的学生非正式群体》，载《职教通讯》2002年第3期。

马上转过来讲笑话给我们听。有一次，猫对我们说了一句："不要哭了，用今天的汗水洗去昨天的泪滴。"我把这句话刻在了桌子上，当成了"座右铭"。过了几天，钦青和丹妮也回来了，我很高兴，她们俩是我高中最好的朋友……我知道复读的艰辛，但有她们的陪伴，我会挺过去……其实复读的日子没有别人形容的那么艰苦，因为有前面的猫和饼，他们总能制造出很多快乐，他们俩唱的《最美》绝对不比羽·泉逊色。在他们俩的影响下，我和芹变了很多。在每次累的时候，我们几个便会到校外的小店里吃烧烤。在他们面前，我活得很真实，那时候，天变得很蓝。①

事实上，交朋结友、相互倾诉、交往与沟通的需要，乃是一种非常自然的需要，尤其是在学生发展的不同阶段，其表现的形式与强度也会很不同。上述这个案例，至少向我们表明：这类学生非正式群体的形成，是自然的，也是有意义的。

第二种状态是学生非正式群体不仅满足了学生当前成长的需要，而且具有更明显的自发性，较明显地促进着学生的成长，这是与学校教育的价值追求、方向一致的。这一状态下，学生非正式群体与学校教育二者更可以相互强化，会有诸多重叠的领域。现实中大量存在着的以文化学习、科技制作、个体兴趣发展等为核心的学生非正式群体，都具有这一特征。从小学三四年级开始，学生之间就会比较明显地形成以共同的兴趣、爱好为纽带的交往圈，自然地会形成非正式群体。随着年级的升高，这一现象更加明显。

第三种状态是学生的某类合理需要在学校教育中难以得到满足，从而不得不通过非正式群体的形式寻找满足。相对而言，这往往是在学校教育中的弱势群体、学业失败的初中及初中以上的学生所更容易形成的，而且，形成的具体群体形态也会很不同。它们都能暴露当前学校教育的现实问题，但还是在学校教育的基本界限内存在与发展，有着内在的"亲教育性"。以下案例可以说明这一点。

在初中的时候，我有很多好朋友，可是到了高中，在自己心情不好的时候，想找一个可以说知心话的朋友都找不到！现在想来，一部分原因是因为我的自卑和对别人的敌意，另一个很重要的因素就是成绩成为交友的标准。在我们学校，好学生只和好学生一起玩，而我只能和被归为差生一类的人玩，如果老师看到学习好的同学和学习差的同学在一起，好同学无一例外地会被老师找去谈话，说一些关于友情对于他们前途影响的问题。在这种压力下，好学生和差学生的友谊根本不可能存在下去！其实，好学生也打心底里看不起我们，很少有好同学愿意和我们在一起，也许因为我们学习差，所以他们觉得我们一无是处。在学习上，这

① 于晓芬：《青春的刻度》，载李家成等主编：《回首高中——大学生的高中记忆及教育学评点》，天津教育出版社 2006 年版，第 107～108 页。

种畸形的关系尤为突出。本来互相借阅参考书是很正常的事，也许是因为竞争太激烈，成绩又是唯一的衡量标准，使得很多同学宁愿花时间去琢磨怎样使自己的参考书不被别人看见的方法！现在想起来，自己那时候也有类似的做法，那时的心理的确很畸形。在初中曾被同学称为“开心果”的我，在高中却变成如此沉默的“闷葫芦”，也许是因为学习成绩与初中相比有太大的差距，所以为了减少别人嘲笑我的机会，我选择了沉默。这是在进入高中前我不曾想到的。如果同学之间可以不要那么世故，只是按照我们这个年龄应该有的纯洁的感情和思维去交往，那么情况也许会大不相同；如果老师可以多关心学生的心理，不要一味地重视分数，那么学校也许不会让人觉得这么压抑，而是一个不仅可以获得知识，而且可以感受快乐的地方。可是，这只是如果，不是现实！①

第四种状态是学生非正式群体的存在不利于学生的健康成长，从学校教育的立场上看，是需要抵制、改变的，因此，学校教育与非正式群体存在着内在的对抗状态。这一类非正式群体与第三种类型的差别，主要在于其危害性明显，往往是外部社会不良因素大量介入后所形成的，而第三类状态的非正式群体并不具有如此明晰的“反教育”特征。

请看某校一位高三女学生的自白。

我是一名女生，长相一般，成绩平平，而且厌恶学习。开始的时候，周围的朋友并不多，在“以成绩论英雄”的班级里谈不上什么地位。情况的改变是在高二的下学期，我家离学校不过百步之遥，此时一些小时候的玩伴相继放弃学业，其中一些人整天无所事事，有的就来找我玩。考大学是量力而行的事，我没有那个能力就不作打算，乐得多交一个朋友。对于这些主动凑上来的（人），（我）有事没事就跟他们接触，很快就打成一片。

也许是志趣相投，慢慢地，班上就有几个同样讨厌学习的女同学围着我转。没过多久，人以群分，整个学校里就有一部分学生跟着我，其中有不少男生。这种组合完全是在一种默契下凝聚而成，我知道在许多学生和老师眼里，我已经成为“大姐大”了。有几次圈子里有人受欺负了，来找我出头，于是我拉了一大帮同学并找了些校外的朋友去吓唬对方，和影视剧里的场面很像，很快就把事情给摆平了。

的确，人在江湖，身不由己，为了扮“老大”，我得保持一些和其他同学不同的地方，譬如偶尔叼支烟，偶尔去喝酒，玩起来很疯……

可是我始终觉得我还是以前的我，我非常清楚自己是个坏学生，可是我依然

---

① 熊婧：《记忆的最底层》，载李家成等主编：《回首高中——大学生的高中记忆及教育学评点》，天津教育出版社2006年版，第4页。

将自己定义为好人。讲心里话，其实我并不认同自己的行为，但我喜欢被人看作是“老大”的感觉。人总是希望找到受重视的感觉，在学习上我不能够获得，却能通过这种方式得到满足感、成就感。①

上述分析，我们试图突出的是：对于学生非正式群体的认识，需要关注它的复杂性，需要在多维的关系中认识它的合理性。

（三）教师与学生非正式群体的关系状态分析

从基于学生成长的立场对非正式群体的透析，转换到教师的教育对策上，我们可以思考：当前教师和非正式群体的关系状态是怎样的？教师对非正式群体的教育方式是怎样的？

从当前现状来看，教师认识、对待和介入学生非正式群体的状态，主要有以下几种类型。

第一种是无意识类型。教师未意识到学生中存在着大量的非正式群体，或者也未曾知道这一类型学生组织的存在，缺乏认识、了解的意愿。相对而言，这一状态下，非正式群体的建设问题难以进入教师的视野，学校教育对于非正式群体是“无为”的。

第二种是旁观者类型。教师意识到学生非正式群体的存在，但一方面觉得难以介入，另一方面也不觉得应该介入其中，因此，保持着旁观者的身份。自然，在健康的学生非正式群体的形成阶段，这一旁观本身也就是一种态度的显现。

第三种是粗暴干涉类型。教师站在正式组织的立场上，强势介入学生的非正式群体之中，期待着将非正式群体转化为正式群体的构成，或者促成其解体。这类做法的出发点，或者是不认同非正式群体的存在合理性，或者是察觉到非正式群体存在的危害性。但不管教师的用意如何，其关系状态呈现为单向的作用状态，缺乏相互间的对话与沟通。

第四种是对话类型。教师尊重学生非正式群体存在的现实，在必要的时候合理介入、进退有方、讲求策略，在分析不同类型非正式群体的基础上，有智慧地促进学生非正式群体的健康发展。

从学校教育工作者的教育方式来看，有的是教师通过个体的力量，针对具体的问题，一一对应式地解决问题；有的是教师发动相关力量解决具体问题，其集聚的力量可以是相关学科教师、学生正式组织等，这就具有了正面的特征。就我们的认识来看，还可以有第三种工作方式：从班级建设和学校发展的整体角度，将非正式群体建设融入其中。这也就是我们下面重点展开的内容。

① 朱爱雪：《从“校园江湖”看中学生非正式群体的管理》，浙江省瓯海中学网站，http://www.ohzx.net。

二、在多元文化的互动中促进学生非正式群体的健康发展

非正式群体的存在本身，已经在提醒我们，需要将个体放在群体乃至更大的文化生态背景下认识。在一定意义上说，针对个体的个别教育依然是必要的，却不应成为唯一的选择。从学生非正式群体本身的存在和发展的角度看，当前可以探索如下课题：如何在多元文化的互动中建设学生成长的文化生态？

上面我们重点是从基本原理的角度展开。具体到学校变革实践中，可以从文化生态的整体改造的角度看待这一问题，在新的层面上，以建设性的眼光，认识并形成学生非正式群体与学校发展、个体成长之间的关系。

（一）形成健康的学校文化生态

学生非正式群体毕竟存在于具体的学校文化之中，因此，无论是它的形成还是发展，必然受到学校内各种因素的影响，其中相对内在、长久的影响力量，就是学校文化；而且学校文化一旦形成，也会通过教师、学生、各种活动等，全方位地影响着学生非正式群体的健康发展。

在这一背景下，对学生非正式群体发展的教育影响，就可以从形成健康的学校文化生态入手。

首先，这表现为形成合理的学校文化精神。当一所学校形成了促进学生主动发展的核心教育理念，形成了关怀学生生命成长的情怀，形成了自主、自立、自强、自由、民主的文化气息，那么，这本身就是一种巨大的教育力量，不仅会影响着当前学生非正式群体的发展走向，也同样会催生出新型的学生非正式群体。

其次，这表现为学校日常生活的当代转型。学生非正式群体的形成之“源”、价值之“根”在于学生的日常生活。当学校中学生的生活充满着成长的气息，充满着自由、自主发展的可能空间，那么，我们大可不必担心学生非正式群体会带坏学生，而应该充满期待地促进、帮助学生在非正式群体中健康成长。

再次，这表现为学校教育对个体成长核心素养的养成上。无论面对何种类型的学生非正式群体，学生本身都是可以具有主动选择、判断意识的，都可以在一定程度上自主把握自己在非正式群体中的所作所为的。因此，当学校教育的质量得到提升，能够培养出具有主动发展意识与能力的健康个体时，他们会作出合理的选择与判断，这也是学校教育作用于非正式群体的途径中更加有意义的方式。

为此，学校变革中的学生非正式群体，其本身存在于具体的学校文化之中，与学校日常生活、学生个体有着无法割裂的关系。因此，我们需要并且可以通过对学校文化生态的整体改造与重建，在根本意义上，高质量地促进学生非正式群体的健康发展。

从学校文化生态建构的角度看，学校也需要鼓励、帮助、促进各类学生非正式群体的健康发展。这本身就是在丰富学校的文化生态，使学生发展的空间得到拓展，交往的渠道与对象进一步多样化。事实上，当前学校生活中，突出的问题是学生生活的单调、划一，

缺乏丰富的生活。因此，首要的问题是促成学校文化生态的形成和质量的提升。尽管这个过程中会有诸多的困难、问题，但是，这并不能否认学生非正式群体在学校文化生态中的独特价值。

（二）促进不同群体之间的互动

从文化生态的视角进一步聚焦到组织视角，学校变革中需要关注不同组织、群体之间的互动与生成。

首先，学校教育工作者可以促成非正式群体之间的互动。学生非正式群体的存在形式、活动内容都相当丰富，相互间多样的差异，成为群体互动的基本前提。通过学校相关组织和人员的介入，可以形成非正式群体之间的互动，使得相互之间在组织形态、运作形式、作用发挥等方面得到一定的交流，这有可能促进学生非正式群体的健康发展。而且，非正式群体本身的多样性、创生性，也可能会不断生成新型的群体形态，这也将进一步丰富学校文化生态。

其次，学校教育工作者可以促成学生正式组织与学生非正式群体的互动。无论是在班级建设中，还是在学校大型活动与相关组织建设中，都可以吸纳学生非正式群体的智慧，并在必要时将正式组织的教育力量介入学生非正式群体之中。这一过程很难说是谁主导谁的过程，但这一对话、沟通过程是不可缺失的。

再次，学校教育工作者可以促进非正式群体内部的生成与涌现。学校教育工作者在观察、研究学生非正式群体的基础上，在具体的对话、沟通过程中，可以发现、判断非正式群体的发展状态和个体的发展状态，及时抓住发展中的资源，促进资源的生成和价值的实现。学生非正式群体本身是需要不断发展的，在其发展过程中，也会生成大量对学生个体发展、对学校教育而言有意义的资源。因此，教育工作者的一次推动、一次鼓励、一次意见的吸收、一次活动的参与，就很可能会提升学生非正式群体的发展质量，并同时提升学生正式组织的发展质量。

（三）优化教师影响学生非正式群体的方式

对于学生非正式群体而言，教师在必要的时候进行一定的影响是教育的需要。

首先，教师应形成合理的角色意识。学生非正式群体的形成与发展，完全可以不需要教师的直接影响，而且不同类型的学生非正式群体，对教师的接纳程度也不同。为此，教师必须形成清晰的自我意识：自己不是万能的，诸多非正式群体的健康发展不一定需要教师的直接介入，但教师可能具有影响力。在需要教师直接影响非正式群体时，教师需要观察、理解、欣赏学生非正式群体，要善于倾听和对话。针对不同的学生非正式群体或者其发展的不同阶段，教师介入与否、介入程度、介入方式等，都需要具体考虑。

其次，教师应完善思维方式，形成对学生非正式群体的合理认识。对待学生非正式群体，要作具体研究，而后再对其价值与发展走向作出判断，而不是匆忙为其定性，更不能因为它不同于正式组织而一概否定。这同时涉及思维方式的转换，要承认多元、尊重多元，在多元、复杂中发挥自己的作用，强化教师个体的背景意识等。

再次，教师应优化教育策略，不断调整自身的教育实践行为。面对如此复杂的教育生态和教育现象，教师需要形成自己的策略意识，在面对动态、发展、不确定的过程中，在迎接各种可能性的过程中，有效影响学生非正式群体的健康发展，并不断调整自己的教育行为。

思考题

1. 请分析你所在学校当前班级建设实践的状态、问题与发展可能。

2. 以一个具体的案例说明如何实现主题班队会的教育价值。

3. 试分析你所在学校当前学生课外生活的主要问题，并尝试提出一个具体的改革思路。

主要参考文献

1. 瞿葆奎主编，吴慧珠、蒋晓选编：《教育学文集·课外校外活动》，人民教育出版社 1991 年版。
2. 叶澜主编：《“新基础教育”探索性研究报告集》，上海三联书店 1999 年版。
3. 叶澜主编：《“新基础教育”发展性研究报告集》，中国轻工业出版社 2004 年版。
4. 叶澜、郑金洲、卜玉华著：《教育理论与学校实践》，高等教育出版社 2000 年版。
5. 杨小微、李家成主编：《“新基础教育”发展性研究专题论文·案例集（上）——学校管理·班级建设》，中国轻工业出版社 2004 年版。
6. 李晓文著：《学生自我发展之心理学探究》，教育科学出版社 2001 年版。
7. 唐迅著：《班集体教育实验的理论与方法》，广东教育出版社 2000 年版。
8. 龚浩然、黄秀兰著：《班集体建设与学生个性发展》，广东教育出版社 1999 年版。
9. 班华等著：《发展性班级教育系统》，南京师范大学出版社 2000 年版。
10. 易连云著：《重建学校精神家园》，教育科学出版社 2003 年版。
11. 吴康宁著：《教育社会学》，人民教育出版社 1998 年版。
12. 谢维和著：《教育活动的社会学分析》，教育科学出版社 2000 年版。
13. 孙云晓、卜卫主编：《培养独生子女的健康人格》，天津教育出版社 1998 年版。
14. 戚万学、唐汉卫著：《现代道德教育专题研究》，教育科学出版社 2005 年版。
15. 唐迅著：《建构新世纪教育理念》，广东教育出版社 2000 年版。
16. 魏国良著：《学校班级教育概论》，华东师范大学出版社 1999 年版。
17. 郭毅主编：《班级管理学》，人民教育出版社 2002 年版。
18. 林冬桂、张东、黄玉华编著：《班级教育管理学》，广东高等教育出版社 1999 年版。
19. 吴清山等著：《班级经营》，心理出版社 1990 年版。
20. 赵学华、徐凤云著：《学校班级成功教育管理方法》，学苑出版社 1991 年版。

21. 鲁洁著：《超越与创新》，人民教育出版社 2000 年版。
22. 高谦民、黄正平主编：《小学班主任》，南京师范大学出版社 1997 年版。
23. 班华、王正勇主编：《高中班主任》，南京师范大学出版社 1997 年版。
24. 辜伟杰主编：《中学班集体建设与活动》，南京师范大学出版社 1999 年版。
25. 段镇主编：《创建孩子的快乐家园——中小学快乐中队集体建设集锦》，华东师范大学出版社 2005 年版。
26. 江东霞主编：《无边的圆——创造型集体培育与形成的研究》，上海教育出版社 2001 年版。
27. 《人民教育》编辑部：《新世纪班主任必读》，高等教育出版社 2005 年版。
28. ［法］埃德加·莫兰著，陈一壮译：《复杂性理论与教育问题》，北京大学出版社 2004 年版。

第七章　学生校外生活的教育内涵

在本书第五、六章，我们聚焦于学生的课堂生活、班级生活和课外生活，探讨了教育学原理的学校实践形态，然而，生活对人来说意味着一个整体的、连续的过程，同样，用今天的观点看，教育也是一个无处不在，并伴随终身的过程。所以，在本章我们将把视角延伸到学校的“围墙”之外，探讨在一个更为广泛的生活世界中发生的教育实践活动及其理论问题，在界定学生校外生活世界的基础上，探讨学生校外生活的教育内涵，以及学校在学习化社会中的地位和责任。

第一节　学生生活世界的内在构成

学校作为一个人为的组织环境，其间所发生的一切无疑构成学生的生活世界。然而，校园之外存在着一个更为广袤的时空。它是否及怎样构成学生的生活世界，我们怎样认识这一世界对人的作用和影响，从而使教育更为合理和有效，是值得关注的问题。

生活世界，在日常的话语中，广义上是指人生活在其中的世界；狭义上是指人在工作、学习之外的自由支配时间中的生活世界。对于哲学概念的生活世界人们有不同的理解。

一、生活世界的哲学理解

“生活世界”这一概念最早由胡塞尔提出，他在《欧洲科学危机和超验现象学》一书中对生活世界问题进行了集中论述，但是并未对生活世界概念作出明确界定。在此书中，生活世界经常与“周围世界”、“生活周围世界”等作为同一概念使用。倪梁康对胡塞尔的生活世界概念作了如下诠释：生活世界是“在自然态度中的世界”，基本而言，生活世界是指“我们个人或各个社会团体生活于其中的现实而又具体的环境”。① 生活世界具有以下特征：（1）生活世界是一个非课题性的世界；（2）生活世界是一个奠基性的世界；

---

① 倪梁康著：《现象学及其效应》，生活·读书·新知三联书店1994年版，第130页。

(3) 生活世界是一个主观的、相对的世界；(4) 生活世界是一个直观的世界。① 国内外学术界从生活世界的本质角度来界定生活世界的内涵，大体有以下四种。

（一）生活世界是语言世界

维特根斯坦认为，“想象一种语言就意味着想象一种生活形式”，而“‘语言游戏’一词是为了强调一个事实，即讲语言是一种活动的组成部分，或者一种生活形式的组成部分”。② 可见，维特根斯坦所说的“生活形式”就是生活世界，是指语言的意义基础。哈贝马斯也强调语言的重要性，他说：“批判理论的规范——理论性基础必须到人类水平上的、有特色的、到处渗透着的生活中介那里去寻求，这就是语言。”③ 但是，与维特根斯坦不同的是，他认为语言是一种交往行动或交往过程，由语言构成的生活世界是交往行动的世界，“交往行动表达着生活世界的内容，生活世界组成交往行动的背景，交往行动深深植根于生活世界之中”④。

（二）生活世界是实践世界

马克思主义中蕴涵了生活世界的实质内容，其“实践”概念与生活世界概念有内在的关联。持此种观点的学者们的分歧主要在于实践与生活世界的关联上。有人认为，实践其实是指人的现实生活。⑤有的人并不认为实践就是生活世界，只能说现实生活世界是由实践活动所创造的功能统一性世界。⑥ 还有的人则认为生活世界的现实基础是人的实践活动，生活世界的实质就是人的生活，就是生活中的人本身。⑦

（三）生活世界是实践和交往的世界

“历史、现实和理想是交织在实际生活世界之中的三个基本维度，人所创造的生活世界并不是单纯主观性的意义世界，它也是在人的各种实践活动和交往关系中产生和发展起来的，因而实际生活世界的内在矛盾和冲突与这些活动和关系紧密相关。揭示生活世界的本质，进而改造日常生活模式和人的现实生活，离不开认识这些现实矛盾和冲突的特征和实质。”⑧ 有研究者在进一步概括了实践和交往含义的基础上指出：“生活世界是‘有意义’的世界。生活世界的‘意义’，在于它是人类创造的、实现人类自身发展的世界。”⑨ 这里所说的“交往”不同于哈贝马斯的交往，它是以实践为基础的交往，而不是以语言为内容的交往。

（四）生活世界是实体和关系的世界

有人认为：“‘生活世界’的概念，决不是指‘生活环境’，也不是指‘自然世界’和

---

① 倪梁康著：《现象学及其效应》，生活·读书·新知三联书店 1994 年版，第 132 页。

② ［英］维特根斯坦著，陈嘉映译：《哲学研究》，上海人民出版社 2002 年版，第 19、23 页。

③ ［德］哈贝马斯著，张博树译：《交往与社会进化》，重庆出版社 1993 年版，第 11 页。

④ ⑤ 李文阁著：《回归现实生活世界》，中国社会科学出版社 2002 年版，第 110、11 页。

⑥ 贺来著：《现实生活世界》，吉林教育出版社 1998 年版，第 74 页。

⑦ 庞立生、王艳华：《哲学向生活世界的回归》，载《东北师大学报》（哲社版）2003 年第 4 期。

⑧ 尹树广：《生活世界的现实及其价值》，载《哲学研究》2003 年第 1 期。

⑨ 孙正聿：《寻找“意义”：哲学的生活价值》，载《中国社会科学》1996 年第 3 期。

‘社会世界’，而是指对人生有意义的，且人生活在其中的世界，是人生的过程、生活着的心物统一的世界。‘生活世界’既是一个实体的世界，又是一个关系的世界，在这个世界中，人的地位是至高无上的，人是能动的主体，人不依附于自然、社会、他人，或者其他某些外在力量。”①

以上四种界定，都把生活世界理解为“人的世界”，不同界定的分歧只在于对人的活动本质的理解不同。②

仅仅罗列对生活世界的各种定义是难以真正把握这一核心概念的真实意义的，因为它是被作为一个完整命题——“回归生活世界”中的一个关键词提出来的，所以我们必须把它放到这个命题中去理解，否则，生活世界就只会被当做“生活环境”的替换词。

二、“回归生活世界”命题的教育含义

胡塞尔称伽利略“既是发现的天才，又是掩盖的天才”③。他的意思是指当伽利略以精确的因果规律来建构自然或世界时，他实际上是以巧妙的手法把自然和世界的真实面目给掩盖了。所以在胡塞尔看来，只有回归到那个被伽利略所遗忘的、通过知觉实际地被给予的“生活世界”（Lebenswelt），才能冲破伽利略的“掩盖”，从而才能拯救欧洲人性中因这一“掩盖”而带来的危机。胡塞尔认为欧洲科学的危机，就是“现代人让自己的整个世界观受实证科学的支配，并迷惑于实证科学所造就的‘繁荣’而导致的必然结果”，它“归根到底涉及人在与人和非人的周围世界的相处中能否自由地自我决定的问题”。④这种独特现象意味着，在实证科学或自然科学的影响下，“现代人”已漫不经心地遗忘了或疏忽了那些对于人来说真正至关重要的问题，即人存在于其中的生活世界的问题。所以，胡塞尔认为，拯救欧洲人性危机的唯一出路，就在于重新回归到被“现代人”所遗忘的、所疏忽的真实的生活世界。

胡塞尔的生活世界概念中的“我在自然中”、“我在他人中”和“我生在其中”，在哈贝马斯那里变成了生活世界的三个有机的组成部分，更明确地强调了人与世界的关系：人与自然事物的关系构成了“客观世界”；人与他人和社会的关系构成了“社会世界”；人与自我的关系构成了“主观世界”。这三个世界分别对应着：关于自然事物的知识及其对人的意义；社会的道德、法律和艺术；人格的自我建构。显然，胡塞尔和哈贝马斯都强调了生活世界中人的交互主体性。⑤所谓回归生活世界，也就是把人“失落”了的世界还给人。

这种失落同样发生在教育、人和社会的关系上。从 20 世纪 70 年代以来出版的一系列

---

①⑤　郭元祥著：《生活与教育——回归生活世界的基础教育论纲》，华中师范大学出版社 2002 年版，第 113 页。

②　参见王晓丽：《近十五年关于“生活世界”问题的研究》，载《社会科学战线》2004 年第 5 期。

③④　［德］胡塞尔著，张庆熊译：《欧洲科学危机和超验现象学》，上海译文出版社 1988 年版，第 63、5～6 页。

重要著作和研究报告，如保尔·朗格朗的《终身教育引论》（1970年）、联合国教科文组织的《学会生存——教育世界的今天和明天》（1972年）和《教育——财富蕴藏其中》（1996年）等，都批判了把文化、教育、人生等人为分裂的现象，指出传统的文化思想是一种“地理的”观点，把文化分割成具体的不同领域，分割成文化上的富人和穷人，文化自成一体。① 这些著作、报告的作者都主张：应把人作为一个整体，把发展作为一个整体，把教育作为一个整体，横向上无限丰富，纵向上贯穿人生；作为一个整体，就不是拿出事物的一部分作为认识的对象，也不是把整体看作是可以分割成不同区域、不同部分的整体；（在人的观念中分割的）各个部分、各个阶段（无论是文化、社会、人生，还是教育）都相互依赖，每一部分、每一阶段只有在与其他部分、其他阶段发生关系时才有意义。

在认识上被长期人为分离的人与他人，人与社会，教育与社会，理论、技巧和实践，体力与脑力，学校与生活以及与儿童世界等，此时应建立起“充满生机的联盟”（或者更应该说恢复其固有的充满生机的联盟）而不是“拼盘式”的联系。

“充满生机的联盟”是在实践中、在行动中建立和表现的。社会的发展和教育的变革，是人参与的发展和变革，所以教育的任务就不仅是“使人接受变革”，而且要设法使人参与内部世界和外部世界的各个阶段的变革。社会发展和教育变革也是取决于人的需要、人的追求、人的实践行动的发展和变革，因此，人人参与充满活力的公民社会，这样的社会就和民主社会混同。② 人人参与教育，教育就是成人的过程；人人参与社会和教育，教育就和社会的发展息息相通，人、教育和社会之间“充满生机的联盟”就会成为现实。

在人、教育和社会充满生机的联盟中，人的发展既依赖于教育和社会，又不仅仅依赖于教育和社会；人的发展既不排斥对教育和社会的依赖，又包含着“自我”的和“依赖自我”的发展；自我教育既是目的，又是手段。“任何人都能依据自己的社会地位、日常经验、斗争、成功与挫折来建立自己的知识体系，进行独立的思考，逐步形成与发展个性，使个性各方面都得到充分表现。”③ 健康社会的发展和完满教育的发展，就体现在人的这种自我发展、自我行动中。

人、教育和社会的本来联系在实践行动中被表现出来，但在必要的乌托邦和现实之间，在概念（如正义、自由、平等、终身教育等）与具体的成就之间，会长期保持相当的距离，所以，最关键的是要使人在“事实”与“行动”中汲取力量，有切实保障人的行动有步骤地从实然向应然转化的可行性的策划和行动步骤的设计，有把政策转化为一套视条件而定的决定，且视不同情况而决定行动。

---

①③ ［法］保尔·朗格朗著，周南照、陈树清译：《终身教育引论》，中国对外翻译出版公司1985年版，第9、10页。

② 国际21世纪教育委员会：《教育——财富蕴藏其中》，教育科学出版社1996年版，第49～50页。

教育变革的重要方面，一是调整各层次、各类型、各阶段的教育，尤其是基础教育要从终身教育的角度考虑，为终身教育提供动力和基础，为每个人的终身发展提供手段，而不是仅仅把它看作是人生和教育过程中的某一孤立、封闭的阶段；二是调整学校教育与社会的关系，教育要尽早为个人提供“生活通行证”，以改变旧教育中教育与社会的隔离状态。

还有一种空间上暂不存在、时间上却是迟早会出现的“可能世界”——未来生活世界，也在十分朦胧而又十分真实地影响着学生的成长。这在过去是不受重视的，但在终身教育成为普遍理念的今天，人的未来生活世界不断地生成、转化为现实的学习化社会，这里虽不打算花笔墨讨论，但有必要强调这一生活世界对人的成长的重要性。在一定意义上，教育总是向人的可能世界开放的。

生活世界对于每个具体的个体来说，都是不尽相同的。这是因为，与人的精神、意识相关联的生存时空是具有“场域性”的。比如，一名专心听讲的学生在当时当地的心理场是“教师—黑板—课本—他（她）自己”，而另一名“神游”窗外的学生，其心理场则由“田野里的拖拉机—前面座位上女同学的马尾辫……”这样一些“元素”或“单位”构成。把这一例子推论到更大的场景也是成立的。也就是说，不同人在不同或相同时间/地点里构成的场景不尽相同，不同场景构成的围绕着不同人而发生的生活世界也是有异有同的。如同前面所提及的，个人用自己的发展、自己的行动不断地创造着属于他自己（但又可以与他人分享）的生活世界；而与此同时，人与人之间，人、教育与社会之间又在不断地建构着“充满生机的联盟”。

所以，从学校教育的角度理解“回归生活世界”这一命题，不是要把教育“放归”自发的生活，而是要使生活成为教育的有机构成，同时也成为教育学研究不得不关注的重要领域。

本章要探讨的学生生活世界，指的是学生在真实或虚拟的、现实的或可能的生活过程中，自觉或自发、主动或被动地从事的所有能影响自己生命成长的实践与交往活动，还有这些活动所依赖的、并与之发生相互作用的环境。人、活动、环境的交叠、互渗与互动，构成影响学生成长的生活世界。

三、学生校外生活世界与校内生活世界的关系

（一）校外生活世界的分类

学生校外生活世界按其与校内生活世界的关系，大致可分为三类。

第一类是作为课程资源进入课堂的那部分生活世界，是与课堂生活“重叠”的世界。比如，教师为了论证一个科学定律而从生活中采集丰富的例证，学生为了直观地学习统计而走上街头数汽车，等等。

第二类是作为课程资源进入校园的那部分生活世界，是与学校生活“重叠”的世界。

例如综合实践活动在新一轮基础教育课程改革中，已经作为正式的课程纳入学校课程计划，其活动场地和信息来源虽然遍布在广泛的生活领域，但这类活动实实在在是课程组织的一部分，从而使它们触及的生活场景不再带有自发和自然的性质，而是与课程内容具有内在的关联。

第三类是相对独立于学生校内生活的那部分校外生活世界。以上所涉及的前两种生活世界，均不在本章专门论述之列，但在谈到社区作用等问题时肯定会有所涉及。作为师生“八小时之外”而存在、确实影响着学生成长的那部分世界，我们过去常称为校外活动或校外生活。这一世界发生的基本场景是个人、家庭和社区的生活空间。这是本章讨论的重点。在这里，校外生活是与校内生活相对而言的，是以场景为区别的划分，主要包括家庭生活、社区生活、个人选择的休闲生活。

如前所述，生活世界是人的世界，是人实践的以及在实践中展开人际交往互动的世界，是人、教育与社会的“充满生机的联盟”。上述三类校外生活世界的区分，既是方便认识和讨论的需要，在现实中也可以较为清楚地分辨，是以学生为主体的视角下能够见到、能够感受的世界。学生在这三类生活世界中，实践的具体内容有所不同，交往的对象和方式有所不同，实践及交往过程中建立的互动关系也不同，并且，就学生个体而言，他的个人精神世界存在于这三类活动之中，学生个体精神世界之间又有千差万别，因为这取决于个体不同的生存际遇、不同的个人选择、独特的个人感受等。此外，在每一类校外生活世界中，都具有“现实世界”与“可能世界”的二重性，以及二重世界之间的沟通与转换。

（二）学生的校内外生活世界的关联与区别

学生在校内的生活与其在校外的生活并不是两个互不相干的世界，校内的生活固然是主导其成长的基本生活，但校外也不是像有些人想象的那样无足轻重。更重要的是，无论你愿意不愿意、承认不承认，这两个世界都会发生重要的关联。

从积极的方面说，学生的校内生活对学生在校外的生活具有导向和指导作用。一个在校内有真实的、令人满意的表现的学生，也会依照其基本准则作为自己校外生活的指南，如在家庭承担起力所能及的责任和义务，尽自己的所能为社区服务等。相应地，良好的校外生活也对学生的校内生活起积极的促进作用，比如，学生在家庭或社区的模范行为或健康生活有助于他巩固从学校学习和体悟到的价值理念、行为准则，他利用课余时间获得的知识信息、工作或服务经验等，又使他可能在校内有更为出色的表现。在这种情况下，学生校内外的两类生活处于良性互动关系。

当然，也会有脱节或消极相互作用的关系存在于学生的这两类生活之间，有时表现为学生在校内外的双重表现：在校是有口皆碑的“好学生”或者“好干部”，在家却可能是娇生惯养、让家长（或邻里）头疼的“问题儿童”；有时表现为学生在家庭和社会中看到一些与学校鼓励倡导恰恰相反的行为和现象，于是陷于怀疑、困惑或不知所措的境地。当然，这主要是从学生的“德”的成长方面来说的，其实其他方面也同样存在类似问题，比如学校提倡素质教育，家长却依然盲目地给学生增加学习负担或进行一些有违认知发展规律的训练，等等。

从两个世界的区别来看，学生的校内生活世界是以人类精神财富与个体精神世界的系统转换为基本特征，是规范的、有价值主导的甚至是带一定强制性的；校外生活世界也存在个体与类之间的精神转换，但这种转换是不系统的，带有较多的随机性、偶然性成分，是非规范、非强制、价值多元、相对自主自由的。《学记》中说："时教必有正业，退息必有居学。""故君子之于学也，藏焉修焉，息焉游焉。"这可以看作是对学生两个世界之区别的最原初的解读。当然，在21世纪的今天，两个世界各自的丰富性和相互之间的差异性都不可同日而语了。

由于学生的两重世界不会自然而然地统一方向和步调，学校与家庭、与社会之间协调共建、为下一代共创良好成长环境的要求就愈加显得重要和迫切。

第二节　学生校外生活与个体成长

学生的校外生活世界，固然处于无所不包的生活之中，但本身不是广袤无边的，尤其是在本章中所指的家庭与社区生活，是指与学生个体生命成长实践相关联的那部分生活。这一界定本身，也暗示了家庭和社区的关键控制力量——家长和社区有关人士对提升学生的家庭生活、社区生活的品质具有一种不可推卸的责任。

一、学生的家庭生活与个体成长

（一）子女：学生家庭生活的角色定位与生活空间

中国家庭重视子女教育在全世界都是公认的，也是常引以为自豪的。然而，相比于西方家庭教育的观念与实践，两者存在很大的差异，比如美国家庭生活的方式是直线"接力式"的，长辈只是负责抚养晚辈，并不强调晚辈对长辈的"反哺"，美国家庭更注重子女的独立自主能力、自我表现、自我才能的发展，尊重子女的自我选择。而中国目前的家庭生活方式基本上还是环形的"反哺式"，家长十分关注子女今后的发展，恨不得为子女安排好一切，才算是尽到了长辈的责任，另外也想着"老有所靠"，所以对子女的干涉也十分普遍。这些差异很难笼统地说谁比谁好，但从社会发展与进步对个体越来越高的要求来看，西方家庭教育的很多观念及实践，如重视子女的独立能力、尊重子女的自主选择等，是值得我们学习的。

中国家庭长期以来形成的子女观念，总是带有"弱小"、"受呵护"、"受管束"的意味，与家长（尤其是父母）之间处于一种不平等的关系。这种不平等，与我国社会长期奉行"孝道"不无关联。"孝道"固然有涵养下一代尊老扶弱、仁爱亲和等品质的作用，但同时也传播了非理性服从的价值取向或“潜规则”。子女的弱势角色地位，也常常使他们在家庭中的生活空间受到“挤压”，或被干涉，或被侵占，甚至个人的隐私得不到保护。在一些极端的专制或溺爱的家庭环境中，孩子要么变得性格软弱、毫无个性，要么形成双重人格、乖张暴戾，个性和社会性发展都受到扭曲和伤害。

查阅有关家庭教育的文献，研究的文章不少，但真正从子女立场、从子女成长的视角来探讨如何优化家庭环境的研究却不多见。因此，有必要探明：学生作为子女在家庭生活中的角色如何定位才是有利于他们成长的？一个温馨而明智的家庭应当为子女提供什么样的生活空间？

家庭生活大致可以分为如下几种类型，即家庭经济生活、家庭文化生活、家庭政治生活。在每种类型的生活中，作为子女的学生都拥有自己应该拥有的角色地位。

子女在学生阶段，一般情况下无疑是家庭经济生活中的消费者，但这并不等于说他们没有参与家庭经济生活的权利。恰恰相反，如何做一个有计划的消费者，学会如何理财，是人的素质成长的一部分。西方的家长一般都赞成和鼓励孩子为实现一个计划（如到一个有意义的地方旅游）而积攒钱财，或在课余时间，靠自己的智慧和勤劳做点“小生意”等，这也表明人的“经济头脑”是需要从小尝试和实践的。

处于学生阶段的子女，在家庭文化生活中扮演着较为重要的角色。一方面，“家有读书郎”会很自然地在家庭中营造出一种“书香氛围”，他（她）的学习与成长状况会成为整个家庭关注的焦点；另一方面，随着子女读书阶段的递进，他（她）会渐渐成为家庭文化生活的倡导者甚至组织者。在过去一些家长为文盲或半文盲的家庭中，子女往往充当“小先生”的角色。

家庭作为一个“小社会”，当然也有自己的“政治生活”，但家庭政治生活主要涉及如何“当家”、如何“治家”的问题，子女作为家庭成员也毫无疑问具有参与治家的权利和责任。在一些特殊情形下，如父母外出、重病、亡故或遭遇其他变故，“小鬼当家”也不是没有可能的。通常情况下，学生可以也应当在力所能及的前提下参与家庭中重大事件的决策和策划活动，这不仅仅是体现家庭民主，也是养成学生政治素质的必要“演练”。

如果家长能够理智地看待子女在家庭生活中的地位，能够尊重并爱护子女的相对独立的家庭生活空间，能够与子女平等对话，子女会感到一种角色地位的自尊、自豪与自信，其性格、个性、性别角色及社会性等多方面无疑将得到健康成长。

（二）家庭生活对学生发展的影响

毫无疑问，有什么样的家庭生活，孩子的成长就会受到什么样的影响。在放任型或管束型的家庭所提供的散漫或紧张的生活氛围中，孩子的成长要么容易失去控制，要么完全没有自主，都会受到不利的影响，而且，这两种类型的家庭在教育上的共同误区，就是看不到儿童是成长中的主体，看不到他们需要在一个既宽松自由又有必要的约束与引领的环境中成长。民主和谐型的家庭一般能提供这样一种在自由与约束之间保持张力的成长环境。

学生在家庭生活中成长的价值取向方面，性格陶冶比智力训练更为重要。有研究表明，我国的家庭教育在目标定位上，存在着重视智力因素，忽视动机、兴趣、情感、意志、性格等非智力因素培育的偏向，这既是由于家长教育观念落后、方法简单，也是由于学校的导向不力。① 在人类精神文化财富高速增长的当代社会，家庭教育在发展孩子智力上并不具有太大的优势，但是，“家庭小社会”对于培养孩子社会性的作用却是得天独厚的。

在家庭生活中，学生形成自尊与自信的品质对其社会性发展至关重要。对儿童来说，社会性发展主要表现在两个方面：一是自尊心；二是自信心。“一个儿童一旦失去自尊心，他什么攻击性行为都能做得出来；而当他失去自信心时，他什么创造性行为都做不出来。自尊心、自信心的培养在家庭中是很具体的过程，也许就体现在日常生活小事上。”②

家庭生活过程中，对子女的教养活动需要父母均衡参与，这对孩子性别角色的形成作用重大。性别角色认同是儿童社会性发展的重要方面。性别角色认同是指形成社会所普遍期望的性别行为特征和个性特征。模仿是实现儿童性别角色认同的基本途径，父母分别作为儿女的楷模是十分必要的。不仅如此，父母与儿女的交叉交往，也是儿女走向社会后与异性自然交往的重要前期经验。所以，父母在家庭中对子女教育的参与要同步进行。

培养下一代独立生活、自主发展的意识和能力，是当代中国家庭最需要补上的一课。受中国传统文化影响，中国的家长总是过分地关注下一代，太多地包揽了孩子从日常起居到决定将来职业的一切大事小事，这在事实上“剥夺”了年轻一代独立面对生活、自主决策和策划的机会和权利。我们时时能听到家长或记者类似的询问：把孩子送到国外读中学好不好？让孩子在国外学什么专业将来回国比较“吃香”？他们在国外读书，家长要注意什么？等等。新一轮高中课程改革方案中提出，要培养学生自我人生规划的能力，这是很有必要的。而且，这种能力和意识的培养是需要从小开始、从家庭教育开始的。家长应该明白的一个基本道理就是：让孩子学会把他的前途和命运掌握在自己手里！只有如此，才能在将来从容面对复杂多变的世界。

二、学生的社区生活与个体成长

学生一走出校园，即进入了社区，因而，社区是每个人生活中不可缺少的重要环境。这一环境显然不像学校那样净化和简化，它对学生的影响可能是正面的，也可能是负面的，只有当它的影响与学校的价值取向基本一致的时候，才是一个对学生来说意味着安全、健康、和谐的成长环境。

（一）社区的基本特征及作为教育资源的复杂性

社区是指由聚集在特定地域内，互相联系的，具有共同成员感、归属感和认同感的人

① 李萍：《家庭教育中非智力因素开发的现状及对策》，载《教育探索》1997年第1期。

② 赵阳：《让每个儿童都获得良好的家庭教育——访郑福明》，载《教育导刊》2002年第12期。

群所组成的社会生活共同体。简单地说，社区是一种区域性的社会。从空间上看，社区是由聚集在某一地区中的社会群体所形成的一种区位关系、一个相对集中的区域。社区成员之间具有更多的认同感，在风俗、信仰、社会规范等方面有着共同的认识和行为。社区不同于地区，社区既含有自然因素，又含有社会因素，且以社会因素为主；地区是指地域位置和界限，以自然因素为主。

作为社会实体的社区，具有以下一些特征。(1) 有一定的区域性。以聚集的群体为特征，社区有大有小，大到一个城市，小到一个街道、一所院校。(2) 具有集体认同感的共同生活的人群。社区成员之间有一种约定俗成的生活态度、行为准则和道德规范。(3) 有一套相配合、适应的制度和组织管理机构。(4) 有一套相对完备的生活服务设施。(5) 有一定的经济、文化背景和风俗习惯、信仰、生活方式，成员对社区具有情感上和心理上的认同感和归属感。

社区的资源状态是复杂的，其对人的影响力也是多方面的，与学校这样一个“净化”的环境不同的是，并不是所有的社区资源和影响都有利于学生的健康成长。在丰富复杂的社区资源中，有些是显在的，有些是潜在的，如果不能善加利用，也有可能成为阻碍甚至有害学生发展的消极因素。

社区是一个复杂的社会生活共同体，各种社会因素在社区中都有反映，社区的居民、各种组织机构、团体、物质资源、信息构成、经济发展水平、历史文化背景、地理环境等都会对学校的整体改革产生一定的影响，我们要清楚地认识到它可能带来的各种影响。社区居民的高素质、新观念以及新的价值观念可能使他们积极送子女入学，并主动关心、支持学校的各项事务。当然，一个治理无效的社区对生活其中的人，尤其是处于学龄期的人来说，无疑会产生负面的影响。在民族地区，还有一个如何积极利用宗教力量的问题，因为宗教机构是民族地区的重要机构，社区宗教界人士的参与和支持是有利的一种力量，可以通过与宗教人士的座谈、访谈，达成共识，积极促进学生入学，同时利用宗教力量改善办学条件，促进学校的发展。

社区的资源主要包括自然资源、人文资源和信息资源这三类资源。它们的存在，固然可能潜移默化地对人的成长产生作用，但只有在有心的教育者眼中，才会变得无比珍贵；也只有在他们手中，才会对下一代的健康成长产生倍增效应。

（二）学生在社区环境中的生活与成长

学生在社区环境中的生活，可大致分为自觉的、有组织的和自发的、无组织的两大类型。有组织的社区环境包括社区托管、社区文化活动、社区实践活动等，无组织的、自发的社区环境影响则难以尽数。不同方式和状态下的社区生活中，学生发展所受的影响、学生与环境的互动方式与效果，也大不相同。

1. 托管下的社区生活

在西方一些国家，中小学（尤其是小学）每天放学较早，而他们的家长这时候还在工作，所以普遍的做法是将学生送到附近的社区，由社区托管，托管处一般有社区居民中的老人与孩子做伴，天然的"隔代亲"使老人和孩子"两情相悦"。托管的内容包括做作业和玩耍等活动，这在某种意义上是学校生活的延续，既解决了无人照管的问题，也拓展了学生在校外与人交往，尤其是与直系亲属以外成人交往的范围。

2. 社区文化体育等休闲生活

一个发展成熟的社区，往往会有经常而丰富的社区文化生活，如节庆、文艺晚会等，在条件好的社区，还会有青少年宫、博物馆、展览馆、体育馆等各种活动场馆，这些无疑将丰富孩子们在社区范围内的文化生活。即使在经济欠发达、设备条件差的地区，社区成熟度低，同样有学生施展才华、发挥智慧的空间。

3. 社区实践活动

学生参与社区组织的卫生、安全宣传，为孤寡病弱者上门服务等活动，常常是既体现了学校生活向外延伸的要求，又为孩子们打造了一片参与和体验社会生活的新天地。他们的社会责任感、公益心等，正是通过这类活动而得以形成和巩固的。

当然也要看到，在自发的社区环境影响下，学生的生活可能受到正面的、积极的陶冶，也可能受到负面的、消极的影响。可以从双重意义上理解这种情况，一方面，与"净化"的学校环境相比，原生态的社区环境更能提供一种可能帮助学生明辨是非、正视社会多重性的机会和场合；另一方面，就学生（尤其是低龄学生）处于成长期，道德判断力、意志力都较弱的状况而言，又需要保持警惕，并适时加以保护和引导。

三、学生的个人生活与个体成长

学生个人生活是迄今为止较少研究的现象，它既是独立于社区、学校、家庭生活之外的个人生活，又是发生在社区、学校和家庭（场景）之中的一种精神和心理意义上的"个人小世界"。也正是由于这样一种独特的存在方式，使得学生本应是独立的个人生活空间在现实中常常被有意无意地"打搅"或"侵占"，如学校里教师的指导活动半径过长，家庭对孩子的限制过多，社区环境中负面影响的侵蚀等，都可能导致学生个人生活空间受损。

（一）学生个人生活是未成年时期的"闲暇"

学生个人生活是自主性最强、选择性最大的生活，因而与"休闲"或"闲暇"在含义上最为相近，可以说，学生个人生活就是他未成年时期的"闲暇"。

闲暇不是无事可做的一段时间，而是人脱离繁忙的一种悠闲、自由、宁静、从容不迫的沉思状态，也是一种个人从文化环境和物质环境的外在压力下解放出来的一种相对自由而有沉思参与的活动过程。所以，闲暇教育不是在人的空闲时间对人进行的教育，如假日教育，也不是为填补个人空虚、丰富个人业余生活的教育，而是以关注受繁忙"捆绑"的个人的自由解放为旨趣，以培养能拥有和操持闲暇的个人为目标的教育。①

---

① 刘金玉：《试论闲暇与闲暇教育》，载《教育理论与实践》2006 年第 2 期。

这一对闲暇的定义更多地是指成人而言的。闲暇对未成年人来说，目标不必那么高，也不一定是“从压力下解放”出来的状态，但“自由”、“从容”和“沉思”的旨趣是不可少的。闲暇生活自由宁静、节奏舒缓、从容不迫，内容、方式极其多样，选择的余地和变换的可能性极大，所以它是个人兴趣、爱好及特长滋养，个人志向、志趣得以实现的最好“温床”。

然而，闲暇不会自动地完全趋向积极的方向，闲暇生活中如果发生结构失调，例如某一种爱好畸形发展，就有可能使原本健康的个人生活逐渐产生病态，甚至走向崩溃。“网瘾”就是这样一种现象：由上网休闲逐渐变异，像毒草蔓延一样渐渐填满个人的生活空间，然后“溢出”，侵占他在家庭、学校和社区的正常生活空间，最后变得不可自拔。所以，闲暇生活是需要引导和自律的。

（二）在闲暇中自由健康地成长

既然学生的个人生活是学生最自主、最有选择的一种生活，那么也是学生成长历程中最宽松、最自由、最有独立性和独特性的生活空间。这个空间，应当有助于学生建立与生活世界的积极关系，有助于学生获得经验、提升能力，有助于学生学会从生活中学习，获得成长的宝贵资源。

具体说来，作为学生个人生活而被拥有和操持的闲暇，应有助于学生德性、智慧和身心等方面的健康成长。

1. 德性成长方面

学生个人生活的德育价值主要表现在：承担起自主安排闲暇、促进自我发展的责任，建立良好的人际关系互动网络，提高道德判断、道德选择能力。闲暇生活给学生提供了涵养个人思想情操、锻炼道德实践能力的舞台，也提供了反思自身闲暇生活品质、保持身心最佳状态、实现自我人生价值的广袤空间。在闲暇生活中，逐渐学会与他人相处，学会协商、等待和忍耐，学会退让和妥协，学会诚实与守信，学会宽容与信任、倾听与表达、坚持与拒绝，从而增进对生活过程的体验，不断拓展和丰富自己的精神世界。

2. 智慧发展方面

闲暇生活可以拓展学生的知识和生活经验，使他们见多识广，丰富个人生活的文化底蕴。然而，增长知识还不是闲暇生活最核心的功能，闲暇生活恰恰是在有意无意之间、在看似平淡随意的过程体验中，观察的敏锐性、判断的准确性、思维的深度和灵活性等都会得到潜移默化的提升。

3. 身心发展方面

闲暇生活还可以使学生的身体和心理得到调理、保持健康，例如闲暇活动可以使人紧张的神经得到松弛调节，有助于人的体格健壮，可以满足由于客观原因而不能完全按照自己的意愿行事的心理需要，使个人的兴趣和爱好得以充分的展示和发挥，从中获得自尊和自信的体验。同时，闲暇生活还能促进个体潜能的发展，防止可能产生的偏激心理和行为。

第三节　学习化社会中学校的地位与责任

学习化社会是一个包含了学习化家庭、学习化社区在内的概念，学习化社会提供了学生在学校之外的生活，要保障这些生活是有利于学生成长的，学校就要在学习化社会创建过程中确立自己的地位、尽到自己的责任，必须在冷静地分析现状的基础上确认自己与家庭和社区之间的关系状态，并据此形成愿景与目标，建立相应的组织与制度，真正发挥在家庭及社区文化中的导向、集聚、辐射和服务作用，为下一代营造一个良好的校外生活世界。

一、反思历史，分析现状，确认学校与社区之间的关系状态

（一）对学校与社区关系的历史回顾与现状反思

根据历史上不同时期学校与社区关系的典型状态，可以大致区分出如下三个阶段。①

1. 学校与社区相互隔离的阶段（大约从 16 世纪到 19 世纪后期）

近代教育制度走向现代教育制度，经历了 16 世纪的宗教改革、17 世纪的经验主义和理性主义、18 世纪的工业革命和启蒙运动、19 世纪的科学时代这样一个过程。从知识型的转换来看，在这一时期，整个古代的形而上学和神学知识体系被彻底打破，孕育出新的科学知识型。随着科学知识型逐渐控制人们的整个精神生活，它对有目的、有组织、有计划的学校教育制度产生了直接且根深蒂固的影响。知识是无与伦比的，学校应将知识的传授放到核心的位置。学校是无与伦比的，作为知识的殿堂，它应为人们提供“周全”的教育。但是，以学校为中心、知识为中心、教师为中心、书本为中心的传统教育理论不仅导致了教育概念的坍缩，更导致了教育与人的社会生活的脱节。学校在教育内容、教学形式、教学手段和方法上与社会生活处于完全脱节的隔离状态，学校与社区也处于一种两不相干的境况之中。

2. 学校服务社区、社区依附于学校的阶段（19 世纪后期到 20 世纪初期）

这一时期，学校与社区之间彼此隔离的状态获得了显著改善。这一转型受几个因素的影响。首先，工业发展对技术人才提出了要求，学校人才的培养显著地体现了社会发展的需要，在一定程度上促进了当地社区的经济发展。其次，欧洲资产阶级教育革新运动和美国进步教育运动推动了学校走向社会。教育革新家们强调儿童教育的社会意义，强调把儿

① 李春生、康瑜：《终身学习背景下学校和社区关系的重建》，载《比较教育研究》2002 年第 4 期。

童培养成为理想的社会成员，并通过对学校教育目标、教学内容和方法的改革，将封闭隔离的学校推向社会和生活，推进了学校和社区的关系。再次，国家对学校和社区关系的推进不容忽视。例如，美国以立法的形式促成了高等学校的社区服务职能。美国的《莫里尔法案》、《海琪法案》都加强了高等学校为社区农业服务的职能。这个时期打破了学校森严的教育壁垒，迫使学校对社区经济发展、社会生活加以关注。从学校和社区两个方面看，经济发展、教育思潮运动、国家立法和行政，都是针对学校的改革提出来的。在二者关系的推进中，学校首先迈出了步伐，通过内部改革和外部服务加强与社区的联系。社区则仍处于被动和劣势地位，对学校教育呈现出依附状态。

3. 学校与社区合作的阶段（20世纪中期以后）

第二次世界大战后，世界的政治、经济、科技、文化领域发生了前所未有的剧烈变化，深刻影响着教育的历史进程。在多种因素的推动下，学校和社区的关系跨越了学校对社区经济发展提供服务和满足社区职业需求的单向阶段，逐步步入学校向社区开放、社区参与学校的合作阶段，社区对学校的作用得到加强。一方面，社区物质资源以及人力资源注入学校，这些公共物质资源的充分利用，使学习场所从封闭的学校扩大到整个社区；作为人力资源的家长和社区人士参与学校的教学和管理，使社区成员逐步从辅助角色进入到决策行列；通过对学校注入社区文化资源，使社区文化得到保存和发展，形成学习个体对社区的认同感和归属感。另一方面，由于学校资源对社区的开放和注入，促进了形式多样的社区教育，其内容涉及社区生活的各个方面，服务对象则包括全体社区成员，有力地促进了社区整体文化素质的发展和居民生活质量的提高。在美国、加拿大等发达国家，社区学院的课程设置、教学方式、入学机会等都直接与当地社区的需求和社区特点相结合，形成了学校与社区合作的较好形式。

当代学校教育从时间维度上讲，是为终身教育奠基；从空间范围上讲，是众多教育机构之一，需要向学习化社会开放。因此，学校与社区之间要加强资源的流通与共享，达到资源利用的最大化，改善合作关系，实现真正意义上的“学校—社区”一体化。

（二）现实中学校与社区之间几种可能的关系

今天的学校与社区之间，存在如下几种基本的可能关系。在不同关系状态下，学生受到的影响也不相同。

1. 冲突矛盾的关系

这种关系表现为学校与社区之间形成了一种敌对的状态，处处为对方设置障碍，破坏、延缓、阻碍对方的发展。学校将责任推到社区，社区将责任归咎于学校，一旦有问题，互相推诿。追寻其原因，一方面在于学校领导的素质与观念，校长以“自我”为中心，维持原状，不思进取；另一方面，社区对学校的期望变为失望，由于对子女的高期望而变为对学校的指责，甚至对有关主管教育行政部门的连续性反映，造成了学校领导的反感与仇恨。这样造成的结果是：学校领导不思进取，学校管理混乱，教学质量低下，学生流失严重，社区学生转学、失学，家长痛恨学校，报复学校（如殴打教师、盗窃学校财产等），最终导致学校破败不堪，误人子弟。

2. 隔断游离的关系

这种关系具体表现为学校与社区是互相独立的，互不往来，互不干涉，互不沟通，学校的事情自己解决，社区不支持、帮助解决学校出现的问题，学校也没指望社区的参与和支持，社区群众认为将孩子送入学校就成了学校的事。造成这种关系的根本原因是人的思想观念问题，还有经济的制约，传统的观念、价值观的变迁。一方面，学校忙于升学率、成绩等自顾不暇，教育信息闭塞，教育理念匮乏。学校自身具有"惰性思维"，教育改革的精神难以落到实处。学校和社区仍然处于相对独立的状态。学校领导无发展眼光，缺乏主动性，缺乏沟通能力，观念陈旧落后。另一方面，社区人群的素质偏低，社区领导干部的墨守陈规和"等靠要"思想意识严重，认为教育是国家政府的事。这种关系带来的结果是不利于学校进行整体改革，学校教育脱离社会生活，限制了青少年的全面发展，社区发展需要的人才供给不足，资源利用率低，整体改革难以实现，导致学校狭隘发展。

3. 互惠互利的关系

这种关系表现为一般意义上的资源的相互利用，物质上相互支持，但文化层面上的交流缺乏，学校服务于社区，社区依赖于学校，属于表层互助的形式。学校需要社区的支持和帮助，而社区的文化建设也需要学校的积极参与和带动，学校利用社区资源来改善办学条件，弥补学校资源的不足，同时又对社区教育发挥咨询指导工作。这样，学校和社区发现了对方的可用之处，具有积极主动地寻求合作的意愿，从而促成教育体制的转轨、社区教育的兴起。这样带来的结果是：社区经济、文化和教育协调发展，学校和社区联系增强，互补互益，为双方深层互动关系打下了坚实的基础，为教育改革提供了宝贵的经验。

4. 互生共长的关系

这种关系是一种最良好的，也是全方位的互动关系。学校与社区是一个共同体，相互促进，相互沟通，相互影响，相互整合，相互协调，从而双向互动，双向参与，共同育人，共同发展，推进终身教育、终身学习。在这种关系中，学校、家庭、社区形成一个整体，学校向社区提供教育资源，社区为学校服务，学校也为社区服务，学校是社区的一部分，办好学校教育是为了社区的发展；学校服务于社区，社区教育依赖于学校，学校教育与社区教育互为弥补。这样带来的结果是：学校与社区共同支持、发展，社区需要教育，学校也需要社区的支持，学校教育是社区教育的导向和枢纽。这种关系体现了学校与社区的深层互动，学校的变化推动了社区的变化。

形成这样一种相互参与、相互支持、相互促进、共育人才的"互生共长"的关系的基本途径是学校与社区之间形成良性的沟通与互动，其中，思想观念的沟通、统一是前提和基础，教育资源的沟通、共享是内容和标志，建立相应的机构、制度和运行机制是重要保障。

学校与社区的沟通和互动，从学校方面来说，主要表现在以下几个方面。(1) 学校为社会所有、社会所治、社会所享，学校需要社区参与和评估。(2) 学校是社区的文化教育中心和传播科学技术的中心，学校的设施、场地应该向社区开放。(3) 学校是培育儿童的社区乡土观念的场所，能促使学生对社区生活具有科学的认识并具有乡土情感。(4) 学校应该协助社区居民满足其文化教育需要，清除社区环境中的不良因素，改善社区的生活，共同建设和发展社区。

从社区方面来说，主要表现在以下几个方面。(1) 社区为学校所在地，是学校教育发展的基础。(2) 社区协助学校实施教育方针。(3) 社区要支持学校，评估学校。社区积极参与学校培养学生的任务；参与同社区紧密相关的学校各种重大决策和改革；参与制定学校的发展规划，把学校发展和社区发展紧密结合起来；参与协助学校解决各种问题，支援学校财物；参与对学校工作和成果的监督和评估，这种监督、评估是对行政监督、评估的有益补充。(4) 社区提供学校的教育教学资源，提供学校良好的育人环境，使学生在与社会的接触中接受教育。①

总之，学校要本着实事求是的精神，以大量事实为依据，判断自己与社区究竟处于什么样的关系状态，分析造成这种状态的原因、经验和教训，积极主动地推进自己与社区的关系健康发展，摆脱不利处境，由互利互惠走向互生共长。

二、学校与家庭和社区建立共同愿景，形成积极的双向期待

（一）共同愿景：激励学校、家庭和社区共同奋斗的精神力量

愿景（vision）是组织理论研究中的一个概念，其本义是“视力”、“景观”、“想象”或“展望”，引申为对美好前景的想象。在一个组织中，共同愿景是一个团体内所有成员希望达到并愿意为之努力奋斗的理想的前景。一旦学校有了这种共同的愿景，就会成为激励学校中每个成员奋发向上的力量。

说到愿景，有些人可能会把它当做十分具体的目标，如“建造一栋现代化的教学大楼”、“三年内中考（或高考）总成绩在全省（市、县、区）名列前茅”、“2005 年以前进入全国示范高中行列”等。愿景的确需要一些具体的指标来使它具体化，然而，这些目标、指标并不等于愿景，即使是这些目标的总和也不等于愿景。愿景是对一所学校或其他任何一个教育组织公认的共同的价值追求的描述，或者说，就是某种教育价值取向的形象表述。

通常，一所学校的共同愿景表面上看是由校长或学校领导集体提出来的，但这并不意味着它只是属于校长或少数个人的愿景，这是因为，一所学校共同愿景的形成是学校成员长期互动、反复研讨、逐渐生成的一个共享价值的过程。在组织内部每个成员的参与和互

① 厉以贤：《学校与社区的沟通和互动》，载《河南教育》2001 年第 11 期。

动之下，共同（或者说共享）愿景实际上是每个成员个人愿景的提炼、融会和提升。

对学校来说，共同愿景包含的核心价值理念是关于人的，尤其是关于学生的，例如，“让学生的个性充分和谐发展”、“要培养学生良好的主体性品质”、“要促进每个学生健康主动的发展”。上海、江苏常州、福建南安等地参加“新基础教育”发展性研究的一些实验学校，在“新基础教育”思想引领之下，自觉地将“促进师生生命真实、健康、主动成长”作为自己学校的核心价值观，并从本校的历史传统和现实条件出发，提出既有“新基础教育”共同体之共性，又具有每所学校独特之个性的学校发展愿景，如“以引导学生‘明事理、明自我，强体魄、强精神’为核心理念，把七宝明强小学办成城市化地区优质教育的新型学校”、“培养具有‘垦拓精神’和‘绿色文明素质’的未来崇明人”，等等。总之，学生个体和群体的发展愿景、教师个体和群体的发展愿景、整个学校的改革与发展愿景，都要以人的健康主动成长（发展）为核心理念而建构起来。

学校是社区的有机组成部分，从社会文化意义上讲，学校还应当是社区文化的中心。学校共同愿景的形成、实现及不断提升，不能在自我封闭状态之中完成，相反，它需要走出校园，在与家庭、社区的交流、互动和共同创造的过程中，成为凝聚社区每个成员的精神力量。

（二）学校与社区一体化：在共同愿景下相互期待、相互支持

学校是社区的有机组成部分，与一定的人和资源相联系，学校、家庭、社区为了人的和谐发展，必须协调关系，三者之间是相互依存、相互渗透、相互影响、相互制约的。只有使学校与社区相互沟通、双向参与、双向互动，才能达成共识，认同愿景。如果学校不与社区联系、结合、互动，只是在封闭的学校内谈愿景，那么，学校的愿景永远不可能与社区达成共识，社区更不清楚共同愿景是什么。我国实施的素质教育，需要教育与社会、社区沟通、互动，需要教育与社会实践相结合，需要学校、家庭和社区形成合力，共同育人。

学校与社区不仅要有相互期待，而且要有相互支持，也就是说，学校与社区要在相互期待与相互支持中形成共同愿景，共同行动。

（1）理想中的社区。在良好的社区氛围里，社区成员的心态积极向上，关注学生成长，积极主动地参与、配合学校的改革、发展和管理等各项事务和各种实践活动，开放一切社区资源，全方位支持、服务学校建设，急学校所急、想学校所想，共同承担风险，共同面对重大问题，唇齿相依，同舟共济，是学校改革与发展的稳固的“大后方”。

（2）理想中的学校。学校环境整洁优美，校园文化气息浓郁，师生风貌健康向上，学校配套设施良好，学校领导勇于开拓创新，学校拥有一支积极进取的一流教师队伍，具有宽松和谐的人际关系、求真务实的教育研究环境。学校是社区的，服务于社区，向社区开放，帮助、带动社区的发展，在社区文化建设中起主导作用，主动关心、参与社区的发展，是开放型的学习型组织，带动社区的终身教育和终身学习，推动社区教育健康有序的发展。

（3）建构理想的学校与社区关系——学校社区一体化。这是未来学校和社区关系的走向。要使学校和社区成为真正的学习机构，必须与外部社区成为一个共生的、多元的、持续的、不可分割的整体，这种新的学校和社区关系有助于实现学校社区一体化，促进教育与生活的统一。

三、发挥学校在社区文化中的导向、集聚、辐射和服务作用

社区的文化氛围是整个社区精神文明建设的标志，良好的社区氛围依赖于社区文化的发展。学校是社区教育的核心力量，是社区文化建设的基石。社区居民价值观念的转变需要不断注入新的思想和理念，这就需要学校参与社区文化建设，营造社区学习氛围，引导社区文化健康发展。正如我国学者指出的那样，在当代中国社会转型背景下，“学校要完成适应新时期发展所提出的新文化任务，唯一的出路是参与到社会新文化的构建中去，按社会发展的要求和时代的精神建构超越现实的新学校文化”①。

（一）社区文化的自在性以及对社区人群影响的多向性决定了其具有可引领的特性

社区文化是指社区内一种高度一致的文化。它拥有区别于其他社区的独特的行为系统、明显的居住形式、特定的文化背景、特殊的语言、一定的经济体系、一种特定的社会组织以及某一种宗教信仰和价值观念等。它为社区居民所共享，同时强有力地影响和制约着社区居民的价值观念、行为方式和思维方式，具有明显的区域性差异。

社区文化大体可分为三种类型：城市文化、集镇文化、乡村文化。这三种文化的形式在经济、生活方式、文化特质方面都有很大的差异。典型的乡村文化表现为一种小农的农本主义倾向，保守、封闭、稳重，安居乐业，一切行为受这样一种伦理准则支配。不同的社区文化之间存在着各方面的差异，对学生个性、兴趣、爱好、价值观、人生观、世界观的影响不同。对于一些比较贫困的地区，如西南、西北农村来说，由于受地理环境、经济制约、文化传统、历史发展的影响，形成了一种独特的社区文化。一方面，受宗教影响比较严重，形成了以宗教文化为主流的社区文化；另一方面，传统封建思想根深蒂固，尤其是在重男轻女思想的影响下，妇女和女童受歧视，上学也成为男孩的专利。对于民族地区来说，宗教文化的力量和影响有时远远大于学校教育的影响。总的来说，农村的社区文化表现为一种质朴、稳重、传统。按照传统的习惯，男孩可以出人头地、光宗耀祖、传宗接代，而女孩生下来就是“别人”的。这种自发的乡村文化意识对广大农村儿童产生了很大的影响，他们在个性、兴趣、爱好方面，表现为自强、自我意识重、勤劳朴素、喜爱体育活动、有强烈的成功意识，但情感受道德舆论的压抑较大，接触面窄，自控能力较差。

（二）怎样发挥学校在社区文化建设中的导向和集聚作用

一般来说，学校所代表的文化与社区自发状态的文化相比，无疑是先进的，学校因拥

① 叶澜主编：《“新基础教育”探索性研究报告集》，上海三联书店1999年版，第200页。

有一定的教育资源而可能发挥其对社区文化的辐射和导向作用。当学校由封闭走向开放，主动与社区交往时，既能促进自身发展，增强活力，又能对社区进行文化知识的传播和价值观念的渗透，最大限度地实现资源共享。

具体说来，学校对社区文化的影响主要表现在文明辐射功能、文化传播功能、思想导向功能、辅助社区促进经济发展的功能、为社区生活服务的功能。下面的事例可以比较充分地证明学校实现上述文化功能的可行性。

崇明是中国第三大岛，是最大的河口沙岛，也是上海市唯一保留的一个郊县。它形似春蚕，头西尾东，卧伏于长江入海口的金涛碧波之上。全岛地势平坦，土壤肥沃，林木茂盛，岸线绵长，物产富饶。这里有闻名全球的“崇明东滩湿地保护区”，是候鸟迁徙的天堂；有“水洁”、“地净”和“空气清”的良好生态环境。在改革开放的今天，崇明的开发要突出生态理念，是基于“生态岛”建设的高规格开发。在“开发岛”、“生态岛”建设的大背景下，崇明教育作为本地区社会整体结构中的一个有机组成部分，如何成为促进崇明社会大转型中最活跃的积极因素，主动适应并适度超越崇明发展的现实需要？未来的“崇明人”需要怎样的素质？未来的崇明需要怎样的乡村文化？学校教育应该做些什么？如何更有效率、更科学地做？

本土化应用性研究的价值是满足“三个需要”：一是满足崇明大开发和建设“生态岛”的发展需要，即对未来崇明人的素质需要和建设先进乡村文化的需要；二是满足学生主动、健康发展的需要。不仅要成为一般意义上的社会主义的建设者和接班人，而且要成为具有“垦拓精神”和良好“绿色文明素质”的崇明人，成为合格的“地球村民”；三是满足教师自身的转型发展的需要，即要在本土化应用性研究中，既“成事”又“成人”。

本土化研究的着力点包括以下几个方面。一是课堂教学的变革。在由传统型课堂教学向“多向互动、动态生成”型课堂教学的变革中，使课堂焕发出生命活力，培养学生的主体精神，发展他们的“垦拓精神”；在“书本世界”与崇明“生态岛”建设的现实世界沟通的实践活动中，培养学生的“绿色文明素质”。二是班级建设的变革。在变革班级的组织形式、运作模式和创建新型班级文化中，弘扬学生的主体精神；在创造主题班会实践模式中，让学生更多地了解、接触崇明社会发展的真实，增强学生对社会的，特别是对“生态岛”建设的责任感、使命感。三是学校的整体变革。在探索以人文精神与科学精神相统一的学校管理模式实践中，实现由“以事为中心”向“以人为中心”的管理模式转型，把学校还给教师，让教师有更多的创造，让学校闪耀出集体智慧的光芒，使教师首先实践“垦拓精神”；在建构绿色校园文化，传播绿色思想、观念的过程中，提升乡村学校的文化使命。

在“新基础教育”理念指引下，崇明县的中小学校开展了绿色教育专题研究。首先是聚焦学校功能，切实履行在“生态岛”建设中的学校文化功能。学校的校长、教师比乡村民众理应对“生态岛”开发背景下的社会发展新需要具有更强的敏感性、洞察力和远见性，同时更具有对未来乡村主流文化——绿色文化的选择能力与创造能力。创建绿色校园文化，引领乡村文化的健康发展，这是在“生态岛”建设背景下学校切实要履行的文化使命。为使“绿色”之魂播种到每个中小学生的心田，使学校成为乡村绿色文化的辐射源，崇明县的中小学校积极探索着“创建绿色校园文化——传播绿色思想，建设绿色庭园——将绿色文化辐射到田园”的教育实践模式。其次是精心设计绿色教育方案。一是在培养目标定位上，直接目标是培养具有强烈环保意识的新一代崇明人，根本目标是培养具有良好生态道德的“地球村民”。二是在课程建设上，充分应用了本地区的社会教育资源，充分关注了与学生丰富生活的联系，强化了综合实践活动课程的开发。三是在教育活动方式的选择上，把环境教育的主体活动方式确立为综合实践活动，让学生在活动中去研究、去探索、去体验，努力使学生在环境教育中实现学习方式的转变。可以说，崇明县的环境教育是在积极地、创造性地实施着新课程方案。再次是依托教育科研，积极探索中小学绿色教育实践的新形态。在丰富和优化“三园课程”的基础上，崇明县还承担了“崇明县鸟文化的建构与教育的实践研究”等多个市级课题。近年来，崇明县先后开发了“关于鸟的文化、崇明岛鸟资源及其栖息地保护”等多种绿色教育的校本活动课程，并开展了丰富的教育实践活动。为使这一探索性改革更具科学性、规范性，引领和规范相关研究，崇明县环境教育工作小组编制了《崇明县中小学绿色生态教育研究课题指南》，并在“崇明县教育信息网”公布。最后是提供条件保障，扎实推进中小学绿色教育的区域性实施工作。崇明县教育局和环保局联合制定了《崇明县绿色学校创建活动实施方案》和《崇明县绿色学校评价指标与标准》，对各校在绿色学校创建工作中有关的“学校管理”、“教育活动过程”、“绿色宣传”、“校园环境”和“教育成果”等作了明确的规定。通过对各校关于绿色学校的申报、创建、验收评比、命名等措施，切实有效地推进此项工作。目前，崇明县的绿色学校创建工作呈现出了全面启动、各具特色、多姿涌动、生机勃勃的喜人景象。①

这个事例表明，在与特定社区文化的互动过程中，学校提升了自己的文化功能，改变了长期以来学校封闭于社会，仅仅履行知识纵向传承功能的文化使命，学校真正成为了社会整体结构中的一个有机组成部分，一个引领社会文化发展的积极因素。通过几年的改革

① 杨小微、李家成主编：《“新基础教育”发展性研究专题论文·案例集（上）——学校管理·班级建设》，中国轻工业出版社 2004 年版，第 25～35 页。

实践，崇明县的中小学校初步形成了积极履行这种文化功能的教育机制：一是学校已能较敏感地把社会发展的新需要，如把弘扬“垦拓精神”、崇尚绿色文明等转变成学校本土化教育的新目标；二是能及时地、主动地捕捉社会发展中新的教育资源，并把它开发成校本课程、综合实践活动方案，或者成为课堂教学中沟通两个世界的资源，有力地促进了学校与社会之间的沟通；三是积极构筑具有引领、示范作用的校园新文化，真正成了乡村的文化高地；四是建构了沟通学校与社会关系，把新校园文化辐射、作用于乡村文化发展的具体途径。例如“绿色三园”，把绿色思想与环境保护行为由“校园”辐射到“庭园”，再辐射到“田园”，作用于乡村广大群众。更重要的是，学校与社会的真正沟通，为学生主动、全面成长提供了更优越的教育生态。

（三）怎样发挥学校对社区教育资源的集聚与辐射作用

在美国，公立学校通常是通过向社区开放来实现与社区的教育资源共享的。这里作一个概要的介绍。

> （1）向社区公众开放学校设施。学校是一个社会机构，是为公众服务的，允许社会公众使用学校建筑、设施和设备，是与学校的性质相一致的。在美国，公立学校属于社会公众，通常在不妨碍学校正常教育、教学的情况下，对社区所有个人、团体、组织开放学校的设施。社区在夜间或者假期使用学校设施，这一措施已经表明，社区公众所付出的教育税可以给他们带来某种服务，而且学校提出增加教育税的要求得到了社区公众的积极支持。当然，这一举措需要有相应的规章制度来保证其实施。
>
> （2）“学校开放日”活动。“学校开放日”是指安排一个特定的时间，让以家长为主的社区公众参观、检查学校的教育教学工作，使他们对学校工作有直接的了解，并就学区建设提出意见，以增强对学校的信任和支持。“学校开放日”活动通常在每年秋天举行，届时许多学校都会邀请社区公众到学校参观。虽然许多学校随时都欢迎公众到学校听课，但是，学校更喜欢每年一到两次邀请有关公众到学校参加特别活动。“学校开放日”活动的目的是让公众了解学校的性质，熟悉学校的教职员工，并帮助家长更清楚地了解学校的教育、教学工作，从而使他们形成对学校的良好看法。
>
> （3）学校向成年人、老年人提供教育服务。学校教育不再只限于学前教育及中小学教育，它正试图向社区所有年龄段的人提供教育服务。在美国，许多学校已为社区成年人、老年人开设了许多符合他们需要的课程和社区教育方案。
>
> （4）学校与工商企业的合作。在美国，一些学校与社区工商企业的联系和合作日益增强。工商界领袖越来越认识到高质量学校教育的重要性，同时，一些学校领导也在呼吁工商企业向学校提供特别的支持与资助。在与企业的合作中，学校开办特别的成人教育课程，帮助企业提高员工的专业技术水平和阅读能力，使

他们成为企业的合格成员。合作的形式主要有：一是“认养学校”，认养学校委员会的主要任务是找到企业帮助学校做好教育工作的方法和渠道，一些企业捐给学校“二手”甚至全新的设备，有些企业则会让其主要领导和精英到学校开展讲座；二是通过学校与多方的合作，举办“商业—工业—教育日”活动，教师可以到不同的工商企业中进行参观，每年一次或两年一次。同年或者第二年，学校邀请其他行业或者劳工组织的代表到学校参观。这种活动的目的，是让不同行业的人通过亲眼观看对方的工作情况和现场交流看法，最终增进双方的相互理解和支持，促进学校与社区各组织关系的发展。①

我国中小学在这方面也有很多有效的尝试，如“新基础教育”在上海市闵行区的一所实验学校，坚持平等合作的原则，与社区相互集聚和辐射教育资源，取得了明显的成效。

明强小学地处闵行区七宝镇。千年古镇在改革开放的年代实现了历史的巨变，昔日的农村随着房地产开发和外资的引进迅速崛起，成为上海西南一片新型城区。七宝镇党委和政府及时提出“经济强镇必须同时成为文化大镇、教育重镇”的发展目标。七宝镇正处于传统的生产和生活方式向现代生产和生活方式的转型阶段，是城市化的典型。“新基础教育”理论认为，中国的现代化过程也是培养新一代和改造成年一代的双重意义上的人的现代化过程。对于社区，学校既要履行辐射和改造的文化使命，又不能以居高临下的姿态出现。一些地方学校与社区关系紧张，主要原因是位置没有摆好，不是平等相待。明强小学这几年能够与社区相互集聚和辐射教育资源，就是因为坚持了平等合作的原则。

一方面，明强小学努力通过自身的优势，为社区发展提供支持，积极参与到新型社区建设之中。(1) 学校为社区文化提供场地、设施。明强小学宽敞、优美的校园环境，不仅为学生的成长提供了良好的环境，而且为社区文化的发展提供了良好的基地。学校的四百米跑道和大操场是七宝镇大型活动的场地，这里曾经多次成为镇运动会、艺术节的主要会场，上海市11届运动会的排练场。每当社区大型活动在学校举行，学校都全力以赴，做好后勤工作。(2) 学校的文艺队伍为社区服务。学校连续五年参与“闵行金秋社区文化节”，学校的教师合唱队、学生合唱队、舞蹈队、器乐队在镇、区多次演出，展示了明强小学文明、健康、积极向上的校园文化风貌。同时，学校音乐教师为社区老妈妈合唱队谱曲，帮她们排练，对社区文化起到了辐射的作用。(3) 学校为社区学习型家庭的建设提供培训基地。学校为家长举办“百万家庭网上行”电脑培训班、现代家庭教育培训班几十期，使家长从思想观念到方法技能都有了很大的提高。

① 项亚光：《美国学校如何向社区开放》，载《外国中小学教育》2005年第6期。

另一方面，明强小学也获得了学校发展的社区资源。七宝社区的文化资源对学生是免费开放的。经过学校与社区协商，七号桥革命传统教育基地、张充仁纪念馆、七宝老街，现在都对明强小学免费开放，成为学生开展社会实践活动的稳定基地。社区还提供人力、财力，帮助学校形成办学特色。例如，七宝村长期在经济上支持学校的古筝队，镇文化站免费为小演员培训；九星村、友谊村和七宝村不仅出资援助学校的乒乓球队，而且经常为小队员提供陪练。在社区的大力支持下，学校的乒乓球队连续两次代表闵行区获得市级比赛的冠军，乒乓球活动成为了七宝社区文化建设的特色之一。

这种积极互动关系的形成，使得学校发展、师生成长获得了更多的发展资源，为学校走内涵式发展道路提供了强有力的外部支持。①

（四）怎样发挥学校对家庭教育的指导与促进作用

学校对家庭文化的影响也是不可忽视的，除了通过家访、家长会、社区大会等常规形式发挥学校对家庭的文化影响，一些新的家校合作形式，如成立家长学校合作委员会、举办家长学校、创建学习型家庭等，也开始发展起来。下面是我国中小学的一些相关尝试。

1. 尝试之一：通过家长学校合作委员会实现学校与家庭的合作

香港沙田崇真中学成立了旨在联合学校、家庭两股教育力量的组织——家长学校合作委员会，其行政构架如下。

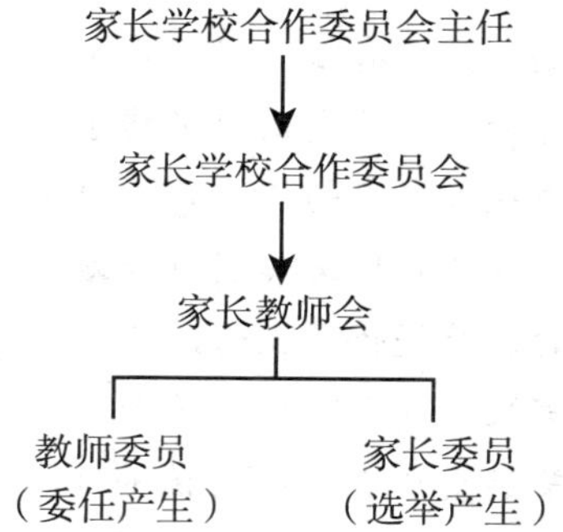

其中，家长教师会的宗旨是：(1) 加强学校与家长的联系，促进家长与教师及家长之间的感情；(2) 支援学校，共同推进教育；(3) 筹集经费，改善学生福利和学校设施。

该校还探索总结出教师与家长面谈的途径和技巧，并向教师提供“阳光电话计划”等多项建议。②

① 杨小微、李家成主编：《“新基础教育”发展性研究专题论文·案例集（上）——学校管理·班级建设》，中国轻工业出版社 2004 年版，第 85～86 页。

② 香港沙田崇真中学：《学校与家庭的合作》，载《中小学管理》1997 年第 2 期。

2. 尝试之二：学校与家长共同创建学习型家庭

随着社会的急剧转型，人们原来信守的价值观念体系受到了极大的冲击，而新的价值观念体系尚未建立起来，道德失范和精神失落一时间成为社会的普遍现象。上海市明强小学处于城市化地区，相当一部分家长或者忙于家庭的致富，或者只顾自己享乐，以为把孩子送进学校就万事大吉了，把家庭教育看作是不必要的负担。在一部分家庭中还存在着不少教育误区，如教育观念上重养轻教，教育内容上重智轻德，教育目标上重分数轻能力，教育方法上重物质奖励轻精神鼓励。特别是对于学校为推进素质教育采取的一些改革措施，家长们往往从他们的教育目标出发感到很不理解。比如在实施素质教育过程中，不少家长对学校推行“取消传统的座位排列”、“取消教学评分的百分制”有不同看法；学校为减轻学生负担，在改进教学方法的同时，尽量不布置家庭作业，家长们感到不放心，向学校提意见；学校要培养学生的劳动观念，家长却不让孩子做家务，不让孩子参加社区公益劳动，担心因此而耽误了学业。

根据这样的实际情况，明强小学通过与家长共创学习型家庭，把尊重家长、引导家长、发挥家长在家庭教育中的积极作用作为实现学校当代文化使命的重要途径。

在创建学习型家庭的工作中，学校不是就事论事地讨论具体问题，而是组织家长学习教育理论，从根本上解决教育观念问题。在家长和孩子广泛阅读的基础上，组织了各种形式的读书交流活动，交流学习《学习型家庭》、《发现父母》、《素质教育在中国》等书籍的心得体会。全校 80%以上的学生家长写了读书心得，学校把家长们的学习成果以大型专栏展示出来。学校还以“学习型家庭与家庭生活质量”为题展开了大讨论。广泛深入的读书、各种形式的讨论，极大地提高了广大家长建设学习型家庭的自觉性和积极性。全校先后出现了几十个学习型家庭的先进典型。广大学生家长不仅理解了学校的教改措施，而且提出了一系列的合理化建议。学校不仅关心一般的家庭，而且对于父母离异孩子的家庭给予特别的关注。许多孩子从此走出了生活的阴影，重新开始快乐的生活。学校建立了新的联系网络，学校的网站开辟了“家长有话大家说”、“孩子有话大家说”等专栏，为家校交流、亲子交流搭建了新的平台。辅导员制的建立，开辟了任课教师与学生家长直接联系的渠道，使更多的教师来关心家庭教育。在全市总结工作大会上，明强小学获得了“建设学习型家庭先进单位”的荣誉。

经过几年的努力，明强小学已经融入到社区发展之中，并且在其中发挥着独特的教育、引导作用，而且这些外部资源又重新汇聚到学校内部发展之中，保障、支持、推动着学校不断自我更新，不断实现学校的内涵发展。①

---

① 杨小微、李家成主编：《“新基础教育”发展性研究专题论文·案例集（上）——学校管理·班级建设》，中国轻工业出版社 2004 年版，第 86～87 页。

四、创新组织、制度和机制，在互动中形成教育合力

形成学校、社会、家庭三位一体的教育合力，是一项难度较大的系统工程，需要从机构、组织、制度和机制等方面综合考虑。

（一）创建合理有效的机构和组织

发达国家在多年的尝试过程中创建了不少卓有成效的社区教育组织机构，其形式多样灵活、内容广泛丰实，从如下几个实例中不难窥其全貌。

1. 教育公园

教育公园是美国人为了解决种族问题的一种决策。它设在郊区和市中心之间的广阔地带，设立 12～15 所幼儿园及从小学到高中的各级学校，可容纳 1.2 万～1.5 万人。在公园中心设立图书馆、体育馆、剧场、游泳池等公共设施，人口密度大的城市可在每个地区建立教育公园。这种教育公园便于集中办理一些事情，可以建设大规模的游泳池、大礼堂等设施。从经济观点看，提高了设施和设备的利用率；从教育观点看，则能提高教育质量，使教育不脱离社会生活。①

2. 无墙学校

无墙学校是美国费城为了解决学生激增，师资、校舍、经费奇缺等问题而在《巴克威计划》中提出的。巴克威中学没有完备的校舍和设备，只有校部和类似教室的 2～3 个小建筑物，除了利用巴克威大街上的市立图书馆、自然科学研究所、本杰明·富兰克林研究所、天文馆、美术院等文化设施外，还以汽车修理厂、新闻社、医院、印刷厂、商店为教室，拜各部门专家为教师。总之，它以全市为学校。如此扎根于社区、在社区生活中学习的这种无墙学校，仅靠学校一方的努力是难以实现的，它需要全社区的理解与支援。②

3. 校外计划

校外计划是泰国制定和执行的，其目的在于增进农村公共福利和人民解决工作与生活中问题的能力。它以建立社区教育机构为前提，进行科学实验和研究，并帮助教育部有效地进行当地的成人教育和校外教育，以便更好地满足农村人民和社会的需要。社区校外中心、公共教育中心、村读报中心、兴趣小组计划等都是校外计划的产物。③

4. “核心化”改革

“核心化”改革是秘鲁的一项教育革新措施。在秘鲁把每两千至四千名居民的地区组成一个社会单位，根据这些单位来实行“核心化”。为了教育的目的，这些单位便成了公共教育核心，负责社区全体成员的教育工作。在每个社区内，不仅有小学、中学和大学，而且还有俱乐部、各种协会、合作社和工厂、教区或地方自治中心、农庄和医疗站。这一

---

①② 崔相录编著：《今日发达国家教育改革导论》，教育科学出版社 1992 年版，第 93、101 页。

③ 梁春涛、张秀岩主编：《社区教育面面观》，北京师范大学出版社 1991 年版，第 184 页。

改革的原则是把教育纳入社区，以加强地方的责任，并建立一种加强联系的结构网。①

5. “校外服务型”学校

2004年5月，英国教育官员宣布将向46所学校拨款，旨在让这些学校为学生、家庭及社区提供全面的服务，希望这些学校都能转变成“校外服务型”学校（extended school）。这一举措出台是受到最新的一项研究成果的鼓励。研究表明，学校提供的服务不仅有助于学生的成绩提高、行为习惯改变、逃学率降低，还有助于增加家长对子女学习的关心，增强社区的荣誉感和归属感。向46所学校拨款的目的就是希望它们能为学生、家庭及社区提供以下服务：照顾学生；健康及社会服务；开展终身学习和家庭教育；帮助家长学习“信息和通信技术”（ICT）；为学生提供体育和文艺活动的设施等。②

6. 日本的PTA组织

PTA是英文Parent Teacher Association的简称，即父母与教师联合会。19世纪末起源于美国，第二次世界大战后，作为占领军，美国全面参与了日本战后的教育改革，PTA就是在这时被引进日本。在五十多年的实践中，PTA在致力于沟通学校与家庭、社区的联系，创造一个有利于青少年成长的环境方面发挥了巨大的作用，成为中小学教育中不容忽视的教育力量。PTA以班级为基本单位，委员由家长自荐或推举，与班主任共同组成班级PTA，再由各班级PAT委员中产生学校PTA。所有的家长和教师都是PTA的会员。每学期会员要缴纳会费（数额很小）作为PTA的活动经费。学校PTA分各专业委员会，分别负责组织学校的运动会或父母与孩子的体育比赛，组织学生开展各种公益活动，组织野营，监督学校设施设备的使用情况，对学校的教育工作提出建议，并担负起儿童在社区中活动的组织和监督管理工作。③

今日发达国家的社区教育，大致表现出如下特点。

第一，社区教育的观念已普遍地被人们接受，无论是发达国家还是发展中国家，以社区为依托来发展教育，使学校、家庭、社会趋于一体化，已经是各国建立学习化社会的共同努力。

第二，社区教育由最初的社会团体或个人兴办发展到社会各界都来关心、支持、参与，社区组织间的协作进一步加强，政府也加入了这一行列并起到了领导作用，使社区教育在组织机构方面具有了权威性。

第三，社区教育的对象由早期的成人发展到面向全体社区成员，教育的内容由早期的职业培训和道德教育发展到今天人们生产、生活的一切方面。

第四，社区教育的形式多种多样，内容广泛，因地制宜，因国而别，因人而异。

---

① 梁春涛、张秀岩主编：《社区教育面面观》，北京师范大学出版社1991年版，第188页。

② 翟俊卿：《英国：学校服务走向社区》，载《世界教育信息》2004年第9期。

③ 南丁：《探索家校合作的有效途径——日本的PTA给我们的启示》，载《内蒙古师范大学学报》（教育科学版）2002年第4期。

我国教育理论工作者和实际工作者在近些年来的探索过程中，也逐渐形成了一些比较稳定的机构和组织。为了在学校与社区之间更好地开展良性互动，促进一体化建设，不仅有必要成立一些起中介作用的行政协调组织，而且在沟通、对话的基础之上，一些非行政的组织形式也应运而生。主要的组织形式有社区教育委员会、家长委员会、教育协会、学校发展管理委员会、团委、学生会、教代会等，负责协调学校与社区关系，解决学校面临的问题，确定学校发展的方向和目标，争取社区支持改善办学条件，优化育人环境，加强联系和沟通，参与社区的文化建设，从而找到社区积极参与、支持学校教育的切入点。

这里特别要说明一下社区教育委员会。在社区内各个组织是分散的，为了统一协调社区各种力量来办学，社区教育委员会是必不可少的，它的作用是全面筹划教育、经济与社会的协调发展，发动社会各界参与教育，推动改革计划，推动学生参加社区实践活动，督促社区内各单位参与学校的管理和建设。

（二）创新制度，形成学习、沟通和交流的氛围

促进学校与社区的良性互动，制度的创新是必不可少的途径。这里所说的制度，不是由上而下给定的各种指令性条款、各项规章制度，而是平等的双方基于商谈而形成的某种“契约”。在“契约”发生效力期间，签约双方都要自觉地接受“契约”的约束；当“契约”失效时（如某种制度在新的形势下不再合理，或者它所约束的行为已经成为双方的自觉行为乃至习惯），双方就需要重新商谈，以达成新的“契约”（制度），这就是制度的创新。这种创新是在动态的实践过程中由互动而不断生成的。在社区与学校之间，促进和保障互动的制度主要有沟通制度和学习制度。

1. 沟通制度

与家长和社区互动的第一步就是要加强信息的相互沟通，学校主动地向社区传播有关学校改革与发展的理念和信息，寻求社区的理解，引起社区的关注，同时收集有关反馈信息。家长学校、家长会、家访制、家长开放日等制度性或规范性活动，是学校与家庭建立畅通渠道的有力保证。

沟通是社区的成员、教师、学生之间的交流，沟通内容主要是围绕学校的发展愿景，如将学生培养成什么样的人，探讨存在的问题、困难及对策。沟通的场所应是无限制的，学校、家庭、单位等可以因具体情形而定。比如要形成学校与社区在教育公平问题上的共识，我们特别要重视对社区弱势群体的访谈，了解他们对学校的意见及需求。沟通的方式应是多样的，要平等参与，坦诚相待，可以用家访、访谈、座谈会、社区会、联谊活动、谈心等多种形式加强相互之间的沟通。发现问题及时沟通、交流，沟通的时间和次数要有一定的保证，要形成不断沟通的行为，从而谋求学校的整体发展。

在沟通中应注意：态度要诚恳，语言要随和，问题要明确，方法要得当，谈话要有技巧，同时应主动去沟通，随时随地去交流思想、交换意见看法，及时整理归纳见解和问题；校长要有责任意识、百折不挠的勇气和自我超越意识。

2. 学习制度

学习制度是迈向学习化社会的必要规范，社区内的各种组织（包括家庭）内部、各种组织之间，都应形成良好的学习氛围。无论是日常的各种人际沟通、合作与交流，还是专门组织起来的各种学习活动，都有利于学习型组织的形成和学习型社区的创建。可以说，学习的组织与进行过程，是一个双向互动的过程，是社区全体成员共同参与，逐步培养归属感、认同感和现代社区意识的过程。

以家庭的学习为例，学习型家庭的建设、学校召开的一般性的家长会以及专题性的家长学校，都是建立社区学习型组织的有效方式。然而，如果没有一定的制度化措施，就容易流于形式。

3. 其他制度

许多学校运行中必不可少的常规制度，如教学研究制度、校本开发制度、学校科研制度、班级管理制度等，只要是在学校与社区的互动意识下制定和实施，同样可以成为学校与社区、家庭共建与合作的可靠而有效的保障。例如，上海市明强小学的“辅导员制”，开辟了任课教师与学生家长直接联系的渠道；许多农村学校的学校管理委员会，由于其成员由村干部和学校领导组成，并有各自的权力、职责及沟通联系方式等方面的规范与约束，使学校与社区的关系唇齿相依；上海市崇明县教育局制定的《中小学绿色教育行动计划》，就绿色教育实践体系的发展目标、要素建设、实施、管理及保障措施等作出了科学的规划，从而使行动计划的实施过程成为学校与社区密切联系、有效互动的过程。

（三）建立机制，形成平等对话的平台

传统意义上的制度、规范不是平等的对话，而是一种“独白”，是单向传达的命令、要求。今天我们理解的制度或规章，是以平等为前提的一种对话方式，是关于价值取向、行动准则等的商谈。通过这种商谈，无论是学校的改革大计还是家庭的教育需求、社区的教育期待，都有可能在对话中得以认同或分享。对话在不同层面上发生，例如，在校内有师生之间的对话、生生之间的对话、师师之间的对话、校长与师生之间的对话；在社区层面上有与社区群众的对话、与社区领导的对话、与知名人士的对话、与外来人士的对话。

对话的形式很多，在学校组织的社会实践活动中，主要有社区大会、家长会、各种座谈会、对校外人士的访谈、与家长的谈心、向村委会的汇报与交流，等等。在上述各种交往活动中，都可以发生不拘形式的对话。例如，某民族地区一位阿訇（清真寺教职人员）喜欢到小学看报纸，校长抓住这个机会，跟他聊天，渐渐地有了共同语言，与阿訇达成了对孩子上学问题的一致看法，阿訇不仅主动地送自己的孩子入学，还主动做周围群众的工作，送子女入学，使本村的适龄儿童都进入了校园。通过村干部和本地的教师去宣传带动，争取让每一个儿童都入学，也是一种有效的对话机制。

对话机制可以广泛地运用于教育生活的各个层面和各种活动，解决各种问题，协调各种关系，从而促使学校与社区不断地达成共识，共谋学校的变革与发展。

思考题

1. 如何从生活世界的视角解读学生校外生活的教育内涵?
2. 学生的家庭生活、社区生活和个人生活对其成长有哪些影响?
3. 怎样理解学校在学习化社会中对学生发展的独特作用?

主要参考文献

1. ［法］保尔·朗格朗著，周南照、陈树清译：《终身教育引论》，中国对外翻译出版公司 1985 年版。
2. 叶澜主编：《“新基础教育”探索性研究报告集》，上海三联书店 1999 年版。
3. 杨小微、李家成主编：《“新基础教育”发展性研究专题论文·案例集（上）——学校管理·班级建设》，中国轻工业出版社 2004 年版。
4. 郭元祥著：《生活与教育——回归生活世界的基础教育论纲》，华中师范大学出版社 2002 年版。
5. 梁春涛、张秀岩主编：《社区教育面面观》，北京师范大学出版社 1991 年版。
6. 李春生、康瑜：《终身学习背景下学校和社区关系的重建》，载《比较教育研究》2002 年第 4 期。
7. 刘金玉：《试论闲暇与闲暇教育》，载《教育理论与实践》2006 年第 2 期。

第八章　学校教育改革与教师发展

在本书的最后一章，我们把目光重新聚焦到学校教育中承担教育责任和最不可替代的力量——教师身上，重点讨论的是教师自身的发展，教师对教育的根本性理解怎样转化为对自己的发展性要求，以及如何在今日中国现实的、重要的、教师天天在进行着的学校教育改革的实践中实现自己的发展，在改革实践中建设一支新型的教师队伍。

第一节　教师角色理想的重建

新型教师队伍的创建之起点是教师角色理想的重建。角色建构与认同对角色承担人的行为具有重要的引导作用。角色理想的形成和变化是与社会对职业要求的变化直接相关的。当今教师角色理想重建的主体首先是教师自身，尤其在学校教育改革中，教师要主动从传统的角色定位中走出来，形成新的角色理想，在自己的教育实践中实现自我更新。自然，教师角色理想重建也包括社会和教师培养机构中与教师发展直接相关的人员，这是社会层面和专业机构改革的要求。新型教师队伍建设的艰难，首先表现在改变社会和已被教师内化的角色认定的艰难上。职业角色是社会分工基础上对职业承担者的社会地位和基本要求的规定。其中有法定式的表述，有学术性的表述，有公众、舆论的表述，还有从业人员的自我认同与表述。这些表述有相关性，但未必完全一致。在一定的历史时期，由于长期的社会认定和职业实践的积淀，形成了相对稳定的角色规定和理想。因此，当社会处于转型时期，必然会要求冲破由历史形成的、稳定的角色规定与理想，重建教师角色理想就会成为首先面对的任务。

一、历史的反思

教师是一个古老的职业，自相对独立的学校产生以来，就有教师存在。从中国的历史来看，社会对教师的态度总体上具有“尊师重教”和维护“师道尊严”的传统，尽管在一定的历史时期有过起伏。但是，如果再深入地分析一下，我们就会发现，几千年来，对教师职业的价值认识主要停留在社会功能上。所谓的尊师，主要是看重这项职业承担的社会功能。简单地说，“尊师”只是为了重“道”和重“教化”。教师职业缺乏内在的尊严与欢乐，这是从古代社会对学校的教师角色定位就内含的问题。

中国最早的教师是巫师，因为他们掌握文字，负责各种祭礼，会占卜，这是远古时期最重要的学问。先秦儒家中，孔子是大思想家、政治家，也被认为是第一个“教师”形象的典范。作为教师的孔子对自己的要求是“述而不作”、“学而不厌”、“诲人不倦”，表达了继承传统、乐于教人的敬业精神，但“不作”的自我规定则是在文化发展上明确的自我约束，表明了他复古的强烈使命感。荀子是明确提出“尊师”之说的代表人物。他把教师的地位提到与天地、先祖及君主并列的高度，言称“天地者，生之本也；先祖者，类之本也；君师者，治之本也”①。荀子认为教育具有教化人的作用，所以他强调：“国将兴，必贵师而重傅；贵师而重傅，则法度存。国将衰，必贱师而轻傅；贱师而轻傅，则人有快，人有快则法度坏。”②古代先秦儒家的教育名篇《学记》则把师与道的关系概括表述为：“师严然后道尊，道尊然后民知敬学。”③还进一步提出“能为师然后能为长，能为长然后能为君”④，把能否当好教师与仕途直接联系起来了。主张教书育人、以法治国的法家代表人物之一的韩非，干脆用“法”代替“道”、以“吏”代替“师”，提出了“以法为教”、“以吏为师”⑤的鲜明主张。虽然法家所说的“法”与“吏”大不同于儒家的“道”和“师”，但是儒、法两家关于教育者在治国、重道、教化、强法中的工具价值的认同却是一致的，而且法家用直接等同的简单化方式，更清晰地体现了教育者对于统治者的社会工具价值。

此后两千年的封建社会，朝代虽有更替，但教师职业的上述工具价值并无大变。随着历史的延伸，还逐渐形成了一套保障教师职业工具价值实现的官学、官教相通的制度与机构。因此，在中国封建社会中，与朝廷政治相关的教师的社会地位、实际生存状态，与兴什么道、统治者对所传之道的态度及需求程度紧密相关。一系列的制度、政令，甚至把教师个人的生命安危、富贵沉沦都与“道”联系在一起。秦朝的“焚书坑儒”是师因道之变而丧命定罪的悲惨一例。汉朝由董仲舒提出并得以推行的“兴太学，置明师，以养天下之士”⑥的决策，则是师随道兴的光明一例。身处后唐的儒家道统的捍卫者韩愈，写下了传世名篇《师说》。他提出了“师者，所以传道、授业、解惑也”⑦的教师职业定位，作出了“道之所存、师之所存”的判断，强调了“师”对于“道”的依存关系，但韩愈却因此而受毁，这可看作是为“兴道”而强调“重师”，并因提倡重师道而遭毁谤的奋斗一例。

由此可见，在中国古代历史上，具有大儒身份并有重要社会影响的知识分子对教师职业价值认识的基调是一致的，即强调“师”对于“道”的工具价值。虽然他们所持的“道”各不相同，也并不都与统治阶级所提倡的“道”、日常生活世界中所实践的“道”相一致，有的甚至还是激烈的反抗者，但都不否认“师”对于“道”的依存关系。这种认识对非官学系统、处于中下层教育机构中的教师具有统摄作用。尽管他们的社会地位不能与

①②③④⑤⑥⑦ 参阅孙培青、李国钧主编：《中国教育思想史》第一卷，华东师范大学出版社1995年版，第79、93、192、255、538页。

前者相提并论，但受到的文化浸润都是同质的，因此，也不太可能在对“师”与“道”的关系认识上有本质的差异，即使有，无论在当时或后世，也不会产生大的影响。只是在中下层的教师那里，教职还具有维持生计的实用价值，他们对政治的关切大多不如前者，自然其中也不乏有志者，心存着有朝一日“中举升官”的不灭愿望。

“废科举、兴学校”拉开了中国近代教育的序幕。政治和教育制度的变化，使教育同时也使教师职业的价值发生了一系列变化。

首先，教师职业中不再存在政府官职的教职，有官职者若在大学任教只是兼职教师。普及教育的提倡、中小学的大量开设、师范教育的兴办，使教师群体的数量也大增。因此，教师作为一个独立的专职社会群体在组织上出现并逐渐得到强化。组织上的“官”与“师”的分离，对于教师群体职业意识的独立性和民主意识的产生具有基础性意义。

我们可以在近代教育家的言论中更集中和清晰地看到这一点。蔡元培明确主张教育独立于政党、独立于教会，提出“教育事业当完全交与教育家，保有独立的资格，毫不受各派政党或各派教会的影响”①。他在担任北京大学校长期间，要求北京大学的教授不谋官，力除大学的封建官僚习气。他对学生看轻专职教师，看重官员兼职教师，试图通过此类师生关系获得升官之道十分不满，明确指出大学是研究高深学问的地方，而不是升官发财之阶梯。在学校行政管理上，蔡元培主张教授治校、兼容并蓄，这是对封建政治之道的文化专制主义的强烈冲击，无论在组织上还是思想上均如此。

其次，近代教育在教育内容上的重大更新，使分科教学得以加强。这使教师职业中传授学科知识的意识得到强化，对学科知识的掌握和具有教授这些知识的能力与方法，成为教师具有教职的基本条件。因此，教师群体作为学科教师，即“师”与“学科”的关系意识加强，出现了与古代教师“传道”、“诲人”有所不同的“业务”意识以及作为“专业教师”的意识。需要指出的是，这里所说的“专业”不是指把教师职业本身作为“专业”，而是指教师承担课程所属的学科专业。师范学院（大学）分学科培养专业教师的体制，也强化了教师的学科专业意识。这种专业意识的强烈程度与教师在何处任教相关。小学相对最弱，大学相对最强，这在一定意义上可以说教师传授科学文化的职业价值得到凸显并被教师群体所认同。当职业教育产生和发展以后，相关教师的“业务”职能还包括技术知识与技能的传授。

专业意识同样反映在思想家、教育家的有关言行之中，如孙中山主张“文学渊博者为师”②、“唯必有学识，方可担任教育”③，因为学生的学识之进退与教师相关。蔡元培在北京大学延聘教师，最看重的是学术造诣，“若学术水平低，则不管有何背景，均辞

---

①②③ 参阅孙培青、李国钧主编：《中国教育思想史》第三卷，华东师范大学出版社 1995 年版，第 166、147 页。

退”①。这些均可视为典型的代表。

再次，从不同的政治立场出发，强调教师职业的社会价值。这在近代思想家和教育家的著述中表现得十分清晰，它常常与教育职能、目标的变革直接相关。例如近代早期改良主义思想家郑观应提出“教育为立国之本，国运之盛衰系之，国步之消长视之”②的高论，并力主办新式学校、育新式人才。北京大学首任校长严复则视教育为“教民主”、“开民智”、“新民德”的主要手段。梁启超把“新民”的培养看作是能否进行政治改革的基础，认为教育应以造就国民为目的。为了达到这个目的，他积极倡导兴办师范教育，培养新型师资。因为“师也者，学子之根核也”③、“欲革旧习，兴智学，必以立师范学堂为第一义”④。孙中山认为“教育者，乃引导人群进化者”⑤，而“教育进步，以政治为基础”，所以，“教育，随政治为转移”。他视教育为革命之重要武器，建设一个新地方，也首在办教育，“非学问无以建设”。在国难当头之时，他大声疾呼：“教育家须谈政治、理政治、引导人民谈政治。”⑥他同时也把办师范视为教育之根本、当务之急。蔡元培的教育目标是养成共和国民健全之人格，他是按这种新型国家的标准来设计教育的，新型国民也是他期待的中国新型理想共和国实现的基础，教师的状态、水平是能否培养出这样的新型国民的决定因素。胡适也强调：“教育是立国之本，亦为施行民主政治之基础。”⑦他身体力行，立志终身从事教育活动，在近代基础教育和高等教育领域中推行了多项改革，以实现他的强国富民和西方民主政治的理想。除此以外，还有国民党的党化教育，要求教师成为“一个党、一个主义”的信徒，并在学校中积极实施。

以上所述，显示了近代中国社会对教师社会价值的认识。与古代相比，进步的思想家、革命家已经关注到民生、民主、国强、国富等有关民族与国家独立、富强的社会发展问题，而不是只强调与统治者利益密切相关的“道”与“法”的问题，即教育者的社会价值由为君转向为民、为社会，这是教师职业社会价值的扩展和转向，是当时中国社会、教育变革带来的重要进步。但一旦反动、专制政治势力掌握了政权，依然会要求教师发挥作为维护、巩固统治阶级利益工具的作用，与封建社会在这方面的要求并无本质差异。

从中国近代与古代关于教师职业价值的认识与实践的差异中可以看出，时代、社会的进步在对教师职业价值认识上发挥的积极作用。但是，若从更抽象的角度，即从重视职业的什么性质的价值看，近代社会对教师的职业价值依然主要还是强调其对于社会的工具价值，只是这种价值由古代的传道变为近代进步人士提倡的传播科学文化知识、富国强民的技术，由服务于培养官僚和臣民，发展到培养推动社会发展进步、能参与民主政治的新民。至于教师职业对于从业者的内在价值问题，并未被尖锐地提出和进行过认真探讨。自然，教师群体在这方面的职业自我意识也不可能广泛觉醒。对教师职业工具价值的看重和职业性质属传递性工作的判断，作为历史的传统，深深地烙在我国教师的职业意识和形象

---

①②③④⑤⑥⑦　参阅孙培青、李国钧主编：《中国教育思想史》第三卷，华东师范大学出版社1995年版，第159、78、112、147、148、223页。

中；作为历史的传统，它依然存活在今日的中国，以当代的形式和内容存活着。它妨碍了教师及人们对这一职业内在价值和劳动本质的思考和发现，因而也谈不上这一职业的内在尊严与欢乐的发现和体验。这是社会、时代造成的历史局限，而它的打破，也离不开社会与时代的进步。

二、现实的透析

1949年中华人民共和国成立以来，社会政治进步与教育的发展就总体而言超过了以往任何时期。教师作为人民教育事业的主要承担者，被称为“人民教师”，获得了与其他劳动者同样的主人翁地位。教师职业对于社会的工具价值在内容和性质上都发生了变化。教师群体与其他职业群体之间形成了共同为自己的国家繁荣昌盛作出贡献的合作关系，同时也形成了相互交换自己的劳动，取得应有报酬的平等关系。这是政治制度的变革带来的教师职业劳动政治性质的变化，是教育劳动主体政治地位和社会地位深刻的、翻天覆地的变化，它带来了教师工作热情的空前提高，也促进了教育质量的提高。

由于新中国成立初期到“文化大革命”前这一段时间，中国社会的经济发展水平处在以农业为基础、向工业经济发展的阶段，社会主义计划经济体制、生产力主要以人力为主的特征，社会产业结构相对稳定，技术进步缓慢等因素，使中国社会对人的知识、才能方面的培养并未提出超越近代工业社会经济发展水平的新业务要求，对教师劳动在智力上也没有提出新的要求。所以，与历史相似，社会、人们看重的依然是教师劳动的外在社会价值，依然把这种劳动的性质看作是传递性而非创造性的工作。在这一点上，体现了历史的传承而不是变革。尽管社会赞美教师，但人们歌颂的只是他们对学生的爱心、默默无闻的奉献，像红烛一样燃烧自己、照亮别人，像园丁一样用心血、汗水浇灌幼苗，像春蚕那样到死丝方尽，“红烛”、“园丁”、“春蚕”成了教师的象征。人们歌颂的只是教师为他人成长、对社会发展作出无私奉献的高尚精神，从而把教师职业的意义从现实提升到神圣的地步。当然，这些歌颂无疑是必要的，也是教师受之无愧的，它反映了教师的基本生存状态。

但是，这些歌颂并未涉及教师职业劳动对教师本人现实生命质量的意义，也并未涉及教师能否在日常的职业工作中感受到对自己的智慧与人格的挑战、对自己生命发展和生命力展现的价值，以及因从事这一职业带来的内在尊严与欢乐的满足。所以，这种歌颂并不能带来人们像对富有创造性的专业工作人员那般的尊重。尽管舆论宣传时常以一件件生动的事例、模范教师，甚至为教育殉职的教师之个人事迹教育民众与广大教师，但是讲究实惠的人大多依然不选择当教师，因为他们主要看到的是大多数教师的辛苦与烦恼，生活缺乏休闲与情趣，换来的报酬也不高；对一些在事业上有高追求或才智优秀的人来说也不会选择当教师，因为在他自己和他人眼中，教师职业并不是实现高追求和需要优秀才智的职业。这还是时代、社会对教师职业价值和劳动性质认识的局限在人们乃至在教师群体心中的折射。他们把教师职业的尊严和欢乐，看作是主要取决于社会公众的外在承认和给予，取决于过程的结果而不是过程本身，看作是用其奉献的工具价值换来的。“文化大革命”中教师遭受的灾难，在一定意义上从反面证实了这一点。当时由于教师被判定为资产阶级知识分子，作为“反革命”、“修正主义”教育路线服务的人而被打倒批臭，不仅正常的工作权利被剥夺，而且教师的身心、人格受到侮辱。这表明，一旦教师职业外在的工具价值被否定，由外部给予的尊严与欢乐就会丧失殆尽。然而，教师职业的社会价值像其他职业一样是不可缺少的，“文化大革命”时期的反对与否定，只是出于政治斗争的需要，他们希望确立的是服从于他们需要的教师工具价值。因此，随着“文化大革命”的结束，教师职业所固有的外在社会工具价值就得到了恢复，并给以加倍的重视。

粉碎“四人帮”后，中国经过了20世纪70年代末的整顿恢复，很快进入了经济发展的新时期。经济发展需要知识与人才，需要教育事业的加强与发展。为此，政府采取了一系列措施来提高教师队伍的质量及积极性，从政策、经济及舆论上为教师多方面地位的提高作出了有力度的、持久的努力。“尊师重教”的口号又被响亮提出。邓小平同志关于“知识分子是工人阶级一员”的提出，使教师从窘困的生活状态中逐渐地、一部分一部分地走出。1985年设立了“教师节”，以此方式表示对教师劳动的尊重，促进社会上尊师重教风气的形成。这一切我们可以把它看作是对“文化大革命”造成的损失之弥补、创伤之弥合，是为未来经济、社会发展所作的积蓄。但此时，教师的角色理想并未有大的突破性的进展，人们还是按照习惯的模式歌颂教师，教师还是按照认同的角色意识辛勤地工作。所以，当20世纪80年代末90年代初，改革开放、市场经济的浪潮在中国汹涌而起时，教师队伍又面临一次从未遭遇过的冲击，那就是市场经济体制带来的教师的流失，教师“跳槽”成了当时热门的话题。教育部门、学校也采取过不少措施，想刹住这股“跳槽”风，但是并无大的作用，结果是想跳、能跳的都跳走了，不想跳、不能跳的留下了。有些人曾感慨地说，教师队伍中能干的差不多都走了，不能干的也走不了。这句话虽然不完全正确，因为在不走的人中确实有一批不是不能跳、而是不想跳的人，他们热爱教师这个职业。但这类话和存在的事实，却不得不让我们思考这些问题：为什么人才流动的政策一执行，会有那么多人要离开教师职业？尤其是为什么其中有一批能干的人要离开这个职业？他们只是为了金钱和物质待遇吗？是的，我们曾这样认为过。故而采取增加工资、解决住房等措施来增加教师职业的吸引力，国家领导人也呼吁全社会都要尊重教师，要让教师职业成为吸引优秀人才的职业。近些年来，由于发展社会主义市场经济的力量加强，国民经济结构调整的步伐加快，不少企业下岗人员激增，教师职业在人们心目中的“行情”见涨。这不禁让我们要问：争当教师的人究竟是为何而来？其中真的都是优秀人才吗？教师职业究竟需要怎样的优秀人才？近十年来随着经济大潮起落而起落的教师队伍的变迁，使我们不得不思考、不得不重新认识与教师职业本身价值相关的一系列角色理想问题。

20世纪90年代以来，中国社会进入了加快由近代向现代、由计划经济向社会主义市场经济转型的重要历史时期。信息全球化、知识经济勃发、科技发展加速等一系列时代风劲吹中国大地，使生活其中并感受到这个时代的每个中国人，都企盼着新世纪的中国有一个新的飞跃。教育在发展经济、增强综合国力、提高民族凝聚力和国民素质、培养一代新人和现代社会发展所必需的各种人才中的重要性被凸显出来。未来社会需要怎样的新人，成了社会发展必须要清晰的问题。要培养出新的高质量人才，必须提高教师队伍的素质，必须吸引优秀人才充实教师队伍。为此，1993 年 10 月 31 日，第八届全国人民代表大会常务委员会第四次会议通过了《中华人民共和国教师法》（以下简称《教师法》）。我国第一次以法律的形式规范了教师职业的性质、权利和义务、资格和作用、培养和培训、考核、待遇、奖励、法律责任等一系列问题。《教师法》不但表达了政府要提高教师队伍质量和保障教师工作、生活条件的殷切心情，而且第一次用法律的形式指出了当今时代对教师职业的新认识和新要求。

首先，《教师法》提出“教师是履行教育教学职责的专业人员”。与此相应，它首次提出“国家实行教师资格制度”，并实行“教师职务制度”和逐步实行“教师聘任制度”，以保证和提高作为专业人员的教师队伍的群体素质。这是对教师职业属专业性质的重要规定，是我国政府关于教师职业性质认识的重大进步。

其次，《教师法》把教师的职责表述为“教师承担教书育人、培养社会主义事业建设者和接班人，提高民族素质的使命，教师应当忠诚于人民的教育事业”。并通过具体条例，突出了教师传授科学文化，对学生、社会、民族和人民教育事业的社会责任，对政府承担的义务。同时，也赋予教师在专业领域内进行教育活动、开展教育改革的权利，从事科学研究的权利，参加专业学术团体和发表意见的权利，参与学校管理以及指导、评定学生学业与发展等作为专业人员的权利。这些规定，尤其是有关权利方面的规定，反映了政府对教师作为专业人员的专业权利的认识与尊重。这在以往有关教师的论述中至少是不多见的。人们习惯于从义务的角度去规范教师，而较少思考或研究在教师的职业工作中应该享有的权利，尤其是作为专业人员的权利。我们认为，这是《教师法》最具有历史性突破的重要贡献之一。特别是其中提到的教育改革、科学研究和专业活动等方面的权利，它突破了历来把教师专业活动主要局限在传授已有文化知识的范围内，显示出对教师劳动性质认识的发展。

1998 年 12 月，国家教育部颁发了《面向 21 世纪教育振兴行动计划》，其中包括大力提高教师队伍整体素质的“跨世纪园丁工程”，突出了提高教师基本学历、加强在职教师的职后培训和加强骨干教师的培养等一系列工作。这与世界各国为提高教育质量，纷纷加强提高教师队伍质量的措施力度的发展趋势相一致。1999 年 6 月，第三次全国教育工作会议召开，中共中央、国务院颁发了《关于深化教育改革全面推进素质教育的决定》，明确提出“实施素质教育，就是全面贯彻党的教育方针，以提高国民素质为根本宗旨，以培养学生的创新精神和实践能力为重点，造就有理想、有道德、有文化、有纪律、德智体美等全面发展的社会主义事业建设者和接班人”。这是对 20 世纪 90 年代以来提出并大力推行的素质教育以中央重要文件方式所作的正式、完整的阐述，其中突出了培养学生的创新精神和实践能力这一当今社会发展对人才提出的新要求。与此相应，在文件中还提出了对教师政治、思想、道德与业务素质等方面的要求，其中包括教师要“遵循教育规律、积极参与教学科研、在工作中勇于探索创新”等方面。显然，这是与实施素质教育密切相关的必议之题。文件在谈到对校长的要求时，也明确指出，校长“要率先转变教育观念，把领导教职工创造性地实施素质教育作为重要职责”，再一次突出了对学校工作、教师劳动在创造性方面的要求。

由此可见，20世纪90年代以来，我国政府对教师培养学生的创造性以及与此相应的教师劳动的创造性方面的要求越来越强调。这是前所未有的现象，却是人类文明、科学技术发展到今天的必然要求，是时代、社会发展到今天的必然要求，也是中华民族要改变在世界上处于贫穷落后地位的必然要求。我们做了一百年的强国梦，我们为此奋斗了一百年。一百年来，中国一次次地发出教育救国、教育兴国的呼唤，今天，历史的呼唤又一次在当代中国的上空回荡。然而，这并不是简单的重复，它加上了时代的强音：呼唤创造性！人们开始认识到，教育在今天不能还只停留在完成传递文化、知识、技能上，停留在让学生只知学习与继承、不思也不会创造的水平上。把学生生命中探索的欲望燃烧起来、创造的潜能开发出来，让他们能拥有一个充满信心、勇于开拓发展的积极人生，树立为中华民族的伟大复兴而奋斗的高远志向，才是当代中国教育特有的历史使命和社会价值。与此同时，教师劳动的创造性以及作为教育专业人员的教师的创造意识和创造能力的问题也以从未有过的鲜明方式凸显出来了。这是因为，“一个墨守成规的教师对于学生创造性的发展无疑是一种近乎灾难的障碍”①。

论述至此，我们欣喜地看到，从教师职业的社会价值上看，仅停留在关注外在工具价值的局限开始冲破。正是当代中国进行着的深刻变革，正是当代人类社会信息、知识、科学、技术等方面的发展，为教育这个古老的事业注入了“创造”这一强大的新的生命；正是对教师培养具有创新精神和实践能力的人的要求以及对教师工作创造性的要求，让我们找到了教师职业对于从业者而言的外在社会价值与内在生命价值之间统一的基点，找到了教师可能从工作中获得“外在”与“内在”相统一的尊严与欢乐的源泉，那就是两个赫然的大字——创造！它预示着社会发展对教师职业内含的重要的新品质的需要，但依然还未进入到对职业内在特质，以及由此特质而产生的对于从业者的内在价值的分析。

三、当代教师角色理想重建的新维度

当代社会的发展要求重新建构教师的角色理想，需要有对历史的超越。这种超越不能停留在教师社会价值的当代更新，还需要突破历史形成的框架，引进新的维度。

中国的教师角色理想经历的漫长演变过程，总体上，它是朝着社会给予更大的重视和更关注教师专业发展的方向演进。然而，在我们看来，这一演化至今还没有走出自教师职

① 叶澜主编：《新编教育学教程》，华东师范大学出版社1991年版，第15页。

业存在以来一直延续的深层认识框架：教师是社会实现教育目的、任务的执行者，是一种物质工具所不能代替的工具与手段；教师的主要任务是通过传递人类已有的文化培养新的一代；教师的专业发展服务于上述专业任务的需要。这一认识框架的主要问题，一是将教育工作的性质局限于“传递”的狭窄范围内；二是没有涉及教师职业对于从业者的内在价值，缺失了职业应有内在生命价值的重要一维。教师角色理想的重建，首先需要增加职业“内在个人生命价值”的维度。

任何职业对于就业者而言，都具有个人价值。第一，这种个人价值是获得经济来源，维持和改善生活。它是任何职业都有的，只是高低不同，需要个人付出的体力和智力的要求不同、强度不同。第二，这种个人价值是社会地位，这还是外在的，但与职业对人的要求和职业的社会价值高度相关。第三，这种个人价值是职业能满足个人的兴趣、爱好和才能的发挥。第四，这种个人价值是职业内含着对人的内在力量的挑战和激发，在促进从业者个体生命发展的同时，享受从业带来的内在尊严与欢乐。最后两点是职业个人价值的高级水平，它关涉对职业内在价值的深究。

马克思在论及职业选择时，曾写过一段令人难忘的名言：“能给人以尊严的只有这样的职业，在从事这种职业时我们不是作为奴隶般的工具，而是在自己的领域内独立地进行创造。”① 显然，中华人民共和国成立以后，教师就不再是作为“奴隶般的工具”，但到目前为止，大多还被定位在作为“工具般的工作者”，远未达到“在自己的领域内独立地进行创造”的水平。所以，重温和思考马克思的这段话，对于今天我们全面认识教师职业的价值，尤其是发现这一职业对于从业者教师而言的内在生命价值是十分重要的。

马克思的这段名言，给予我们当前思考教师劳动价值的启发至少有以下几点。

首先，仅仅从职业的社会贡献或社会使命的角度去认识职业价值是远远不够的。马克思强调的是怎样的职业能给人以尊严，这涉及职业角色理想确认的“人学”立场，也即是我们现在经常提到的“以人为本”的社会立场在职业价值定位中的具体体现。人要有尊严地活着，必须在自己的职业生活中得到体现。给人以尊严的职业，是与人的生命的本质和高级需要的满足直接相关的职业；独立地创造，是人的生命存在的本质方式。即使在生理学的层面上，生命的存在也是通过个体与环境的能量交换，并以个体独立的方式，内在地完成新陈代谢这一生命物质转换的创造过程。人的智慧的发展、精神世界的丰富更是如此，如果没有个体的经验与独立思考、理解与体悟、运用、提升，就无法将外在的知识、文化以及其他人的创造转化为自身的发展与成长。所以，说“独立地创造”是生命之树常青之源泉，决不是诗意的赞美，而是对生命本质的观照。同时，人的生命力也只有在创造活动中才能焕发，才能为社会作出具有不可替代性的贡献。职业生活是人成年以后生命活动的重要组成部分，其质量如何，在很大程度上决定了人的生命质量，同时也造就了个体的生命质量。人度过生命的日常方式会决定人成为怎样的人，人要想成为有尊严的人，就

① 《马克思恩格斯全集》第 40 卷，人民出版社 1982 年版，第 6 页。

应该选择富有创造性的职业，并以创造性的劳动去实现自己的生命价值，享受因过程本身而带来的自身生命力焕发的欢乐。从前面几章的论述中，我们可以清楚地感受到，教育作为促进人的精神生命发展的事业，是充满着创造的，不仅在总体上是这样，即使每一节课、每一次活动都需要教师的智慧与创造。

其次，马克思提出了一种新的择业立场。这对当今处于有可能让个人作出自主职业选择的中国而言，尤其值得重视。马克思的话促使每个已经选择当教师的人和可能选择当教师的人去思考这样的问题：你是否看到教师职业能给人带来的内在尊严？如果你已经认识到了这一点，那么，你的职业劳动的质量是否已达到了因创造而获得内在尊严与欢乐的水平？这些问题将唤起作为职业主体的教师反思和重建自己的教师职业意识和职业行为，使自己成为自觉创造教师职业生命和职业内在尊严的主体。如果没有这种反思和重建，即使社会提出了对教师劳动创造性的要求，也不会自动地、自然而然地成为教师群体和每位教师的内在需要和实践，教师依然会停留在工具意义、外在价值水平上从事这项工作。所以，职业生活的质量，不仅与职业性质、社会发展水平相关，还与每个人的职业自我意识与价值追求相关。正像在日常生活中，我们不难看到处在同一时空中的人过着非常不同的生活：有的生活在没有今天的昨天，他们顽强地遵循着历史的规范；有的生活在没有明天的今天，他们不倦地追逐着时尚的翻新；有的生活在蕴涵着明天的今天，他们坚定地用自己的生命，按自己理解和追求的明天，编织着不同于昨天的今天，他们的生命向着无限的可能性生活开放，他们的每一天在创造人类文明的同时，也创造着自己的生命。在教师现实的职业生活中我们也能看到类似的差异。但是，这一切都可能由我们通过观念的重建和实践的再创，向着使职业内在尊严得以体现和被更多人体验的方向转化。校长的任务就是带头改变教师角色观，并促进教师走出传统观念的束缚，走出一条用自己的实践重塑教师角色理想的道路。

教师角色理想重建的第二个新维度是指，对教师角色的要求不能停留在专业发展的范围内，无论是教师还是校长都需要把认识提高到一个人的生命的整体发展的层面。我们在“新基础教育”研究中，通常不把当代教师的研究称为“教师专业发展”，尽管这是当前流行的提法。我们常称其为“教师发展”，为的是强调两者的区别。当我们谈论教师专业发展时，关注的重心在专业与职业的区别，强调专业人员要有专业理论、技术与专业资格作保证，具有行使专业自主权的能力与相应的职业道德等；当我们论及教师发展时，关注的是作为具体而丰富的人（而非工具）的整体发展问题。专业发展是人的整体发展的重要、并且与其他方面的发展相关的构成，但不是全部。两种不同的提法涉及人所从事的专业（职业）与人的全部生命和生活的关系。

杜威在 70 年前论及相关问题时就以艺术家为例作了分析，他认为：“没有人只是一个艺术家，此外一无所能。要是他接近这个地步，他就是一个没有很好发展的人；他是一个怪物……艺术家作为一个人的职业，只是他许多职业活动中特别专门的一个方面，所以，他在艺术活动中的效率，从人文的效率意义上讲，决定于它和其他许多职务的联系。一个艺术家的艺术才能，如果不只是在技术上的成就，他就必须有经验，他必须生活。他不可能在他的艺术中找到艺术活动的题材；这种题材必须是他在别的关系中所受痛苦和所享快乐的反映——这要靠他对这种兴趣提高警觉，富于同情。”① 杜威毫不犹豫地补充说：“对于一个艺术家是这样，对于任何其他专门职业也是这样。”② 他明确反对只强调技能或技术方法的一面，牺牲职业所内含的意义。因此，教育“要预防这种倾向，使科学研究工作者不仅是科学家，教师不仅是教书匠，牧师不仅是穿着牧师服装的人”③。杜威的这番话是针对职业与教育的关系而言的，却道出了职业与人生的关系。对于承担教师这个职业的人而言则特别有意义。因为教师的教育影响，无论是有意识还是无意识的，都是通过人的整体，包括人格、情感在内而产生的，对于中小学教师来讲尤其如此。

如果用上述社会价值、个人价值和生命的整体性三方面组成的参照框架来看我国当前实存的教师角色理想观和教师教育的关注点，以及大量教师对自己适应教育改革的学习需求，往往仅限于操作模式和方法的直接获得的状态，更可清晰地看到和感受到教师角色理想的更新势在必行。

教师的社会价值在承担传承人类文明的同时，更要承担起服务于开拓创造新的人类文明的使命，因为教育具有社会的更新性再生产的功能。

教师的根本任务是培养出体魄、心智健全，具有健康个性和主动发展的富有创造力的人。知识在育人中具有工具价值，不能代替全部目的。

教师劳动的创造性不是由他教授的内容本身决定的，而是由学校培养人的专业实践的复杂性决定的。他不同于科学家、技术家、艺术家的创造，他是直接面对人的生命、促进人的生命发展的创造性工作。

教师职业的内在欢乐与尊严，在日常进行的创造性的育人过程中实现，而不是只有在所教的学生取得社会成就后才得以实现。教师职业对于教师具有极大的人格和智慧的挑战，因而不仅具有促进学生个体发展而言的生命价值，而且具有促进教师自我超越、对教师个体而言的内在生命价值。这种价值在一定意义上就是麦金太尔所称的实践“内在利益”，它“只有靠参加那种特定实践的经验才可识别和认识到这些利益”④，才能获得这样的“内在利益”。

教师需要用自身的积极、健康且富有多方面活力的精神、才华及个性来支持自己的事业。这是一项使自己和他人变得更美好的事业，是在以人为本的社会中最能体现人文关怀的事业。

教师职业的命运不完全掌握在社会和他人手中，也掌握在教师自己手中。在教育改革

①②③ ［美］约翰·杜威著，王承绪译：《民主主义与教育》，人民教育出版社1990年版，第323、324页。

④ ［美］麦金太尔著，龚群、戴扬毅等译：《德性之后》，中国社会科学出版社1995年版，第239页。

的今天尤其是如此。唯有自尊、自强，才能赢得社会和他人的真正尊重，而不是也不需要恩赐和同情。教师作为专业人员，要有维护专业自主权和发展权的意识与能力，要敢于在专业领域和专业水平上发表自己的意见，不要让非教育立场的不同主体的意见任意左右或冲击教育的专业性工作。

总之，将教师“圣化”和“匠化”的传统教师角色观，从今日中国社会和教育发展的角度看都是不可取的。“新基础教育”主张教师角色理想应回归到富有社会责任感；具有独特的教育智慧、创造意识与能力；从“知性自卑”到“知性自立”，拥有自我发展的需要与潜力；从“被动应对”到“自我更新”，在教育实践中达到主动发展的、生动的、具体的、真实的人的水平上。教师角色理想的转变，对教师发展具有精神内动力激发和增强的意义。因此，学校领导要高度重视角色转型的意义，并富有针对性地、有效地促进教师逐渐完成角色理想转型。

第二节　新型教师的基本素养

学校教师队伍质量的基础性构成是每个教师具备的基本素养。素养是建筑在先天遗传基础上，由后天的养育、个体所受的各级各类教育、人生经历、个人已有的生命实践积淀而成的。从现在时态看，素养是个体已经具有的状态；从未来时态看，素养还可改变和发展。但一般而言，年龄越大，可变性越小。在此，关于新型教师基本素养的论述，是一种综合的、期望目标的表述，也是关于新型教师的理想基本素养的说明。这是在教师角色理想转型问题清晰后，学校教师队伍建设和教师个人自主发展需要回答的重要问题。下面，我们从两个不同层面来说明。

一、新型教师的基础性素养

在一个人成为专业人员之前，他就已经生活在人世，有许多属于个人的经历、经验和体会，通过中小学教育形成了一定的个人知识结构，具有了一些独特的个性、才能和人生价值取向，这些构成了个人的基础性素养。从历时的角度看，人的基础性素养在专业素养培养之前就存在，它也是专业素养发展的基础。从共时的角度看，人的基础性素养在专业教育中依然在发展、变化。不同的专业人员不仅在专业素养的要求上有差异，而且对基础性素养的要求也有不同。越是复杂的职业，基础性素养对专业素养的发展和专业实践具有越重要的作用。教师正是这样的职业。因此，我们首先要论及的是新型教师的基础性素养。

新型教师的基础性素养主要由以下三个方面构成。

（一）个人价值取向和发展的内动力

个人价值取向和发展的内动力集中表现在教师的事业心、责任心、爱心和自我发展的内在追求等方面。

"事业心"是建立在对教师工作意义认识的基础上。在此特别要指出的是，有些中小学教师还缺乏对当代教师工作时代意义的深刻认识，他们或多或少地把工作中的各种行为当做换取外在功利的手段。例如为晋升职称而写文章，最极端的是抄袭或请他人代笔；教学研究只在所谓"展示课"上进行，只愿上自己熟悉的课型，严重者还弄虚作假，带有强烈的表演色彩。有的教师"一课成名"后，就乐于参加各种比赛演讲，犹如跑场子的演员，以"借班上课"为荣。这种积极性是与事业心相背的积极性，显然不可取。还有相当一部分教师处在较被动的状态，满足于已有的经验与成绩，事业似乎与他无关，工作只为谋生。为此，学校领导既要鼓励将事业发展与职业生命融通起来的教师积极参与学校教育改革，又要用多种方法引导存在问题的教师走出狭隘价值观的束缚。

"责任心"是建立在教师对自己必须履行的职责之具体和深刻认识基础上，是教师对事业形成稳定的道德与心态并在行动上的表现。完整的责任心，不仅是承诺的兑现，做了什么和是否认真做，还包括对行为的效益和后果负责。当教师的实践产生消极的、期望外的影响和后果时，教师能否承担责任和积极采取恰当措施解决问题，是有无责任心的重要表现。

"爱心"是教师职业素养中较为特殊的要求，它涉及职业情感的问题。热爱自己的工作或所教的学科，是保持个人发展和在工作过程中潜心钻研、感受满足的重要条件，这与教师在择业时是否有"自知之明"有关，但更与教师能否创造性地工作相关。"爱心"还表现在对自己工作环境和合作伙伴的友好，用自己的行为，加入到积极营造有利于群体合作和共同发展的心理环境的生态创造中。"爱心"最为集中的表现是热爱自己的学生，愿意为学生付出自己的智慧与精力，同时珍爱自己的职业尊严和声誉，从中获得满足，在工作中享受健康的情感生活。处于日常、繁忙中的教师有爱心，是一种积极心态的表现，它还有助于身体健康。教师应是乐观、开朗、阳光的"一族"。"爱心"不是苦行僧式的燃烧与奉献，"爱心"是由博大情怀与丰富精神生出的整体状态，是教师在遭遇困难时从容应对、无怨无悔的情感基础，是智慧酿出的令人振作的心灵营养。它将师生聚拢黏合，产生令人奋发与满足的教育力量。

"自我发展的内在追求"我们已多次论及，无须赘言。这是当代社会中每个人生存、发展的重要内动力，教师更不能例外。它表现为对自己潜能的开发和发展的追求，但不是以超过他人、被他人承认为指标或目标；表现为决不自暴自弃，决不怨天尤人，用自己的努力来充实自己的生命，用每日的进步证明自己的成功。这是一种明智而有意义的人生选择。

（二）宽厚、扎实的文化底蕴

文化素养是每个专业工作者必备的基础性素养。宽厚、扎实的文化底蕴则是人的精神生活的丰富，学习、创造和发展能力的养成所必需的，是希望拥有高质量人生的人所必需的，是希望成为发展型的教师所必需的。

教师宽厚、扎实的文化底蕴的养成，首先取决于有超越直接服务于专业范围的广泛阅读的兴趣与习惯。只阅读教学参考资料，即使有合格的学历，也不可能成为文化底蕴厚实的人。阅读、倾听、观看是人向外吸收文化资源的最基本的途径。阅读，无论是纸质还是多媒体文本的阅读，能超越时空和经验的直接局限且能反复进行。其次，文化底蕴的养成还必须有对各种人生经历与阅读的体悟、思索，内化、融合与积淀的过程本身就是精神生活的构成。文化底蕴表现在对事物和他人的丰富感受和理解上，表现在清晰而又恰当、入情而又入理的出色对话和表达上，它要借助于个人语言和文字素养的提升。

宽厚、扎实的文化底蕴在内容上至少包括文、史、哲、艺的基本人文素养和科学、技术的基础素养。这些能使拥有者读懂人生与世界，能与他人沟通和交流，能保持精神生活的活跃与更新，能学、能做和能学好、能做好他想做的有意义的事，能冲破直接生活在其中的生活世界的时空对个体经验的束缚，能克服由专业生活不可避免地带来的智力发展的局限和视界的窄化。宽厚、扎实的文化底蕴对于教师来说还具有重要的专业意义，因为教师要读懂的远远不止教科书或与其相关的学科知识，他要读懂的是人、社会、世界以及昨天、今天与明天。在今日的社会中，文化底蕴的养成不是一劳永逸之事，也不是通过阶段性的努力就能完成，而是在修身、学习的过程中逐渐形成、丰富和完善。

（三）实践创生的思维能力

这里的思维能力是指服务于实践的，当人在面对现实复杂情境、问题、事态以及遭遇不测时，在发现、处理和解决问题中表现出来的创造性，是在实践中进行探究与策划、反思与开拓的思维能力。

1. 敏于探究

敏于探究表现在人对信息的敏感性和发现问题的能力上。信息的敏感性主要指向陌生的和超常规的信息，进而找到发展的可能空间。发现问题是发展的前提，对发现的问题进行历史和逻辑分析，找出问题的症结和认清问题解决对于发展的价值，是决定要不要行动和如何行动的认识保证。

2. 善于策划

善于策划是实践主体从认识进入实践并追求实践成功时所必需的整体和动态思维能力的综合表现。善于策划的基础是人对现实环境的准确、深入的把握，对行动条件和方向的清晰认识。唯有在此基础上形成的发展目标和具体任务，才是有意义和可实现的。策划能力还包括推进目标实现的策略选择、路径分析、方法系统设计、发展阶段的划分与阶段转换的指标、评价系统的编制等方面，这里需要结构思维与过程思维的结合。教师工作看来平凡，但实际上包含着大量的策划要求。策划的成功是创造活力的重要表现。

3. 强于反思和重建

强于反思和重建是个体实现发展的思维能力的保障。针对实践的反思，包括自我反思，帮助他人反思，从他人对自己行为、观点、认识的评价和批判性或建设性的意见中吸取认识自我和重建实践的重要资源等三方面的能力。以往有关反思的论述集中指向实践者本人，通常仅与自我反思相关，只是向内思维的一面。我们提出的思维的反思能力，还包括与他人对话、交流与沟通的一面，增加了思维在向外吸取相关信息后，丰富自我反思和提升重建能力的过程，从而打破了反思的相对封闭性和增生了反思的发展价值。反思不只是自我认识的提高，还具有重建实践的价值。提出这个要求是因为我们在“新基础教育”研究中经常发现，教师在上述三方面及其相关性上表现出反思意识和能力的不足。然而，反思意识和能力对教师个体和教师队伍发展十分重要，也是新型教师基本素养的重要构成。

4. 敢于开拓

敢于开拓与思维的突破性有密切关系。具有开拓性思维能力的实践主体，往往表现出敢于尝试自己未做过的事，敢于承担带有一定风险的任务，敢于抓住机遇和迎接挑战。他们在困难与危机面前不轻易言退，善于用非常规方法解决突发事件。显然，这样的思维能力是应对改革与变化所需要的，也是在开放的教育、教学活动中所需要的。

以上用较多的篇幅，概要地描述了期望的新型教师在基础性素养方面的要求。它是针对过去研究甚少，且大多只从相对稳定的道德品质和文化基础、行为能力等方面去提出要求而言的。我们提出教师的基础性素养由价值—动力系统、文化素养系统和实践创生的思维能力的三维结构所构成，旨在从根本上改变以往认为教师仅是现有知识与文化的传递者的保守形象，建构当代教师富有内在发展需求与创造活力的新形象。它是当代教师能否成为新型教师的基础性要求。

基础性素养是一锅“文火”慢慢炖出的汤，靠“急火”猛攻是出不来的，它是教师一辈子自养自怡的过程。

二、新型教师的专业素养

构成新型教师基本素养的第二大方面是教师的专业素养，它具有复合、开放的品质，具体来说主要包括以下几方面。

（一）学科专业素养

教师的专业化不仅表现在职业上，也表现在教师所承担的学科教学上。中小学教师尽管在学科专业指向上各有差异，但作为专业人才总是学有专攻。所以，学科专业素养是教师专业素养的基础性构成。一个连一门学科都教不好的教师，很难被学生和相关人员认为是好教师。我们认为，新型教师的学科专业素养至少要包括：熟练掌握承担教学的学科的知识体系与结构、学科发展的历史与趋势；熟悉相关学科的知识范围、性质；了解学科知识与人类各种实践（从社会、生产、研究到生活、人生发展）的多重关系，以及它在实践中的多种表现形态；掌握进一步学习和研究所教学科的基本途径与方法，适应知识更新、满足培养学生创造意向和能力的要求。

（二）教育专业素养

教师的专业素养是学科专业素养与教育专业素养的复合。在此，我们不再重复已经讨论过的有关教育专业素养的学科构成，而把阐述重点放在教师教育专业的学科素养如何在教育实践中与学科专业素养实现复合、内化和深化，以及成为一种变革实践力量的问题。

与学科专业素养相同，教师的教育专业素养也是需要发展、深化的。与学科专业素养不同的是：教师的教育专业素养对于教师而言，只作为一种知识去理解并保存在头脑中，或只放在嘴上说，或只写在文章中是没有意义的。教师在面对学生的教育、教学活动中，不需要像学科教学那样，把教育专业的知识教给学生。教育专业素养只有转化为教师对学校教育、教学实践和学生的内在认识，并用这种内在认识去研究、策划和改进、创造自己的学科教学的实践和行为时，它对于教师的专业发展和教育、教学质量的提升，才具有真实的意义和价值。正是缺乏对教育专业素养与学科专业素养在教师专业发展中的不同价值以及在工作中的不同作用与表现方式的上述区别性认识，同时人们又习惯于把知识对于教师的价值局限于传授，再加上教育学知识也有经验形态的存在，有可能在经验中学习等一系列因素，导致不少教师看不到教育专业素养的重要甚至否认其必要。“不学教育学、心理学，照样可以上好课”、“提高教师的专业水平，就是要高学历的、综合性大学的毕业生来当教师，有没有教育专业培养不重要”等说法，都是缺乏上述认识的典型表现，也是教育中缺失对人的关注的反映。

从另一个角度看，正是这种差异的存在，使教师的学科专业素养与教育专业素养在教育实践中构成复合而非并列的关系状态。前者组成教育的内容，后者关涉教育者教育行为的全部，从策划、践行到反思、重建。不管实践者是否意识到，这些都是教育专业素养的表现。仅建立在经验基础上的策划，通常变化较慢且呈保守状态。连经验也缺乏的策划，以常识来组织教育、教学活动，通常呈现出凌乱或简单化处理的状态。

因此，我们强调教师要将教育专业知识内化，同时又要通过开放的变革实践，在运用中不断发挥和强化教育专业知识对于教师专业发展的重要价值。需要强调指出的是，恰恰在教育专业知识方面，教师具有更多在具体情境中，针对具体对象和教育目标，开展创造性实践和形成不同类型、层面的综合态教育学知识的可能。为此，教师要学习和研究当代教育学理论的发展，不断更新和提高自己的教育理论素养，更要将自己的教育、教学实践作为教育研究的根基，在提高教育、教学质量的过程中，提升教育专业素养和研究教育实践的能力，尽显教育智慧，实现自我更新。

上述新型教师的基本素养的论述，涉及人生价值观、认识框架、知识结构、思维能力和思维方法直至教师专业行为、习惯系统与生存方式，是基于人的专业生活与生命的整体性、多层次性的特殊立场的整体性思考。它基于对教育是什么的当代理解，对教师职业价值的多维透析，是从提高教师专业水平和个人生命质量统一意义上的角色理想的建构。它看似要求很高，但又是可以与人生专业实践紧密结合的追求。有无追求是一切的起步，有追求就能进入在路上和一路创造心境、享受风光、实现收获的成长状态。

第三节 在学校研究性变革实践中实现教师发展

教师发展有许多路径，最为广大教师熟悉的是脱产攻读学位、参加研修班或培训班，学习规定的教师继续教育课程、拿学分等。这些都是属于相对系统或有专题性的学习、提高途径。此外，还有短期的、一次性的听讲座、报告或外出参观访问。但这些无论是相对长期还是短期的学习进修活动，都不是教师职业生涯的主要构成，何况教师的发展是不能脱离其教育实践来实现的。因此，从逻辑上讲，教师的教育实践是其实现发展的最为基本的途径。在现实中，如果缺乏一些重要的促进发展的因素，实践本身不会自动带来发展，无改变的重复实践甚至会带来职业倦怠。这使相当一部分人又忽视实践对于教师发展的价值。我们认为，当代中国新型教师队伍的建设只有在学校变革的实践中才能最终完成。也只有通过学校实践，才能使上述教师的综合素养转化为真实的教育力量，转化为教师新的行为能力、习惯与专业生存方式。

学校实践的品质决定其在形成新型教师中的作用。在“新基础教育”研究中，我们探究了这一品质，创造了内含这种品质的实践，并将这种对教师转型产生积极效应的基本途径称为学校中的“研究性变革实践”。下面我们以“新基础教育”为例作简要说明。

一、什么是学校研究性变革实践

学校研究性变革实践由学校日常的教育、教学实践变革组成。

在学校日常教育、教学实践中实现在职教师的发展，是“新基础教育”研究中坚持的原则。所谓“日常实践”，是相对于为评优、检查、评职称等需要而举行的，甚至还被揭发出来有作假的“公开课”、“示范课”而言的。非学校日常实践的课，往往是为了非教学价值的目标而进行的，是精心、突击准备的课，不是真实为学生发展而进行的课，也是不能反映教师和学生真实水平的课。在更广的意义上，强调日常实践是教师发展的基本途径，是因为我国教师学历达标的任务已基本实现，对于大多数的教师来说，实现自身的多方面、多层次的发展，应在自己所从事的日常实践中。这是由日常实践的持续性、亲历性和可改变性决定的，强调的是学校变革实践与教师发展的统一性。

二、学校研究性变革实践的特质

（一）研究性变革实践是内含变革理论的实践

这是从实践内涵变化的角度看研究性变革实践的特质。“新基础教育”研究不但要求每一位教师参与学校变革实践，而且要努力学习相关理论，理解与领悟这些理论及其与传统的、已经成为自己头脑中的个人理论的差异乃至冲突，从而产生改变自己头脑中的观念和行为的需求、愿望与行动，逐渐使自己成为自觉的、有新理念作指导的、自主的变革实践者。这是教师进行改革、思考、探究不可或缺的一步。

在“新基础教育”研究中，学习理论是贯穿始终的任务。这里的学习，不仅指学习“新基础教育”研究中已发表的论文，也包括学习、研究与专题相关的其他论文、著作、有关文件和他人经验。校长的任务是形成教师发展所需要的学习支持性环境，以及自主学习、交流经验体会的制度和开展相关活动。经过一段时间后，部分校长已形成了对教育研究动态的敏感性，他们会将自己发现和认为有价值的著作、论文印发，组织教师开展学习。有的学校在教师办公室外的走廊上设有走廊书架，为教师学习提供方便。可以说，“新基础教育”研究在学校中的开展，首先带来的变化是使教师开始习惯阅读理论文章，并结合自己的变革实践去领悟。这在当前的情况下是不易做到的。教师常常忙于日常事务而无法学习，不学习则改变自我的需求更难产生，这几乎已成为影响教师教育的相当普遍的恶性循环。“新基础教育”研究实践先着力打破这一恶性循环，进而发展到教师将自己的理性认识体现在自己的变革实践中，使变革理论与日常实践的关系，在教师个体身上完成由矛盾、冲突到内化、统一的过程，同时也是教师对自己实践的评价框架发生整体更新的过程。

也许有人认为，这是理论强加于实践的过程，没有体现教师的发展需要。事实上，教师对自己发展需要的认识，必须满足两个条件才能产生。一是对教育变革的迫切性和提出的新要求有认识和体会；二是这些新要求在教育理论上有体现且与实践相关。上述两方面的条件，基本上不可能从教师天天在进行的日常实践中自然形成。这就是理论介入对教师转型必不可少的原因之一。但这种介入不是通过硬性规定的强制性的学习，而是通过领导率先并组织教师阅读和听报告、讨论等方式来唤起。一旦教师的需要被唤起，后续的学习将与改革实践密切结合，经自主选择而持续进行，相关改革理论的价值也得以体现并在相关的改革实践中得到发展。当学习理论和在实践中琢磨理论成为一种自觉的需要，并能在实践的过程中实现创造时，教师也就基本完成了从“操作工”向“思考—行动者”的独立专业人员的转化。

（二）研究性变革实践是教师超越自己经验的、具有更新指向的实践

这是从功能角度看研究性变革实践的特质。在西方教师专业发展有关行动研究的一些文献中，对“行动”的解释常常强调它是教师日常自生的，非由外界理论介入而生的。教师通过反思自己的行为及其行为过程中的感受与结果，来逐渐改进教学行为，至于研究什么和如何研究，都要以教师自行决定为好。研究性变革实践在强调教师对日常教学的反思、要求教师将教育研究渗透于实践之中等方面，与行动研究有相通之处。但它更强调行动前的探究指向和行动设计中的理论渗透，强调实践者的实践必须内含着自觉的变革，而不仅仅是实践后的反思，这样，更新后的因素一开始就渗入其中。即使是实践后的反思，教师参照系也因新理念的介入而更新，参照系的更新就可能带来反思的新质量和重建。这就是我们所说的"研究性变革实践"的更新指向，即它是为教育实践和教师自身的转型性变化而进行的实践。这种更新指向，是教师在实践前就明晰的，即教师要在明白改变实践中的什么后开始行动，而不是在行动之后反思时才发现还有什么要改变；是在教学设计中体现更新要求，即把对变革问题的理论分析、改变的具体要求等，从认识到实践形态的转化首先落实到教学设计中，继而体现在实践过程中。正因为有了这样的指向和过程的变革，研究性变革实践就具有超越、改变教师经验和整体提升教师发展水平的内在力量。参与研究的教师们曾提出过这样的问题：我们以前并不缺少实践，但为什么在参与"新基础教育"研究以前自己变化不大？反思使他们认识到：实践性质和实践者意向的变革是个人发展、超越自我的重要因素。变革意识和变革理论促使日常实践变为有意识地自觉追求变革与自身发展的实践。

（三）研究性变革实践是创生性实践，它指向教师实践中变革成败原因的分析，并且要求在此基础上进行重建

这是研究性变革实践的特质在效果上的显示。实践后的反思及重建的设想与再实践，是研究性变革实践促成教师在实践中最终达成新的观念与行为统一，新的实践能力、素养和习惯的全面养成的重要一环。"新基础教育"在探索性阶段就强调评课中的"捉虫"与"喔"效应，即专业人员的评课不只是指向教师教学行为中呈现的问题，而且要指向呈现行为背后的思想观念的剖析（"捉"头脑中的"虫"）；评课不能只满足于问题的揭示，还要提出改进、重建教学观念与行为的具体建议，使教师能结合自己的课，对新理念指导下的具体教学行为的形态是什么有所启发，对理论与实践在教学行为中的内在关系有所体悟（"喔"即顿悟式效应）。在发展性阶段，上述过程越来越转变为教师课后自评的行为。又经过三年实践后，我们形成了"新基础教育"课堂教学评价有关反思与重建的指标，其中包括反思是否能整体把握实践的状态、归因是否正确、重建达到什么水平等因素。这种指标帮助教师对反思和重建的关系以及基本要求有了更为具体和清晰的认识。

（四）研究性变革实践是将研究的态度、意向和内容，贯穿于实践全过程和多方面的实践

这是从整体和过程的角度对研究性变革实践的研究性特质的表达。当人们以自然科学研究当做范本时，"研究"这一概念与"日常实践"区分得十分清楚。日常实践无法控制和达到自然科学研究所要求的客观性、精确性的条件，无法控制无关变量的干扰，无法得出如此研究所追求的科学结论，而且研究主体与实践主体是分开的，实践主体最多是研究成果的应用者，而不是研究者。

但是，社会和教育变革的实践研究不可能脱离现实进行，即使可确定部分学校是实验学校，也不可能把它们与整个社会、教育系统以及它们所在的城市、地区分割开来。教师、校长在目前的状况下都有更大的流动性，变革时期的政策导向、重点任务也处于经常变化之中，这些都不可能不影响到学校实践。我们作为介入实践的研究者从自己的研究亲历中体会到，基于实践的教育研究，不可能控制无关变量，只能坚持将变革这一最根本的

“实验变量”置于多种不同组合和变化着的无关变量之中，看其最终能否呈现出新的相似的变革效应，以此来证明变革的必须及是否可行。但这还不是“新基础教育”研究提出研究性变革实践的唯一理由。另一个同样重要的理由是，教育变革要改变的是教育实践及其实践者，这需要实践者用研究的方式去改变自己的实践和自我，这是任何其他人不能替代的过程。实践者要同时成为研究自身实践变革的研究者，变革才能完成。而人的变化又大大超出方法、技能的变化，只有丰富的变革实践才能承担此重任。自然，这样的研究并非自然科学意义上的研究，但具有广义研究的特质，故我们称之为“研究性变革实践”。

概言之，研究性变革实践包括教师认识的变化到教育教学的设计和策划的改变，再到教学实施，最终进入反思和重建阶段；它关系到教师教育实践的全过程，其中每一阶段都渗透着研究性的因素。例如学习过程，不但建立在对过去经验的批判性反思和对新实践中产生新问题思考的基础上，我们还把教师对自己现行实践的反思，听取他人对自己实践的评析，观察他人的教育实践和参与讨论评析，在交流会上发表自己的意见和倾听、综合他人的意见，都看作是学习的各种途径和方法。由此可见，从广义上来讲，学校研究性变革实践就是要把教师群体组织转化成学习化组织，把个人转变成一个自觉的终身学习者、探索者和创造者。实践既是学习的践行，又是理论向实践的创造性转化。在此过程中，教师还要善于向学生学习，发现新的情况与问题，通过即时性的反思与重建，使教学与教育生出创造的火花，形成新的经验和体悟。

学校实践的普遍性，教师发展的普遍可能性，教育变革研究的必要性和可行性，使“新基础教育”研究提出的研究性变革实践可以成为每一位愿意成为新型教师的可行路径。

中国教师是中国教育的脊梁。每个教师要有自己的脊梁。它由职业内在的尊严与欢乐作支撑，以当代新型教师的素养为底蕴，并创造性地体现于每天都在进行着的学校研究性变革实践中。我们坚信，身处变革时代的当代教师，在培养中华民族一代新人的教育实践中，将活出一个鲜亮的、有智慧和有价值的人生来。

思考题

1. 谈谈自己原先对教师角色的理解，本章相关内容的学习对你在哪些方面有所启发？或者你对教师角色理想的建构有何建议？

2. 本章所言教师素养中的哪些方面你觉得难以实现？为什么？参照有关内容，制定出个人发展的三年规划。

3. 分析你所在教研组的活动开展方式和质量，并提出改进意见。

主要参考文献

1. 吴亚萍、吴玉如主编：《“新基础教育”发展性研究专题论文集·案例集（下）——教师发展·学科教学》，中国轻工业出版社 2004 年版。

2. 叶澜、白益民、王枏、陶志琼著：《教师角色与教师发展新探》，教育科学出版社 2001 年版。
3. 孙培青、李国钧主编：《中国教育思想史》第一卷，华东师范大学出版社 1995 年版。
4. 孙培青、李国钧主编：《中国教育思想史》第三卷，华东师范大学出版社 1995 年版。
5. ［美］Lynda Fielstein & Patricia Phelps 著，王建平等译：《教师新概念——教师教育理论与实践》，中国轻工业出版社 2002 年版。
6. ［美］约翰·杜威著，王承绪译：《民主主义与教育》，人民教育出版社 1990 年版。
7. ［美］麦金太尔著，龚群、戴扬毅等译：《德性之后》，中国社会科学出版社 1995 年版。
8. 《中华人民共和国教师法》，1993 年 10 月 31 日。
9. 《中共中央国务院关于深化教育改革全面推进素质教育的决定》，1999 年 6 月 13 日。

附录一　西方教育思想流派（词目）

（一）欧洲新教育运动

19 世纪末 20 世纪初在欧洲国家兴起的新教育运动，旨在改造传统学校教育，以适应现代社会生活变化和新的时代要求。始于英国，后来扩展到德国、法国、比利时等国。欧洲新教育运动的领导人大多是具有丰富教学实践经验的教师，对学校课程内容和教学方法的改革有着极大的兴趣。他们开办的新学校都是收费昂贵的寄宿学校，设在城市郊区风景优美的乡村里。校舍条件很好，并设有体育馆、图书馆、实验室等。学校重视体育运动和增进学生身体健康；教学注意学生的兴趣；要求学生进行农艺劳动；注意发展学生的独立精神；采用家庭式的管理；通过自治养成学生组织社会生活的能力。新学校的整个制度注重学生个性的全面发展。

1889 年，英国教育家雷迪在德比郡郊外农村创办了阿博茨霍尔姆学校。这是欧洲第一所新学校，标志着欧洲新教育运动的开始。学校工作根据全面和协调的生活要求而设计。从提供全面教育的目的出发，课程包括体育活动和手艺劳动、艺术课程、学术课程、社会课程、道德和宗教教育等五个方面。每天的生活分三部分：上午是学术活动，下午是体育活动和户外活动，傍晚是娱乐和艺术活动。其主要任务是促进学生个人的自由发展、良好的身体和心灵的健全发展。教师和学生之间建立了一种真诚的和相互信任的关系。阿博茨霍尔姆学校为欧洲其他国家的新学校提供了一个模式。在它的影响下，德国教育家利茨于 1898 年在哈尔茨山区的伊尔森堡创办了第一所乡村教育之家，其目的主要是培养学生能够清楚地和深刻地思考，热情地探索，以及勇敢和果断地行动。学校校舍建筑在乡村的大自然环境中，使学生的身心得到充分的发展。乡村教育之家提供了一种无拘束的家庭气氛，教师和学生一起生活，教师接近和了解学生，并成为他们的保护者。学校给学生提供各种活动，并把智力活动和其他活动协调地结合。学生分成各种小组进行学术、体育和艺术活动，以及参加手工劳动和实际工作。乡村教育之家力图使学生不仅成为一个有知识的人，而且成为一个会探索和行动的人。利茨又分别于 1901 年和 1904 年开办了两所乡村教育之家。法国教育家德穆林于 1899 年在巴黎附近德诺曼底风景区创办了罗歇斯学校，其目的是通过各种活动和训练，使每个学生身体健康，心智得到完整的发展，并培养良好的品德。学生分别组成“小家庭”一起生活，以便建立密切的联系。学校提供真正自由的教育，使学生在学术上没有过分的压力。课程包括现代语、数学、自然科学、历史、地理和手工劳动等，特别注重体育运动。学校生活的各个方面大部分由学生自己管理。比利时教育家德可乐利于 1907 年创办了隐修学校，以“德可乐利学校”著称，其宗旨是进行为生活作准备的教育，组织适于学生发展的环境，并提供适当的刺激。隐修学校设在一个自然环境中，使学生能在日常生活中与各种自然现象接触。课程分为关于个人的知识和关于环境的知识两大类。教室就是工作室或实验室，学生以活动为主，辅以讲课和参观。此外，教师还注意培养学生的自制力、创造力和合作能力。

随着欧洲各国新学校的发展，瑞士教育家费列尔于 1899 年在日内瓦建立了国际新学校局，以便为新学校提供一个联络中心。据 1913 年统计，注册加入国际新学校局的新学校有 100 多所。因此，在共同的教育革新实验中，欧洲新教育运动的发展出现了一种联合的趋势。1921 年，在费列尔的倡议和组织下，来自英国、法国和德国的新教育家在法国加莱举行了国际教育讨论会，会议决定成立新教育联谊会，并编辑出版《新时代》杂志。联谊会没有章程和会员登记表，凡是订阅《新时代》杂志的人成为联谊会的会员。从 1932 年，新教育联谊会每两年举行一次国际教育讨论会。在整个欧洲和非洲的一些国家以及大部分英语地区，还建立了分会。从此，欧洲新教育运动具有世界性意义。1966 年，新教育联谊会改名为世界教育联谊会。

（二）美国进步教育运动

19 世纪末 20 世纪初在美国兴起的教育革新运动。旨在反对传统学校教育，试图改革整个美国的教育制度。美国进步教育运动始于马萨诸塞州的昆西学校实验，后扩展到其他州，出现了许多进步学校。美国的进步学校大多是公立学校，都强调自由的原则，并把活动看作是教学工作的主要形式；班级人数较少，教室面积大；课程按人类生活的基本问题设置；主张通过经验而学习，注意学生个人才能的发展；学生实行分治管理，教师仅提供帮助和指导等。1875～1880 年，担任马萨诸塞州昆西市教育局长的教育家帕克主持和领导了昆西学校实验，标志着美国进步教育运动的开始。帕克本人因而被称为“进步教育之父”。昆西学校的主要目标是促进儿童个人的发展。实验的重点放在对儿童的观察、理解和描述能力的培养上。根据使学校适应儿童而不是使儿童适应学校的原则，昆西学校放弃了固定的课程，而把教师设计的材料、杂志和报纸放到教室里，强调儿童自己的活动和对周围事物的直接观察，注意培养儿童的自我表现能力。在课程中，艺术活动和手工劳动占了重要的地位，并注意根据儿童的兴趣激发他们对各种活动的热情。学校成为一个理想的家庭、一个完善的社区和一种雏形的民主政治集体。昆西学校实验在美国产生了很大影响，它培养出来的或接受它的教育思想的许多教师成了美国进步教育运动的积极参与者。在伊利诺斯州，进步教育家科克于 1901 年开办了弗兰西斯·帕克学校，其基本宗旨是使儿童通过自我活动的作业获得最大的收益。学校强调兴趣、社会活动和以完成任务为目标的学习。在小学阶段，以问题研究为核心来组织和安排课程；在中学阶段，强调与生活的联系、团体活动、合作精神、自治等。进步教育家华虚朋于 1919 年开始在伊利诺斯州文纳特卡市的学校开展实验，旨在发展每个儿童的创造性与社会意识，帮助每个儿童得到全面的和完善的发展。为了使儿童的学习个别化，能按自己的速度进行，在多数儿童的课程表上均安排有自由活动的时间，以便他们将部分时间花在有兴趣的科目上，或弥补自己在学习上的不足。在亚拉巴马州，进步教育家约翰逊于1907年开办了费尔霍普学校，以"有机教育学校"闻名，其目的是对学生身体健康给予帮助，发展最好的智力，以及保证富有真实和自然的感情生活。根据儿童的发展是良好教育的关键这一原则，学校分成生活班级，以代替固定的年级。课程计划以活动为主，在活动的基础上进行智力学习，没有作业、考试和测验。在印第安那州，进步教育家沃特在1907年担任葛雷市教育局长时主持和领导了葛雷学校实验，目的是使儿童在良好的环境中受到教育，并有机会去选择他自己认为最适宜的活动，尽最大可能发展他们的个性。学校的作业以游戏与活动、知识的研究、工场与商店以及实验室工作、校内外的社会等四个方面为基础。学校成为一个小社区，为儿童正常的和自然的生活提供机会。根据从经验中学习的原则，课程包括学术工作、科学和工艺以及家政、团体活动、体育四类。强调学生按最适合他们的速度、采用最适合他们的方法自由学习。此外，学校实行学生自治，鼓励儿童之间的合作交往和互相帮助。在马萨诸塞州，进步教育家柏克赫斯特主持了道尔顿市的道尔顿学校实验，旨在保证每个儿童由他自己按照课程所要求的学习速度和方法进行学习。根据自由、合作、时间预算三条原则，道尔顿学校设有实验室，并有指定的作业和制作成绩记录表。废除了课堂教学、课时表和年级制，学生根据自己的兴趣和能力，自由选择科目并安排学习时间。为了使进步教育家有一个活动中心并使进步教育思想更加普及，于1919年成立了进步教育协会，以便进一步推动进步教育思想的传播和进步学校的实验。为了扩大影响，进步教育协会于1924年创办了《进步教育》杂志。20世纪20年代末30年代初，进步教育协会还成立了许多委员会开展工作。据统计，进步教育协会会员人数1929年有6 600人，1938年增加到10 440人。30年代，进步教育运动已成为当时美国教育的主要潮流。通过美国进步教育运动，进步教育思想在20世纪前半期的美国得到了广泛的传播。但由于自身的不足和传统教育家的攻击，以及失去公众的支持，美国进步教育运动从40年代中期开始趋于衰落。1955年，进步教育协会宣布解散，《进步教育》杂志也于1957年停刊，美国进步教育运动最终瓦解。

（三）改造主义教育

西方一种教育思想流派。以实用主义教育的一个分支而著称，20世纪30年代，从实用主义教育和进步教育中分化出来。1932年，美国进步教育家康茨在进步教育协会全国代表大会上作了题为《学校敢于建立一个新的社会秩序吗》的演讲，后来他又与拉格等人组成一个称为"拓荒思想家"的团体，并创办《社会拓荒者》杂志，对实用主义教育和进步教育理论作了修正。到50年代，改造主义教育成为一个独立的教育思潮，主要代表人物是美国教育家布拉梅尔德。他的一些著作奠定了改造主义教育的理论基础。改造主义教育强调，在"改造的时代"，应对过去的教育理论进行"改造"，以便通过学校教育来"改造社会"。其主要理论包括以下几个方面。(1) 教育应该以"改造社会"为目标，强调改造主义教育是危机时代的教育，能对改造社会给以指导并能为未来社会绘制蓝图。(2) 教育应该重视培养“社会一致”的精神，即通过共同协商消除分歧。如果人们能培养起“社会一致”的精神，就能实现未来的理想社会。(3) 行为科学对整个教育工作具有指导意义，强调行为科学应成为改造主义教育的重要基础。改造主义教育要重视和利用行为科学，以行为科学为指导。(4) 教学上应以社会问题为中心。课程以人文社会学科为主，教学以问题为中心。(5) 教师应对学生进行民主的劝说教育，强调教师为说服学生去“改造社会”应以民主讨论的方式。劝说教育是使绝大多数学生相信改造主义哲学并愿意去“改造社会”的一种更有效和更简便的方法。与实用主义教育和进步教育理论相比，改造主义教育更强调教育是社会改造的工具。改造主义教育在西方教育理论中曾产生一定的影响。

(四) 要素主义教育

西方一种教育思潮流派。产生于 20 世纪 30 年代末。1938 年，美国教育家巴格莱等人在新泽西州大西洋城成立要素主义者促进美国教育委员会，被看作是要素主义教育形成的标志。要素主义教育的早期代表人物巴格莱发表的《一个要素主义者促进美国教育的纲领》对要素主义教育观点进行了全面的阐述。1939 年，他帮助建立了美国教育促进会。50 年代中期后，要素主义教育成为美国占主导地位的教育思想。要素主义教育的后期代表人物主要有美国教育家科南特、美国历史学家贝斯特、美国军界人物里科弗等。1956 年，贝斯特发起成立了基础教育委员会，传播要素主义教育思想。要素主义教育是实用主义教育和进步教育的对立面，它有组织、有纲领。巴格莱批评了进步教育理论的缺陷，指出进步教育的弊病已造成美国教育软弱无能的状况。到 50 年代，科南特等人批评进步教育使美国中小学教育不仅质量下降，而且失去明确的方向，从而极大地损害了美国教育制度。要素主义教育的主要观点如下。(1) 把人类文化的“共同要素”作为学校教育的核心。强调在人类的文化遗产中，存在着永恒不变的和共同的要素，它们是种族文化和民族文化的基础。通过学校教育将使人类的文化遗传在每一代人中再现出来，并永久保存最有价值的部分。认为教育最重要的功能就是尽可能高水平地保存共同的文化，制定一个包括这些文化要素在内的学科教学计划。要求重新审查普通中小学的课程计划，强调严格按系统性、逻辑性、学术性设置课程，提出必须按逻辑系统编写教材和进行教学，以保证学生学到基础知识和基本技能。提倡“新三艺”，即数学、自然科学和外语。(2) 教学过程必须是一个训练智慧的过程。强调真正的教育就是智慧的训练，认为学校教育要把智力训练放在教育工作的首位，其他活动限制在智力框架内进行。坚持传统的心智训练，提高智力标准，注意思维力的训练。在学校课程中，一些要求严格和对学生心智训练有特殊价值的科目应占重要地位。学校还应该注重天才的发掘和培养，学校的社会责任是发现最有能力的学生，激发他们最大的潜力，使他们有可能迈入“英才”的行列。学校应注意培养最好的学生，确保每个优秀青年受到高深的教育，为此，学校要为少数具有高度天赋的学生作出特殊的安排。(3) 学生在学习上必须努力和刻苦。认为学习不能只强调个人的兴趣和自由，只有强调努力才能实现最有价值的学习。强调学生应该刻苦地学习。(4) 教师在教育和教学过程中处于核心地位。反对“儿童中心主义”，教师应该是整个教育体系的中心，发挥核心的作用，树立权威的地位。教师必须具有一流的头脑和渊博的知识，精通所教的科目；了解学生的学习心理，具有优良的传授知识的能力；具有教育历史和哲学的基础，能全身心地从事教育和教学工作。因此，必须重视和加强师资训练。

要素主义教育对美国的学校教育曾产生很大影响。要素主义教育提出的教育理论和策略曾受到美国政府的重视，其中一些还被采纳为教育政策。1958 年美国颁布《国防教育法》，就与要素主义教育的影响有关。20 世纪 50～60 年代的课程改革也反映了要素主义教育的方向。要素主义教育在西欧国家和苏联也有较大的影响。但由于它忽视学生的兴趣、身心特点和能力水平，片面强调系统知识的学习，因此受到了人们的批评。从 20 世纪 70 年代起，要素主义教育逐渐失去其主导地位，但仍有一定影响。

（五）永恒主义教育

西方一种教育思想流派。因宣扬宇宙精神、人性、教育基本原则的永恒性而得名。20 世纪 30 年代产生于美国，是伴随反对进步教育运动而出现的提倡复古教育的流派。主要代表人物有美国的赫钦斯和艾德勒、英国的利文斯通以及法国的阿兰等。其主要教育理论如下。(1) 认为宇宙存在一种永恒的、绝对的、同一的实在，这种永恒的实在反映在人身上即有永恒的人性，而人性的最高表现是人的理性能力，它是人性中共同的、最主要的永恒不变的特性。(2) 教育的任务是通过理性的训练来发展人的理性能力。永恒主义教育反对进步教育所提倡的“教育要适应环境”、“注重即时需要”的理论，认为教育应该培养学生的适应性，使学生适应永恒不变的真理，而不是适应非永恒的现实社会。教育不是让人效仿生活，而是为人的生活作准备。(3) 发展永恒人性的最好途径就是要学习从“永恒真理”中引申出来的“永恒的学科”，特别要学习古希腊、古罗马时代伟大思想家的“伟大的著作”。这些古代的名著是人类知识和智慧的宝库，要在教学中让学生熟悉这些著作，从而使他们获得对世界永恒人性的认识。(4) 力图恢复文艺复兴以来资产阶级古典教育的传统，改善人性，以维护资本主义永恒的教育。提出了“回到柏拉图”和“回到古人那里去”的口号。(5) 提倡通过教学来进行学习，激发学生的思维活动和进行思维训练。特别在学习古典名著时，教师的指导能使学生深刻地理解著作的内容。永恒主义教育在西方的影响主要限于大学和上层知识界中的少数人。由于它的复古态度，把学生的学习限于古典著作，脱离了社会，因此受到很多人的批评，对教育实践影响不大。

（六）新托马斯主义教育

西方一种教育思想流派。以托马斯·阿奎那的宗教神学理论为思想基础，把宗教教育作为教育的核心和最高目标，其主要特征是提倡宗教教育。20 世纪 30 年代产生于意大利、法国等西欧国家，第二次世界大战后，开始流行于美国。主要代表人物是法国唯心主义哲学家、教育家马里坦。新托马斯主义教育与永恒主义教育都主张复古，但新托马斯主义教育是以经院哲学为理论基础，崇奉基督教，认为教育必须是“基督教教育的理想的圆满的教育”。其主要理论如下。(1) 教育的目的在于培养、发展与神性相统一的人性，从而使每个人都虔信上帝、仁爱上帝和服从上帝，成为真正的基督教徒和有用的公民。

（2）提出复古主义课程，强调要读宗教方面的古书，学校的一切课程都必须贯穿宗教教育，宗教以外的学科以人文学科为主，也必须以宗教原则为灵魂，渗透基督教精神。（3）重视道德教育。认为近代资产阶级生活的混乱是由于人们对灵魂和宗教的无知造成的，提出对德行帮助最大的是爱，并要求人们从家庭之爱、兄弟之爱做起，最后达到对上帝之爱，以驱除利己主义。（4）认为教育应属于教会。人一生下来就要受到家庭、学校和教会的三种教育，主张建立一个以宗教教育为核心的完整的教育体系。新托马斯主义教育是中世纪经院哲学在现代教育理论中的应用，属于新传统派教育理论，在欧美国家产生了广泛的影响，它的出现反映了帝国主义时期精神生活的危机。

（七）存在主义教育

西方以存在主义哲学为基础的教育思潮。20 世纪 50 年代，美国教育哲学家莫里斯等人将存在主义引入教育领域，逐步形成了存在主义教育思想流派。60 年代广泛流行于美国、联邦德国、日本等国家。70 年代后，逐步走向衰落。存在主义教育直接来源于存在主义哲学，是一种生存教育。主要代表人物有奥地利的布贝尔、美国的尼勒、德国的雅斯贝尔斯等。存在主义教育的主要观点如下。（1）教育的根本目的在于培养自我意识，实现“自我完成”。自我意识包括生存意识、自我独特、自我设计和自我实现的意识。存在主义教育反对将知识和技术的教育作为学校教育的核心，认为教育的根本目的在于促进人格的完成而不在于知识的掌握，即强调道德品质教育。（2）教育内容围绕生存和自我选择展开，包括死亡、自由与责任。存在主义教育认为，死亡教育是生命意义的教育，是最深刻的人生哲学、道德哲学的教育；人就是自由，自由就是人的存在；每个人都有自我选择的自由，选择的结果也必须由选择者自负。存在主义教育在内容上是人文主义性质的。（3）强调民主平等的师生关系，反对团体教学的方法，提倡个别的、自由的、启发式的教育方法，并提倡教师与学生平等自由地对话。（4）认为教育不是一种循序渐进的教育，而是由一个个教育时机构成的非连续性的教育。教育的时机是存在的时刻，该时刻以发现“我”为核心。存在主义教育思想是资本主义社会危机的产物，迎合了一些人的需要，其强调个人意识、个人选择、个人责任感的观点具有吸引力。存在主义教育思想有积极方面：提出教育应为每个具体的人服务，促进个人的自我实现；提倡学生与教师之间建立信任关系，以促进学生的人格教育。它的消极面是过度强调个人意识，否认班级授课制，在道德教育中否认社会有统一的道德标准和约束，忽视自然科学对学生和社会的重要性，有浓厚的悲观主义色彩。因此，存在主义教育思想对西欧和美国青年一代影响巨大，但在教育实践中的影响有限。

（八）分析教育哲学

西方一种教育哲学思潮。来源于分析哲学，是分析哲学的原则和方法在教育领域中的直接运用。由于 20 世纪 50～60 年代西方教育史上存在多种互相对立的思想流派，使教育理论陷入混乱；又由于教育与哲学的分离，使许多教育家和教师缺乏足够的哲学训练，思想缺乏行动性、革命性，于是分析教育哲学应运而生。分析教育哲学主张将分析哲学的方法应用于教育领域，澄清教育的概念、命题及问题，建立一种普遍认可的教育哲学。其主要代表人物有美国的谢弗勒和索尔第斯、英国的奥康纳和彼得斯等。分析教育哲学与分析哲学对应，也可以分为人工语言学派和日常语用学派。前者的主要特征是物理主义和行为主义，认为能够实现的教育目的才有意义，意味着教育目的变成一种行为目的，将教育建筑在行为主义基础上，把教育等同于行为科学。后者通过从词的用法中了解词的含义和词的意义，为澄清教育概念的混乱提供了方法。分析教育哲学力图弄清与教育有关的哲学争论问题，积极训练、培养人们正确进行逻辑分析和评判的能力，一方面促使教育理论更加合乎逻辑、合乎科学；另一方面又促使教育独立于传统哲学，使人们能够把教育的各种问题用切合教育本身的方法来加以解决。但分析教育哲学忽视价值教育、道德教育，某种程度上脱离了教育的中心问题，扩大了逻辑分析方法的作用，使教育理论的一些根本问题陷入烦琐的形式主义中。分析教育哲学虽然部分澄清了教育问题，为评判性教育理论提供了分析方法，但这些方法或陷入物理主义、行为主义，或变成一种语言游戏（纯粹的分析和综合）。分析教育哲学的意义和影响是有限的。

（九）新行为主义教育

西方一种教育思想流派。由行为主义心理学（又简称行为主义）发展而来。行为主义心理学流行于 20 世纪初，主要代表人物是美国心理学家华生。20 世纪 30 年代，新行为主义产生，试图对行为主义进行改造。新行为主义教育的主要代表人物有美国心理学家托尔曼、赫尔、斯金纳和加涅。其中，对西方教育思想影响最大的是斯金纳。他在 1954 年发表的《学习的科学和教学的艺术》一文被认为是新行为主义教育的宣言书。50～60 年代，他提出了程序教学理论，设计了教学机器，被誉为“教学机器之父”。60 年代是新行为主义教育的鼎盛时期。其主要理论如下。（1）教育是塑造人的行为。强调学习过程就是操作性条件反射过程，人的一切行为几乎都是操作性条件反射和积极强化的结果，因此，任何行为也都能设计、塑造和改变。（2）程序教学。强调教师应该按程序进行教学，提供有效的强化，提高教学效果。程序教学的基本原则是积极反应、小步子、即时强化、自定步调。（3）让学生在学习中运用教学机器。强调教师必须改进教学方法和技术，使学生的学习行为得到即时的和足够数量的强化。教学机器能对学习过程进行最有效的控制，提供积极的和即时的强化条件，既使学生按自己可以接受的速度前进，又使教师从批改作业等烦琐事务中摆脱出来。（4）教育应该以教和学的行为作为研究对象。强调通过教育研究，观察教的行为和学的行为的关系，以判断哪一种教法有效或无效；同时观察学生行为的改变程度，以判断教育和教学工作的效果。新行为主义教育及其程序教学理论一般被看成在学校教育中运用现代化教学手段的开始。它推动了教学手段的革新和学习理论的发展，并为计算机辅助教学的兴起和发展开辟了道路。但是，它把人类的学习归结为操作性条件的作用，忽视学习的内部过程及内部条件。尽管新行为主义教育思想的鼎盛时期已经过去，但它对当今的教育理论和实践仍有影响。

（十）结构主义教育

西方一种教育思想流派。以瑞士心理学家皮亚杰的认知心理学为基础。皮亚杰在研究儿童认知发展的过程和结构的基础上创立了发生认识论，认为儿童的知识发展表现为一种内部结构的变化，每一种认知活动都有一定的认知结构。由于儿童在认知结构上与成人不同，因此，一切教育和教学都应该遵循儿童认知发展的规律以及与成人心智发展的关系，并据此来编写教材和进行教学。20 世纪 60 年代，美国教育家和心理学家布鲁纳把皮亚杰的认知心理学理论应用到教学和课程改革上。由他发起的结构主义课程改革运动是结构主义教育形成的标志。结构主义教育的主要理论如下。(1) 教育和教学应该重视学生的智能发展。强调教育和教学的任务就是根据儿童认知发展的规律，促进儿童的智能发展，培养逻辑推理能力和抽象思维能力。(2) 注重教授各门学科的基本结构。任何一门学科都可以归成一系列由基本概念和基本原理组成的基本结构。教授任何一门学科，主要是使学生掌握这门学科的基本结构和它特有的研究方法。在课程论上，它既不赞同以学科为中心的“分科课程论”，也不赞同以儿童为中心的“经验课程论”，而主张以各门学科的基本结构为中心的“结构课程论”。认为智力活动是一种连续的构造过程，学生越注意学习各门学科的基本结构，也就越容易掌握整个学科，不仅有助于知识的记忆，而且有助于知识的迁移。(3) 主张学科基础的早期学习。强调积极创造条件，使儿童尽可能早地开始学习某些学科的基本结构。为了使儿童尽早开始学习，需要把知识改造成为一种与儿童的智力发展和思想方式相适合的形式，并通过儿童自己能触摸到的材料学习。(4) 倡导发现学习法。强调学习过程类似人类探求知识的过程，应采取从发现中学习的方法。发现学习是引导学生去主动地理解一门学科的基础和知识结构，去发现和寻找问题。教师在教学中应鼓励学生成为一个发现者。学生利用教师或教材所提供的材料，亲自去发现应该掌握的学科基本结构和规律。(5) 教师是结构教学中的主要辅助者。教师在结构教学中主要是创设情境，激起学生的兴趣和动机，使他们主动去寻找对问题的解答。教师应注意如何使学生去理解和掌握这门学科的基本结构，还应使用一些教学装置和教学辅助工具，以便促进学生智力的发展。

结构主义教育在教育理论上具有创新意义。20 世纪 60 年代，结构主义教育成为美国课程改革运动的指导思想。由于它把儿童的认知发展与教育和教学统一起来，为心理学研究与教育研究的互相结合提供了一个范例。它在学科结构和课程上提出了一些值得重视的问题，对当代西方课程论的影响很大。

（十一）建构主义学习理论

建构主义于 20 世纪 80 年代风靡于欧美，并迅速成为当今世界最具影响力的教育理念之一。它主要解决了一个在历次教育改革中都受到关注，但都没有解决好的问题，即“人究竟应该如何认识和对待知识”。在这个意义上，建构主义是一种哲学认识论，通过对人与世界关系的诠释，启迪探索人类学习机制的人们找到了对教育领域进行反思与批判的有力工具，从而获得了对人与知识关系的新的理解。以往主导教育的认识论，主要是起源于笛卡儿的所谓客观主义的认识论，根据这种认识论，知识应该在某种程度上与外部现实保持一致，而且应该像镜子一样反映现实。同时，知识是静态的，是通过外在灌输而进入个体精神世界的。但建构主义认为，知识不能被看作是有关绝对现实的静态反映的知识，相反，知识是发展的，主要是个人对知识的建构，即个人创造有关世界的意义而不是发现源于现实的意义。因此，知识是内在建构的、通过新旧经验的互动而实现的，而且是以社会和文化的方式为中介的；学习者在认识、解释、理解世界的过程中建构自己的知识，学习者在人际互动中通过社会性的协商进行知识的社会建构。根据这样一种知识的哲学观，教育关注的焦点从教师的教学转移到学生的学习和学生对知识意义的形成，唤起了对学习者主体性的真正关注，推动了对追求意义理解的学习的研究。20 世纪的最后十年，随着这股有着深远历史渊源的教育思潮向教育领域的全面涌入，以及脑科学研究对人类高级认知机能的不断揭示和现代信息技术革命式的发展，课程与教学领域的创新全面展开。

建构主义的核心思想是建构、协商、提升。但在其发展历程中，又存在着多种不同的范型，包括社会建构主义、社会建构论、社会文化认知观（或称中介行为的社会文化取向）、信息加工建构主义和控制系统论。它们都与笛卡儿的认识论模式不同，都试图采用超越二元论的方式重新看待知识，即力求避免将身心分割的内生说（心智为中心）和外生说（现实为中心）。此外，建构主义十分重视研究知识是如何从一种动态的互动之中形成的。

建构主义理念支配下的教学有如下特征：（1）强调学生在课堂上获得的知识不是被动地接受和灌输而来的，而是在与教师和学生的互动交流中，调动已有的生活体验和知识经验建构而来的；（2）强调用情节真实复杂的故事呈现问题，营造解决问题的情境；（3）强调帮助学生在解决问题的过程中活化知识，变事实性知识为解决问题的工具；（4）强调用产生于真实背景中的问题启发学生的思维，因此，建构主义的教学是基于案例的学习、基于问题的学习。

（十二）多元智能理论

传统智力理论认为，智力具有单一性、高度的遗传性和可测量性，借助纸笔式的心理测验，或者脑电波对大脑活动的检测等手段，就可以获知一个人的聪明程度。这种智力理论对教育的影响主要体现在以下几个方面：（1）学校的“一元化教育”，即要求学生尽可能地学习相同的课程；（2）以测验为本位的学习，用频繁的“正规”测验或考试衡量学生的成绩，一切为考试而教；（3）学校里重视的是语言、数学或逻辑推理等学科；（4）以一门学科成绩的优劣来预测学生未来成功与否。今天的教育现实已经证明，这种强调智力是“内生”的测验理论在解释人的发展时是站不住脚的。

自 20 世纪 80 年代起，西方心理学家对传统智力理论提出了挑战，他们力图摆脱传统的测量取向，从更广阔的视角建立智力理论。多元智能理论就是在此背景下诞生的。

1983 年，美国著名的发展心理学家加德纳在其专著《智能的框架》中提出了多元智能理论，认为人类有七种智能（1997 年和 1999 年又相继提出两种），包括数理逻辑智能、语言智能、空间智能、身体动作智能、音乐智能、自然观察者智能、人际关系智能等。他在该书的最后一章，论述了多元智能理论的教育意义，因此使该理论引起了教育界人士的极大关注。加德纳强调，人的智能是多元的，每个人都不同程度地拥有多种智能，个体的智能差异是智能之间不同组合的表现。他在后续研究中进一步指出，要对智能理论与教育的关系作深入研究，要解决的核心问题是：如何将智能最大限度地调动和组织起来，以实现特定的教学目的？如何通过精心设计，将基于多元智能的教学有力地促进学生对教学内容的理解和掌握？加德纳的多元智能理论启发教育者：教育的起点不在于儿童原先有多么聪明，而在于怎样使儿童变得聪明，在哪些方面，以及如何使他们变得聪明。

多元智能理论在根本上影响了教育观念，具体表现在以下几个方面。(1) 乐观的学生观。每个学生都具有自己的智能强项，有自己的学习风格，教育应该考虑学生个人的强项而不是否定或忽视这些强项。(2) 个性化的课程观。加德纳通过设置“多元智能”课程来实践其理论。实施的途径主要有两个：一是通过“专题作业”项目，即试图通过学生在解决真实问题学习中的智能“长势”，来呈现学生的智能强项；二是“学徒制”方法，即认为有智能特长的学生不适于在教室中跟班学习，可以像大学教师带研究生一样进行“学徒制”学习。(3)“对症下药”式的教学观。学生会表现出某些特别发达的智能，并倾向于用不同的智能来学习。教师的教应尽可能根据不同学生的智能特点来进行。教师应根据教学内容的不同和教育对象的不同采用各种适宜的、能够促进学生充分发展的教学手段、方法和策略，并给予每个学生以最大限度的发展机会。(4) 灵活多样的评价观。加德纳提出应建立以“个人为本”的评价，包括四个方面：标准参照评价、基准、自比和真实性评价。他认为真实性评价最重要，主要有两种真实性评价：一是实作评价，即按照学生实际作品或表现来评价；二是卷宗（档案袋）评价。

以此观念为基础，多元智能理论指导下的课程与教学的基本原则是：促进学生的个性发展；关注学生的多种潜能特点；教学要以学生的已有经验为基础，要抓住教学上的多元切入点，要从学生的强项切入，要以促进学生的知识理解为直接目的，以此来促进学生的多元智能发展。通过评价激励学生的智能强项，揭示其成长轨迹，让学生成为课程的“经纪人”，借助多样化手段支持学生个性化的学习。

（十三）全纳教育

全纳教育兴起于 20 世纪 90 年代。它是在国际教育民主化的浪潮中，尤其是在国际组织的大力宣传和直接推动下兴起和发展的。1994 年，联合国教科文组织在西班牙萨拉曼卡召开了“世界特殊需要教育大会”，并发表了《萨拉曼卡宣言》。这次大会强调了每个人都有受教育的基本权利；每个人都有其独特的特性、兴趣、能力和学习需要；学校要容纳全体儿童并满足他们的特殊教育需要。这次大会，首次提出了全纳教育，自此拉开了全纳教育的序幕。

全纳教育的兴起和发展与特殊教育的发展有很大关系。从特殊教育三百多年的历史发展来看，特殊教育经历了三个阶段。第一阶段是以医学模式为主导，注重诊断和治疗。第二阶段是以心理学模式为主导，注重测试和分类。第三阶段是以社会学模式为主导，主张每个儿童都有平等的受教育权利，反对将特殊儿童安置在具有隔离性质的特殊学校中，使他们终日生活在残疾人这个狭小的圈子中，不利于残疾儿童的身心和社会方面的发展。在这一阶段，产生了“主流学校”来进行“一体化”教育。所谓“一体化”教育，是要打破传统的隔离式的特殊教育的篱笆和围墙，将特殊学校的学生统合到普通学校来。这是其积极的一面。但也有消极的一面，这是一种“以我为主”的“一体”，而不是根据学生的需要来进行教育。正是由于这样一种原因，人们逐渐不再使用“一体化”这个词汇，转而改用日益流行的“全纳教育”。

全纳教育的基本理念是加强学生的参与，主张要促进学生参与就近学校的文化、课程、社区的活动并减少学生被排斥。这一理解将全纳教育引入了更广、更深的领域，全纳教育已不再是仅仅将残疾人接纳到主流学校或普通学校来的问题。“一体化”的目的是要解决“隔离”，然而，从许多情况来看，“一体化”尽管将许多轮椅推进了普通学校，留出了椅子，但人“走”了。因此，英国全纳教育研究的代表人物托尼·布思认为，全纳教育要探讨的不是“一体化”和“隔离”的问题，而应探究全纳和排斥的问题，即要加强学生的参与，减少学生被排斥。这一理念与将全纳教育理解为仅仅是把特殊儿童纳入到普通学校以及将全纳教育看作是特殊教育的范畴这种狭隘的观念相比，是一个重大突破。后者关注的仅仅是一部分特殊儿童或有特殊教育需要的儿童，立足点是“他们”——那些有特殊需要的儿童；而前者则关注所有的儿童，立足点是“我们”——“我们所有的儿童”。从“他们”到“我们”的转变是一个根本性的转变，是从探讨特殊教育领域的问题转到解决普通教育的问题。因此，这种全纳教育的新理念，对教育改革和发展具有重大的意义。

全纳教育已提出了要对普通教育进行全面改革的思想，即不但要改革目前的普通教育体制，还要改革普通教育的课程和教学的方式、方法等。

全纳教育同时也提出了改革普通教育的两大方针，即平等和多样化。教育平等主张取消特殊学校，同时在普通教育中尽可能地减少学生被排斥。教育多样化要求学校要根据学生不同的需求进行教学。

（十四）后现代主义教育

后现代主义（postmodernism）是20世纪后半叶在西方社会流行的一种哲学、文化思潮。作为一种思想观念和理解当今社会文化发展趋向的方式，它在西方正日益引起人们的注意，对各个领域，包括艺术、文学、数学、哲学、政治理论、科学和神学等，都有着广泛的影响。

后现代主义不是一种真正意义上的思想体系，其概念与传统的一套迥然相异。它是相当复杂的，又是多元的。它拒绝简单化的还原倾向的解释。后现代主义尚无一个普遍被人们接受的确切的定义，大致说来，它是一种对“现代主义”或“现代性”的反思，是对一些不言自明的主流社会观念的质疑，是一种崇尚多元性和差异性的思维方式。主要代表人物有福柯、德里达、利奥塔等。

后现代主义对教育的影响正日益扩大，在西方教育领域已经出现了后现代主义教育思潮，集中体现在教育研究方法、教育目的观念、课程设置、教师与学生关系等方面。

后现代主义否定了20世纪以来用科学方法研究教育问题的方法论倾向，反对把教育学作为科学或科学知识进行研究。认为教育受不同文化背景的影响，而不是受普遍的理性原则的支配。后现代主义教育植根于各种文化背景、各种局部性和特殊性的知识以及各种欲望上，重视作为“生活方式”的一个内在组成部分的学习经验。因此，教育被解释为文化的一个方面，任何一种文化背景下的任何一项活动都有其教育价值。

在教育研究方法方面，后现代主义消解了二元对立思维方式，试图摆脱教育科学研究中的“非此即彼”模式；强调非理性，以唤起教育科学研究中对人的生命和价值的重视；对权威话语的解构促使着话语的创新。在教育研究范式上，后现代主义吸收、采纳了分析哲学、当代释义学以及法国后结构主义者的研究方法，以语言范式取代了以往的意识范式，研究的焦点不再集中于认识主体和意识内容，而转向讨论主体群之间的活动及关系。

后现代主义崇尚差异性、偶然性和文化多元主义，所以其教育目的观也是各种各样的，但是基本上有一个共同的基础，都是在对“现代性”下的教育目的进行反思的基础上提出的，其教育目的大都围绕如何克服现在西方资本主义危机、培养具有批判能力的公民、培养认可多元文化的社会公民等方面。它不强求每个受教育者都能“全面发展”，但都强调培养符合学生自己的特质和具有生活特殊性的人。

后现代主义在教师的作用和师生关系的探讨上，观点不尽相同。其中利奥塔的观点得到了最广泛的认同。他认为传统教师的地位将被电脑信息库所取代，教师退居幕后，进行语言和方法上的指导；同时，教师在发展和丰富人的本性方面的责任更为重要和复杂了。此外，吉鲁认为，教师的工作在于转化智慧，帮助学生培养一种批判能力，最终解放自己。多尔则把教师角色界定为“平等者中的首席”，教师不是外在的专制者，而是内在于情境的领导者。

在课程观方面，多尔提出的“4R”观点影响较大，即丰富性（rich），指课程的深度、意义的层次、多种可能性或多重解释；回归性（recursive），指课程的序列没有固定的起点和终点，课程产生于对自身不断反思所带来的复杂性之中；关联性（relational），指对观点和意义之间的联系的不断寻求，并考虑历史和文化背景与关系感知方式之间的关系；严密性（rigorous），指对可供选择的关联和联系的有目的的寻找。

后现代主义教育思想是西方教育体系的产物，其过于极端甚至离经叛道的观点遭到了不少学者的质疑。在我国，教育学者们也正在以谨慎的态度来对待它。

附录二　国际国内教育组织机构和教育学术团体

（一）联合国教科文组织（United Nations Educational, Scientific, and Cultural Organization，简称 UNESCO）

联合国负责教育、科学和文化事业的专门机构。1946 年 11 月 4 日成立，总部设在法国巴黎。两次世界大战之间成立的“智力合作组织”是其雏形。联合国教科文组织的宗旨在于促进教育、科学及文化方面的相互了解，维护世界和平。其任务主要为上述方面的工作提供便利条件，促进各国之间的情报交流，召开教育部长会议，致力于制定国际公约并使之获得批准，提供咨询服务，或是在各会员国中执行业务活动的具体项目。联合国教科文组织所发挥的作用主要在于促进传播、澄清和丰富思想，鼓励和指导行动，加快工作进程，给予技术支持，追求以点带面的效果。联合国教科文组织的使命首先是伦理方面的，即通过教育、科学和文化促进各国之间的合作，对和平和安全作出贡献，以增进对正义、法治及联合国宪章所确认的世界人民不分种族、性别、语言或宗教均享有人权与普遍尊重。联合国教科文组织在世界范围内促进教育发展的全部行动都是为实现这些理想。目前，该组织的伦理使命已被现代社会赋予教育的新使命所强化，这个新使命是促进持久发展，确保社会的内在团结，鼓励各级的民主参与或适应国际化的迫切需要。

联合国教科文组织设有大会、执行局和秘书处。大会为最高机构，由会员国的代表组成，一般每年举行一次大会，负责决定政策和计划，通过预算，选举执行局委员，任命行政首脑——总干事，向会员国提出有关教育、科学及文化方面的建议。执行局负责监督该组织各项计划的实施，每年至少举行两次会议。委员任期 4 年，总干事任期 6 年，可以连任。秘书处是日常工作机构，分成若干部门，分别实施教育、自然科学、社会科学、文化和交流领域的业务活动，或进行行政和计划工作，各部门由一名助理总干事领导。

联合国教科文组织还设有以下机构。(1) 国际教育局。设在瑞士日内瓦，任务是协助筹备和组织两年一次的国际公共教育大会，出版国际教育年鉴和比较教育研究丛书，建立国际教育情报交流网等，但仍以国际教育局的名义享受着学术和职能方面的广泛自由。(2) 国际教育规划研究所。设在法国巴黎，主要活动是组织教育计划和教育行政管理方面的人员培训，开展有关教育计划、教育改革评价方法、教育与劳动就业关系的合作研究。该所是进行教育规划方面的高级培训和研究的世界中心。(3) 联合国教科文组织教育研究所。设在德国汉堡，主要研究终身教育理论及其在教育制度、教育内容、师资培训等方面实施的问题。(4) 欧洲高等教育中心。设在罗马尼亚布加勒斯特，主要任务是组织欧洲地区会员国在高等教育领域的合作和交流。

联合国教科文组织既不是资助机构，也不是单纯的研究机构，其任务始终是同该组织各会员国及其国际舞台上的许多伙伴和对话者合作开发人的潜能。它不断促进的智力合作是各国人民之间和个人之间和睦友好和相互了解的工具，是行动的必要手段。知识转让和分享，思想交流，高层协商，建立革新网，传播信息和成功经验，该组织在其主管领域内鼓励开展的评价和研究工作等，比任何时候更显得是为建立一个更加团结和更加太平的世界而必须开展的活动。

联合国教科文组织成立 60 年来，在世界上发挥着重要的作用。作为一个国际组织，其最大的贡献之一是使各国政府、公众逐步认识到教育的重要地位和使命，并在世界范围内推动教育的改革和发展。20 世纪 60～70 年代，由于对不发达国家的需要和问题日益关注，该组织将正常项目的基金更多地用于教育及科学发展事业。80 年代由于对文化和其他问题采取过于政治化的态度，以及由于不断地扩大其预算，使该组织遭到激烈的批评，促使美国于 1984 年 12 月 31 日退出该组织，英国与新加坡也于一年后退出。90 年代以来，联合国教科文组织为加强智力方面的合作而继续努力着。历年来，联合国教科文组织开展了国际教育年、国际儿童年、国际消除贫困年等，其活动围绕世界全民教育，涉及环境、人口、妇女、儿童等多面的内容。自 20 世纪 70 年代至今，联合国教科文组织发表了多篇对世界各国教育影响深远的报告，其中包括《学会生存——教育世界的今天和明天》、《教育——财富蕴藏其中》、《从现在到 2000 年教育内容发展的全球展望》等。该组织提出的"终身教育"、"学习化社会"以及"教育和职业的联系"、"全民教育"等观念已经深入人心，在实践中对各国的教育改革政策产生了影响。目前，联合国教科文组织开始集中于研究和实验新的教育方法，探索适当的革新，以替代陈旧的教育实践。

中国是联合国教科文组织的创始国之一，自 1971 年 10 月 29 日确认中华人民共和国的合法地位以来，中国在该组织的各项活动中均发挥了积极作用。

（二）国际教育局（International Bureau of Education）

设在瑞士日内瓦的一个国际性教育组织。1925 年 12 月底由卢梭研究所的创始人克拉帕雷德（Claparè，E.）教授创办。洛克菲勒基金会向研究所捐赠了 5 000 美元，研究所用它创建了国际教育局。该局最初是一个私立机构，主要作为一个信息中心为许多国家的教育家提供教育文献。然而，财政的缺乏使教育局不能仅仅依靠个人或私立机构的帮助，而需要以政府为基础重建国际教育局。1927 年 7 月 29 日，各国政府的代表签署了新章程，在历史上第一次开始了教育领域的国际合作，并使国际教育局成为一个独立的国际性政府间组织，由瑞士心理学家皮亚杰出任局长。在新章程中规定，国际教育局的目的是作为一个信息中心，服务于与教育有关的所有事务。国际教育局旨在促进国际合作，并在国家的、政治的和宗教的问题上保持一种完全中立的地位。作为一个信息和调查的机构，国际教育局以一种科学的和客观的精神行事。其活动包括两方面：收集与公立和私立教育相关的信息；从事实验或统计研究，并使其结果为教育界认识和熟悉。第二次世界大战期间，国际教育局成立了“智力援助战俘服务社”，无区别地对所有希望利用拘押期来继续学业或提高其知识的战俘提供服务。二战后，国际教育局密切关注联合国教科文组织的创建。1947 年 2 月 28 日，联合国教科文组织和国际教育局签署了一项临时性协议，以便在两者之间建立必要的行动协调，从而进行有效的合作，包括联合召开国际教育大会。1969 年，作为国际教育局主动谈判的结果，联合国教科文组织和国际教育局签署了一项新的协议，使国际教育局自 1969 年起成为联合国教科文组织的组成部分和比较教育的国际中心，但仍以国际教育局的名义享受着学术和职能方面的广泛自由。作为服务于教育、服务于各国人民之间的相互理解的国际机构，国际教育局主要关心与各国教育部的关系，这些关系以国际公共教育大会的具体形式得以体现。国际公共教育大会是国际教育局的一项主要工作。国际教育局自成立以来，一直努力与世界的教育发展保持一致，尤其努力满足各成员国不断产生的新需要。自 1998 年以来，开始将其使命集中于教育内容的管理和改造，以适应 21 世纪个人、社会和国家的需要。

（三）国际开发研究中心（International Development Research Center，简称 IDRC）

一个自治的社会团体，1970 年成立，总部设在加拿大渥太华。其宗旨是发起、促进、资助世界上发展中国家和地区各种问题的研究，将科学技术及其他知识应用于这些国家和地区的经济和社会的发展。中心在一个国际性自治董事会指导下进行工作。

（四）国际教育发展理事会（International Council for Education Development）

从事教育问题的研究决策、咨询的国际组织，1970 年成立，设在美国新泽西州普林斯顿。其宗旨是鼓励教育发展，促进高等教育现代化与科学管理。主要工作在于确定与分析一些国家共同的主要教育问题；提供政策性建议；为国际或国家组织提供咨询服务。

（五）教育研究与革新中心（Center for Educational Research and Innovation，简称 CERI）

经济合作与发展组织的附属机构，1968 年成立，总部设在法国巴黎。主要由欧美 24 个工业发达国组成。其宗旨是鉴别经济合作与发展组织成员国在完善教育体制和提高教育质量过程中所遇到的困难，促进对解决这些困难的方法的研究和实验。主要任务是研究教育如何适应经济发展的需要。

（六）中国教育学会

中国教育学会成立于 1979 年 4 月 12 日。该会现有教育学分会、教育实验分会、比较教育分会等 40 个分会和专业委员会，单位会员 44 个，办有综合性学术刊物《中国教育学刊》，是全国最大的群众性教育学术团体。

中国教育学会有以下特点。(1) 密切关注中外教育发展潮流，加强对教育热点、难点问题的关注和研究，多次召开有中外教育专家参加的研讨会、学术交流会，为我国教育行政部门的决策提供参考意见。(2) 积极开展对外交流。中国教育学会加强了与国外同行、教育学术团体的交流，介绍国外教育科学研究的新动向。(3) 积极推广先进的教学经验、教学成果。中国教育学会多次组织先进教学成果展示会、经验交流会、教师培训班等。中国教育学会的网站地址是：http://cse.moe.edu.cn。

（七）中国高等教育学会

中国高等教育学会是研究高等教育科学的全国性群众性学术团体。1983 年 5 月成立。近年来，中国高等教育学会的学术活动关注高等教育领域的热点问题，组织高等教育学术交流活动，加强中外交流，加强教材、学术期刊的建设。

（八）中国孔子基金会

中国孔子基金会成立于 1984 年 9 月，是由国家拨款作为启动资金支持的全国性乃至国际性的群众性学术基金组织。它旨在通过募集基金，组织或支持国内及海外儒学研究，为弘扬祖国优秀传统文化、建设中国特色的社会主义精神文明服务，为增进海内外华人团结、促进各国文化交流服务。

（九）中国陶行知研究会

中国陶行知研究会于 1985 年 9 月 5 日在北京成立，是国家教育部主管的国家一级社会团体，是非营利性质的民间组织机构。

中国陶行知研究会的宗旨是开展陶行知教育理论的研究和实践，推进和发展教育公益事业。中国陶行知研究会提倡中国近代伟大的人民教育家陶行知先生的奉献精神和创造精神，培育和推广在教育改革和发展中涌现出的先进典型和先进经验，积极探索促进教育改革和发展的新方法和新思路。中国陶行知研究会下设 9 个分支机构，目前有 23 个省级会员单位，个人会员总计约 3 万人。编辑出版的刊物有《生活教育》和《爱满天下》。

（十）中国教育国际交流协会

中国教育国际交流协会是中国教育界开展对外教育交流的全国性非营利机构，隶属于国家教育部。1981 年 7 月，经国务院批准成立，1994 年在联合国注册。

中国教育国际交流协会的宗旨是为适应中国社会主义现代化建设的需要，积极推动中国教育界同世界各国、各地区的交流与合作，促进教育、科技和文化事业的发展，增进各国和各地区人民之间的了解和友谊。

中国教育国际交流协会现有 145 个团体会员单位，与 53 个国家和地区的 170 多个教育组织和团体建立了长期的交流合作关系。

附录三　外国教育名著（书目）及国内外主要教育刊物

（一）外国教育名著（部分）

1. ［古希腊］柏拉图著，郭斌和、张竹朋译：《理想国》，商务印书馆 1986 年版。
2. ［法］卢梭著，李平沤译：《爱弥儿》，人民教育出版社 2001 年版。
3. ［捷克］夸美纽斯著，傅任敢译：《大教学论》，人民教育出版社 1984 年版。
4. ［德］赫尔巴特著，李其龙译：《普通教育学·教育学讲授纲要》，浙江教育出版社 2002 年版。
5. ［英］约翰·洛克著，杨汉麟译：《教育漫话》，人民教育出版社 2006 年版。
6. ［美］杜威著，王承绪译：《民主主义与教育》，人民教育出版社 2001 年版。
7. ［美］杜威著，王承绪译：《学校与社会·明日之学校》，人民教育出版社 1994 年版。
8. ［法］涂尔干著，李康译：《教育思想的演进》，上海人民出版社 2003 年版。
9. ［苏］苏霍姆林斯基著，杜殿坤译：《给教师的建议》，教育科学出版社 1999 年版。
10. ［苏］赞科夫著，杜殿坤译：《和教师的谈话》，教育科学出版社 1999 年版。
11. ［法］保尔·朗格朗著，周南照、陈树清译：《终身教育引论》，中国对外翻译出版公司 1985 年版。
12. 联合国教科文组织国际 21 世纪教育委员会：《教育——财富蕴藏其中》，教育科学出版社 1996 年版。
13. 联合国教科文组织国际教育发展委员会编著，华东师范大学比较教育研究所译：《学会生存——教育世界的今天和明天》，教育科学出版社 1996 年版。
14. ［美］内尔·诺丁斯著，于天龙译：《学会关心——教育的另一种模式》，教育科学出版社 2003 年版。
15. ［德］福禄培尔著，孙祖复译：《人的教育》，人民教育出版社 2001 年版。
16. ［英］约翰·怀特著，李永宏等译：《再论教育目的》，教育科学出版社 1992 年版。
17. ［瑞士］裴斯泰洛齐著，夏之莲等译：《裴斯泰洛齐教育论著选》，人民教育出版社 2001 年版。
18. ［苏］阿莫纳什维利著，朱佩荣译：《学校无分数三部曲》，教育科学出版社 2001 年版。
19. ［苏］马卡连柯著，磊然译：《教育诗》，海天出版社 1998 年版。
20. ［苏］巴班斯基著，吴文侃译：《教学教育过程最优化》，教育科学出版社 2001 年版。

21. [巴西] 保罗·弗莱雷著，顾建新、赵友华、何曙荣译：《被压迫者教育学》，华东师范大学出版社 2001 年版。
22. [美] 拉尔夫·泰勒著，施良方译：《课程与教学的基本原理》，人民教育出版社 1994 年版。
23. 张法琨选编：《古希腊教育论著选》，人民教育出版社 2007 年版。
24. [美] 杜威著，姜文闵译：《我们怎样思维·经验与教育》，人民教育出版社 2005 年版。
25. [英] 沛西·能著，王承绪、赵端瑛译：《教育原理》，人民教育出版社 2005 年版。
26. [德] 凯兴斯泰纳著，郑惠卿选译：《凯兴斯泰纳教育论著选》，人民教育出版社 2003 年版。
27. [英] 斯宾塞著，胡毅、王承绪译：《斯宾塞教育论著选》，人民教育出版社 2005 年版。
28. [德] 拉伊著，沈剑平、瞿葆奎译：《实验教育学》，人民教育出版社 2005 年版。
29. [苏] 维果茨基著，余震球选译：《维果茨基教育论著选》，人民教育出版社 2005 年版。
30. [苏] 赞科夫编，杜殿坤等译：《教学与发展》，人民教育出版社 1985 年版。

（二）主要教育刊物（国内）

2006 年度 CSSCI 教育学类来源期刊（34 种）

《教育研究》	《高等教育研究》	《华东师范大学学报》（教育科学版）	《全球教育展望》
《比较教育研究》	《教育研究与实验》	《教育发展研究》	《清华大学教育研究》
《教师教育研究》	《教育与经济》	《外国教育研究》	《电化教育研究》
《教育理论与实践》	《课程·教材·教法》	《中国高等教育》	《中国教育学刊》
《开放教育研究》	《学位与研究生教育》	《中国电化教育》	《教育科学》
《外语电化教学》	《现代教育技术》	《中国远程教育》	《高教探索》
《江苏高教》	《现代大学教育》	《现代远距离教育》	《中国大学教学》
《高等工程教育研究》	《外国中小学教育》	《上海教育科研》	《中国特殊教育》
《教育评论》	《教育信息化》（学术版）		

中国人民大学复印报刊资料（教育类）

《教育学》、《思想政治教育》、《中小学教育》、《中小学学校管理》、《高等教育》、《成人教育》、《职业教育》、《幼儿教育》、《小学各科教与学》、《中学语文教与学》、《中学数学教与学》、《中学外语教与学》、《中学物理教与学》、《中学化学教与学》、《中学历史、地理教与学》、《中学政治及其他各科教与学》等。

部分教育期刊简介

1.《教育研究》

创刊于 1979 年，是我国改革开放后第一份教育理论学术刊物。作为教育部主管、中央教育科学研究所主办的全国性、综合性教育理论学术刊物，二十多年来以其鲜明的办刊特色和学术风格得到教育界特别是教育理论界的充分肯定。该杂志长期保持中文核心期刊教育类第 1 名、中国社会科学引文索引（CSSCI）中各学科期刊影响因子排序教育学类第 1 名、中国人民大学书报资料中心《复印报刊资料》全文转载量教育科学类报刊第 1 名等，还被许多高校和科研机构作为评定教育教学类学术成果的首选期刊。

2.《高等教育研究》

全国高等教育学研究会会刊，由华中科技大学与全国高等教育学研究会共同主办。1980 年创刊，面向国内外公开发行，杂志社设在华中科技大学。《高等教育研究》以繁荣高等教育科学、促进高教改革发展为办刊宗旨。作为高教研究类综合性学术理论刊物，杂志注重学术性、前瞻性和时代性，在长期的办刊实践中形成了注重反映高教研究前沿的学术动态，积极加强与海外专家学者的联系等办刊特色。杂志开辟了高等教育改革与发展、高等教育体制与结构、院校研究、教学改革、德育与美育、高等职业技术教育、学位与研究生教育、高等教育史、比较高等教育、探索与争鸣、高等教育学科建设等主要栏目。

3.《华东师范大学学报》(教育科学版)

创刊于 1983 年，是我国高校中第一份教育科学专业类学报，也是目前在全国有着广泛影响的教育类学术期刊之一。该刊以华东师范大学强大的教育科研力量为后盾，以全国各地及海外学者的支持为推动，坚持“学术性、权威性、探索性、应用性”的办刊原则，开设了教育理论、教育改革、教育史、心理学等栏目以及海外来稿、专题讨论等特色专栏，形成了自己独特的学术风格。据有关机构统计，该刊的被引频次、影响因子等指标在学报类和教育类学术期刊中名列前茅。

4.《全球教育展望》

原名《外国教育资料》，创刊于 1972 年 2 月。该刊为华东师范大学课程与教学研究所主办的全国教育类核心期刊，刊载有关外国教育（理论、制度、内容、方法）等方面的论文、译文和综述文章，介绍并研究国外各级各类教改的理论与实践。刊物面向全球教育发展，体现中国教育特色，努力实现教育国际化与本土化的融合，同时关注课程与教学论建设等教育的核心问题。

5.《比较教育研究》

原名《外国教育动态》，创刊于1965年，经当时的中宣部批准，由北京师范大学负责编辑出版。近年来，作为社科类核心期刊和中国比较教育学会的会刊，旨在向教育工作者介绍世界各国教育的情况，对世界教育进行研究和比较，贯彻“洋为中用”的原则，学习外国教育中好的经验，以促进我国教育事业的发展和我国比较教育学科的建设。

6.《教育研究与实验》

中国教育学会教育实验分会会刊，由国家教育部主管，华中师范大学主办。该刊致力于教育理论与教育实验的研究，主要刊登教育科学研究成果，关注教育热点问题，报道中小学教育实验最新动态。主要栏目有教育纵横谈、教育心理研究、教育实验研究、学校专栏。读者对象为中小学教师、师范院校师生以及教育科学工作者。主要阅读群为全国教育行政人员、教育科研人员、师范院校以及中小学教师。

7.《教育发展研究》

1980年创办，以大教育视角探讨教育热点和难点问题；为教育行政部门的宏观决策提供参考；为各级各类学校校长、骨干教师、从事教育科研的人员提供众多的信息。近年来，该刊关注的热点、重点专题主要有：大学生就业问题；职业教育与培训；区域性教育改革与发展；课程改革；网络教育；教育政策的宏观分析；农村教育问题；教育公平与教育均衡化；教育质量保障和教育财政制度等。

8.《清华大学教育研究》

国家教育部主管，清华大学主办的综合性教育刊物。该刊以“百花齐放、百家争鸣”以及理论与实践相结合为办刊宗旨，力求“古今贯通、中西融会”，为中国的教育改革与发展服务，为教育科学繁荣作贡献。《清华大学教育研究》的主要栏目有教育思想与理论、教育改革与发展、教育经济与管理、教育政策与法律、国际与比较教育、中外教育史等。

9.《教师教育研究》

创办于1989年，是由国家教育部主管，北京师大、华东师大、教育部高校师资培训交流北京中心三家联合主办的教育理论学术刊物。它在学术上注重理论与实际的结合，侧重教师教育领域中的理论问题和实际问题的研究；主要面对的读者为从事教师教育的教学、科研和管理方面的工作者以及各级各类教师和有志于教师职业的本专科生和研究生。

10.《教育与经济》

国家教育部主管，中国教育经济学研究会和华中师范大学联合主办的我国唯一的一份教育经济学专业学术性期刊。该刊及时反映国内外教育经济理论与现实问题研究的新成果、新观点和新动态。主要栏目有：教育经济学知名学者论坛、教育经济调查报告、教育经济学基本理论研究、教育财政与教育资助研究、教育资源利用效率与教育效益问题研究、民办教育经济问题研究、教育供求问题研究、教育投入与教育资源配置、教育与就业、教育与人力资源开发、教育预测与规划、企业教育与企业发展、农村教育与农村经济发展、教育经济史料研究、外国教育经济研究等。

11.《外国教育研究》

1974年创刊，1982年公开发行，是由国家教育部主管、东北师范大学主办的国际与比较教育学科专业学术刊物。该刊内容涉及外国教育理论、思潮及流派以及外国中小学教育、职业教育、高等教育、教师教育、课程与教学论、学校道德教育、农村教育及教育改革动向等，并以东北亚教育为重点，努力为我国教育改革与发展服务。

12.《教育理论与实践》

1981年创刊，由山西省教育厅主管，山西省教育科学研究所和山西省教育学会主办。该刊主要反映教育理论及教育改革方面的研究成果，主要栏目有：教育基本理论、教育决策与管理、思想品德教育、教学理论、课程理论、比较教育、教师论坛。读者对象为教育理论、教学、教育管理工作者及师范院校学生。

13.《课程·教材·教法》

1981年创刊，由国家教育部主管，人民教育出版社、课程教材研究所主办。该刊是我国第一家反映基础教育、教师教育课程、教材、教法领域的最新研究成果、改革动向和教育实践经验，介绍国内外这些领域的改革动向和先进经验的国家级期刊，是课程、教材、教法研究方面的权威杂志。

14.《中国高等教育》

前身为创刊于1965年的《高教战线》，是国家教育部主管的全国性高等教育指导性、综合性期刊，是国家教育部及各业务司局与高等学校沟通的重要纽带和桥梁。其宗旨是宣传党和国家关于高等教育的指导思想、方针政策和工作部署，探讨普通高等教育、成人高等教育和高等职业教育改革发展的理论和实际问题，交流各类高等学校思想政治教育、教学、科研和后勤管理工作经验等。

15.《中国教育学刊》

国家教育部主管，中国教育学会主办，面向基础教育的综合性学术刊物。创刊于1980年，1988年正式批准向国内外公开发行。该刊面向基础教育，对广大基础教育工作者关注的教育热点问题组织专题讨论，发表具有一定学术水平的理论文章，包括教育基本理论、教育教学和教育管理等方面的研究成果，发表有关教育教学改革的实验报告和调查报告，介绍国外中小学教育教学理论研究和改革趋势的信息，推介全国基础教育改革的先进经验，反映教育科研的成果和动态。主要读者是中小学和幼儿园教师、教育行政管理干部、师范院校师生、教育科研人员。

16.《学位与研究生教育》

创刊于1984年，由国务院学位委员会主办，中国学位与研究生教育学会协办，编辑部设在北京理工大学。该刊辟有校长论坛、导师论坛、研究生院院长论坛、学科建设与发展、招生与就业、学位管理、研究生园地、评估理论与实践等二十多个栏目，读者群主要为招收、培养研究生的高等学校和科研机构中从事研究生教育和学位工作的各级管理干部、研究生导师、高等教育科学研究人员和在学研究生。

17.《中国电化教育》

国家教育部主管，中央电化教育馆主办的国家级现代教育技术类专业期刊。主要栏目有：教育技术理论、课堂电化教学实践、信息技术与课程整合、学习资源建设、远程教育与网络教育、信息技术教育研究、教育技术设备与产品、国际教育技术等。该刊是广大教师和教育技术工作者了解中国和世界教育信息化进程的重要窗口，具有学术性、权威性、政策性、指导性、应用性和服务性。

18.《中国远程教育》

原名《电视大学》，创刊于 1981 年，为教育类综合刊物。旨在探讨信息网络技术在现代远程开放教育中的应用，为全国广播电视大学、普通高校、成人高校、各类教育机构和中小学开展现代远程教育提供政策信息、理论信息、技术信息，在建构我国终身教育体系、推动教育现代化进程中发挥着积极的舆论宣传作用。该刊主要面向广大远程教育研究者、工作者。

19.《上海教育科研》

面向普教为主的综合性教育理论刊物，创刊于 1981 年。该刊坚持“理论与实践相结合、提高与普及相结合”的办刊方针，展示上海和全国的优秀教育科研成果。主要栏目有：教育论坛、专题研讨、学术争鸣、案例评析、教育调查、教育心理、教育研究、外国教育等。

20.《中国特殊教育》

国家教育部主管，中央教育科学研究所主办，中央教育科学研究所心理与特殊教育研究部、《中国特殊教育》编辑部编辑出版。该杂志于 1994 年创刊，当时刊名为《特殊儿童与师资研究》。《中国特殊教育》以特殊需要人群为服务对象，所刊载的文章主要反映我国特殊儿童心理与教育、教学领域的最新成果与进展。主要栏目有：特殊教育理论研究、听力障碍研究、视力障碍研究、智力障碍研究、评估与测量、治疗与康复、孤独症研究、学习障碍研究、超常教育研究、青少年心理发展、心理健康研究、职业教育与高等特殊教育等。

21.《教育评论》

福建省教育科学研究所和福建省教育学会联合主办，主要刊登中外教育理论及教育改革方面的研究成果。主要栏目有：思想教育理论研究、教学管理、教育史、教育改革、各级教育、教育综述等。读者对象为教育理论工作者、各级各类教育工作者及师范院校学生。

（三）主要教育刊物（国外）

《国外人文社会科学核心期刊总览》统计的前 20 种核心期刊

序号	期刊名	中文译名	国际刊号	中图刊号	国别
1	*American Educational Research Journal*	《美国教育研究杂志》	0002—8312	380B0201	美国
2	*Review of Educational Research*	《教育研究评论》	0034—6543	380B0006	美国
3	*Child Development*	《儿童发展》	0009—3920	380B0162	美国
4	*Developmental Psychology*	《发展心理学》	0012—1649	598B0103	美国
5	*Journal of Educational Psychology*	《教育心理学杂志》	0022—0663	380B0003	美国
6	*American Journal on Mental Retardation*	《美国智障杂志》	0895—8017		美国
7	*Exceptional Children*	《特殊儿童》	0014—4029	380B0394	美国
8	*Child Abuse & Neglect*	《虐待与忽视儿童研究》	0145—2134	380C0194	英国
9	*Reading Research Quarterly*	《阅读研究季刊》	0034—0553	380B0368	美国
10	*Journal of Philosophy of Education*	《教育哲学杂志》	0309—8249	380C0118	英国
11	*Phi Delta Kappan*	《联谊会》	0031—7217	380B0114	美国
12	*Journal of Research in Science Teaching*	《科学教学研究杂志》	0022—4308	380B0166	美国
13	*Educational Leadership*	《教育视导》	0013—1784	380B0069	美国
14	*Journal of Learning Disabilities*	《学习障碍杂志》	0022—2194	380B0191	美国
15	*Science Education*	《科学教育》	0036—8326	380B0176	美国
16	*Sociology of Education*	《教育社会学》	0038—0407	380B0080	美国
17	*Educational and Psychological Measurements*	《教育与心理测量》	0013—1644	380B0192	美国
18	*Educational Psychology*	《教育心理学》	0144—3410	380C0135	英国
19	*Harvard Educational Review*	《哈佛教育评论》	0017—8055	380B0077	美国
20	*The Journal of Special Education*	《特殊教育杂志》	0022—4669		美国

部分核心期刊简介

1. *American Educational Research Journal*

《美国教育研究杂志》是美国教育研究协会（American Educational Research Association）出版的季刊，所载论文分为两大部分："社会及教育机构的分析"和"教学及人的成长"。每一部分都有几篇较长的文章对教育实践作深入的探讨。多数文章都是在实践基础上进行理论研究及定性研究。文章就大量相关文献进行讨论，用词不过于专业化，是各级师范院校图书馆的重要馆藏。

2. *Review of Educational Research*

《教育研究评论》是优秀的教育研究文献评论性刊物之一。刊载的论文较长，这些论文融合了宽泛的教育学领域内的最新研究成果，有时也介绍方法学研究的最新进展。所涉及的主题重要而及时，所载论文学术性强。常常对未来研究提出一些新的思路，并就此引出一些方针政策，如“对多年级和混龄编班效果的再思考”。在教育类期刊中享有盛誉。

3. *Child Development*

《儿童发展》是美国儿童发展研究会（The Society for Research in Child Development）的重要出版物，主要刊登实验研究报告、理论性文章以及对儿童发展研究的理论性文章进行评论。作者大多来自医学界、心理学界、社会学界，是研究性图书馆收藏的基本刊物。

4. *Journal of Educational Psychology*

《教育心理学杂志》是美国该领域研究性期刊中的佼佼者，刊登既有实践性又具经验性的论文，内容涉及面广，文字流畅，颇具可读性和实用性。

5. *Exceptional Children*

《特殊儿童》是由特殊儿童教育委员会出版的学术性刊物，刊登特殊教育研究者撰写的专业论文，讨论有关特殊学生的教育与发展问题；刊登关于特殊婴儿、幼儿、儿童及青年教育和发展方面的论文，同时也包括特殊教育的课程计划、教学建议以及当前的研究与进展等。设有专栏刊登特殊儿童教育委员会通讯和就业信息以及专业会议信息、日程安排、录像评论等。

6. *Reading Research Quarterly*

《阅读研究季刊》是美国阅读杂志之一，内容重点单一，重视经验主义研究。所刊文章在研究方法学及使用心理学概念方面很有造诣。由于内容具有较高的学术水平，主要对象是大学毕业生，在今后相当长的一段时间内将是此领域中的重要杂志。

7. *Journal of Research in Science Teaching*

《科学教学研究杂志》是美国国家科学教学研究协会（National Association for Research in Science Teaching）主办的专业刊物，研究与自然科学教育相关的哲学理论、历史与展望、教学策略、课程发展建设及其他专题。多数文章的内容窄而精深，少数文章也进行较广泛的探讨。所有的研究都是从定性和定量两方面入手，采用的统计学方法和研究思路对读者很有裨益。虽然注重各种层次的自然科学教学，但重点在中学和大学。该刊是面向师范院校及其研究生的重要刊物。

8. *Educational Leadership*

《教育视导》由 *Educational Method*（《教育方法》）和 *Curriculum Journal*（《课程杂志》）合并而成，由美国国家教育委员会教育监督及课程开发部主办，是广泛研究当前教育改革与发展的重要刊物。每期按专题组织文章，典型的专题有“公共教育的新选择”。

文章短小易读，作者有12年一贯制的中小学教师，也有大学教授。当前的主题是从理论与实践两方面探讨教育现象，例如“宪章学派运动的早期经验”和“创立宪章学派的得与失”。

9. *Journal of Learning Disabilities*

《学习障碍杂志》是一种涉及多学科的研究性杂志，主要从实践和理论两方面探讨有关低智学生的学习问题，包括个案报告和理论性文章。每期中有一些内容是从事一线教学的教师们所关心的，例如“利用科技手段提高学习有障碍学生的写作能力”，但多数内容对更广泛的读者群而言都是有用的，例如对“儿童焦虑与儿童解决问题技能之间的关系”的讨论。该刊是本领域专家学者的必读刊物。

10. *Science Education*

《科学教育》是学术性刊物，主要对象是从事小学到大学自然科学教学的教师。所载论文探讨自然科学教师的教育、发展趋势及自然科学教学等问题，还涉及学生们怎样处理信息以及美国以外的其他国家如何教授自然科学课程等。“评论与批评”栏目对以前发表的论文进行评论，每年六月出版“科学教育研究摘要”专辑。

11. *Harvard Educational Review*

《哈佛教育评论》是教育领域中有独到见解的研究性刊物，刊登论文和书评。文章观点鲜明、文笔流畅，经常讨论当前教育系统中引起争议的问题。涉及的主题十分广泛，例如教师和研究人员的协作、关于分级教学和编班规模的持续调查等，对研修教育课程的师生十分重要。

12. *Teaching and Teacher Education*

《教学与教师教育》是关于教学研究的国际性刊物。探讨教学与教师教育问题，常涉及的主题有“学生教学”、“初涉教学生涯”、“教学的社会性”以及采用经验研究、实例研究和理论研究等形式的文章。该刊是探索教师生活与工作的重要刊物，是大学图书馆、学术图书馆，特别是师范院校图书馆必备的刊物。

13. *American Journal of Education*

《美国教育杂志》刊登研究各级教育的学术性文章，囊括了从初等教育、中等教育到高等教育、成人教育的不同教育层次，以及从专业理论到相关政策和实践等多方面的内容。文章形式多样，包括研究报告、理论探讨、哲学辩论，以及关于某一领域教育调查的综合评估等，内容涉及教育需求与奖学金一体化、教育方针和教育实践等。所载论文篇幅较长，参考文献多，论题涉及择校问题、教育过程中种族与性别的不平等、教育史研究以及大学的合作教育环境等。

14. *The Elementary School Journal*

《小学杂志》是最具学术价值的小学教育期刊。刊登中小学教育实践的研究报告，多数是实例研究。研究对象既有学生也包括教师，相关论文有《关于学生数学信仰的三年跟踪研究》、《关于小学优秀教师提高写作效果的教学实践概述》。面向学习和研究中小学教育的师范院校师生，是师范院校图书馆的重要馆藏。

15. *Social Education*

《社会教育》是美国国家社会研究委员会（National Council for the Social Studies）的机关刊物，多数文章提供成功实例报告和教学思想介绍，也有一些具有启迪性的研究报告及理论文章。文章涉及不同层次的社会教育。论文文笔精练，充满智慧，对担任社会研究课程的教师来讲，是一种十分有价值的信息源。

16. *Journal of Curriculum Studies*

《课程研究杂志》主要研究制定课程方针政策的理论与实践问题、课程理论与实践问题、教学理论与实践问题。重点放在中小学和师范教育方面。论文形式主要有研究报告、争论性文章、评论性文章及书评。

17. *International Journal of Science Education*

《国际科学教育杂志》刊载科学教育理论与实践方面的文章和研究报告，对科学教育的各个方面都非常重视，包括小学、中学、大学乃至成人教育与职业教育的研究。目的是传播与报道科学教育理论和实践研究的最新成果，增强科学教育与语言、文化、经济、政治之间的相互理解以及地区间、国家间的相互交流。每卷出一期特刊，讨论有关重要问题。

——资料来源：戴龙基、张其苏、蔡蓉华主编：《国外人文社会科学核心期刊总览》，北京大学出版社 2000 年版，第 266～295 页。